美国投资税务指南

（美）赵　炜（Winona Wei Zhao）　编著

中国税务出版社

图书在版编目（CIP）数据

美国投资税务指南/（美）赵炜编著．--北京：中国税务出版社，2023.7

ISBN 978－7－5678－1119－5

Ⅰ．①美… Ⅱ．①赵… Ⅲ．①税法－简介－美国
Ⅳ．①D971.222

中国版本图书馆 CIP 数据核字（2021）第 184070 号

书　　名：美国投资税务指南
MEIGUO TOUZI SHUIWU ZHINAN
作　　者：（美）赵　炜（Winona Wei Zhao）编著
责任编辑：孙　琳
责任校对：姚浩晴
技术设计：林立志
出版发行：中国税务出版社
北京市丰台区广安路 9 号国投财富广场 1 号楼 11 层
邮政编码：100055
网址：https：//www.taxation.cn
投稿：https：//www.taxation.cn/qt/zztg
发行中心电话：（010）83362083/85/86
传真：（010）83362047/49
经　　销：各地新华书店
印　　刷：北京天宇星印刷厂
规　　格：787 毫米×1092 毫米　1/16
印　　张：36
字　　数：606000 字
版　　次：2023 年 7 月第 1 版　2023 年 7 月第 1 次印刷
书　　号：ISBN 978－7－5678－1119－5
定　　价：99.00 元

谨以此书献给

我的家人

在一线抗击新冠病毒的医疗工作者

及追求真知和理性思考的人们

致　　谢

衷心地感谢凯瑟琳·巴顿（Katherine Barton）女士的鼓励，她在行业中高瞻远瞩的领导力、职业素养以及对多元文化的包容始终激励我前行；感谢丹尼尔·梅辛（Daniel Messing）先生、诺亚·贝尔（Noah S. Baer）先生和玛丽安·卡妍（Marianne Kayan）女士多年以来的专业探讨、分享和指导；感谢斯蒂文·舒尔茨（Steven Shultz）先生的信任，鼓励我挑战全新的业务领域。

感谢我的朋友张语薇女士提供的无私帮助和极具见解的读者反馈，以及才华横溢的孙小画女士为本书首印版的封面设计。

感谢中国税务出版社对本书的大力支持，感谢出版社编辑和老师们辛勤细致的工作。

免责声明

作者出版本书的目的是帮助广大读者了解美国税法。本书所包含的内容不能替代专业律师或税务师的咨询意见。如果您需要这样的专业咨询意见，请聘请有能力的专业律师或税务师。本书中的观点仅代表作者的观点，并不代表任何其他专业组织或机构的立场、意见和建议。

前　言

2012年初，我的工作重心转向对美国投资的企业或个人，专注于为他们提供各种与美国税务相关的咨询服务。经过十余年的实践和总结，我希望写一本书，它能够帮助赴美投资人、创业者、中小企业业主，留美生活的各界人士以及财税专业的学生等，了解美国税收制度，合理制定适当的税务规划。这本书不仅要有理论依据，还要饱含实践经验；不仅要具备一定高度和广度的概括性，还要注重适当的细节描述，帮助读者知其然，更知其所以然。

税法是社会立法体系的一个部分，在美国也不例外。美国税法历经了一百多年的发展，经过无数知名学者、律师、政治家和税务咨询工作者孜孜不倦地研读和修正，才得以形成今天相对完整和顺应历史发展需要的体系。税法的制定可以发生在联邦、州、县及城市等社会治理层级，极具多样性。在美国税法体系中，美国联邦所得税法内容最为全面，对地方所得税立法具有重要的指导意义。联邦所得税合规是投资美国的各类企业、组织或生活在美国的每个人无法忽视或回避的重要事项。如果读者领会了联邦所得税法的要义，那么对其他税法条款的理解也会变得容易和迅速。本书重点阐述联邦所得税法的内容，涉及税务记账方法、应税收入和可抵扣成本费用的确认、对不同纳税人（个人、股份有限公司及合伙企业等）的税务处理要求、对美国不动产投资和采矿业经营的特殊税法条款、遗产和赠与税的主要内容以及美国境内常见的信托种类等。除此之外，本书相关章节还概括介绍了美国国会两院制定税法的流程、除联邦所得税之外的其他联邦税种以及常见的地方税法纲要。为了让更多人读有所获，在编写时本书致力于遵守以下三个原则：

专业性：最大限度地遵循税法原文进行阐述。由于税法中专业术语较多，在对其进行翻译时，采用业界公认译文。如果业界尚无统一、相对准确和规范的翻译，本书尽量选择能将英文词汇表层和深层含义都能贴切地表达出来的中文词汇。为方便读者理解，书后设置了部分专业术语中英文对照表，并在每章后列明所引用的参考文献或税法条款。

实用性：虽然税法具有高度的概括性和普遍的适用性，但是它仍然设有多层级的判断条件或排除条件，这无疑要求读者在实际运用中要全方位地考虑其适用性。为了便于理解和实际使用，本书通过大量实例，深入浅出地分析讲解实践中如何理解、运用美国税收法律规定，如何应对可能出现的变化，以达到理论和实践的统一。

适度性：本书以有限的篇幅，清晰凝练地介绍美国税法常见常用的重要条款，控制对某些过于复杂的税法条款的过量阐述；同时依托各章后的参考文献及引用税法条款索引，帮助有兴趣的读者延伸学习和研究。

以上三个基本原则决定了本书是一本建立在丰富实践经验基础上，系统阐述美国联邦所得税法的入门级通用工具书。税法规定有很强的时效性，在阐述中，本书着重介绍税法的基本原则和重要条款，所以即便美国联邦政府每年或多或少地更新某些税法条款，本书各章节仍能够提供基本的理论框架和历史参照。截至本书出版时，美国第 118 届国会已经组成。参众两院在推进新的税收法案时，将考虑可能持续的高利率和放缓的经济增速，以及20国集团共同倡导的国际税收制度的重大改革。因此，联邦所得税法条款可能发生调整。读者在阅读理解本书内容的同时亦应注意查询是否存在更新条款。

针对当前大众普遍存在的阅读痛点，即每个人很难抽出大量的时间来阅读，对于本书的阅读，我建议采用“痛点阅读法”。即：读者可以根据各自的“痛点”需要，选择性地阅读本书的有关章节。本书在文字表述上尽量通俗易懂，章节的设计和内容的摘选都是为了帮助读者在有限的阅读时间内掌握重点法条，在完整的体系下保持各章节的独立性，方便即时查询。

于我而言，决定用中文撰写是一次大胆的尝试。本书充分尊重中文读者的阅读习惯和理解方式，系统介绍和解读美国税法，希望能给读者带来更为亲切的学习体验，也希望能够帮助读者掌握美国税法理论的精髓和深入研究的途径，以全局的眼光来判断税务风险。开卷有益，无往不胜。期待本书能够成为每一个纳税人的知音，特别是帮助读者在赴美投资最初的起步阶段不惧怕美国繁杂的税务处理负担。最后也期待这本书能给业界同行以启发，并在制定税收法规政策或拓展税法知识领域等方面提供参考。本书版税收入将全部捐赠给安永基金会或其他慈善机构。

如未作特别说明，本书涉及的税法规定仅适用于美国的五十个州和华盛顿特区，不适用于美国海外属地。本书如有欠妥或错误之处，敬请读者批评指正。请将您的意见和建议发至邮箱：lstUSTAXGUIDE@winonazhao.com。

赵炜

2023年1月于波士顿

目　　录

第一章

美国联邦税法及纳税主体的分类

联邦税法是美国法律体系的重要组成部分，由参议院和众议院立法，美国总统签署通过并实施。美国的税收立法机构不仅存在于联邦层面的国会两院，而且各州、市及县镇等地方立法机构也可以制定区域性的税收政策。本书着重阐述联邦所得税税法的内容，并在第十五章简要介绍其他联邦税收法规和常见的地方税收政策。

联邦所得税政策和纳税主体的分类对地方所得税政策和征税方式具有重大的影响和指导意义。纳税实体选择决定了经营实体的税务属性、应遵守的税法条规、相应的税款计算和缴纳方式以及可获得的税款抵免额等税收优惠待遇。充分了解各纳税实体的税法规定是纳税实体选择的必要前提。

本章介绍联邦税法的发展历程、立法过程和组成部分，以及独特的纳税主体分类方式和纳税实体选择。

第一节　美国联邦税法简介

税收是现代社会和平时期财政收入的主要来源，是各国社会财富再分配、再利用的重要途径。根据经济合作与发展组织（以下简称经合组织）的统计数据，2020 年美国政府（包括联邦和地方各级政府）的财政收入占国内生产总值的 25. 5%，而经合组织各国的平均比率为 33. 5%，比率最高的是丹麦 46. 5%，其次是法国 45. 4%，比利时则以 43. 1% 位居第三[1]。

美国联邦税收政策和法规不仅影响每个人、每个家庭和每项经营活动，而且为地方政府制定其税收政策和法规提供了指导性或可对照的方案。在美国历届总统选举中，对现行税收政策批评和改进的提议都在竞选方案中占有重要的位置，可以说联邦税收政策已经成为美国社会基因的组成部分。

书中"纳税人"（Taxpayer）一词，在联邦法典中的定义是"任何应缴纳联邦所得税的个人或组织"[2]。但在实际应用中，"纳税人"可泛指任何受到联邦所得税法管辖的个人或组织，即包括不必直接缴纳税款但需要进行法定纳税申报的组织，如税负穿透体（参阅第十二章）。

一、美国联邦税法发展的主要历程

1789 年宣布生效的《美国宪法》（The Constitution）第一条第八款赋予国会"有权规定并征收税金、捐税、关税和其他税款，用以偿付国债并为美利坚合众国的共同防御和全民福利提供经费"[3]。同年，国会通过由美国第一任财政部长汉密尔顿（Alexander Hamilton，1755—1804 年）力推并起草的《1789 年关税法案》（The Tariff of 1789）。该法案对几乎全部进口商品征收 5% 的关税，其目的不仅是维持美国独立后新政府的运转，而且是要保护新生国家中制造业企业的建立、生存和健康发展。此后 130 多年的时间里，在所得税正式实施前，关税一直是美国财政收入的主要来源。多数时期，关税税率为 20%—60%，基于各种战事的需要，税率可能急剧增高。此段时间里，美国政府实施的另一个税种是消费税，主要针对汽油、轮胎、烟草、茶叶、咖啡、糖和酒类等消费品征收。

美国内战时期，为了支付战争的费用，国会和林肯总统第一次通过了征收个人所得税的税法法案，对收入超过600美元的个人（或家庭）征收3%的所得税，收入超过1万美元的征收5%的所得税[4]。内战结束后，该所得税法案于1872年废止。1894年的关税法案中再次把所得税列入法定征收的范围，但是所得税的概念仍不为大众所接受，而且各方对国会制定的法规也提出众多质疑或不同见解[5]。最终这个所得税法规于1895年因美国最高法院对波洛克诉农业贷款及信托有限公司案的判决而废止。最高法院的判决意见是：国会立法征收所得税，并以从私有财产中获得的全部所得为课征对象，而且不在各州之间分配，这种征税方式违反了当时的宪法规定[6]。

直到1913年，宪法第十六修正案终于确定了国会征收所得税的权力，“国会有权对任何来源的收入规定和征收所得税，不必在各州按比例分配，也无须考虑任何人口普查或人口统计”。此后，所得税逐步替代关税，成为美国财政收入的主要来源。1913年制定的税法条款规定对个人或家庭征收“常规所得税”和“额外所得税”，常规所得税税率为1%，额外所得的部分采用累进税率制，最高边际税率为7%，资本利得和常规所得一样纳入总收入中统一计算[7]。针对股份有限公司的股息分红，1913年的法案沿用既定的理念，认为股息分红是纳税人收入的一部分，属于“额外所得”，应缴纳“额外所得税”[8]。

在第一次世界大战和美国大萧条期间，为了扩大财政收入，国会先后确立了现代社会里新的征税税种，如遗产税和赠与税，各地方政府也推出地方税种，最显著的就是销售税。1916年颁布的《国内税收法典》（以下称法典）确立了遗产税的征收方式，其基本特征一直沿用至今。1924年颁布的法典又增加了赠与税[9]。

20世纪30年代以前，美国联邦政府不承担任何退休或养老计划，但是大萧条给美国人民特别是老年人造成的困苦，引起社会的极大关注，也引发了对退休养老计划立法的广泛支持。1935年8月15日，罗斯福总统签署批准了国会通过的《社会保障法案》（The Social Security Act）。该法案采用了和其他欧洲各国不同的方式来支持社会养老金的供给，即从个人的薪酬收入和雇主的薪酬支出中抽取一定的比例直接转化为社会养老金，而且这种做法也以一个新税种“雇用税”的方式在法典中确定下来。该法案还制定了支持家庭医疗保障的计划和支持儿童成长、伤残和失业人员的计划，这些计划也就是美国老年人和伤残人员医疗保障计划（Medicare Program）

的前身[10]。

另外值得一提的是替代性最低税，它长时期以来适用于个人和公司纳税人，是和常规纳税计算方法并行的另一套税款计算方式。简单地讲，它的运作方式就是纳税人的某年度应缴税款不应低于替代性最低税。可见，采用替代性最低税的目的是弥补常规纳税计算方法下税收额度不足的缺陷，以提高税收负担分配的合理性。个人替代性最低税从1978年开始执行，并再次由《减税与就业法案》（The Tax Cuts and Jobs Act，TCJA）规定沿用至2025年12月31日（税率和收入免除额度有所变化）。而公司替代性最低税从1986年开始执行[11]，已由2017年出台的《减税与就业法案》废止。

纵观美国联邦税法的发展历程，每届国会和政府都或多或少地对税法条款进行增减或修订。如果说1913年第十六次修宪和所得税法案的确定具有划时代的重大意义，那么里根总统批准通过的《1986年税改法案》和31年后特朗普总统批准通过的2017年《减税与就业法案》则对纳税人来说举足轻重。

美国前助理财政部长查尔斯·麦克罗先生在他的一篇分析文章里开篇指出，“1986年美国实现了一次最彻底的税法改革——而这次改革曾被广泛认为是一次不可能实现的改革”[12]。他所指的就是里根总统批准通过的《1986年税改法案》。这一法案的通过也代表了不可扭转的历史趋势。当时普遍的观点是美国需要进行税法改革，对真正的经济获益进行合理统一征税，使其更简单、更公平、更具一致性。1986年税改的重大成果是大大降低了所得税税率。而为保持财政收入不受影响，税改通过一系列结构性的革新扩大了所得税的征税基础。1986年税改取消了10余档个人所得税累进税率，取而代之的是4档累进税率，最高边际税率从50%降至28%。股份公司的所得税税率也从46%降至34%[13]。税法结构方面的改革包括取消了投资活动税款减免额、延长固定资产折旧时间、新增各种条款以确保收入及成本认定时间与实际经营结果紧密结合、确认某些资本利得属于经营活动收入、取消地方销售税作为收入抵扣项等，这些税法条款的改革都是为了有效地增加税基。1986年之前的税收制度造成了种种富人“合理逃税”的现象，因此在舆论的强烈呼吁和公众的激烈批评之下，1986年的税改对各类法规漏洞予以杜绝，包括多项涉及跨国经营活动（贸易和资本流动等方面）的国际税法规和历史上一些难以处理的税制问题[14]。

2017年通过的《减税与就业法案》对《1986年税改法案》中的条款做出

很多重大的改变，但是从广度和深度来说它仍不及1986年的变革深刻。

由于新型冠状病毒（COVID－19）在美国的蔓延严重影响了民生和经济环境，2020年3月27日国会紧急签署通过了《新冠病毒救援和经济安全法案》（以下简称《2020救援法案》），以缓解病毒对经济和民生造成的冲击。该法案批准了2.2万亿美元的救援资金，通过各种救援、救助和补贴项目帮助民众度过艰难时期，其中也包括一些具有时效性和激励性的税收政策。

为方便读者阅读学习，在此简要总结《减税与就业法案》和《2020救援法案》的条款，并标注本书中阐述其原理和法规细节的章节。

《减税与就业法案》出台的巨大历史推动力是美国希望通过一个改善的税收政策体系，对历年来在旧体制下可以延迟或无限期规避美国所得税的、全世界范围内的收入进行征税，并且通过降低税率提高竞争力，吸引部分制造业重回美国本土。该法案的核心主旨是“增就业、促制造、强民生”，核心驱动力可以概括为“低税率、广税基、新属地”。

法案涉及的主要税收政策更新如下：

1）对个人或以家庭为主体的纳税人来讲，重要的改革方案是暂时降低了边际税率、取消了个人免税额、降低了分类扣除额度等（参阅第六章）；

2）C类股份有限公司的所得税税率从35%降至21%，取消替代性最低税（参阅第八章第二节）；

3）对2017年9月27日至2023年1月1日之间购置的、符合规定的固定资产，纳税人可采用100%红利折旧，此优惠措施不要求纳税人是固定资产的首位使用人（参阅第三章第二节）；

4）彻底废除以前的利息费用抵扣政策，制定一套新规则来限制经营活动的利息费用抵扣（参阅第三章第二节）；

5）提高法典第179条选择所允许的、将合规固定资产直接费用化的额度（参阅第三章第二节）；

6）增加股息扣除的限制，减少可扣除的比率（参阅第八章第二节）；

7）境内C类股份有限公司2017年12月31日之后产生的净经营亏损不能结转到亏损年之前（极少数除外），用于抵减以前年份的应纳税所得额，但可以无限期结转到未来的纳税年度使用，可抵扣限额为当年调整后的应纳税所得额 80%（参阅第四章第一节）；

8）限制 1031 资产置换的相应条款仅适用于不动产，不再涵盖其他依附于不动产的固定资产（参阅第五章第三节）；

9）取消国内生产抵扣，增加合规经营收入（199A）抵扣（参阅第三章第二节），等等。

《2020 救援法案》涉及的主要阶段性（暂时的）税收政策的更新如下：

1）对个人或以家庭为主体的纳税人来讲，主要是暂时减免纳税人原应纳税的收入（如雇主为雇员偿还的贷款）、增加捐赠款可扣除比率以及提高获得政府的退税补贴（不针对高收入个人或家庭）等。

2）在 2020 年持续经营且符合一定条件的雇主可以申请获得保就业税款抵免，该税款抵免额用于减少雇主应缴纳的雇用税（参阅第十五章第一节），最高额度可达每位员工 5 000 美元（按员工合规薪酬 1 万美元的 50% 计提）。如果雇主申请并获得救援项目下的小型企业贷款（Small Business Act Loans），就不能再申请保就业税款抵免。2021 年，保就业税款抵免政策继续推行，并且适度放宽限制和提高抵免额度。

3）雇主或自我雇用的个人可以延迟支付雇主应支付的雇用税，以下简称雇用税延迟缴纳。可延迟缴纳的税款是 2020 年 3 月 27 日到 12 月 31 日应缴纳的社会安全保障税（固定薪酬数额的 6.2%）的部分，雇主可于 2021 年 12 月 31 日前缴纳 2020 年应缴未缴税款的 50%，剩余的 50% 可于 2022 年 12 月 31 日前缴纳。如果雇主享受救援项目下的小型企业贷款免除还款的优待，那么该雇主就不能适用上述雇用税延迟缴纳的政策。

4）救援法案下的救助款或补贴款符合法典条款 139 的规定，属于灾难援助项目拨款（参阅第三章第一节），可以不计入纳税人的应税总收入。

5）境内 C 类股份有限公司可以将 2017 年 12 月 31 日到 2021 年 1 月 1 日之间产生的净经营亏损结转到亏损年之前 5 年使用，用于抵减以前年份的应纳税所得额，并且不受 2017 年税率变更或应纳税所得额 80% 的限制，最大限度地获得已缴税款的返还（参阅第四章第一节）。

6）在2019年1月1日到2020年12月31日之间发生的经营活动贷款利息支出可抵扣上限，由调整后应税收入的30%增加到50%（参阅第三章第二节）。

7）C类股份有限公司可以申请加速返还未使用的替代性最低税抵减常规税款的额度（《减税与就业法案》废除了C类股份有限公司的替代性最低税，但允许将往年已缴纳的替代性最低税用于抵减2018年到2021年之间的常规所得税税款或者获得返还。关于替代性最低税的条款可参阅第七章第一节）。

2021年9月27日，拜登总统执政下的《美国重建更好法案》（Build Back Better Act，BBBA）提交众议院审议，并于2021年11月19日获得众议院通过。同年12月11日，参议院公布了其修正案。关于支持美国重建计划的税收政策，该法案体现了国会两院关注的焦点，如下：

1）与住房、节能和环保紧密相关的各类税款减免政策。（作者注：此类政策超出本书的范围，不予讨论。）

2）设法降低工薪阶层的家庭或个人所得税税款，如提高州税的抵减额度，以降低联邦应纳税所得额（参阅第六章第二节）。

3）对部分高净值人群（包括信托和遗产纳税体），增收净投资收入税（参阅第七章第一节）。

4）废除超额的经营活动亏损（Excess Business Loss）不能抵扣当年非经营收入的暂时性规定，将限制抵扣政策永久化。

5）对超大型企业，按其财务报表净收入的15%设定股份公司替代性最低税。

6）对公司股票回购，按其市值的1%，开征消费税。

7）加大对大型企业的所得税征收力度，修改涉及税基侵蚀和反滥用税、全球无形资产低征税收入及境外无形资产收入的计算方法，并相应提高税率（参阅第八章第二节）。

《美国重建更好法案》最终没有获得参议院多数票的支持通过，但其所涵盖的部分税收政策在2022年8月16日生效的《2022年降低通胀法案》（The Inflation Reduction Act of 2022，IRA）得以体现，例如：

从2023年1月1日起，开征股份公司替代性最低税（Corporate Alternative

Minimum Tax，CAMT)，对营收超过 10 亿美元的大型公司，按调整后的财务净利润（Adjusted Financial Statement Income，AFSI）的 15% 来征收（参阅第八章第二节）。

从 2023 年 1 月 1 日起，上市公司回购股票市值超过 100 万美元时，应按照股票回购市值的 1% 缴纳消费税。股票回购消费税不能作为税务扣除项减少应纳税所得额。

超额的经营活动亏损的扣除限制被延长至 2029 年 1 月 1 日，该限制仅适用于非股份有限公司纳税人（参阅第四章第一节）。

二、美国联邦税收政策的立法过程

与其他各项法规一样，联邦税收政策法规也是由国会起草、审议通过后，再由总统签署执行。负责联邦税法实施的政府部门是财政部（Department of Treasury）和国内收入局（Internal Revenue Service，IRS)。《美国宪法》第一条第七款规定："任何有关征税的法案都应该由众议院提出，但参议院可通过修正案提出建议或表示完全同意。经众议院和参议院多数票通过的法案，在正式成为法律之前，须呈送美利坚合众国总统。总统如批准，便须签署，如不批准，即应连同他的异议把法案退还给原来提出该案的议院，该议院应将异议详细记入议事记录，然后进行复议。倘若在复议之后，该议院议员的三分之二仍然同意通过该法案，该院即应将该法案连同异议书送交另一院，由其同样予以复议，若此另一院亦以三分之二的多数通过，该法案即成为法律。"

《美国宪法》还规定："如总统接到法案后十日之内（星期日除外），不将之退还，该法案即等同于由总统签署，成为法律（除非因国会休会而无法将该法案退还时，该法案才不得成为法律）。任何命令、决议或表决（有关休会问题者除外)，凡须由参议院及众议院予以同意者，均应呈送美利坚合众国总统。经总统批准之后，方始生效；如总统不予批准，则参众两院可依照对于通过法案所规定的各种规则和限制，各以三分之二的多数，再行通过。"

实际操作中，众议院（某议员）提出税法草案后，将其交给众议院筹款委员会，由该委员会征求广大公众对草案的意见，再经筹款委员会多数票同意后，交由众议院多数票通过。然后众议院将草案交给参议院财政委员会，该机构也会对草案提出意见，草案经修改并多数通过后，再交给参议院多数通过。

虽然任何国会议员都可以提出其主张的税法革新或修正方案，但如上所述，写入美国法典的法律草案或议案应由国会众议院先正式起草、审议和通过。美国众议院筹款委员会（The House Ways and Means Committee，HW&MC）和参议院财政委员会（Senate Finance Committee，SFC）是制定联邦税法最核心最重要的机构，两个委员会的组成都是资深的律师或多年从事财政税收工作的专业人士。国会下属的两院税务联合委员会（Joint Committee on Taxation，JCT）是辅助国会制定税法的重要机构，该委员会由律师、经济学家和会计师等组成，负责预测税法修正案对财政收入的影响，以及发表各类研习联邦税法的专业文章等。这三个委员会就是国会制定法典条款的核心机构。

参议院对任何法案草案的讨论没有时间限制，为了制止这种无限期讨论，将议案推进到投票阶段，参议院也有一种称为“参议院停议规则”的做法，即如果参议院议员有60票以上通过停止讨论议案的话，那么该议案就可以进入投票阶段。但是，如果没有60票通过，那么该议案通过进程就被阻挠，即俗称的参议院议员“阻碍议案通过”的行为或做法。由于美国两党（民主党和共和党）政治治理理念和策略的分化越来越大，阻碍议案通过的情形屡见不鲜，而参议院也就不得不更多地运用停议规则[15]。

《1974年国会财政预算法案》还允许另一种特殊的立法程序，即“和解法案”，适用于国会加速对税法、财政支出和国债额度等预案的商议和通过。这种特殊立法程序不受“参议院停议规则”和“阻碍议案通过”等做法的限制，可以大大加快立法的进程。2010年，奥巴马总统执政期间通过的《患者保护与平价医疗法案》（Patient Protection and Affordable Care Act，以下简称《平价医疗法案》）就是启用了“和解法案”的立法程序。

和解法案的立法草案起始于参众两院的“和解指令”提议，该提议必须包括在年度的预算方案之中。和解指令要求参众两院各自指定的委员会在指定的日期前，将所提议的草案上报参众两院。草案所涉及的内容，可以包括税收政策的提案。如果两院的委员会各自只提出一个本院的草案建议，那么参议院和众议院就只需对各自的草案直接进行投票。如果只有一个委员会提出一个草案建议，那么该草案就可以直接送交参议院或众议院投票。两院通常只需要简单多数票就可以通过某项税收政策议案。如果两院各自通过的议案仍有差别，那么两院联席会议委员会需要共同协商和妥协，完成一份双方都同意的议案，该议案经总统签字后就可以生效[16]。

三、美国联邦税法的组成部分

美国联邦税法的核心部分无疑是法典，但是税法政策的外延部分则包括多方面的内容，这些内容同样具有法律效力。美国整个税法政策体系是在三权分立的基础上形成的，因此立法、执法和司法机构都从各自的角度对税法政策产生影响。

美国联邦税法从 1913 年仅仅 4 页的立法文件发展到现在，已经有多达 7 万多页（甚至更多）的各类条文、解释、通知或案例。有专业人士粗略统计，国会订立的法典条款有 100 万余字，财政部颁布的法典细则解释有 300 万余字[17]。

（一）法典

法典是《美国国家法典》（The United States Code，USC）的组成部分，构成其中的第二十六主题（Title）。该主题下分为十一个子主题（Subtitle），分别是子主题 A 所得税税法、子主题 B 遗产和赠与税税法、子主题 C 雇用税税法、子主题 D 各类消费税税法、子主题 E 酒类、烟草和其他消费税税法、子主题 F 执行程序和管理法规、子主题 G 关于税务联合委员会的规定、子主题 H 关于美国总统竞选的规定、子主题 I 关于建立某些信托基金的规定、子主题 J 关于煤炭行业健康保障福利的规定和子主题 K 关于群体健康保险的规定等。

各个子主题下面再酌情细分为章回（Chapter）、子章回（Subchapter）、部分（Part）和子部分（Subpart），最后用各项条款（Section）来阐述法典的具体规定。章回和部分总是从第一章、第一子章、第一部分或第一子部分开始。而条款则按数码顺序延续下去，不因新的章节而重新从一开始，以方便引用和检索。但是，条款不一定严格地按数字顺序连续使用，中间数码断裂的部分实际上是为日后的其他后续规定留出空间，比如第五条（Section 5）后就是第十一条（Section 11），第三百八十五条（Section 385）后就是第四百零一条（Section 401）。另外，和某项条款极度相关的规定可以用数字加字母的方式表达相关条款，比如第二百六十九 A 条（Section 269A）和第二百六十九 B 条（Section 269B），两者都是与第二百六十九 A 条（Section 269）的规定极为相关的延伸条款。

本书所涉及的法典规定主要是子主题 A 所得税税法、子主题 B 遗产和赠与税税法以及子主题 F 执行程序和管理法规等。

（二）财政部法典细则解释

法典是总原则和总纲领，但无法解决执行中遇到的各种实际问题。因此，法典规定，财政部部长（或其指定的人员）有权解释法典内容，规定法典的执行细则[18]。

真正从事法典细则撰写工作的是税收政策办公室（财政部下属机构，由助理财政部长总管）和国内收入局首席法律顾问办公室。细则撰写工作往往任务繁重，耗时耗力，所以每年两家机构都会公布下年度的细则撰写重点。法典细则提议稿撰写完毕后会公之于众，由公众评议并提出修改意见，正式实施版以“临时执行版细则”（Temporary Regulation）或“最终版细则”（Final Regulation）的方式公布于财政部决议（Treasury Decision）文件中。

（三）国内收入局解读法条的各类公文[19]

税收裁定（Revenue Ruling）是国内收入局就某些特定的现实情况来解释法典和法典细则的适用方式，体现国内收入局对某项税法规定的执行意见，发表在国内收入局公报（Internal Revenue Bulletin）之中。

税收执行程序（Revenue Procedure）也是由国内收入局发表在国内收入局公报中的文件，主要用于指导纳税人如何处理税务处理的程序问题和进行纳税申报的细节要求等。

个别回复意见（Private Letter Ruling，PLR）指国内收入局针对某个纳税人的实际情况和现实问题所给予的、与执行某些税法条款相关的具体指导意见。个别回复意见具有专一性，即针对获得个别回复意见的纳税人有效，而不能被其他纳税人无条件照搬照抄。但是，国内收入局仍会公布个别回复意见（删除具体纳税人的名字和涉及保密的商业条款等），以供其他纳税人参考。

税法条款解读备忘录（Technical Advice Memorandum，TAM）由国内收入局首席法律顾问办公室撰写，内容主要是回复国内收入局执行区域办公室主管提出的，涉及法条解读和合规程序的具体指导建议。在税务稽查的过程中，针对纳税人的具体交易和纳税申报文件，如果区域办公室需要法条解读的技术指导，就可以申请获得税法条款解读建议备忘。建议备忘具有针对性，代表国内收入局对该纳税人某些具体税务事项的最终看法和执法方式。但国内收入局仍然公布所有备忘录（删除具体纳税人的名字和涉及保密的商业条款等），以供其他纳税人参考。

国内收入局通知（Notice）也是用来解释税法条款的文件。特别是在新法典出台后、财政部法典细则颁布前这段时间内，通知通常应用于解读法典的新规定，帮助纳税人理解并执行新规。

（四）法庭裁决

众所周知，美国的司法体系采用判例法（又称案例法）的运作机制，即法庭裁决的结果对未来的案件具有约束力。因此，经过法庭判决的税收案例也具有法律效力，其裁决意见也是纳税人必须理解和遵循的规则。

（五）税收协定和其他国与国之间的税收规定

税收协定是国与国之间建立的，涉及收入的来源判定、所得税征收政策，避免对同一收入重复征税，缔约国应共同遵守的互惠互利的约定。美国与中国（中国香港特别行政区、中国澳门特别行政区和中国台湾除外）等 68 个国家和地区签订了双边税收协定。

关于国与国之间的税收合作和各项规定，最好的例子就是经合组织于 2013 年发布的防止税基侵蚀与利润转移（BEPS）的 15 项行动计划（参阅第二章第二节），以及 2021 年 12 月发布的《应对经济数字化税收挑战——支柱二全球反税基侵蚀规则立法模板》（参阅第十六章第二节）。

第二节 美国纳税主体的分类

美国的经营实体主要以独资企业、股份有限公司（C 类或 S 类）、合伙企业（普通合伙或有限合伙）、有限责任公司和信托的形式存在。虽然经营实体的法律形式与纳税要求之间，存在必然的联系，但是两者之间却不是简单直接的因果关系。特别是 1997 年美国联邦税法建立了“纳税实体选择”（Check

The Box，CTB）机制，允许纳税人在一定的条件下选择其理想的纳税方式并持续在该方式下计算所得税税款。纳税实体选择机制极大地增加了经营实体设立的便利性和灵活性。

一、地方法规主导经营实体的设立

在美国，所有经营实体都在各个州、县或市一级政府的辖区设立，必须遵守地方的法律法规。美国联邦政府除了征收税款以外，并不插手实体的日常经营活动，对其设立也没有法律管辖权。

虽然有关经营活动组织形式的法律法规是由地方政府订立，但是为了实现相对标准化的统一规定，各地方立法机构都广泛采用业界公认的标准化规则，并根据各地实际情况相应增减或修改统一规则。例如：由美国律师协会起草的《股份制企业法案范本》、由统一州法律委员会全国会议起草的《统一普通合伙企业法案》《统一有限合伙企业法案》和《统一信托法规》等，是各地方立法机构制定其法律法规的主要参照标准。

经营者或业主在确定经营实体的组织形式时，通常要同时考虑以下四个方面的问题[20]：

1）经营实体的存续时间；

2）投资人承担经营活动贷款的责任大小以及参与经营活动的程度；

3）投资人持有权益的处置方式（包括转移或出售）；

4）经营实体的（法律）组织形式是否被其他地区认可等。

除非公司章程中限定其存在的时间，股份有限公司（Corporation）通常被默认为是永续经营的企业组织形式。股份有限公司向投资人（股东）发行股份，股份代表对公司的所有权，除少数情形下有所限制外，可以自由转让、买卖或赠与。股份有限公司是独立的法律实体，其偿还各种负债的责任应限于公司的所有资产。当然，贷款人在某些情形下会要求股东担保公司的贷款，使股东兼有连带的偿贷责任。仅从维持经营活动的组织形式上看，股份有限公司成本最高，主要体现在撰写公司章程和规定、各州注册登记费、执行必要的公司法管理制度（如设立董事会并且定期组织董事会议、指定公司高管等）、在所注册的州和在其他经营活动地区都有纳税申报并缴纳税款的义务等。股东对股份公司的管理通过其选举权来实现，选举权的大小由股东的投资额决定。

合伙企业（Partnership）的存在是为了完成合伙人共同经营的某些业务或投资活动。合伙协议（Partnership Agreement）中通常会规定合伙企业结束的条件和时点，任何合伙人也有权要求合伙企业停止经营并解散。合伙人在合伙企业中的经济利益以合伙权益（Partnership Interest）体现，合伙权益的比率通常根据各合伙人对合伙企业的资本投入来确定。合伙权益的比率可以不同于合伙人之间分摊净收入或净亏损的比率，净盈亏的分摊取决于合伙人在经营活动中的角色和相互之间协商的结果。合伙权益的转让、买卖或赠与必须在合伙协议中明确说明，即征得所有合伙人的同意才可以执行。合伙企业又可以细分为两种组织形式：普通合伙制和有限合伙制。在普通合伙制下，每位合伙人都是普通合伙人，拥有同等的话语权。普通合伙企业不必经过任何注册，合伙协议（甚至可以是口头上的）可以规定一位或数位主管合伙人。在有限合伙制下，合伙企业应在所成立的州政府登记注册，该登记注册是提供给债权人的重要证明文件。有限合伙企业应至少有一位普通合伙人，其合伙协议决定合伙人的权利、义务和经营成果的分配。与股份公司不同，合伙人的投资比例并不是决定各合伙人话语权的唯一标准。普通合伙人的投资比例可以很低，但可以拥有重要的管理权和决策权。从偿贷方面看，普通合伙人对合伙企业的借款负有连带责任，即合伙企业无法偿还借款时，债权人可以追索到普通合伙人。但有限合伙人则不承担高于其资本投入额度的债务负担。

有限责任公司（Limited Liability Company，LLC）的成立章程规定其存续的时间跨度，根据经营活动的需要可长可短，具有灵活性。有限责任公司的投资人（所有人）被称为“成员”（Member），他们持有的经济利益以成员权益（Membership Interest）体现。与合伙权益类似，成员权益的比率通常根据各成员对有限责任公司的资本投入来确定，成员权益的转让、买卖或赠与必须在成立章程中明确说明，即征得所有成员的同意才可以执行。有限责任公司通常也会有一个或数个主要负责经营战略和决策的成员，被称作“管理人”（Manager）。有限责任公司的成员和管理人都不对公司的贷款承担其资本投入以外的任何连带责任，这是有限责任公司极具吸引力的重要因素。有限责任公司的成立也必须在州政府登记注册，其程序类似于股份有限公司的登记注册。与股份有限公司和合伙企业不同的是，有限责任公司可以只有一个业主，登记注册后马上就可以开展经营活动，没有任何其他组织形式上的限制。所以，以有限责任公司的形式进行登记注册，是各成员享受该组织形式优越性的唯一要求。当然，为了确保成员的权利、义务和经营成果的分配，有限责任公司可以制定经营协议（Operating Agreement），该文件的效力类似于合伙协议，通常规定管理人及其管理权限等。

信托（Trust）可以是无限期的，也可以按照其设立文件中的规定时间而存在。有些州的法律限定信托可持续的时间，不允许永久性的信托。根据其功能，信托可以分为多种形式，如收益类信托、投资型信托或家族财富管理信托等。不同形式的信托在所有权、获益权和权限转让方面的规定都有所不同。它们的设立要求、程序和设立文件也都有各自的独特性。即便是经营收益类信托，其成立和管理形式也完全独立于其他的组织形式，受托人通常有决策权和管理权。

合资经营的组织形式也屡见不鲜，特别是在自然资源的开采阶段，各参与方常常采用合资经营来实现互利互惠（参阅第十四章第一节）。

当实体开展跨州的经营活动时，即面临法律和税收方面的问题或潜在风险。从税收方面看，各州都采用了与联邦税法保持总体性一致但不乏特殊性的做法，既认可联邦税法下的企业组织形式和纳税形式，又通过独立的州立法过程来制定税收政策和法规等。由此可见，联邦体制决定了美国的税收征管在联邦和各州（甚至县市级）层面实行各自独立的立法、执法和司法系统，这对纳税人来说，其税务管理成本也就大大提高，如何有效地管理税务处理事项、降低税务风险是每个企业和纳税人需要考虑的现实问题。（作者注：税法之外的法律问题超出本书的范围，不予讨论。）

二、经营实体的税务分类和纳税实体选择

经营实体在设立时就决定了其法律方面的分类。这种分类确定了经营者对投入资产的所有权和对风险的承担限度，也从财务核算的角度确定了经营活动核算的范围，建立了财务可比性的基础。但是，经营活动的组织形式常常并不能直接决定其应遵守的税法规则，这里涉及纳税实体选择的问题。纳税实体选择是指经营实体可以根据税法规定，按照自己的意愿选择应遵守的税法规则，形成独立于法律实体形式之外的“纳税实体”。

（一）经营实体的税务分类

联邦税法的征税规则都是针对“税务责任人”而制定的，法典中“税务责任人”（Person）被定义为个人、信托、遗产纳税体、合伙企业、各类公司等经营实体的统称[21]。税务责任人和前面提到的“纳税人”的区别在于前者并不一定要做纳税申报或缴纳税款。自然人包括个人、夫妻或以家庭为单位的户主。信托和遗产纳税体通常不以日常经营为目的，所以不属于经营实体。经营实体可以呈现出不同的组织形式，而它们最终都要归属为某类联邦“纳税实体”。联邦税法下定义的纳税实体主要可以分为三大类型：

1）独资企业（Wholly Owned Entity），指仅有一位投资人的非股份制企业（税务分类）。它的法律形式可以是独立业主经营模式（Sole Proprietorship）或者独立业主设立的有限责任公司（Single Member Limited Liability Company，SMLLC）。税法定义下的独资企业的最大特点是，在所得税范畴下它们不独立于其唯一所有人的纳税实体存在。这种特点也赋予它们另一个名称（税务上）“被忽略体”（Disregarded Entity）。换句话说，就是从所得税的角度看，这样的独资企业不是一个独立的纳税人，它们的全部所得应归入到其独立所有人（可以是个人或其他形式的纳税实体）的纳税核算中一并考虑。然而，此项特殊的税法规定并不影响独资企业法律形式下的责任义务，如偿债义务，也不影响独资企业其他方面的纳税义务，如联邦雇用税或消费税、其他地方税种等[22]。

2）合伙企业（Partnership），指两个或两个以上出资人或合作者共同经营的组织形式。如前所述，普通合伙制的经营形式甚至不用经过法律上的注册程序，但是它们仍须遵守合伙企业的联邦税法条款。合伙企业的法律组织形式包括普通合伙制、有限合伙制、有限责任合伙制（Limited Liability Partnership）和由两个或两个以上成员组建的有限责任公司（如不做纳税实体选择）等[23]。

3）股份制实体（Corporation），它在联邦税法下的定义非常广泛，指由多个投资人以股份形式持有的共同经营组织，可以包括按法典子章C下设立的常规股份有限公司（俗称C类股份有限公司），联邦或州立法规定下设立的股份制组织或保险公司，州立法规定下设立的联合股权公司、银行、州政府的下属企业，以及某些境外经营实体[24]。虽然联邦税法将这些组织都纳入股份制实体，但又对它们分别制定了特殊法规进行税务管理，如关于银行或保险公司的特殊税法法规等。

需要注意的是，只有符合税法要求的、独立的“合格实体”（Eligible Entity），才可以成为一个独立的纳税实体。此处独立的“合格实体”是指完全遵守税法定义，而不依赖于其法律存在形式的实体[25]。比如在某些合资经营的契约下，各参与方在履行契约时产生了经营模式并进行了营收分配，那么即使各参与方没有为此建立一个法律形式的组织实体，该合资经营也已经构成一个独立的“合格实体”，其税务属性是合伙企业（Tax Partnership）。在判断此类合资经营是否为“合格实体”时，最重要的依据是各方是否参与日常经营，是否对经营成果进行分配。如果各方仅仅是集资后各自获得资本所带来的资产或被动收益，那么这种集资行为就不构成“合格实体”，也就不构成“纳税实体”[26]。

独资企业从另一方面体现出，独立的纳税实体不依赖于其法律存在的形式，即便独资企业是法律实体，但它在联邦税法下却不是独立于其唯一业主之外的所得税纳税实体。

（二）纳税实体选择

如上所述，一个经营实体的法律存在形式和纳税实体之间的关系不是简单的等号或因果联系，究其原因，则是联邦税法的体系不可能和各地方的众多法律规则保持一致。因此在“纳税实体选择”机制出台之前，虽然联邦税法利用各种复杂的判断规则来定义法律实体的纳税方式，仍很难彻底消除纳税人与国内收入局之间的异议，各类纠纷时常出现。

1995 年 3 月，国内收入局发出通知 95 ~ 14 号，提出简化对经营实体纳税方式的分析和判定，建议使用“纳税实体选择”把纳税方式的选择权交给纳税人[27]。1997 年 1 月 1 日，采纳公众评议后的关于“纳税实体选择”的法典细则解释正式生效。

纳税实体选择并非强制的认定措施，而是税法给予纳税人的一种灵活的备选方案。从事经营活动的合格实体具有各自强制的或默认的纳税实体形式，具体强制或默认的规则对美国境内或境外实体则不尽相同。比如经营实体的法律形式是合伙企业并且有合伙协议，那么该实体的纳税实体就被默认为是合伙企业。境内有两人或两人以上所有的非股份有限公司的经营实体都被默认为是合伙企业。境内独资企业被默认为是不能独立于单一业主而存在的、税务上的被忽略体[28]。再如某些特定组织形式的外国公司（名称中可以反映其法律组织形式），在联邦税法下就必须被确认为C类股份有限公司[29]。最后，以银行、保险公司、政府部门形式存在的股份制实体不能参与纳税实体选择[30]。因此，当必须采纳强制的或愿意采纳默认的税务实体认定时，纳税人就不必再进行纳税实体选择。

税法规定“纳税实体选择”适用的范围是：有两个以上投资人的合格实体，可以选择成为合伙企业或C类股份有限公司作为其纳税实体；只有一个业主的独资企业，可以选择成为C类股份有限公司或税务上的被忽略体（既不独立于其业主，也不独立纳税）[31]。纳税实体选择不仅可以适用于境内企业，也适用于境外企业。这个规定大大增加了纳税人进行税收筹划的灵活性。

经营组织成立后，首先应申请纳税实体联邦税号（Entity Identification Number，EIN），再通过填报纳税实体选择表8832（见表1-1）来完成纳税实体选择。纳税实体选择生效的时点是向国内收入局提交纳税实体选择表8832之前75天（含）内，或提交之后12个月之内[32]。比如纳税人希望纳税实体的生效日为2020年1月1日，那么其提交纳税实体选择表8832的时间点不应早于2019年1月2日，或不应晚于2020年3月15日。

表1-1　　纳税实体选择表8832（现行，2013年12月颁布）

Form 8832 (Rev. December 2013) Department of the Treasury Internal Revenue Service	Entity Classification Election ▶Information about form 8832 and its instructions is at *www. irs. gov/Form*8832.	OMB No. 1545-1516

填报目的：提出纳税实体选择申请。
填报人：需提出申请的合格实体。

更加具体地讲，以下合格实体可以进行纳税实体选择[33]：

1）美国境内实体需选择以C类股份有限公司作为其纳税形式；

2）美国境内实体需选择不同于其默认的纳税实体形式，或选择改变其现有的纳税实体形式；

3）美国境外由多个负有限责任的所有人设立的实体需选择成为美国税法认可的合伙企业；

4）美国境外一个或多个所有人设立的、负无限连带责任的实体选择成为美国税法认可的 C 类股份有限公司；

5）美国境外独资、业主负有限责任的实体选择成为美国税法认可的税务被忽略体；

6）美国境外实体选择改变其现有的纳税实体形式。

美国的纳税实体选择表 8832 仅适用于选择 C 类股份有限公司、合伙企业或者税务被忽略体 3 个大类的纳税实体形式。其他更加细分的纳税实体形式，比如 S 类小型股份有限公司（参阅第十一章第一节）、房地产信托投资基金（参阅第十三章第一节）等，则通过其他方式进行选择。这些其他方式的选择视同完成同等效力的纳税实体选择[34]，只是在选择生效的时间点和选择方式有所不同。

（三）改变纳税实体选择

纳税实体选择申请提交后，国内收入局通常都会给予批准。生效后的纳税实体形式在 5 年内不允许改变。但是，如果经营实体 50% 以上的所有权被新的所有人（首次投资人）持有，那么该经营实体可以在 5 年内再次申请纳税实体变更，经国内收入局批准后可以生效[35]。

本章参考文献

[1] OECD（2021），*Revenue Statistics* 2021：*The Initial Impact of COVID – 19 on OECD Tax Revenue*，OECD Publishing，Paris，https：//doi. org/10. 1787/6e87f932 – en（accessed January 6，2022）.

[2] IRC § 7701（a）（14）.

[3] Article 1，Section 8，The Constitution of the United States of America.

[4] Joseph A. Hill，"The Civil War Income Tax，" *Quarterly Journal of Economics*，Vol. 8，No. 4（July 1894），Pages 416 – 452，https：//doi. org/10. 2307/1885003（accessed February 15，2021）.

[5] Charles F. Dunbar，"The New Income Tax，" *Quarterly Journal of Economics*，Vol. 9，No. 1（Oct. 1894），Pages 26 – 46，https：//doi. org/10. 2307/1883633

(accessed February 15, 2021).

[6] *Pollock v. Farmers' Loan & Trust Company*, 157 U. S. 429 (1895), affirmed on rehearing, 158 U. S. 601 (1895).

[7] Jane G. Gravelle, *Capital Gains Taxes: An Overview*, Congressional Research Service, March 16, 2018.

[8] Specialist in Public Finance, *The Taxation of Dividends: Background and Overview*, Congressional Research Service, March 10, 2014.

[9] John R. Luckey, *A History of Federal Estate, Gift, and Generation – Skipping Taxes*, Congressional Research Service, January 24, 2011.

[10] Treasures of Congress, *Introduction to Social Security Act of* 1935, U. S. National Archives and Records Administration, http://www. ourdocumentjs. gov/doc. php? doc =68 (accessed February 15, 2021).

[11] Donald J. Marples, *Tax Reform: The Alternative Minimum Tax*, Congressional Research Service, December 4, 2017.

[12] Charles E. McLure, Jr. , "The Political Economy of Tax Reforms and Their Implications for Interdependence: United States," *The Political Economy of Tax Reforms*, NBER – EASE Vol. 1 (January 1992), Pages 97 – 116, http://www. nber. org/chapters/c8514, (accessed February 15, 2021).

[13] Tax Reform Act of 1986.

[14] Ambassador Stuart E. Eizenstat, *Back to the Future: Reagan, Trump and Bipartisan Tax Reform*, The Hill (September 26, 2017), http://www. thehill. com/opinion/finance/352377 – back-to-the-future-reagn-trump-and-bipartisan-tax-reform (accessed February 15, 2021).

[15] Molly E. Reynolds, *What is the Senate Filibuster, and What Would It Would Take to Eliminate It.* Policy 2020 Brookings (September 9, 2020), http://www. brookings. edu/policy2020/votervital/what-is-the-senate-filibuster-and-what-it-would-take-to-eliminate-it (accessed February 15, 2021).

[16] David Reich and Richard Kogan, *Introduction to Budget "Reconciliation,"* Center on Budget and Policy Priorities (November 9, 2016).

[17] Joseph Bishop – Henchman, *How Many Words are in the Tax Code.* Tax Foundation, (April 15, 2014), http://www. taxfoundation. org/how-many-words-are-tax-code (accessed February 15, 2021).

[18] IRC § 7805.

[19] IRS Guidance, *Understanding IRS Guidance*, IRS, http://www.irs.gov/newsroom/understanding-irs-guidance-a-brief-primer (accessed February 15, 2021).

[20] Streng and Kehl, 700 –4th T. M., *Choice of Entity: Organizational Issues.*

[21] IRC § 7701 (a) (1).

[22] Treas. Reg. § 301.7701 –2 (c) (2).

[23] Treas. Reg. § 301.7701 –2 (c) (1).

[24] Treas. Reg. § 301.7701 –2 (b).

[25] Treas. Reg. § 301.7701 –1 (a) (1).

[26] Treas. Reg. § 301.7701 –1 (a) (2).

[27] U. S. Department of the Treasury, Internal Revenue Service, Notice 95 –14.

[28] Treas. Reg. § 301.7701 –3 (b).

[29] Treas. Reg. § 301.7701 –2 (b) (8).

[30] Treas. Reg. § 301.7701 –3 (a).

[31] *Id.*

[32] Treas. Reg. § 301.7701 –3 (c) (1) (iii).

[33] U. S. Department of the Treasury, Internal Revenue Service, *Instructions for Form* 8832, http://www.irs.gov/pub/irs-pdf/f8832.pdf (accessed January 6, 2022).

[34] Treas. Reg. § 301.7701 –3 (c) (1) (v).

[35] Treas. Reg. § 301.7701 –3 (c) (1) (iv).

第二章

美国税务会计

美国税法体系的相对完整和缜密不仅体现在它囊括了对众多行业或经营活动的特殊法律规范，而且体现在它建立了一套独立的税务会计记账方法和具体实施细则。

税务会计记账方法结合通用的会计语言，将特殊的税法条款与经营活动融会贯通，将经营活动的结果按照相对统一的规则入账并核算出应纳税所得额。税务会计记账方法渗透在每个纳税人的每一个税务事项的处理之中，是执行税务会计程序的灵魂。

本章阐述税务记账的总体原则、重点记账方法、税务记账期间以及记账方法的变更和账务调整等法律规定。

第一节　税务记账方法

美国税务记账方法的确立和演变发展独立于美国财务会计准则下的记账方法，尽管税务记账方法也遵循会计记账的根本原则，但两套方法自成体系。税务记账方法由国会两院通过立法确立，是法典的组成部分，它服务于国家财政收入的整体框架。

税务记账方法不仅包括基于会计基本准则的、可行的记账方法，如收付实现制或权责发生制，而且包括对收入或支出项目采取的惯用的或特殊的税务记账方式。用税务记账方法准备的资产负债表（Tax Basis Balance Sheet）和损益表（Tax Basis Income Statement）被称为“税务基数”会计报表。纳税人可以采用任何税法允许的记账方法，保持账务记录的连贯性和统一性。纳税申报时，纳税人必须依照税法规定如实反映其应纳税所得额。

一、基本的记账方法 2 +1

现行法典在描述应纳税所得额的计算方法时，仍保持着高度超脱的概括性语言，如“应纳税所得额应根据纳税人通常记账的方法来计算”[1]。法典明文规定的可行的记账方法包括收付实现制、权责发生制、其他法典允许的方法或国内收入局允许的各种方法的综合应用[2]。由此可见，国会和国内收入局都承认，纳税人所采用的税务记账方法应根据其自身的经营活动需要而确定，并保持连贯性和统一性。收付实现制和权责发生制是财务会计和税务会计都认可的主要记账方法，而收入分期实现制在税务记账中也被广泛使用，因此本书将这三个方法称为“基本的记账方法 2 +1”。

如果纳税人的主要收入是工资，那么该纳税人不必做税务记账，其定期的纳税申报表和其他支持性材料就可以满足常规的记账要求。如果纳税人应该采用某种方法，却没有连贯、统一地采用该方法，那么国内收入局就有权强制纳税人采用某种固定的、能较好记录其应纳税所得额的方法[3]。

（一）收付实现制

收付实现制（Cash Receipts and Disbursements Method），又可以称为“现金收付制”。顾名思义，账务记录就是以现金是否收到或付出为准则，而忽略与现金收入或支出相关联的权利或义务是否已经履行。收到现金也可以指“视同收到”，即纳税人虽然还没有收到现金，但对应收到的现金已经有支配权[4]。

【例2-1】 三英股份有限公司主营试剂盒生产，采用收付实现制的记账方法。2022年11月30日，三英公司收到订单预付款30万美元，交货期则在2023年1月。三英公司还支付了未来6个月的设备维修费1.8万美元，以及2021年外包咨询业务的费用4万美元。该月三英公司还完成订单交货12万美元，合同规定交货后5个工作日内三英公司可收到全额汇款（此处假设交付货品无瑕疵，无须退货退款）。

分析： 按照收付实现制的记账方法，三英公司在2022年11月的收入包括订单预付款30万美元和订单交货12万美元（现金视同收到），该月两项支出项目总额为5.8万美元。所以当月的净收入为36.2万美元。

收付实现制的最大缺陷是经营活动中的收益和为获得收益而发生的成本费用不能在同一个时间段内实现匹配，这是因为现金的收付时间点决定了收入和支出的时间点。这种缺陷也会导致纳税人确认净收入的波动性，所以税法规定C类股份有限公司、合伙人有C类股份有限公司的合伙企业以及避税实体不能使用收付实现制[5]，但以下情形例外[6]：

1）以农业为主要经营活动的C类股份有限公司和合伙企业。

2）员工持股的服务型股份有限公司（参阅第八章第一节）。

3）满足以下总收入测试规则的小企业，包括C类股份有限公司和合伙企业[7]：

（1）三年滚动平均总收入（截至本纳税年度）小于2 500万美元（该标准按通货膨胀率、以百万美元为单位调整，2021和2022纳税年度分别为2 600万美元和2 700万美元）；

（2）应采用总体集合规则来计算3年滚动平均总收入，即所有同一控制下的C类股份有限公司（持有50%以上投票权和股票市值）或合伙企业（持有50%以上的权益）视为一家公司来汇集计算总收入；

(3) 如果C类股份有限公司和合伙企业的存续期（如实体形式变化，包括其前身存在期）尚不足3年，则按存续的年份计算平均总收入；不足12个月的年份按年化（平均月收入乘以12）的总收入计算。

（二）权责发生制

权责发生制（Accrual Method），又可以称为“应收应付制”，它与收付实现制下的记账标准完全不同。权责发生制根据产生收入或支出的经营活动事项是否已经完成，收支款项的金额是否可以确定等两个重要指标来确定账务记录的时点和金额，而忽略对应的现金款项是否已经收到或支付[8]。

【例2-2】 接上例2-1，三英公司采用权责发生制的记账方法，其余情形不变。

分析： 按照权责发生制，三英公司不能将订单预付款30万美元确认为当月的收入，因为三英公司还没有完成交货的义务。维修费支出是为了获得未来6个月的维修服务，服务没有在当月发生，所以不属于当月的费用。咨询费支出是为了支付发生在2021年的咨询服务，所以也不属于当月的费用。2022年11月，三英公司只能确认订单交货12万美元的收入。

（三）收入分期实现制

收入分期实现制是英文Installment Method的意译，有观点认为这是第3种基本的记账规则或方法，适用于某项资产被处置后分次并跨越两个纳税年度或以上的时间段才收到全款的交易。此类交易的对象（资产）不能是库存商品或者被持有人视同库存商品的资产（如交易员手中交易的股票和衍生产品、房地产开发商手中的待售地产项目等）[9]。该方法要求纳税人在收到每笔款项时，应按总体项目的毛利率来确认该笔款项所代表的收入部分[10]。

正确理解收入分期实现制的关键，在于理解以下五个税法概念：

1）资产售价总额，指资产出售的总价款，不能扣除该资产的抵押贷款、出售资产时产生的各项费用等，也不包括分期付款产生的利息收入[11]。如果买卖合同中没有明确资产售价总额和分期付款产生的利息收入，那么，纳税人应自行按税法规定将两者分别核算[12]。

2）协议售价，指资产售价总额减去由买方承接过去的该资产抵押贷款、其他贷款或负债项目，以及买方承接的所有贷款和负债项目的总额高出卖方的资产持有成本［即下述“3)”］的部分[13]；买方承接的所有贷款和负债项目总额度视同于买方已经支付的交易价格。

3）资产出售时的持有成本，指卖方持有该资产的成本（参阅第五章）及该资产出售时发生的费用，如大额不动产交易的佣金、律师费、尽职调查费等。

4）毛利润，指资产售价总额减去上述“3)”的资产出售时的持有成本。

5）毛利率，指上述“4)”的毛利润除以上述“2)”的协议售价。

以上五个概念实质上遵循了复式记账法的借贷平衡原则，指明了交易中每个项目的账务处理方式。按照收入分期实现制的记账方法，卖方收到每笔现金款项时应按照毛利率确认当笔款项中的收入部分，剩余的部分则为利息收入和持有成本的回收。

【例2－3】 2020年5月1日，莉雅女士把投资的一块土地以160万美元的价格转让给三英股份有限公司。三英公司首付60万美元，并和莉雅女士约定剩余的100万美元在未来10年内付完。莉雅女士持有土地的成本为35万美元，双方交易时发生的费用为5万美元。莉雅女士没有任何抵押贷款。假设付款期间市场利率为零，所以延迟付款不会对莉雅女士产生利息收入。

分析：此交易应按照收入分期实现制的记账方法来确定莉雅女士每年的收入。按照税法规定，上述概念相对应的数值如下：

（1）资产售价总额160万美元，不含利息；

（2）协议售价160万美元，三英公司未承接任何债务；

（3）土地持有成本40万美元，等于35万美元持有成本加5万美元交易费用；

（4）毛利润为120万美元，等于售价总额160万美元减去持有成本40万美元；

（5）毛利率为 75%，等于毛利润 120 万美元除以协议售价 160 万美元。

表 2－1 列明莉雅女士需要计的 11 笔账务，分别在首付收款时（标注 A）和在未来 10 年收到款项时（汇总标注 B1－10）入账，并计算收入：

表 2－1　　记账科目表　　单位：美元

记账科目	借方	贷方
资产负债表		
首付现金 A	600 000	
10 年共计收款 B1－10	1 000 000	
土地（首付款中 25% 持有成本）A		150 000
土地（10 年共计收款中 25% 持有成本）B1－10		250 000
损益表		
首付款的收入部分（75%）A		450 000
10 年共计收款中 75% 的收入部分 B1－10		750 000
借贷方总额	1 600 000	1 600 000

可见，莉雅女士的总收入 120 万美元分别在首付时入账 45 万美元，以及未来 10 年共计入账 75 万美元。

【例 2－4】 接上例 2－3，假设莉雅女士有土地抵押贷款 60 万美元，由三英公司承接，三英公司没有支付首付款。其余情形不变。

分析： 三英公司承接的贷款相当于支付的交易款，并且降低协议价格。按照税法规定，上述概念相对应的数值如下：

（1）资产售价总额 160 万美元，不含利息；

（2）协议售价 80 万美元，等于资产售价总额 160 万美元减去三英公司承接 60 万美元债务，再减去债务高于持有成本的 20 万美元；

（3）土地持有成本 40 万美元，等于 35 万美元持有成本加 5 万美元交易费用；

（4）毛利润为 120 万美元，等于售价总额 160 万美元减去持有成本 40 万美元；

（5）毛利率为 100%（上限），等于毛利润 120 万美元。

表 2－2 列明莉雅女士需要计的 11 笔账务，分别在首付收款时（标注 A）和在未来 10 年收到款项时（汇总标注 B1－10）入账，并计算收入：

表 2－2 **记账科目表** 单位：美元

记账科目	借方	贷方
资产负债表		
贷款被三英公司承接 A	600 000	
10 年共计收款 B1－10	1 000 000	
土地（成本随贷款解除而消失）A		400 000
损益表		
贷款被承接时的收入（贷款减去持有成本）A		200 000
10 年共计收款的收入部分 B1－10		1 000 000
借贷方总额	1 600 000	1 600 000

【例 2－5】 接上例 2－3，假如根据当时的利率计算，延迟支付的款项未来 10 年会产生利息收入 10 万美元，莉雅女士的土地持有成本为 25 万美元，没有任何抵押贷款。其余情形不变。

分析：三英公司应当承担的利息费用应该从交易的总价款中分离出来。按照税法规定，上述概念相对应的数值如下：

（1）资产售价总额 150 万美元，利息 10 万美元；

（2）协议售价 150 万美元，三英公司未承接任何债务；

（3）土地持有成本 30 万美元，等于 25 万美元持有成本加 5 万美元交易费用；

（4）毛利润为 120 万美元，等于售价总额 150 万美元减去持有成本 30 万美元；

（5）毛利率为 80%，等于毛利润 120 万美元除以协议售价 150 万美元。

表 2－3 列明莉雅女士需要计的 11 笔账务，分别在首付收款时（标注 A）和在未来 10 年收到款项时（汇总标注四舍五入的利息部分 B1－10－I，非利息部分 B1－10）入账，并计算收入：

表 2-3　　记账科目表　　单位：美元

记账科目	借方	贷方
资产负债表		
首付现金 A	600 000	
10 年共计利息收入现金 B1-10-I	100 000	
10 年共计收款（非利息部分）B1-10	900 000	
土地（首付款中 20% 持有成本）A		120 000
土地（10 年共计收款中 20% 持有成本）B1-10		180 000
损益表		
首付款的收入部分（80%）A		480 000
10 年共计利息收入 B1-10-I		100 000
10 年共计收款中 80% 的收入部分 B1-10		720 000
借贷方总额	1 600 000	1 600 000

收入分期实现制是一种强制性的记账方法，即分次并跨期完成收款时都应按照此方法记账。税法给予纳税人选择不使用收入分期实现制的权利，而使用纳税人正常采用的记账方法[14]。选择一旦生效，通常不能取消，除非极其特殊的情况并经国内收入局批准。放弃选择则意味着采用收入分期实现制的记账方法。这个结果具有追溯力，也就是说，纳税人要将与交易相关的、前期的账务全部重新调整为按收入分期实现制来处理[15]。

纳税人采用收入分期实现制的记账方法应体现在其纳税申报中，用分期付款的交易收入表 6252（见表 2-4）披露交易细节和收入分期实现的金额[16]。

表 2-4　　分期付款的交易收入表 6252（2021 纳税年度）

Form 6252 Department of the Treasury Internal Revenue Service	Installment Sale Income ▶Attach to your tax return Use a separate form for each sale or other disposition of property on the installment method. ▶Go to *www. irs. gov/Form* 6252 for the latest information	OMB No. 1545-0228 2021 Attachment Sequence No. 67

填报目的：纳税人披露分期付款的交易以及采用收入分期实现制的记账方法。
填报人：需要填报相关税表的纳税人。

适用收入分期实现制的交易还带有其他税务特征时，如交易是 1031 资产置换[17]（参阅第五章第三节）、涉及关联方[18]或涉及公司清算[19]（参阅第九章第二节）等，该记账方法还结合这些交易中特殊的税务特征而做出相应的、更加细致的规定。

财务会计准则下也有收付实现制、权责发生制和收入分期实现制，因此纳税人可以依据财务会计准则来记账，然后再根据税法的一些特殊规定，对某些账务进行纳税调整而得到应纳税所得额，后续各章节所阐述的各类（特殊）税务项目都表明税务记账调整的必要性，最常见也最容易理解的例子就是固定资产折旧。财务会计准则下，财务报表不一定要体现固定资产折旧，或者折旧的年限由纳税人自行决定。然而，税法对固定资产折旧却有非常详细的规定，包括资产分类规则、折旧年限、折旧方法等。所以，即便纳税人采用某一种相同的、总原则一致的记账方法来进行财务和税务记账，其财务和税务的处理结果仍然可能不尽相同。

二、应税总收入和纳税年度的匹配

纳税人时常会面临一种情况，就是收到一笔款项后要决定是否应该将其尽数纳入当年的应税总收入。税法规定，纳税人应从以下三个方面考虑并确定属于各纳税年度的收入。

（一）基本记账规则

最基本的原则是，在任何记账方法下纳税人都不应无故推迟收入的确认。收付实现制下，纳税人收到现金就应确认收入；权责发生制下，纳税人需确定获得收入的责任义务是否履行、数额是否固定等[20]。如果纳税人每年准备财务报表，税务收入的确认不应晚于财务报表对该收入的确认[21]。纳税人的财务报表可以依照美国公认会计准则（General Accepted Accounting Principles of the United States，US GAAP）、国际财务报告准则（International Financial Reporting Standards，IFRS）或者某个国家的会计准则。

个人去世当年，其纳税年度截至其去世当天，最后一年因权责发生制而产生的收入，不需要确认为应税总收入[22]。雇员收到小费后，应书面通知雇主小费收入金额，雇员确认收入的时点就是书面通知日[23]。纳税人收到原本已经确认为坏账的付款时，应在收款当期将其确认为应税总收入，而不必追溯至坏账的确认期[24]。

2017 年税法修订后，采用权责发生制的纳税人收到预付款时，应将全部款项确认为当期收入，特别是当财务报表将预付款确认为当期收入时，纳税人不能选择推迟确认收入。如果纳税人没有财务报表，或者财务报表没有将全部预付款确认为当期收入，那么纳税人可以按权责发生制的规定确认部分当期收入，并将剩余的部分全部确认为下一个纳税年度的收入[25]。换句话说，就是该纳税人必须把预付款确认为本年和下一年的收入，不能再行延迟。这里所指的预付款包括产品销售或服务销售等国内收入局认为可以确认的预付款，不包括租金、保险费、理财产品费用、保修费等[26]。如果产品的生产周期长于 2 年，那么关于预付款作为收入的确定还有其他特殊规定[27]。

【例 2－6】 三英股份有限公司生产试剂盒，按公历年采用权责发生制进行纳税申报。在权责发生制下，三英公司在交付产品时确认收入。2020 年 12 月，三英公司收到 8 万美元预付款，但是产品交付在 2021 年 1 月才完成，产品交付后又收到剩余 12 万美元的合同款。

分析：三英公司的试剂盒生产周期不长于 2 年，所以预付款收入的确认在收到款项的当年或下一年。2020 年 12 月，虽然产品没有交付，但是预付款已经收到并且可以确定产品已经在产，所以这部分款项应确认为 2020 年的收入。剩余 12 万美元应确认为 2021 年的收入。

（二）长期合同下的收入记账

长期合同是指纳税人签署的在本纳税年度内无法完成的（根据生产合同确定的完工时间应超过 12 个月），有关产品生产、工程（或房屋）建造或设备安装等合同[28]。在税务记账方面，纳税人可以根据合同的定价、交付等条款，将几个合同归集为一个长期合同，或根据一个合同下的不同定价、交付等条款，将一个合同拆分为几个长期合同[29]。长期合同的收入确认应采用完工百分比法，尽量将收入与成本费用合理匹配同期确认[30]，该方法在某些符合条件的长期建造合同下可以被其他可行的方法替代。

1. 完工百分比法（Percentage-of－Completion Method，PCM）要求用一个完工比率来同时确认已完工部分的收入和已发生的合同成本和费用。这几个概念之间的关系以及用完工百分比法计算应纳税所得额的步骤可以用下面的公式来表示[31]：

$$\text{完工比率}=\frac{\text{已发生的合同成本和费用}}{\text{预测的全部应分摊的合同成本}}$$

应确认的合同总收入 = 合同总额 × 完工比率

本纳税年度总收入 = 应确认的合同总收入 - 前期已确认的合同收入

本纳税年度应纳税所得额 = 本纳税年度总收入 - 本纳税年度合同成本和其他费用

纳税人还可以选择使用10%完工百分比法来确认首次收入，就是在完工比率达到10%的纳税年度内确认第一笔收入和与之匹配的成本费用[32]。

应分摊的合同总成本包括所有与合同紧密相关的直接成本和间接成本、指定的成本加成费用、与联邦政府签署的合同下的特殊成本项目以及生产和建造期间的利息费用。应分摊的合同总成本不包括独立于合同之外的（与合同没有直接相关性的）研发费用、失败的项目招标费以及营销和广告费用等[33]。长期合同签署前发生的、与长期合同相关的费用（如合同招标、合同准备的费用等）也应体现在合同总成本中[34]。在合同完工后又发生的与长期合同相关的费用，纳税人则应该按其基本的税务记账方法入账[35]。

在完工百分比法下，纳税人往往会面临预测的总合同成本费用不准确的问题，进而需要调整合同总成本和总价格。这样一来，往年已经确认的收入和成本也面临调整，进而导致应纳税所得额和应纳税额的变化。应纳税额在各年分配的变化（尽管总额可能不变）又引起纳税人各年已付税款高于或低于应付税款，已付高于应付时，国内收入局应对高出的部分逐日累计利息，纳税人有权获得利息；已付低于应付时，纳税人应对欠缺的部分逐日累计利息，纳税人有义务支付利息，这就是所谓的“回溯计息法”[36]。

【例2-7】 三英股份有限公司生产特殊用途的试剂盒，按公历年记账和纳税申报，并采用完工百分比法计算长期合同下的收入。2021年，三英公司和A公司签订长期合同，为A公司生产一批尖端试剂盒，合同总价100万美元。合同还规定，A公司有权扣留10%合同价款，直到其完全接受全部产品再行支付。截至2021年底，三英公司发生的生产总成本为20万美元，并且预测全部应分摊的合同成本为80万美元；截至2022年底，三英公司发生的生产总成本为60万美元，并且预测全部应分摊的合同成本为90万美元。2023年合同约定的产品生产结束时，实际发生的生产总成本为75万美元。

分析： 尽管A公司有权扣留10%的合同价款，但仅此要求并不会影响三英公司可以收到的合同总价。三英公司根据完工百分比法应确认的收入、成本费用及毛利润见表2-5。

表 2-5　　三英公司收入、成本费用及毛利润　　单位：美元

	2021 年	2022 年	2023 年
累计已发生的合同成本和费用（A）	200 000	600 000	750 000
预测全部应分摊的合同成本（B）	800 000	900 000	750 000
完工比率（C = A/B）	25%	66.67%	100%
合同总价（D）	1 000 000	1 000 000	1 000 000
累计总收入（E = C × D）	250 000	666 667	1 000 000
截至上年已确认累计总收入（F）	—	(250 000)	(666 667)
本年度应确认累计总收入（G = E - F）	250 000	416 667	333 333
累计已发生的合同成本和费用（H = A）	200 000	600 000	750 000
截至上年已发生的合同成本和费用（I）	—	(200 000)	600 000
本年度应确认的成本和费用（J = H - I）	200 000	400 000	150 000
毛利润（K = G - J）	50 000	16 667	183 333

如果长期建造合同满足以下要求之一，纳税人可以不必采用完工百分比法，而用下述的其他合理方法记账[37]：

（1）长期合同是住宅建造合同；

（2）合同下安装建造时间不超过 2 年，并且纳税人签署合同之前的 3 年滚动平均总收入（截至上一个纳税年度）小于 2 500 万美元（该标准可随消费指数调整）。

2. 全部完工法（Completed - Contract Method，CCM）适用于满足上述条件的长期建造合同，要求纳税人在合同完工的纳税年度内将合同总价确认为收入，同时确认完成建造的全部成本费用。合同总价包括全部与建造项目相关的款项，如延迟支付款项、保留金和实报实销的款项等。如果因客户不满意完工项目而引起争议，并影响合同总价的计量，那么纳税人应在完工年内至少确认不受争议影响的部分[38]。

3. 豁免合同下的完工百分比法（Exempt - Contract Percentage-of - Completion Method，EPCM）也适用于符合上述条件的长期建造合同。该方法和完工百分比法类似，不同之处在于完工比率的计算可以采用任何合理的方式，而不局限于完工百分比法下规定的用已发生的成本费用比应该分摊的总成本费用[39]。

4. 完工百分比加资本化成本法（Percentage-of – Completion/Capitalized – Cost Method，PCCM）是一种混合型的核算方法，适用于居民住宅建造合同或船舶建造合同。此核算方法要求一定比例的收入必须使用完工百分比法，剩余的收入部分则采用豁免合同下的完工百分比法来进行[40]。

（三）其他特殊收入的记账方法

针对某些特殊收入，如因持有按折扣价购入的政府债券而获得的收入[41]、预付的期刊订阅收入[42]、预付的会员费[43]或延迟支付的薪酬[44]等，税法也一一做出详细的规定来规范收入确认的时点和前提条件等，读者可以根据法条检索自行阅读和学习。

三、可抵扣成本或费用与纳税年度的匹配

在不同记账方法下，某些成本或费用的可抵扣时间点会有区别。虽然抵扣成本或费用的总原则仍然是要遵循纳税人采用的最基础的记账方法[45]，但是税法仍就某些成本或费用项目做出特殊规定。纳税人采用收付实现制时，成本或费用应在支付的时点入账，但是对某些非现金支付的成本项，如折旧、折耗、摊销或亏损等，纳税人仍然可以按期抵扣。纳税人采用权责发生制时，成本或费用入账的依据是支付的义务已经形成（即促成义务形成的所有事件都已经发生）、金额可以可靠计量且相关的“经济表现”（Economic Performance）已经完成。但是，无论采用哪种记账方法，当成本或费用的发生对未来数年有益时，该成本或费用项应首先资本化（参阅第三章第二节），然后再通过库存商品、折旧、折耗或摊销的形式实现抵扣[46]。

（一）“经济表现”的完成或实现

税法明确指出，彻底实现“经济表现”是决定收付义务产生的所有事件都已发生的重要指标[47]。经济表现的完成体现在以下三个方面[48]：

（1）纳税人已经获得服务、资产或开始使用某项资产。在长期合同下，如果纳税人用现金支付以获取服务或资产的时点，早于已经获得服务或资产的时点，也可以视为“经济表现”已经实现。采用权责发生制时，如果纳税人预计服务或资产将在 3 个半月内获得，那么其可以预先抵扣获得服务或资

产的费用[49]。纳税人如果一次性支付多年的资产使用权费用，那么该费用应分摊到各年进行扣除。

（2）纳税人已经提供服务或资产且因此产生了费用。

（3）纳税人已支付雇员的薪酬或者因侵权行为支付的赔偿。

【例2－8】 三英股份有限公司采用权责发生制，按公历年记账和纳税申报。2018年12月，三英公司和L飞机租赁公司签约4年，租借一架私人飞机，租期从2019年1月1日开始。年基本租借费为50万美元，此外三英公司应每年按每飞行小时25美元的计价单位给第三方托管账户汇款，用于飞机修理维护。2019年，飞机飞行了1 000小时，三英公司汇了2.5万美元到托管账户。2021年L公司进行了飞机修理维护，费用为2万美元。2022年，2万美元从托管账户汇出到L公司。

分析：由于三英公司采用权责发生制，上述与经营活动相关的交易中有两个事件实现了“经济表现”。其一是合同规定的年基本租借费50万美元，因此三英公司应每年入账一笔飞机租赁费50万美元；其二是2021年L公司进行了修理维护，费用为2万美元。

（二）可另行处理的常见重复扣除项

如上所述，即使在权责发生制下，纳税人仍需在“经济表现”完成时，才可以将成本费用入账。换句话说，就是税法对成本费用在当期入账的要求更为严格。然而，在实际的经营活动中，纳税人常常在财务记账规则下已将某些费用当期入账，但是在税法的要求下“经济表现”并未完全实现，比如款项没有支付、部分服务没有完成等，因而形成了和财务记账的时间性差异。要求纳税人将每一笔费用都按照“经济表现”的要求进行纳税调整的话，将大大增加纳税人税务处理工作的负担。鉴于此，税法允许纳税人对常见的重复扣除项做另行处理，即当某成本或费用项同时符合下列条件时，可以在本纳税年度税前扣除[50]：

（1）支付的义务已经形成，金额已确定；

（2）在该纳税年度结束后8个半月（或更短时间）内“经济表现”肯定可以完成；

（3）该成本或费用额度不大，或将其在本年度入账比在下一年度入账更符合与收入匹配的原则。

需要注意的是，这些可另行处理的成本或费用往往对纳税人来说是常见的、每年会重复出现的项目，并不包括薪酬或税法明确做出其他特殊规定的扣除项。

（三）不动产财产税

采用权责发生制的纳税人可以选择将某期间可抵扣的不动产财产税（常见的地方税种）平均分摊到各期，而不必按实际支付的金额进行入账。纳税人的选择必须在首个汇算年度纳税申报时完成[51]。

（四）有争议的付款义务

纳税人已经支付了款项，但对此付款义务提出异议，并与收款人发生争议。在此情形下，如果纳税人原本就可以在本年度扣除该有争议的费用，那么纳税人仍然可以扣除。未来如果收到退款，再按照收入处理[52]。

四、风险承担原则限制损失扣除

简单地说，风险承担原则用于限制纳税人的当期损失扣除，即纳税人因某项经营活动（参阅第三章第二节）或以营利为目的的某项活动所产生的损失扣除（参阅第四章第一节）金额不应超过其当期应承担的、与该活动相关的真实风险。所以，纳税人承担的真实风险额度越高，其可以扣除的损失金额也就越高。换句话说，就是如果纳税人的账面损失大于其当期应承担的风险，这部分损失不能在当期确认。在美国，由于承载经营或营利活动的税务载体和税务构架的复杂性，账面损失和真实风险往往不能匹配。

美国国会于 1976 年通过风险承担原则的法规，以规制不合理的逃避税款行为。如何分析并确定纳税人应承担的风险，法典强调实质重于形式的原则，避免形式上的误导和缺乏本质上真实的商业目的。如果纳税人蓄意设计了一系列的活动或交易，表面上增加了其当期应承担的风险额度，那么国内收入局有权重新按照有实质商业目的的原则，重新计算并确定其风险额度。

除了 C 类股份有限公司以外的纳税人，都必须遵守风险承担原则[53]。因此，个人、合伙企业、信托和遗产纳税体必须遵守该原则。C 类股份有限公司中有两种例外情形，即 S 类股份有限公司、少数股东控股公司和员工持股的服务型股份有限公司[54]也必须遵守该原则。

（一）风险承担原则的适用范围

风险承担原则适用于所有经营活动或以营利为目的的活动。投入的资本金、借款和某些交易的结果都可能由纳税人承担风险。

由纳税人自行投入经营或营利活动的现金或某资产，通常是由纳税人承担其完全的风险。而在借款和其他交易中，纳税人承担的风险需要遵守税法规定。

1. 纳税人借款。如果纳税人对借款有完全偿还义务，即纳税人持有追索权负债（Recourse Liability），那么该借款的风险完全由该纳税人承担。反之，如果纳税人持无追索权负债（Non – Recourse Liability），那么通常纳税人不承担该借款的风险[55]。此处也有一个非常重要的例外。如果纳税人持有的无追索权负债属于合规无追索权负债（Qualified Non – Recourse Liability），且由纳税人持有的不动产做抵押，那么纳税人将承担该借款的风险[56]。

合规无追索权负债必须同时满足以下条件：

（1）纳税人因持有不动产而发生借款；

（2）贷款人是银行等专业贷款机构，贷款由联邦、州或地方政府等担保；

（3）没有任何人具有还款义务；

（4）借款不能转换成资本金。

2. 从权益人或关联方借款。如果纳税人借款来自权益人或关联方，且权益人或关联方在营利活动中不仅仅获得纯粹的债权人利益，那么该借款不构成纳税人承担的风险。权益人是指做资本性投资或对营利活动的净收益有分享权的人。关联方是指其直接或间接的资本投资超过 10% 的权益人。但是，如果权益人或关联方确实仅获得债权人利益，即利息回报，那么分析程序遵守上述“1”[57]。（作者注：此处不用“股东”一词描述权益人是因为 C 类股份公司不受风险承担原则的限制。）

3. 有损失保护的资产[58]，分这样四种情况：

> 1）纳税人将某资产投入经营或营利活动，如果该资产遭受损失时，纳税人得到其他形式的保护补偿，那么这项有损失保护的资产不构成该纳税人承担的风险。
>
> 2）纳税人偿还贷款的责任并不确定，而是视情而定，即该纳税人持有的贷款属于或有负债。如果还款可能性大，那么该贷款构成该纳税人承担的风险。反之则不构成纳税人承担的风险。

3）如果纳税人为他人提供担保，担保本身并不构成该纳税人承担的风险。但如果纳税人确实为他人履行了还款义务，此行为即构成纳税人承担风险的增加。

4）在合伙企业中，如果某合伙人可以动用其他合伙人的资本金履行其本身的合伙企业本身的贷款还款义务，那么该合伙企业贷款不构成该合伙人所承担的风险。

【例2－9】 莉雅女士从银行借款6 000美元用于启动一个新的营利业务。莉雅女士以某房产做抵押，同时非关联方乔先生保证任何贷款损失可以由乔先生承担。此情形下，该贷款不构成莉雅女士应承担的风险，因为该借款受到损失保护。

【例2－10】 接上例2－9，假如乔先生只保证支付超过2 000美元的损失。那么，莉雅女士对此借款应承担的风险是2 000美元。

（二）风险承担原则下损失的定义

损失是某经营或营利活动的成本和费用总额超出该活动总收入的部分。可见，对损失的确认应该以某一项或某一类经营或营利活动为基础，逐项进行分析[59]。

总收入包括对该经营或营利活动中资产的处置或该活动权益的处置所产生的盈利。如果是资本利得，则不考虑长短期的特征，可以全部被归集到总收入中。

总成本费用包括所有和该活动相关的支出，以及该经营或营利活动中资产的处置或该活动权益的处置所产生的亏损。如果是资本性亏损，则不考虑在其他法条下的限制，都可以被归集到总成本费用中。

（三）计算风险承担额度

计算风险承担额度时，要按照各类别的经营或营利活动逐项归集计算。纳税人对某项经营或营利活动的风险承担额度始于其对该活动的资本投资额。此后，每个纳税年度中按照持有成本的增加或减少来相应增加或减少额度，到纳税年度年底归集确认该纳税年度该纳税人的风险承担额度[60]。纳税人某项活动取得收入则增加其持有成本，发生费用则减少其持有成本，从某活动中回收现金也减少其持有成本。

纳税人在某项活动中的净亏损不能高于其在该活动中承担的风险额度。高出的部分结转到下一纳税年度的同类活动中滚动计算亏损总数。法规允许无限期地滚动计算亏损[61]。

上述计算规则从1976年1月1日起执行。

【例2-11】 2020年1月1日，乔先生和莉雅女士成立了合伙企业AB，分别出资5 000美元，各持有50%合伙企业权益。AB、乔先生和莉雅女士都以12月31日作为纳税年度的截止日。AB只从事试剂盒销售这一种业务。2020年到2022年间发生的一系列事件及其对乔先生在AB经营活动中的风险承担额度计算见表2-6。

表2-6　相关事件对风险承担额度的影响　　单位：美元

事件描述	对风险承担额度影响	
2020年1月1日出资5 000美元	加：初始持有成本	5 000
2020年8月1日，AB从银行借款6 000美元，两位合伙人承担还款责任	加：有个人还款义务的借款（6 000美元除以2）	3 000
2020年12月31日，AB银行借款减少至4 500美元	减：个人还款义务的借款减少额（1 500美元除以2）	(750)
2020年AB无收入或费用	无影响	
2020年12月31日风险承担总额		7 250
2021年2月1日，AB从某债权人借款2万美元，两位合伙人不承担还款责任	无影响	
2021年10月1日，AB以现金4 000美元分配给合伙人	减：50%现金分配	(2 000)
2021年12月1日，AB银行借款再次减少至2 500美元	减：个人还款义务的借款减少额（2 000美元除以2）	(1 000)
2021年AB的经营净收入6 000美元	加：50%的分配净收入	3 000
2021年12月31日风险承担总额		7 250
2022年3月和9月，乔先生分别出资1 000美元和1 500美元	加：出资成本	2 500
2022年9月1日，AB返还债权人借款1 000美元	无影响	
2022年9月1日，AB银行借款减少至零	减：个人还款义务的借款减少额（2 500美元除以2）	(1 250)
2022年12月31日风险承担总额		8 500

2022 年乔先生在 AB 合伙企业的总亏损为 10 500 美元。因为其在 2022 年 12 月 31 日的风险承担总额为 8 500 美元，乔先生在该合伙经营活动下的损失抵扣最高只能达到 8 500 美元，剩余的亏损 2 000 美元将滚动到 2023 年的亏损额度中。

国内收入局通过风险承担限制表 6198（见表 2 - 7）来帮助纳税人分析计算每年的风险承担额度。

表 2 - 7　　风险承担限制表 6198（现行，2020 年 12 月颁布）

Form 6198 (Rev. December 2020) Department of the Treasury Internal Revenue Service	At - Risk Limitation ▶ Attach to your tax return ▶ Go to *www. irs. gov/Form* 6198 for instruction and the latest information	OMB No. 1545 - 0712 Attachment Sequence No. 31

填报目的：计算风险承担原则下本纳税年度可抵扣的亏损。

填报人：受风险承担原则限制的个人、信托、遗产纳税体或某些少数股东持股的 C 类股份有限公司。

综上所述，风险承担原则要求纳税人按经营或营利活动种类分别计量其实际承担的真实经营风险，以限制其在该活动上的经营亏损。

五、被动性亏损限制扣除

法典对被动性亏损限制从主动性收益中扣除的规定始于 1986 年的税改法案，其目的是进一步减少利用法规漏洞逃税的现象。上述“四、风险承担原则限制损失扣除”中风险承担原则从量化风险的角度限制损失扣除，而被动性亏损限制则从是否有“实质参与”某经营或营利活动的角度，来分析判断其损失的当期可扣除限额。

如果纳税人属于个人、遗产纳税体、信托、员工持股的服务型股份有限公司或少数人持股的 C 类股份有限公司，其在某纳税年度产生了被动性净亏损，那么该被动性净亏损以及与该被动性经营或营利活动相关的税款免除额度均不能在本纳税年度内使用[62]，可以结转到下年。

（一）被动性活动的定义

被动性活动首先是经营活动（参阅第三章第二节），必须符合经营活动的要求，它区别于纳税人的私人生活需求。其次，纳税人没有主动地、实质性地参与该活动的日常经营。法典还规定，所有的出租性经营活动都属于被动性活动，无论纳税人是否主动地、实质性地参与该出租活动[63]。

对某经营活动的实质参与表现在经常地、持续地且实质性地参与。法典细则提供了下面一些可以量化的标准，帮助判断。个人的实质参与应该具备以下一个或数个特征[64]：

1）其在该纳税年度参与程度超过500个小时；

2）其参与程度构成该经营活动所需要参与的绝大部分；

3）其在该纳税年度参与程度超过100个小时（该活动构成显著参与活动），并且其参与的时间不少于其他任何个人的参与时间；

4）其发生数个显著参与的经营活动，并且全部参与时间加总超过500个小时；

5）在该纳税年度前的10年时间里，其在任何5年可视为实质参与该活动；

6）该活动如果属于服务型营利活动，如医疗、法律、建筑设计咨询、会计、精算、表演艺术等，那么其在该纳税年度前3年的时间里有实质参与；

7）在某些特殊情况下，如退休人员、遗孀等，其可以证实该纳税年度内，经常地、持续地、且有实质地参与超过100小时。

【例2-12】 乔先生的全职工作是担任某家公司的工程师。乔先生有修车的爱好，所以和史密斯先生一起成立了有限合伙企业，进行汽车修理和家用面包车改造。合伙企业没有雇用其他员工，但利润颇丰。每个周末，乔先生和史密斯先生一起开工8小时，为客户修理或改造汽车。

分析：因为汽车修理和改造是以营利为目的，合伙企业的业务属于一项独立的经营活动。虽然乔先生或史密斯先生各自在合伙企业的活动中的参与都没有超过每年500小时，但是他们各自的参与时间超过100小时，并且其参与的时间不少于其他任何个人在该活动上的参与时间。所以，乔先生和史密斯先生都可以被视为“实质参与”汽车修理和改造活动。

【例2-13】 莉雅女士是注册会计师，就职于一家专业服务公司。她还拥有一家餐厅和鞋店，餐厅和鞋店都有全职雇员打理经营。2020年，莉雅女士在餐厅工作了400小时，在鞋店工作了150小时。

分析：餐厅和鞋店都属于经营活动。因为莉雅女士在两项活动中的参与时间都超过100小时，所以它们分别构成一项“显著参与”活动。莉雅女士在这两项显著参与的活动中总计的参与时间超过500小时，因此莉雅女士被认为“实质参与”餐厅和鞋店的经营。

纳税人应该按照各类活动的情况，分别将它们确定为主动性或被动性经营活动。常见的被动性活动有出租性经营，即纳税人购置某项有形资产并出租，收取租金的营利活动［例外的情形请见下述“（二）房地产经营活动”内容］。纳税人如果以有限合伙人的身份持有合伙企业的权益，其所分得的收入和费用也通常视为被动性活动所得，除非该有限合伙人以普通合伙人的身份，实质参与对合伙企业的经营[65]。

由于法典规定所有的出租活动都是被动性活动，对出租活动的理解和定义就非常重要。出租活动指[66]：

1）在某纳税年度内，纳税人的经营活动表现在其所属的有形资产被消费者使用，或被消费者占有使用权；

2）由上述经营活动产生的总收入来源于消费者使用该有形资产或占有该有形资产使用权的费用。

但是，如果出现下列情形之一，经营活动将不能构成出租活动：

1）该纳税年度内，每位消费者使用有形资产的平均时间不超过7天；

2）该纳税年度内，每位消费者使用有形资产的平均时间不超过30天，而且在此期间内，显著的、由该有形资产所有人或代表该所有人履行的个性化服务同时提供给了消费者；

3）该纳税年度内，有形资产所有人或该所有人代表向消费者提供了重要的个性化服务，且使得消费者使用该有形资产本身（无论使用的时间长短）变成一种辅助的消费行为，比如医院和学校提供的寄宿设施；

4）有形资产的出租收入对比其他经营活动，在数量上和目的上都不重要；

5）在日常工作时间内，该有形资产的使用没有专一性（出租、自用或免费他用等），而是供任何消费者使用；

6）合伙企业的合伙人或S类小型股份公司所有人将某有形资产提供给该合伙企业或S类小型股份公司使用，此行为不构成对有形资产的出租，除非该合伙企业或S类小型股份公司本身经营出租业务。

（二）房地产经营活动

由于房地产经营活动在很多情况下都是出租性营利活动，而法典一刀切地规定，对“实质参与”的判断要求不适用于出租性营利活动［参见上述“（一）被动性活动的定义”内容］，从而导致任何出租性营利活动都属于被动性活动[67]。这样的规定很可能将多数房地产经营都归为被动性活动，对以房地产经营为主业的纳税人有失公平，也无法区分处理房地产经营的多样性和特殊性的实际情况。所以，法典对房地产经营活动“网开一面”，专门做了一些特殊规定。

法典规定，房地产经营活动包括房地产首期开发、重新开发、建造、重新建造、地产收购、改建、出租、地产项目日常管理、地产资产管理、租赁或地产经纪的工作。

法典还规定，如果“合格纳税人”从事某项或多项上述房地产经营活动，那么其出租房地产的经营活动，可以不受出租性营利活动一刀切地划为被动性活动的限制[68]。换句话说，“合格纳税人”的房地产出租收入可以和开发、建造、管理等活动一样，是主动的日常经营活动收入，但其前提仍然是“合格纳税人”是否实质参与了该出租活动。

纳税人应同时满足下列条件，才能被认定为“合格纳税人”，才可以适用法典对房地产经营活动的特殊规定[69]：

1）纳税人在该纳税年度内，超过一半的个人服务型工作都用于服务房地产经营活动；

2）纳税人在该纳税年度内，从事房地产经营活动的时间超过750个小时。

由此可见，“合格纳税人”通常是房地产经纪人或专门从事房地产业务的人士。对于少数人持股的C类股份公司纳税人，如果其总收入超过一半来自房地产经营收入，那么该股份公司就符合“合格纳税人”条件。

如果纳税人是某房地产经营企业的雇员，那么其收入属于工资收入，不是这里特指的房地产经营收入。而如果该纳税人持有该房地产经营企业5%或以上权益，则其收入可以视为房地产经营收入。

由于房地产经营常常涉及对有限合伙企业的投资，“合格纳税人”还需要考虑如何归集其在有限合伙企业（也从事房地产经营活动）中的权益收入。上面已提到，有限合伙人的权益收入都属于被动性收入，而普通合伙人的权益则可以是主动性收入。

对于房地产出租收入来说，法典的基本原则是每一个房地产出租项目或者通过权益投资参与的出租项目都是一个单独的经营活动。但是，法典允许“合格纳税人”通过正式书面选择，将所有的房地产出租项目（不含其他房地产经营活动）视同一项经营活动[70]，从而统一确定其“实质参与”，确定活动是主动性还是被动性。根据法典细则，“合格纳税人”书面选择后[71]：

1）如果有一项出租业务是通过有限合伙企业进行的，那么选择后的统一整体出租活动都被视同是通过有限合伙企业进行的。“合格纳税人”判断其是否实质参与该整体出租活动时，前提首先是该“合格纳税人”必须是以普通合伙人身份入股有限合伙企业。其次，再按照实质参与的几个特征对比决定。如果其身份只能是有限合伙人，那么选择后的统一整体出租活动都不能属于“实质参与”。

2）如果通过有限合伙企业获得的出租总收入（未抵扣成本费用前）仅占该“合格纳税人”所有出租活动总收入（未抵扣成本费用前）的10%以下（最小可排除量），那么上述“1)”的前提条件不适用。“合格纳税人”应按照实质参与的几个特征对比判断，决定是否实质参与该整体出租活动。

如果“合格纳税人”在统一整体的房地产出租活动中没有达到“实质参与”的要求，那么其出租性净收益属于被动性收入，净亏损属于被动性亏损。和对其他纳税人的要求一样，房地产经营活动的被动性亏损不能和主动性收入进行合并抵扣。

“合格纳税人”从事房地产资产管理时，其花费在资产管理上的时间可以计入其纳税年度参与房地产经营活动的时间。但是，对于时间的量化计算仅限于管理其拥有的资产部分[72]。

所以同一个房地产出租项目在“合格纳税人”进行选择前可以是被动性的出租活动，选择后成为主动性的出租活动。在这种情形下，法典允许同一活动产生的被动性亏损结转到下一个或几个纳税年度时，用于抵扣该活动产生的主动性收入。但该被动性亏损始终存在，直到其完全被未来的主动或被动出租收入消化[73]。存在如此变化的出租活动被称作“以前年度为被动性的活动”。

【例2－14】 莉雅女士有四处房地产投资，楼A、B和C以及一块正在开发建造的住宅区D。莉雅女士直接持有楼A和楼B，每月收取租金。对楼C的投资通过一个有限合伙企业P实现，莉雅女士是P的普通合伙人，持有20%的合伙企业权益。P也将楼C出租，每月收取租金。莉雅女士个人的纳税年度是从每年1月1日到12月31日，她在房地产投资活动上的情况如下：

2020年，楼A经营净亏损3万美元，楼B经营净亏损1万美元，楼C净收入总额为10万美元，莉雅女士权益收益为2万美元。莉雅女士没有达到“合格纳税人”的要求。

2021年，莉雅女士全身心投入在其房地产业务上，成为“合格纳税人”，并且决定根据税法条规，从2021年1月1日起将三处房地产出租经营活动选择成为一个统一的经营活动。本年度内，楼A经营净收入5 000美元，楼B经营净亏损3 000美元，楼C净收入总额为5万美元，莉雅女士权益收益为1万美元。住宅区D出售楼盘净收入3万美元。

分析：2020年，由于莉雅女士不是“合格纳税人”，因此各个房地产项目都视为独立经营项目，独立核算。这样处理的结果就是各个项目的净收入和净亏损都是被动性的。2021年，因为莉雅女士成为“合格纳税人”，并且做出选择将所有出租性经营项目视同一个整体出租业务，还全身心投入其中，达到“实质参与”出租业务的要求。所以莉雅女士在2021年度中的出租净收入属于主动性的收入。

莉雅女士两年内房地产收入的情况见表2－8。

表2－8 **莉雅女士两年内房地产收入** 单位：美元

项目	楼A	楼B	楼C	出租总计	住宅区D
2020年被动性收入或（亏损）	(30 000)	(10 000)	20 000	(20 000)	—
2021年主动性收入或（亏损）	5 000	(3 000)	10 000	12 000	30 000
2021年盈亏相抵后余额	(25 000)	(13 000)	30 000	(8 000)	30 000

楼A、B、C的出租业务被选择为整体的一项出租活动后，由于莉雅女士

的“实质参与”，2021 年的所有收入和亏损都成为主动性收入和亏损，可以和住宅区 D 的销售净收入合并计算。因此，莉雅女士在 2021 年的房地产经营收入为 4.2 万美元，即出租总收入 1.2 万美元加住宅销售 3 万美元。

再者，2021 年内楼 A、B、C 的出租活动都属于“以前年度为被动性的活动”，因此其以前年度被动性出租亏损可以用来抵扣当年的主动性出租收入，这样盈亏再次相抵之后，莉雅女士的房地产出租总亏损为 8 000 美元。

由于此 8 000 美元的亏损仍然保持其被动性亏损的性质，所以不能抵扣 2021 年的非出租主动性收入 3 万美元，而应结转到 2022 年。莉雅女士 2021 年度的应纳税净收入为 3 万美元。

如果假设莉雅女士 2021 年仍然不是“合格纳税人”，也没有实质参与房地产出租经营活动，那么她的每一个楼盘的活动都将独立成为一项被动性活动，单独计算盈亏。因此只有楼 A 的 5 000 美元收入可以用 2020 年的被动性亏损抵减，莉雅女士在 2021 年的应纳税净收入为 4 万美元，即楼 C 的出租收入 1 万美元加住宅销售收入 3 万美元。楼 A 和 B 的被动性亏损分别是 2.5 万美元和 1.3 万美元，分别结转到下一个纳税年度。

“合格纳税人”的选择一旦生效，其归集出租性盈亏的方法就应遵循一致性原则延续到未来的纳税年度当中，不能随意改变。如果未来的某一年纳税人没有达到“合格纳税人”的要求，那么该年度对出租性房地产项目的分析就不能适用法典给予“合格纳税人”的特殊规定，而是回到一般状态下做逐项独立活动的分析。

（三）出租活动盈亏的归集和计算

如果某项活动被确定为被动性活动，那么其盈亏就应在该类活动下独立汇总计算。在净盈利的年份里，纳税人对净盈利缴税；在净亏损的年份里，纳税人将净亏损结转到下一个纳税年度的该活动下汇总计算。如果纳税人不是房地产经纪人，即不符合“合格纳税人”的要求，那么其出租净收入或净亏损全部属于被动性收入或亏损。如果纳税人还有其他各类收入或费用，那么为了达到应纳税所得额最小化，如何归集这些收入和费用就十分重要。

为了避免纳税人恣意归集各类收入和费用，法典细则规定出租活动或其他非出租性日常经营活动的收支应该被归集在合理的经营活动单位下。某些活动是否构成一个合理的经营活动单位，应考虑现实中的情况，比如活动本身的相似性、是否有共同的主导控制、是否有共同的所有权控制、地理位置和活动之间的相互依赖性等。纳税人可以根据任何合理的方式划分经营活动单位。

法典细则进一步规定[74]：

1）不允许将出租活动收支和其他日常经营活动收支归集到一起计算。除非两者共同存在于一个合理的经营活动单位内，并且一个活动相较于另一个活动而言完全不重要，或者两种活动的所有人在两种活动中的权益份额完全相同（如婚内夫妻联合报税的情形）。

2）不允许将房地产出租活动收支和其他固定资产出租活动收支归集到一起计算。除非其中一种资产的出租主要是为了配合另一种资产的出租活动，完全是辅助性的。比如出租公寓时，附带取得出租家具的收入，或出租大型设备时，附带取得设备存放地的租金。

3）农业经营和油气开发活动的收支通常都单独核算。如果纳税人通过持有有限合伙企业的权益获得这类活动的收支，那么相同的活动可以根据合理的经营活动单位进行归集。

4）由国内收入局（局长）直接点名的活动必须单独归集核算。

5）当有限合伙企业或S类小型股份公司的被动性亏损扣除受到限制时，已经归集的、并按持有比例分配的经营活动收支，不能在其合伙人、股东或权益人层面被拆分而重新归集。但是，合伙人、股东或权益人可以将一个企业下的活动收支总额和其他企业下的活动收支总额或自身直接独立经营的活动收支归集在一起核算。

（四）不属于被动性收入的特殊规定

被动性亏损限制抵扣显然是纳税人要极力避免的。下列活动的收支，均不属于被动性收支[75]：

1）从非日常经营活动中获得的利息收入、分红、年金收入或矿权税、版权税等，包括利用周转资金短期投资的收益；

2）和上述收入直接相关的费用（利息费用除外）；

3）可分配给产生上述收入项目的利息费用；

4）处置用于产生上述收益的资产或投资性资产所产生的盈亏。

如果C类股份公司由少数股东持有，但不属于专业服务型股份公司，那么其被动性亏损可以用于抵扣当期的主动性收益[76]。这个处理方式实际上给此类公司免除了此限制。

（五）与风险承担原则的配合

如果纳税人的亏损既受到风险承担原则的限制，又受到被动性亏损抵扣的限制，那么应先执行风险承担原则。在风险承担原则允许的情况下，再将其放在被动性亏损的条款下分析。国内收入局通过被动性亏损抵扣限制表8582（见表2－9）帮助纳税人确定每年被动风险抵扣的额度。

表2－9　被动性亏损抵扣限制表8582（2021纳税年度）

Form 8582 Department of the Treasury Internal Revenue Service (99)	Passive Activity Loss Limitation ▶See separate instructions. ▶Attach to your Form 1040, 1040－SR, or 1041 ▶Go to *www.irs.gov/Form* 8582 for the latest information	OMB No. 1545－1008 2021 Attachment Sequence No. 858

填报目的：纳税人计算本年度可以抵扣的被动性亏损以及结转下年的亏损余额。
填报人：个人、信托或遗产纳税体。

六、库存商品的记账方法

对于生产商、建筑开发商、批发商或零售商等具有大量库存商品的企业而言，衡量库存商品的方法会直接影响到销货成本的计量，从而影响应纳税所得额。因此，税法对库存商品的记账方法做了特别具体的规定，总原则是记账方法应如实反映收入和成本的匹配，所有权转移与否是物品（成品、半成品或部件等）是否应纳入库存商品的首要判断标准[77]。纳税人可以使用不同的库存商品记账方法，并且应保持使用同一种方法的连贯性[78]，记账方法的改变需要履行具体的变更程序。规范库存商品记账方法的实质是将一项重要的经营成本合理地、连贯一致地分摊到各个纳税年度中，防止随意拉高或降低销货成本。

3年滚动平均总收入（截至上一个纳税年度）小于2 500万美元（该标准可随消费指数调整）的纳税人（包括企业或个人）可以不必按照税法要求的具体方法来计量期末库存商品价值，而是沿用其惯用的、一致的计算方法[79]。

（一）成本法和成本与市值孰低法

纳税人可以采用成本法计量库存商品，就是按照采购时实际支付的价款来计量应纳入库存的物品价值，还应包括统一资本化规则（参阅第三章第二节）下购置或生产该物品所发生的其他直接或间接成本和费用等，如运输费、储藏费、间接人工成本等[80]。

成本与市值孰低法也是纳税人可以采用的方法，它的要求是对比按成本法计量应纳入库存的物品、原料或人工成本等的结果和按市值计量各库存要素的结果，并按照两者的较低值确认该项（或该组）库存商品的入账价值[81]。同样，入账时也应包括统一资本化规则下购置或生产该物品所发生的其他直接或间接成本和费用等。当然，如果某项采购合同是固定价格合同，那么这批采购就不需要和市值进行对比，而是直接用固定价格入账[82]。

（二）后进先出法

后进先出法是纳税人可以选择使用的一种库存商品记账方法[83]，一经选择就不能随意更改。该方法的核心要求是计量库存商品的期末价值时，应按成本法首先将各类型的库存按照其期初的成本价格计量（用尽期初该类型库存的数量），然后按本年度生产或购买的成本价格计量。首年度使用后进先出法时，期初库存的价值按照各类型库存的平均单价来计算总价值，此后各年就根据各类库存数量的起落和成本价计量要求来累计期末库存，然后结转为下年的期初库存。可见在此方法下，除非某年度库存为零，否则库存商品的价值始终保持最先进入库存的产品成本，因此销货成本就始终维持在相对后进入库存的产品成本，即“后进先出”的含义所在。纳税人还可以选择将此方法仅用于库存原材料的计量[84]，或在计量本年度的库存商品成本时选择使用最近依次购入的成本单价、年度平均成本单价或按时间顺序购入的成本单价[85]。

【例 2－15】 三英股份有限公司生产试剂盒，纳税年度截止日为 12 月 31 日，采用了后进先出法来计算库存商品。2020 年 12 月 31 日，三英公司的库存中包括原材料 10 万份、半成品 10 万份和成品 10 万份，原材料单价为 6 美分。2021 年 12 月 31 日，三英公司的库存中包括原材料 20 万份、半成品 6 万份和成品 8 万份，原材料平均单价为 10 美分。半成品和成品中都含全部原材料。

分析： 2020 年 12 月 31 日的库存就是 2021 年期初的库存，即三英公司有 30 万份原材料（原材料、半成品和成品的数量相加）的期初库存，2021 年的原材料期末库存为 34 万份，其中 30 万份应以期初单价计量。根据后进先出法的库存计量规定，2021 年原材料期末库存的计算见表 2－10。

表 2－10　　2021 年原材料期末库存　　单位：美元

原材料数量和单价	库存原材料	半成品	成品
原材料 20 万份，单价 6 美分	12 000		
半成品中原材料 6 万份，单价 6 美分		3 600	
成品中原材料 4 万份，单价 6 美分			2 400
成品中原材料 4 万份，单价 10 美分			4 000
库存商品的原材料总价值	12 000	3 600	6 400

【例 2－16】 接上例 2－15，假设 2021 年三英公司分 4 批购入原材料的时间和成本见表 2－11，其余情形不变。

表 2－11　　2021 年三英公司购入原材料的时间和成本

购入时间	数量/份	单价/美分	总价/美元
2021 年 1 月	10 000	9	900
2021 年 4 月	20 000	8. 5	1 700
2021 年 7 月	30 000	10. 5	3 150
2021 年 10 月	40 000	10. 63	4 250
总额	100 000		10 000

分析： 4 批购入的原材料的平均单价为 10 美分，例 2－15 中就是采用了平均单价来计算 2021 年期末的库存商品总额。三英公司还可选择以下两种方法来计算期末库存，见表 2－12 和表 2－13。（注意：期末库存的 34 万份原材料中的 30 万份仍应按照期初的单价来计算。）

表 2－12　　方法一：按最近依次购入的成本单价　　单位：美元

原材料数量和单价	库存原材料	半成品	成品
原材料 20 万份，单价 6 美分	12 000		
半成品中原材料 6 万份，单价 6 美分		3 600	

续表

原材料数量和单价	库存原材料	半成品	成品
成品中原材料 4 万份，单价 6 美分			2 400
成品中原材料 4 万份，单价 10.63 美分			4 250
库存商品的原材料总价值	12 000	3 600	6 650

表 2－13　　方法二：按时间顺序购入的成本单价　　单位：美元

原材料数量和单价	库存原材料	半成品	成品
原材料 20 万份，单价 6 美分	12 000		
半成品中原材料 6 万份，单价 6 美分		3 600	
成品中原材料 4 万份，单价 6 美分			2 400
成品中原材料 1 万份，单价 9 美分			900
成品中原材料 2 万份，单价 8.5 美分			1 700
成品中原材料 1 万份，单价 10.5 美分			1 050
库存商品的原材料总价值	12 000	3 600	6 050

如上述例 2－15 和例 2－16 中所示，采用不同的计算方法会导致期末库存商品价值的差异，因此纳税人选择采用某种方法后就不能随意改变。纳税人第一次选择使用后进先出法时，应在其当年的纳税申报时同时提交申请采用后进先出法计算库存表 970（见表 2－14），向国内收入局说明选择的具体方法[86]。

表 2－14　　申请采用后进先出法计算库存表 970（现行，2020 年 11 月颁布）

Form 970 (Rev. November 2020) Department of the Treasury Internal Revenue Service	Application To Use LIFO Inventory Method ▶Attach to your tax return ▶Go to *www.irs.gov/Form970* for the latest information	OMB No. 1545－0042 Attachment Sequence No. 122

填报目的：选择使用后进先出法计算库存商品价值。
填报人：选择该方法的纳税人。

（三）股票、债券或其他金融产品的库存计量方法

通过买卖股票、债券、货币或其他金融产品而获取收益的经纪人，应按

照期末持有的各类产品的市值来计量属于库存类的产品，对于属于投资类的金融产品，则视同已经将其按市值出售并且应将所测算的盈亏计入当年的应税总收入或亏损之中[87]。这个方法被称为“市值计量入账法”（Mark to Market Accounting Method），在实际使用中要注意特殊情形的处理。

七、467 条款费用入账方法

467 条款专门就长期租赁或售后回租资产的租赁费入账做出规定，促使出租方和承租方在同一个合同下确认收入和费用的时点和金额相互匹配。适用于该条款的租赁协议需满足一定的条件，俗称“467 条款租赁协议”，不属于 467 条款租赁协议的出租活动可以不执行 467 条款规定。

467 条款租赁协议指由出租方和承租方口头或书面认可的、在租期内租金并未平均分摊到各租赁期间的协议。约定应支付的租金呈现出预付、迟付、先低后高或先高后低的状态，并且带有应计利息或者租金不确定（或有）的特征[88]。但是，如果租金总额（包括现金和其他方式的回报）低于 25 万美元，则不受限于 467 条款的规定。

针对 467 条款租赁协议下租金支付方式的多样性，467 条款规定，对这样的租赁协议出资方和承租方均应采用权责发生制，逐期将租金和应计利息（由应付而未付的租金而产生的利息）入账[89]，即便出租方或承租方的总体税务记账方法不同于权责发生制。

如果长期服务协议具有和 467 条款租赁协议类似的支付特征，那么 467 条款的规定也适用于这样的长期服务协议。

八、记账方法变更

本节中上述税务记账方法仅仅是常用的、广泛适用的部分记账方法，此后各章中阐述的针对某类收入或成本项目，或者某个行业特殊的记账规则都可以成为被纳税人采用的、惯用的、固定的税务记账方法。记账方法的改变必须通过特定的申请程序来完成，某些记账方法的变更在申请提交后即自动生效，而相当一部分记账方法变更必须得到国内收入局的正式批复后才得以生效执行[90]。纳税人需要改变其税务记账方法时，必须提交税务记账方法变更申请表 3115（见表 2－15）来申请变更[91]。

表 2－15 税务记账方法变更申请表 3115（现行，2018 年 12 月颁布）

Form 3115 (Rev. December 2018) Department of the Treasury Internal Revenue Service	Application for Change In Accounting Method ▶Go to *www. irs. gov/Form*3115 for instructions and the latest information.	OMB No. 1545－2070

填报目的：提出税务记账方法变更的申请。
填报人：需提出申请记账方法变更的纳税人。

如果记账方法的变更需要获得国内收入局的正式批复，那么纳税人应在计划变更的纳税年度内尽早提交税务记账方法变更申请表 3115，以期在当年获得批准并执行变更后的记账方法。如果是申请提交后自动变更生效，那么纳税人应先在计划变更的纳税年度内（最晚不能晚于次年的纳税申报日）向国内收入局寄送一份已签章的税务记账方法变更申请表 3115 原件，再将该表复印件与其纳税申报表一起提交[92]。

记账方法的变更定会引起入账金额在不同方法下的差异，从而导致必要的账务调整（参阅本章第二节）。

第二节 税务记账期间和账务调整

记账期间是税务记账的根本要素之一，贯穿纳税人申报的全过程。纳税人可以按公历年或财政年来记账、申报税表和缴纳税款。本节还将阐述税法对记账期间的其他特殊规定，以及导致税务账务调整的两个原因，即记账方法的改变和转让定价引起的盈亏重新分配。

一、税法规定的记账期间

美国宪法第十六修正案之后所订立的税法条款都明确建立在按年度征税的基础之上[93]，因此纳税人的税务记账期间也必须遵守 12 个公历月的分段方式。12 个月的起点可以是 1 月 1 日，也可以是纳税人选择的某一天。以每年 1 月 1 日到 12 月 31 日为税务记账和纳税期间[94]的纳税人被称为“公历年纳税人”（Calendar Year Taxpayer）。以其他月份月底最后一天为税务记账和纳税期间[95]的纳税人则被称为“财政年纳税人”（Fiscal Year Taxpayer），或“非公历年纳税人”（Non - Calendar Year Taxpayer）。

以12月31日或某个月月底来分割的年度就是“纳税年度”。显然，纳税人开始有申报义务的起始点或者其申报义务的结束点不一定是1月1日，或者规定的某月最后一天，所以首个纳税年度和最后一个纳税年度可能不满12个月[96]。如果纳税人没有账务记录或不应该采用财政年，那么该纳税人就必须采用公历年来进行税务记账和纳税申报[97]。

纳税人必须通过第一份纳税申报（即国内收入局规定的各种表格）来正式确定是用公历年还是财政年为纳税年度，纳税申报延期申请（即表7004，参阅后续章节）不能代替正式申报[98]。纳税年度一经确定，则不能随意改变，任何主观或客观原因导致的纳税年度改变都必须经过国内收入局批准或其他法定程序[99]。

纳税年度的跨度可能导致应纳税所得额的计算结果产生较大差异，从而导致税款征收在不同纳税期间的差异。因此，税法要求一些特定的纳税实体或纳税人必须采用固定的纳税期间，比如员工持股的服务型股份有限公司（参阅第八章第一节）必须采用公历年为纳税年度[100]，合伙企业纳税年度的确定必须考虑合伙人的纳税年度和收入（参阅第十二章第一节）[101]，S类小型股份有限公司[102]（参阅第十一章第一节）和不动产投资信托基金[103]（参阅第十三章第一节）也必须采用公历年为纳税年度等。

当然，税法也给予员工持股的服务型股份有限公司、S类股份有限公司和合伙企业适度的灵活性，它们可以通过提交纳税年度选择申请表8716（见表2-16）申请特殊纳税年度跨度[104]。在选择特殊纳税年度跨度之前，公司必须分析计算可能产生的税款，并履行缴税义务（如有税款）。

表2-16　　纳税年度选择申请表8716（现行，2021年8月颁布）

Form 8716 (Rev. August 2021) Department of the Treasury Internal Revenue Service	Election To Have a Tax Year Other Than a Required Tax Year ▶Go to *www.irs.gov/Form8716* for the latest information.	OMB No. 1545 - 0123

填报目的：提出特殊纳税年度跨度的申请。
填报人：需提出申请的员工持股的服务型股份有限公司、S类股份有限公司或合伙企业。

除了上述要求之外，如果其他纳税人一定想要以某一个固定日为纳税年度截止日期，那么需要结合法典关于52～53周纳税年度的规定[105]来执行。

纳税年度一经确定，纳税人必须按照既有的年度跨度来进行税务记账和纳税申报。纳税年度的变更必须由纳税人提出申请，经国内收入局批准后才可以执行，除非是遵循税法规定强制变更纳税年度则无须批准，比如当C类股份有限公司转变为不动产投资信托基金时，纳税年度必须更改为公历年[106]。

纳税人需提交纳税年度变更或自定申请表1128（见表2－17）来申请变更纳税年度，此表还可以用于某些纳税实体申请采用特殊的纳税年度。

表2－17　　纳税年度变更或自定申请表1128（现行，2014年10月颁布）

Form 1128 (Rev. October 2014) Department of the Treasury Internal Revenue Service	Application to Adopt, Change, or Retain a Tax Year ▶Information and its separate instructions is available at *www. irs. gov/Form* 1128	OMB No. 1545－0123 Attachment Sequence No. 148

填报目的：申请变更现有的纳税年度或采用和法典规定不同的纳税年度。
填报人：各类提出申请的纳税人。

纳税人首年度或末年度的纳税申报跨期可能少于12个月，或者由于纳税年度的变更，也可能导致变更当年的申报跨期少于12个月。例如：某股份有限公司申请将以3月31日为截止日的财政年变更为公历年。此时，申请当年该公司必须做一份从4月1日到12月31日的纳税申报，使纳税申报过渡到公历年。此种情形下，纳税人应按照申报所跨期间将应纳税所得额和其他特殊抵扣（如个人免税额）或税收优惠项目平均分配到12个月当中，而不是将它们集中体现在个别的月份内[107]。

二、记账方法变更引起的账务调整

记账方法的改变无疑将导致应纳税所得额的变化，即按新方法计算的结果与按旧方法计算的结果不尽相同。法典第481条规定，因记账方法改变而导致的应纳税所得额的变化必须给予考虑，而且纳税人应做相应的账务调整，以保证同一笔（或某一笔）收支不会被重复计算或者被疏漏。这样的账务调整就是“481（a）账务调整”[108]。481（a）账务调整的缘由是记账方法的改变，其结果是应纳税所得额在各纳税期间分配的改变，这个调整在某些情形下可能是一个很大的变动。因此法典进一步规定，纳税人可以申请将481

(a) 账务调整在一个或数个纳税年度完成[109]。如本章第一节所述，在记账方法改变的纳税年度内，纳税人通过税务记账方法变更申请表 3115 申请改变记账方法。国内收入局批准申请时，也会确定 481 (a) 账务调整额度以及 481 (a) 账务调整的时间跨度。

481 (a) 账务调整的额度等于在记账方法改变之前（即记账方法改变年度的第一天）新旧方法下应纳税所得额各年累计的差异。如果记账方法的改变导致数项 481 (a) 账务调整，那么应汇总计算出 481 (a) 账务调整总额[110]。一般情形下，如果 481 (a) 账务调整总额为负数，即减少应纳税所得额，那么该调整在 1 个纳税年度（即记账方法改变年度）内完成；如果 481 (a) 账务调整总额为正数，即增加应纳税所得额，那么该调整应平均分摊到 4 个纳税年度（即记账方法改变年度及其之后的 3 个纳税年度）内完成[111]。在 481 (a) 账务调整期间，如果出现不足 12 个月的纳税年度，则视同其为 12 个月的纳税年度[112]。

【例 2-17】 三英股份有限公司的纳税年度是公历年。2020 年，三英公司申请改变记账方法并获批准，481 (a) 账务调整总额为 6 万美元。2022 年，三英公司改变为财政年纳税人的申请也得到批准，财政年度结算日为 2022 年 9 月 30 日。

分析： 481 (a) 账务调整总额为正值 6 万美元，因此该 6 万美元应按每年 1.5 万美元在 2020 年、2021 年、2022 年和 2023 年完成。尽管 2020 年的纳税年度只有 9 个月，也应按 1.5 万美元做 481 (a) 账务调整。

在一些特殊的情形下，纳税人也可以申请在 1 个纳税年度内完成总额为正数的 481 (a) 账务调整，如该调整小于 5 万美元、纳税人处于某些税务稽查过程中或纳税人需要完成某些并购项目等[113]。

三、转让定价规定下的账务调整

转让定价规定是指通过法律规定来约束纳税人通过商品或服务的不同定价机制来转移利润的分配。纳税人与其关联方之间的交易受到转让定价条款的制约，特别是在跨境交易的情形下，税务利润在不同国家之间的分配更受到各国税收管理部门的规制。虽然转让定价是一个税法体系下的概念，但是由于它的制约和税收强制性特征，直接导致纳税人确认的应纳税所得额和税款发生变化。因此，纳税人必须考虑其税务账务（甚至财务账务）的调整[114]。

各国税务局都从各自国家的角度来制定转让定价规则。在独立交易原则下，美国税法遵从最优化规则（Best Method Rule），即纳税人可以采用法律规定的任何方法以形成最优化的定价方案。税法认可的方法有非受控价格法、再销售价格法、成本加成法、可比利润法和利润分割法等。

为了更加有效地约束跨国企业利用各国的税制差异和征管漏洞而减少整体税款，2013 年，经合组织应 20 国集团的要求建立了防止税基侵蚀与利润转移的项目，并于同年发布了 15 项行动计划。行动计划中就各国财政和税收当局都关心的转让定价与实际价值相匹配、转让定价文档和国别报告等问题制定公认的合理的规范措施。

各国纳税人都必须遵守各自国家的转让定价法律法规，以及经合组织的行动计划中关于转让定价的规定。由此所引发的账务调整，也就屡见不鲜。

本章参考文献

[1] IRC § 446（a）; Treas. Reg. § 1.446－1（a）.

[2] IRC § 446（c）.

[3] IRC § 446（b）.

[4] Treas. Reg. § 1.446－1（c）（1）（i）.

[5] IRC § 448（a）.

[6] IRC § 448（b）.

[7] IRC § 448（c）.

[8] Treas. Reg. § 1.446－1（c）（1）（ii）.

[9] IRC § 453（b）.

[10] IRC § 453（c）.

[11] Treas. Reg. § 15a.453－1（b）（2）（ii）.

[12] IRC § 483（a）.

[13] Treas. Reg. § 15a.453－1（b）（2）（iii）.

[14] IRC § 453（d）（1）; Treas. Reg. § 15a.453－1（d）（1）.

[15] IRC § 453（d）（3）; Treas. Reg. § 15a.453－1（d）（4）.

[16] U. S. Department of the Treasury, Internal Revenue Service, *Publication 537*, *Installment Sales*, Cat. No. 15067V,（Washington DC: 2021）.

[17] IRC § 453 (f) (6).

[18] IRC § 453 (e).

[19] IRC § 453 (h).

[20] IRC § 451 (a); Treas. Reg. § 1.451 – 1 (a).

[21] IRC § 451 (b).

[22] IRC § 451 (d); Treas. Reg. § 1.451 – 1 (b).

[23] IRC § 451 (e); Treas. Reg. § 1.451 – 1 (c).

[24] Treas. Reg. § 1.451 – 1 (a).

[25] IRC § 451 (c); Treas. Reg. § 1.451 – 5 (b).

[26] IRC § 451 (c) (4).

[27] Treas. Reg. § 1.451 – 5 (c).

[28] IRC § 460 (f); Treas. Reg. § 1.460 – 1 (b) (1).

[29] IRC § 460 (f) (3); Treas. Reg. § 1.460 – 1 (e).

[30] IRC § 460 (a); Treas. Reg. § 1.460 – 1 (a).

[31] IRC § 460 (b) (1) (A); Treas. Reg. § 1.460 – 4 (b) (2).

[32] IRC § 460 (b) (5); Treas. Reg. § 1.460 – 4 (b) (6).

[33] IRC § 460 (c); Treas. Reg. § 1.460 – 5 (b).

[34] Treas. Reg. § 1.460 – 4 (b) (5) (iv).

[35] Treas. Reg. § 1.460 – 4 (b) (5) (v).

[36] IRC § 460 (b) (2); Treas. Reg. § 1.460 – 6.

[37] IRC § 460 (e); Treas. Reg. § 1.460 – 4 (a).

[38] Treas. Reg. § 1.460 – 4 (d).

[39] Treas. Reg. § 1.460 – 4 (c).

[40] Treas. Reg. § 1.460 – 4 (e).

[41] IRC § 454.

[42] IRC § 455.

[43] IRC § 456.

[44] IRC § 457.

[45] IRC § 461 (a).

[46] Treas. Reg. § 1.461 – 1 (a).

[47] IRC § 461 (h) (1); Treas. Reg. § 1.461 – 4 (a).

[48] IRC § 461 (h) (2); Treas. Reg. § 1.461 – 4 (d).

[49] Treas. Reg. § 1.461 –4 (d) (6) (ii).

[50] IRC § 461 (h) (3); Treas. Reg. § 1.461 –5.

[51] IRC § 461 (c).

[52] IRC § 461 (f); Treas. Reg. § 1.461 –2.

[53] IRC § 465 (a); Proposed Treas. Reg. § 1.465 –1; § 1.465 –4.

[54] IRC § 465 (c) (7).

[55] Proposed Treas. Reg. § 1.465 –24, § 1.465 –25.

[56] IRC § 465 (b) (2), (b) (6); Proposed Treas. Reg. § 1.465 –5, § 1.465 –27.

[57] IRC § 465 (b) (3).

[58] Proposed Treas. Reg. § 1.465 –6.

[59] IRC § 465 (d); Proposed Treas. Reg. § 1.465 – 11, § 1.465 – 12, § 1.465 – 13.

[60] Proposed Treas. Reg. § 7.465 –2.

[61] IRC § 465 (a) (2); Proposed Treas. Reg. § 1.465 –2.

[62] IRC § 469 (a), (b).

[63] IRC § 469 (c) (2); Treas. Reg. § 1.469 –1T (e) (1).

[64] IRC § 469 (h); Treas. Reg. § 1.469 –5T (a).

[65] Proposed Treas. Reg. § 1.469 –5 (e); Treas. Reg. § 1.469 –5T (e).

[66] Treas. Reg. § 1.469 –1T (e) (3).

[67] IRC § 469 (c) (2).

[68] IRC § 469 (c) (7) (A); Treas. Reg. § 1.469 –9 (e).

[69] IRC § 469 (c) (7) (B); Treas. Reg. § 1.469 –9 (c).

[70] Treas. Reg. § 1.469 –9 (g).

[71] Treas. Reg. § 1.469 –9 (f).

[72] Treas. Reg. § 1.469 –9 (e) (3) (ii).

[73] IRC § 469 (f); Treas. Reg. § 1.469 –9 (e) (2).

[74] Treas. Reg. § 1.469 –4 (c), (d).

[75] IRC § 469 (e) (1).

[76] IRC § 469 (e) (2).

[77] IRC § 471 (a); Treas. Reg. § 1.471 –1.

[78] Treas. Reg. § 1.471 –2 (b).

[79] IRC § 471 (c).

[80] Treas. Reg. § 1.471 –3.

[81] Treas. Reg. § 1.471 –4.

[82] Treas. Reg. § 1.471 –4 (a) (2).

[83] IRC § 472 (a).

[84] IRC § 472 (b), (c); Treas. Reg. § 1.472 –1.

[85] Treas. Reg. § 1.472 –2.

[86] Treas. Reg. § 1.472 –3.

[87] IRC § 475 (a).

[88] IRC § 467 (d); Treas. Reg. § 1.467 –1 (c).

[89] IRC § 467 (a); Treas. Reg. § 1.467 –1 (b).

[90] IRC § 446 (e); Treas. Reg. § 1.446 –1 (e).

[91] Treas. Reg. § 1.446 –1 (e) (3).

[92] U. S. Department of the Treasury, Internal Revenue Service, *Instructions for Form* 3115 (2018).

[93] J. Glenn Hahn, *Methods of Accounting: Their Role in the Federal Income Tax Law*, 1960 WASH. U. L. Q. 1 (1960).

[94] IRC § 441 (d).

[95] IRC § 441 (e).

[96] IRC § 441 (b); Treas. Reg. § 1.441 –1 (a).

[97] IRC § 441 (g); Treas. Reg. § 1.441 –1 (b) (1) (iv).

[98] Treas. Reg. § 1.441 –1 (c) (1).

[99] Treas. Reg. § 1.441 –1 (e).

[100] IRC § 441 (i).

[101] Treas. Reg. § 1.441 –1 (b) (2) (i) (G).

[102] Treas. Reg. § 1.441 –1 (b) (2) (i) (L).

[103] Treas. Reg. § 1.441 –1 (b) (2) (i) (I).

[104] IRC § 444 (a).

[105] IRC § 441 (f).

[106] IRC § 442; Treas. Reg. § 1.442 –1.

[107] IRC § 443; Treas. Reg. § 1.443 –1.

[108] IRC § 481 (a); Treas. Reg. § 1.481 –1.

[109] IRC § 481 (c); Treas. Reg. § 1.481 -4.

[110] U. S. Department of the Treasury, Internal Revenue Service, Section 3. 15, Rev. Proc. 2015 -13.

[111] U. S. Department of the Treasury, Internal Revenue Service, Section 7. 03 (1), Rev. Proc. 2015 -13.

[112] U. S. Department of the Treasury, Internal Revenue Service, Section 7. 03 (2), Rev. Proc. 2015 -13.

[113] U. S. Department of the Treasury, Internal Revenue Service, Section 7. 03 (3), Rev. Proc. 2015 -13.

[114] IRC § 482.

第三章

应纳税所得额的分类和计算（一）

从第二章阐述的纳税年度的定义和记账方法不难看出，纳税人的税务账户记录可以不同于其财务账户记录，造成这一差异的原因可能是跨年度差异、记账方法不同或者税法中特别规定的收支排除或调整项目。

本章阐述法典确认收入和费用的普遍原则和通用规定。其中，针对个人或股份公司的特殊应税总收入和总成本的核算将在后续各章中具体讲述。

第一节　应税总收入

应税总收入的确定是计算应纳税所得额[1]的首要环节，其确定方法和时点应符合税务记账方法的要求。法典将纳税人的总收入分为三个部分：常见的应税总收入、特殊的应税总收入和可以免除征税的总收入。

一、常见应税总收入的类别

法典从其初始就对应税总收入做出非常广泛的定义。1939 年的法典对总收入的定义是"从任何来源获取的利得、净收益或总收益"，并给予相对细致的分类。案例法中，最著名的可以说是 1955 年最高法院对 Glenshaw 玻璃公司的判决。在此案例中，国内收入局和 Glenshaw 玻璃公司争议的焦点是该公司获得的惩罚性赔偿金是否应纳入应税总收入的范畴。最高法院判定，惩罚性赔偿金应该纳入应税总收入，Glenshaw 玻璃公司应该对其缴纳所得税。此案例的审理和辩论过程为纳税人提供了非常重要的指导，就是说最高法院认为，纳税人所获得的、不可剥夺的、已经实现的且可以被掌控和支配的实际利益都属于应税总收入[2]。可见应税总收入有全方位、全囊括的性质，包括境内外和各种明显的或隐藏形式的收入，除非有些收入被法典明确排除在外，否则国内收入局都有权利对其征税。

2017 年《减税与就业法案》对总收入做了具体细分，在此进行逐一简述。需要注意的是，下面的细分项仅仅是应税总收入的部分表现形式，如果实际利益表现形式比较含蓄或模糊，那么就要结合其性质的实质来划分归类。

（一）各类服务的酬劳

这类收入通常以薪酬（包括年终奖金）、服务费（包括小费）、佣金、额外福利或类似性质的报酬形式存在，可以是现金、现金等价物、物品或者其他服务[3]。服务酬劳应以其总量计为纳税人的总收入，即不能减除各种税款、工会费、保险或支付人发生的其他任何费用。

多数情况下，该类收入比较容易识别、分类和确定金额。法典细则解释了一些特殊情况下的判断原则和方法，例如：

1）代替某服务商（个人或企业）给慈善机构捐款。任何个人、企业或其他形式的组织对慈善机构的直接服务，都不会产生服务性收入。但是如果该个人、企业或组织为经营性机构提供了服务，该经营性机构又代替这些服务提供主体对慈善机构进行捐款，那么这些捐款应纳入该服务提供主体的应税总收入[4]。

2）以立即可转让的非现金财物（不包括股票期权或受限财产）作为服务酬劳。服务提供者应按非现金财物的市场价值确认为当期的应税总收入。同时，该财物在服务提供者手中的成本等于其市场价值[5]。

3）以受限财产转让形式作为服务酬劳。与上述“2）”不同，如果以非现金财物作为服务报酬，同时对该报酬的最终获取设定了诸多限制，服务提供者承担重大的财产没收风险，那么服务提供者不需要立即确认收入，而是等到该限制解除，财产没收风险消除之后再确认。但是，如果服务提供者将该财产在限制解除前就出售给非关联方，那么服务提供者应根据出售的价格和成本确认收入[6]。服务提供者可以通过正式的选择申请，将该受限财产代表的价值在获取当年（限制未解除前）就确认为应税总收入，这样的话，该财产日后的升值部分可以不再确认为服务性收入[7]，而是以资本利得纳入收入。选择申请必须在受限财产获取后30天内，递交国内收入局[8]。

4）雇主提供餐食和住所不违反以便于工作为目的，且不铺张的话，可以不计入收入。

5）雇员享受的、超过税法免于征税的各种超额福利。

6）使用雇主的车辆如果超出临时、少量使用的范畴，该使用则视为雇员的应税收入。

7）度假屋或休闲会所费用。如果雇主支付部分费用，该支付的金额则视为雇员的应税收入。

8）雇员寿险的保险费及收益。由雇主支付的部分视为雇员的应税收入。

9）小费收入。

10）社会保障、养老金收入。部分社保收入应纳入个人的年度应税收入。

11）失业金应全额纳入应税收入。

12）薪酬延期。

13）股票期权激励。

[作者注：以上13条是常见的与服务报酬相关的收入类别。上述“4）~13)”下的具体内容请参阅第六章。]

（二）利息收入

法典的总原则是，任何形式的利息收入都应算作应税总收入，比如银行存款利息、付息债券、赊账账户利息、本票利息、抵押贷款利息、公司债券或无抵押债利息、征用补偿金利息、寿险收益的利息部分、联邦退税的利息部分等[9]。

只有符合严格规定的美国州政府或地方政府债券利息可以不计入应税总收入。这里所指的美国州或地方政府包括哥伦比亚特区和美国托管地，如波多黎各、美属维京群岛等。

纳税人需根据各自的纳税申报方法，确定利息计入的时点。如果纳税人采用收付实现制，那么就应在收到利息时将其计入应税总收入。如果纳税人采用权责发生制，那么就应将全部利息收入分期计入应税总收入。

下面列举一些常见的利息收入：

1）联邦政府债券利息收入，应全额计入应税总收入，只有1941年3月1日之前发行的联邦政府债券可以部分免征所得税[10]。

2）买入折价债券。即债权人以低于票面价值的价格发行债务或债券，到期时支付票面价值。在这类情形下，如果债务或债券购入当日债务人支付了本金和部分利息，那么这部分利息不记作利息，而记作对本金的减少，其后再行支付的利息才被视为利息收入[11]。

【例3-1】 假如三英公司2018年3月15日购买了A公司债券。三英公司支付现金42 000美元，债券面值5万美元，2021年3月14日到期。A公司和三英公司的合同中规定，购买日该债券已经生息1 190美元，以后分别在2019年、2020年和2021年的3月14日分别生息2 160美元、2 270美元和2 380美元（因此三英公司只需支付42 000美元）。

分析：根据上述“2)”的规定，1 190美元不能记作利息收入，而是减少三英公司原本应该支付的现金43 190美元来购买面值5万美元的债券。其后三英公司应该按照每年的生息额度分别将利息收入计入各年的应税总收入。

3）债券在生息日之间出售或提前到期。此时原债权人所获得的付款收益应包含利息收入，利息收入应从总收益中剥离出来单独核算。

4）债务或债券合同没有明确规定利息率或利息金额。例如，一些折价发行的债券，没有给予利息率；或一些利息率不明确或低于联邦基准利率的债务，债权人应用适当的方法估算利息并计入应税总收入。

5）美国州政府或地方政府发行的各类债券利息。上文提到此类债券如果符合规定，其利息可以免征所得税。对于不符合规定的债券，其利息必须纳入年度应税总收入。法典规定，1982年12月31日之后发行的地方政府债券，如果出现下列情形之一的，其利息必须纳入应税总收入：

（1）债务发行的对象不是所有公众；

（2）债务从发行日至到期日少于1年；

（3）1983年1月1日前发行的债务，赋予债权人将债务从记名形式转为无记名形式的权利，该权利本身不能满足视为注册的记名债务要求。

而对于1987年1月20日之后发行的债务，法典更明确规定，债务发行还必须符合下列记名式发行条件之一，才能获得利息免税的待遇：

（1）发行人（或其代理人）保留债务人的本金和所获利息的所有信息。某债务转手时，原债务人必须将其债务通过发行人来转手，发行人可以将原债务转给新的债权人，或取消旧债后再发行新债务给新的债权人。

（2）发行人（或其代理人）维持一套严格的簿记系统，该系统记录债务人本金和所获利息的所有信息。债务转手可以通过该簿记系统完成。

（3）发行人（或其代理人）同时使用上述“（1）”或“（2）”的方式来发债[12]。

6）其他各类形式的债券债务，如非公益目的债券（不能免税的部分）、凭票即付债券、套汇债券、衍生保值债券等。

（三）股息收入

股息收入来源于公司对股东的分红。对分红金额的确认和计算将在第八章和第九章讨论。个人对分红的税款计算将在第六章讨论。

（四）企业经营总收入

企业经营总收入包括销售收入、投资收益和非主营业务收入等。税法意义下的经营总收入通常是扣除销货成本后的数值[13]，和财务报表上的毛收入、毛利润相似。税法意义下的销货成本和财务报表上反映的数值可能有差异，因为税务销货成本的计算需要符合税务调整和记账方法的要求。

企业赢得地方政府的指定项目合同，并获得合同款项。此类收益属于经营总收入[14]。

对企业经营损失的惩罚性赔偿应纳入企业经营总收入，他方代为上缴的税款也是企业经营收入的一部分[15]。

（五）资产处置收入

企业或个人处置有形资产或无形资产所产生的收益属于应税总收入。收益的性质、计算方法和排除条件在第五章详述。

（六）租金收入

租金收入可以来源于租用房地产或其他固定资产，如机器设备等。租金通常应在收到时就记为总收入（有极个别例外）。因取消租赁合同承租人给出租人支付的款项属于出租人的租金收入。如果承租人代出租人支付任何费用，那么这些费用构成出租人的租金收入，属于出租人的应税总收入[16]。

（七）特许权使用费收益

特许权使用费收益通常体现为版税或矿区使用费收入（参阅第十四章第一节）。前者源自他人使用书籍、故事、剧本、商标、特殊配方、专利等受版权保护的内容，后者源自允许他人开采自然资源，如石油、天然气、煤炭、木材或金银铜铁等各类金属矿产[17]。

（八）年金收入和养老金收入

参阅第六章。

（九）债务豁免收入

部分或全部豁免债务时，如果债务人有担保偿还的责任，或者用抵押物为该债务提供担保，那么债务人应将豁免的部分记作应税总收入。如果债务人没有责任，也没有用自有财产担保偿还，那么其无须对债务解除进行收入确认（此类债务非常少见）。如果债务人没有绝对偿还责任，但用自有财产担保偿还，那么还需满足下列条件之一，债务人才能确认债务豁免收入[18]：

1. 如提前还款，债权人将给予债务人一定折扣；
2. 债权人同意通过债务变更减少本金。

债务的豁免可能会有不同的条件，如某个人提供服务后将其债务免除，债权人将抵押物变卖同时债务人丧失抵押品的赎回权，或债务人用折扣价买断债务等。在不同的情形下，对收入的确认类型会有差异，但将债务豁免部分确认为收入的总原则是一致的。

【例3－2】 假如三英公司的乔先生借了史密斯先生10万美元，并担保一定偿还。此后，由于乔先生手头现金紧张，史密斯先生同意乔先生只需要偿还6万美元，豁免2万美元，另外2万美元由乔先生为史密斯先生提供软件开发的形式偿还。

分析：此情形下，乔先生产生了两笔应税总收入，即2万美元的债务重组收入和2万美元的提供服务收入。

【例3－3】 假如史密斯先生用其自由的土地做抵押，从银行借款15万美元。该土地在史密斯先生手中的成本是10万美元，2018年市值为12万美元。借款合同约定，如果史密斯先生无法偿还银行贷款，银行可以将土地变卖并解除史密斯先生债务，史密斯先生也将丧失抵押品的赎回权。

分析：在此种情形下，如果银行以12万美元的市值变卖了土地，并解除史密斯先生的债务，那么史密斯先生获得5万美元的应税收入，即15万美元的债务解除收入减去10万美元的土地成本。该收入属于长期或短期资本性收入。

银行因此产生3万美元亏损，即12万美元土地变卖收入减去债务解除成本 15 万美元。亏损的性质为日常经营性亏损。

股东和股份公司之间常常会产生债权债务关系。如果股东借款给股份公司，此后免除该债务，该债务本金和利息均被确认为股东对公司的（追加）投资[19]时，债务解除所产生的收入仅为利息部分。如果股份公司给股东借款，此后免除该债务，该债务本金和利息都应视为股份公司对股东的分配。这些分配实质上属于对股东的分红、本金偿还或资本利得收益。

金融、信贷或主营借款业务的企业债权人解除债务时，必须将债务解除事项通知国内收入局和债务人，并自行备案。此工作通过提交债务解除表 1099 - C（见表 3 - 1）来完成。该表一式三联，A 联呈递给国内收入局，B 联呈递给债务人，C 联备案。

表 3 - 1　　债务解除表 1099 - C（2022 年适用）

OMB No. 1545 - 1424 2022 Form 1099 - C	Cancellation of Debt

填报目的：披露被解除的债务及债务人的信息等。
填报人：解除债务的债权人。

以下三种债务解除情形属于例外，即债务人不必确认应税总收入[20]：

1. 由于学生死亡或满足某些雇用条件后，学生贷款被解除（对债权人有一些要求）；
2. 某些联邦政府指定的机构代替学生偿还学生贷款；
3. 获联邦政府批准的、合格的自住房贷款被豁免或者部分豁免。

另外，进入破产申请程序后免除的债务部分不记作收入[21]。还有一些债务解除项目属于收入的排除项，请结合上述“（三）股息收入”内容。

（十）合伙企业分配的收入

合伙企业分配的收入，应按照其类别记作纳税人的应税总收入，参阅第十二章。

（十一）其他收入

其他收入包括个人寿险产生的收入，世袭收入和遗产、信托收入等（参阅第六章)。

二、特殊应税总收入的类别

对于特殊应税总收入,法典中列举了十余项,约半数适用于以个人为纳税主体的情形,这部分将在第六章详述。以下是针对企业和个人都适用的项目。

(一) 奖品和奖励金

任何企业或个人所获得的奖品和奖励金都应以其市值记作应税总收入[22]。符合下列情形的,可以部分或全部免除其联邦税款:

1) 符合条件的奖学金。

2) 授予慈善机构的奖品和奖励金。如果作为被授予人的慈善机构没有主动参与竞争该奖品和奖励金,没有被要求提供进一步的服务,且奖品和奖励金的授予通道符合政府机构或组织的要求,那么该奖品和奖励金可以全额免除联邦税款[23]。

3) 授予企业雇员的特殊贡献奖品和奖励金。和普通的年终奖不同,此类奖品和奖励金通常授予有特殊贡献的雇员。如果该奖品和奖励金的金额不超过规定的雇主费用扣除限额,那么该奖品和奖励金则不必记作雇员的应税总收入。反之,如果金额超过规定的雇主费用扣除限额,那么超出部分需记作雇员的应税总收入[24]。

4) 奥运会或残奥会的奖章、奖品和奖励金。如果获奖人获奖该年的总收入(不含此奥运奖项)不超过50万美元,或其夫妻双方获奖该年共同的总收入(不含此奥运奖项)不超过100万美元,那么这些奖章、奖品和奖励金不记作应税总收入[25]。

(二) 经销免税证券的经销商收入

如果某经销商的主营业务就是对各类证券进行买卖,那么这些证券在其手中具有库存商品的性质,因此在法典规定中也被视为库存商品。经销商持有的不具备库存商品性质的债券,可以作为资本性资产另行处理。

概括地讲,由于经销商实质上是在交易一种特殊形式的商品,即免税证券，因此他们应该按照该商品的卖出价和库存成本的差额来确认应税总收入[26]。法典又对如何确认具有库存商品性质的免税证券的交易作了特别规定，从而使收入的确认相对统一和具有可比性。

此类收入的针对性极强，细节不再赘述。

（三）农产品信贷公司贷款收入

农产品信贷公司（Commodity Credit Corporation）是美国联邦政府在1933年设立的政府机构，隶属农业部。其设立的主要目的是实施国会对农产品价格和市场的支持政策，实施手段通常是政府贷款（不必偿还）、预付价款或收购。

如果某纳税人获得农产品信贷公司的贷款，可以选择在贷款当年将其确认为应税总收入。选择一旦生效，未来年份该纳税人应采用同样的方式确认收入[27]。

（四）外国税收抵免视为分红收入

纳税人如果有境外经营业务，当地国家通常对其净收入征税。该征税额可以用来抵减纳税人在美国境内的所得税税款。如果纳税人选择使用外国税收抵免，那么其必须将此境外已征税款当作境外公司分红收入[28]，成为其应税总收入的一部分计算。

（五）特定证券价值的重塑收入

外国政府没收、征用等原因使得纳税人持有的证券变得没有价值，如果纳税人在该纳税年度确认亏损，那么原则上该纳税人应确认同等程度的收入，使其美国联邦税款不至于因此而减少[29]。

（六）给政治组织捐款的财产升值收入

如果纳税人以升值的财产给某政治组织捐款，那么视同该纳税人将该财产以市值卖给了该政治组织，市值减去持有成本部分确认为该纳税人的应税总收入[30]。政治组织是指以支持、参与联邦或各地方政府参选、提名、选举和上任为主要目的的各类型团体、委员会或基金等组织[31]。

（七）酒精混合汽油和生物柴油税款免除额度

纳税人如果获得此类联邦税款免除额度，那么其必须将此类免税额度作为应税总收入计算[32]。

（八）核装置退役收入

如果纳税人（通常是居民用电或商业用电输送商）在电费中包含核装置退役费，那么该费用同时应被确认为应税总收入[33]。

（九）联邦灌溉补贴收入

联邦政府对灌溉给予的水资源补贴超出纳税人实际支付的水资源成本的部分，是联邦灌溉补贴收入[34]。

（十）外国分支机构“亏损转移”收入

概括地讲，美国境内公司转让其外国分支机构的全部资产给一家特定被控股10%或以上的外国股份公司（有特殊定义）时，该转让人（美国境内公司）应该将转让时产生的亏损记作其应税总收入[35]。

三、法典规定的免税收入

多数排除在应税总收入之外的项目都和个人相关，详述请参阅第六章。这里列举的排除项目，不仅适用于个人，也适用于其他形式的纳税人。

（一）赠与或遗产

纳税人接受他人非现金形式的赠与或遗产时，该非现金财产赠与或遗产所代表的价值不记作纳税人的应税总收入。但是，如果该财产将产生新的收益，或包括已产生的新收益，那么这些新的收益部分将属于应税总收入[36]。

（二）地方政府债券

纳税人因购买地方政府债券而获得的利息收入。地方政府包括哥伦比亚特区、州、市和县及政府等。但是，如果地方政府发行的债券带有其他性质，而非严格意义上的政府债券，那么其利息收入应属于应税总收入[37]。

（三）某些债务豁免

前面讲到债务豁免时，总的原则是解除的部分应记作债务人的应税总收入。但法典又规定，在下列情形下解除特殊债务时，债务人无须确认收入，但同时必须相应地减少一些累计的税款抵免额度或优惠项额度[38]：

1. 债务人已经申请破产保护；

2. 债务人已经资不抵债（如果和下述“4”同时存在，下述“4”先适用，除非债务人选择优先适用此项）；

3. 债款用来支持符合资质的农业项目；

4. 债款用来支持符合资质的不动产项目（此情形不适用于C类股份有限公司）；

5. 债款用来支持符合资质的自住房屋的购买。

如果债务人属于上述“1～3”中的某项情形，其债务被豁免时，不需要确认债务解除收入，同时债务人的累计税款抵免额度或税收优惠金额（如有）将按照下列顺序依次扣减：

（1）累计净经营亏损，从当年的亏损开始计算抵减；

（2）常规性的公司优惠项目额度，如研发成本税款抵免额度等；

（3）最低税款抵免额度；

（4）累计的资本亏损额度；

（5）债务人手中财产的持有成本；

（6）被动性活动产生的亏损和累计抵免额度；

（7）外国税收抵免。

（四）承租人对不动产更新改造所产生的增值

租约到期时，出租人收回承租人租用的不动产。如果承租人在租用期间做过改建或新建，这些更新改造本身不应记为出租人的收入[39]［参阅本节“（五）合规的承租人改建或修缮费”内容］。但是，出租人将该不动产再次出租时的所有租金（包括上涨部分），都是应税总收入。

（五）合规的承租人改建或修缮费

针对2000年10月5日之后签署的租约合同，如果同时满足下列所有条件，出租人支付承租人改建或修缮费时，承租人不需将此类费用记作收入：

1）出租人以现金或减少租金的方式支付改建或修缮费。

2）承租人租用的是用于商业零售的不动产，租约属于短期租约，即15年以下的租约。此处商业零售指对公众销售产品或服务，可以包括支持商业零售的管理或存储。对公众的服务类型种类繁多，比如发型设计、裁缝、律师、会计师、医生、建筑设计、修鞋、保险经纪、股票经纪、咨询师、银行等。

3）该费用属于专项支出，其目的是改建或修缮承租人长期使用的、用于商业零售目的的不动产。出租人和承租人应提前书面约定有关该专项费用的实施条款。

4）承租人应在收到改建或修缮费的纳税年度进行商业零售地产的改建或修缮。此期间可以延续到承租人下一个纳税年度第8个半月之前。如果承租人先行产生改建或修缮费，在紧随其后的纳税年度内出租人才给予报销或补偿，那么承租人的账务处理中不得计提对改建或修缮费的折旧费用，出租人的报销或补偿方可不记作收入。

承租人对改建或修缮费报销的非收入处理实质上说明，此费用属于出租人对长期商业不动产的改建或修缮，出租人应首先将这些费用资本化，然后计提折旧摊销。

有上述费用安排的出租人和承租人都应在纳税申报时批露此安排。如果不披露，将会面临申报信息不准确的罚金[40]。

（六）州和地方政府的收入

美国托管地、各州及各级县市或地区（包括哥伦比亚特区）取得的，为履行各类政府职能、提供居民水电气供应等收入，不作为其应税总收入[41]。

（七）对股份公司的资本性投资

一种情形是，股份公司即便不增发股票，仍然可以要求股东增加投资。这属于股东对股份公司的资本性投资，不记作股份公司的应税总收入。

另一种情形是，《减税与就业法案》实施之前，为了吸引股份公司在某地区拓展业务，某级政府机构或合格民间组织给予该股份公司免费的土地或其他财产。此时，股份公司可以将这些财产当作对资本账户的投资，也不需将此投资记作应税总收入。如果是现金补贴，直接增加资本账户余额；如果是以实物补贴形式授予某股份公司，该实物的税务资产成本为零，其不能计提任何折旧摊销[42]。

《减税与就业法案》对政府机构或合格民间组织的财产授予做出限制，要求该授予必须出自股东。也就是说，出资方政府机构或合格民间组织必须是股份公司的股东。当然，实践中某些授予隶属于《减税与就业法案》颁布之前的一些重大项目，从而可以遵照旧有法规执行。

对股份公司的资本性投资不能包括来源于消费者的财产授予，或者财产授予与未来的产品销售、未来从事的某项服务相关。换句话说，这些类别的财产授予需记作股份公司的应税总收入。

（八）某些成本分摊性的支付费用

这些成本分摊性的支付都依照某项联邦政府的特殊政策，涉及清洁水源、废弃矿山、环境保护、农业及其他资源保护。依照这些政策所获得的款项（适用于1979年9月30日之后）属于联邦政府支付成本分摊性的费用，可以全部或部分不记作纳税人的应税总收入[43]。

（九）公用电力公司对节约能源的补贴

消费者从公用电力公司直接或间接获取的、用于安装或改善能源供应系统的节能补贴，不记作消费者的应税总收入[44]。

（十）灾难援助项目拨款

符合条件的拨款不算作被援助人的应税总收入。法典对符合条件的灾难援助项目有一些要求[45]。《2020救援法案》下的政府补贴或救助放款就是典型的灾难援助项目拨款。

（十一）联邦政府对医用药品计划的补贴

符合《社会保障法案》第1860D－22条款的补贴，不记作应税总收入[46]。

综上所述，法典规定的一般性和特殊性的应税总收入项目以及可以排除在应税总收入之外的各项收入十分广泛。这些应包含或应排除的法规规定，不因纳税人或申报人的形式改变而改变。

第二节　与经营活动相关的费用

与经营活动相关的费用项目包罗万象，只要是合理的日常经营开支，都可以被涵盖。比如经营管理费用、佣金、劳务费、物资供应、维修费、车辆使用费、差旅费、广告费、营销费、租金和各类保险费等[47]。

然而，国会和财政部不允许不合理的或违法的费用支出与合理合法的费用支出享受同等的法律待遇。因此法典明文限制对这些费用项目的扣除，鼓励并保护合理合法的经营行为。

一、经营活动的定义

第一节阐述收入的内容时，对经营活动的定义没有特别强调，其原因是无论什么样的收入或收益，都应纳入总收入的范围。然而，从纳税人费用项目是否可以从税前扣除的角度而言，该定义就有根本性的指导作用。本书中的“经营活动”是对英文“trade or business”的意译，以期更好地反映其本质上的含义。其他的中文直译有“贸易和业务”，或“商业贸易”等。

“经营活动”在法典中经常被提及，是做出某些判断的重要依据。但是，该词汇却没有非常明确的法典定义。国内收入局的官网对“经营活动”做了如下解释：经营活动是指个人或任何组织为了生计或牟取利益而从事的各种活动。通常需要根据活动从事者（或纳税人）的具体事实和实际情况来判定其是否从事“经营活动”。这些活动和交易的规律性以及收益的产生，是判断是否从事经营活动的重要因素。经营活动从事者应该有真实的营利目的，但不一定有营利的实际结果。经营活动从事者应该持续努力争取经营业务的不断推进[48]。

如何断定纳税人是否在“牟取利益”，法典细则提出这样一些判断标准：

1）纳税人从事活动的方式。比如是否保留完整的财务记录通常是谋求营利的标志。如果纳税人从事此活动和从事彼活动的方式相似，而其在彼活动中是营利的，那么也可以认为纳税人愿意在此活动中牟取利益。

2）纳税人本人的资质经验及其咨询师的资质经验。纳税人本身为从事该活动进行学习、调研或聘请专业人士咨询指导，都可以表明其有真实的营利目的。

3）纳税人从事活动所花费的时间和精力。纳税人投入大量的时间和精力通常表明其营利的目的。不过，即使纳税人本身并不投入太多，但是雇用他人从事活动，仍可以表明其以营利为目的。

4）用于各项经营活动的不动产或固定资产有升值的预期。资产的升值也属于谋得收益的范畴，所以将有升值空间的资产用于经营活动，表明了营利的目的。

5）纳税人从事类似活动或非类似活动的成功案例。纳税人以往的成功业绩可以表明其牟取利益的目的。

6）纳税人以往各年从事类似活动的盈亏记录。最初数年的亏损并不代表纳税人没有牟取营利的意图。但是，如果亏损持续，且没有正当理由解释亏损的缘由，那么可以认为纳税人没有牟取营利的真实意图。由于天灾或不可预测的事件造成的亏损可以忽略不计。

7）偶然营利的数额。即使是有投机性质的偶然暴利，也可以说明经营活动是以营利为目的的。

8）纳税人的总体财务状况。除了此经营活动之外，纳税人没有其他重大收入，这种情形下可以认为此经营活动是以营利为目的的。反之，纳税人的主要收入来源不是此经营活动，此经营活动只能产生持续性的亏损，那么此经营活动不是以营利为目的。

9）出于个人爱好或娱乐而从事该活动的程度。如果纳税人仅仅出于个人爱好或娱乐而从事某项活动，那么该活动不能算作是以营利为目的。但是，如果该活动给纳税人带来持续的盈利，则能充分说明纳税人有营利的目的[49]。

【例3-4】 史密斯先生继承了其父的一个农场，在继承前该农场一直经营亏损。目前农场周边已经大部分开发成为居民住宅，史密斯先生也住在该农场专门开辟出的一块区域。史密斯先生的父亲生前是股票经纪，还留给史密斯先生很多股票，每年分红非常可观。史密斯先生雇用了工人专门经营农场，但是并没有对农场进行任何现代化的改造，其盈利前景也无法预测。

分析：根据上述事实综合判断，史密斯先生在农场的经营活动不能视为以牟取营利为目的。

【例3－5】 莉雅女士也同样继承了父亲的农场，面积65英亩。农场连续15年没有盈利，主要原因是农产品价格下降，而经营成本持续上升。莉雅女士搬进农场居住，并且在很多农场事务上亲力亲为。她聘请了一位员工，支付其年薪8 500美元。类似的许多农场也同样处于盈利艰难的境地。

分析：根据上述事实综合判断，莉雅女士在农场的经营活动不能视为以牟取营利为目的。

【例3－6】 乔先生是一名化学家，受雇于一家大型化学品制造公司，从事广泛的基础调研工作。虽然他不为其雇主进行新产品的开发，但乔先生对新型塑料材料非常热衷，并在自己家里自费建立了研发实验室。乔先生已经将几个新进展申请了专利。虽然乔先生的研发工作还没有产生收入，但他相信艰苦的前期工作很重要，也非常看好这些专利以及未来制成品的预期收益。

分析：根据上述事实综合判断，乔先生的研发工作并非完全出于个人爱好和娱乐，其学历、经验和资质也符合研发工作的较高要求。虽然暂时处于非盈利时期，但其工作仍可以被认为是以营利为目的。

判断从事某些活动是否有真实的营利目的，其重要性在于，如果个人或S类小型股份公司纳税人不能证明从事这些活动的营利目的，那么这些活动就不能被视为“经营活动”，所有与从事这些活动相关的费用都不能作为“经营活动”支出在税前扣除[50]。这些费用将归为个人消费，从而不符合扣除要求，直接影响到纳税人的税款额度。

经营活动的概念非常重要，在此后的章节仍会被提及。

二、公司设立成本

一般来说，公司的启动开支或初创成本是为了多年的持续经营而发生，有长期性，应该被全部资本化，再行摊销到各期作为收入扣除项。

公司的启动开支必须和公司的长期经营活动相关，是已经支付或已经发生的成本，其可以涉及的初创工作包括：调查如何开启或收购一项经营活动、具体实施开启步骤或对未来可能成就的某项经营活动有良好的预期并为之进行资金的准备。启动开支不包括任何贷款利息、各类税款和研发成本。

法典规定在经营活动正式开始的纳税年度，纳税人可以在纳税申报/填写申报表时选择把5 000 美元的启动开支作为首年度成本扣除额。但是，如果纳税人的启动开支总额大于 5 万美元，那么高出 5 万美元的部分将用来减少这 5 000 美元的首年度扣除额。启动开支总额减去首年度扣除额将摊销到 180 个月之中，摊销时间从经营活动开始的月份起算[51]。

【例 3 –7】 三英股份有限公司成立后，股东之一乔先生为其未来的经营准备了将近 3 年的时间，其间为此发生了费用 54 500 美元。三英公司于 2020 年 7 月 20 日正式运营。三英公司的财年截止日为 12 月 31 日。

分析：54 500 美元属于启动开支。三英公司在其 2020 年 12 月 31 日的纳税年度内，可以选择首年度成本扣除额 500 美元（5 000 – 4 500），剩余的 54 000 美元从 2020 年 7 月开始摊销到 180 个月之中，每月的摊销额为 300 美元。所以，三英公司 2020 年启动开支可以扣除的总额为 2 300 美元，即首年度成本扣除额 500 美元加上当年的 6 个月摊销额 1 800 美元。

【例 3 –8】 接上例 3 – 7，假如三英公司的启动开支为 45 万美元，其余条件相同。

分析：三英公司将不会有首年度成本抵扣额可以使用，45 万美元摊销到 180 个月，每月的摊销额为 2 500 美元，所以三英公司 2020 年启动开支可以抵扣的总额为 15 000 美元（2 500 ×6）。

纳税人在纳税申报表中的选择是必要且不可以更改的。如果纳税人完成了两年或两年以上申报，发现需要更改经营活动的起始时间，或改动启动开支的金额大小，那么这些改变都将涉及税务记账法的改变[52]。

三、雇员薪酬和福利支出

纳税人在经营活动中所发生的、合理的雇员薪酬和福利支出，可以作为应税总收入的扣除项[53]。扣除额的大小通常取决于实际支付的金额或应该履行的义务已经完成，以及某些特殊的规定。

雇员薪酬的合理性表现在其数额符合行业的标准，即在同等或相似的工作范围下，综合考虑个人能力、地域差异等，具有可比性。年终奖金也可以算作薪酬的一部分，只要它们和已发工资部分加总后数额合理[54]。另外具有指导意义的案例是 Exacto Spring 股份公司和国内收入局对簿公堂，针对其首席执行官兼创始人的工资是否合理做出判决。此案件由美国联邦第七巡回上诉法院审理，推翻了初审税务法庭判定的、首席执行官兼创始人的工资高出合理范围的结论。第七巡回上诉法院认为，可以参考独立的投资人回报率标准来判定公司净收益是否合理，从而决定作为工资抵扣的高管工薪是否合理。此案件中独立投资人合理的回报率是 13%，而 Exacto Spring 股份公司已经实现了 20% 的投资人回报率。因此，第七巡回上诉法院认为给予首席执行官兼创始人的报酬是合理的，并没有超标[55]。

联邦税收执行程序细则明确表示国内收入局不会具体规定薪酬合理性的数额[56]。因此纳税人需要根据各自的经营状况做相应的决定。

（一）关于雇员薪酬的四项规定

1）上市公司雇员薪酬最高标准[57]。法典规定，总原则是从 2016 年 12 月 31 日之后，上市公司能够抵扣的单位被监管高管雇员最高薪酬为每年 100 万美元。被监管高管雇员指在公司呈报给各位股东的在纳税年度任何一天作为首席执行官、首席财务官或按照证券法作为头三名最高薪酬的雇员（非首席执行官或财务官）。薪酬包括现金或非现金报酬，包括以佣金形式或以绩效考评为基准的薪酬。但是，如果薪酬是依据 2017 年 11 月 2 日之前已生效的书面约定而发放，那么其抵扣额度标准不受 100 万美元的限制。不是被监管高级管理人员的薪酬不受此限制。

2）薪酬延期支付计划。雇主如果决定在其纳税年度结束后第三个月第 15 日之后发放雇员薪酬，那么雇主就算设立了薪酬延期支付计划[58]。对于雇主没有专门资金投入的薪酬延期支付计划而言，雇主不能抵扣预期的、但未支付的薪酬。只有当雇员可以将薪酬纳入其应税总收入时，雇主才可以进行薪酬成本扣除[59]。（作者注：薪酬延期支付计划的适用范围远大于上述的一种形式。）

3）最低健康保险提供商。2012 年 12 月 31 日之后，如果健康保险提供商某年收取的保费有至少 25% 属于保证最低健康医疗，那么该年它就是最低健康保险提供商，该年度被认作为不合格纳税年度。在这样的年度内，保险公司首席执行官等高管的薪酬抵扣额度不能超过每人 50 万美元[60]。（作者注：对于最低健康保险提供商总收入比例的计算应该采用总体集合规则，此处不赘述。）

4）获取不良资产救助计划资助。如果纳税人获得 2008 年《稳定经济紧急法案》下不良资产救助计划的资助，那么其首席执行官等高管的薪酬抵扣额度不能超过每人每年 50 万美元[61]。

（二）金色降落伞计划

金色降落伞计划是指在聘用合同中规定，公司控制权变动时，公司应对高层管理人员、股东、超高薪雇员或高额费用服务商提供补偿性报酬。“金色降落伞”形象地表明了补偿报酬之丰厚且规避风险的特性。法典规定，金色降落伞计划中超额的部分不能作为公司的税前扣除项目[62]。

金色降落伞计划超额的部分是指计划额度减去基本额度，再减去合理的超出平均薪酬的部分。金色降落伞计划所囊括的金额要求是：各项支付的前提必须是公司的股权或重大资产的所有权发生变化，并且各项支付的总和之现值等于或超过该报酬获益人基本薪酬额度的 3 倍。

基本薪酬额度是股权变动日之前 5 年的平均年薪。

（三）健康福利保险计划

健康福利保险计划通常是指雇主给雇员、雇员家属、服务商等提供的医疗健康、意外伤害、伤残或死亡等保险计划。此类保险不属于薪酬延期支付计划。

雇主每年为健康福利保险计划投入的保费可以作为税前扣除项，但受到一定限制，即扣除额不能超过法典规定的合规成本[63]。合规成本的衡量和测算比较复杂，此处不赘述。

自我雇用人员也可以扣除其本人、配偶及其抚养的子女或其他被扶养人的健康福利保险费，税前扣除额度受限于该自雇人的年度应税收入、自我雇用税和一些保费抵免额度[64]。

由于雇员薪酬和福利的多样性和复杂性，此处无法一一详尽列举并说明。大型企业的人事部和财税部门通常会紧密配合，聘请专业律师和税务师团队分析并确认薪酬和福利的税前扣除。

四、各类税收

法典规定下列公司已经支付或发生的税款可以作为当期费用扣除项[65]。

（一）各州、地方政府或境外地区征收的不动产税

总的原则是，已支付或有义务支付不动产税的主体可以扣除相应的税款。由于美国各州或地方政府对不动产征税的年度跨期各不相同，因此会产生不动产交易前后买卖双方对不动产税款分割的问题。法典和法典细则对此做出进一步解释。不动产交割日前的不动产税应该由卖方负责支付并成为卖方纳税年度扣除项，交割日后（含交割日）的不动产税应该由买方负责支付并成为买方纳税年度扣除项。如果不动产在交割时，不动产税的留置权还未产生，支付人尚未决定，那么交割时持有不动产的主体就被视为不动产税的实际责任人，并视同其已经支付其应承担的税款，可以扣除此税款[66]。无论不动产税的支付者是谁，全部或部分税款的实际责任人才是可以将其作为扣除项的纳税人。

【例3-9】 史密斯先生在S县有一块土地，准备出售给三英股份公司做厂房。S县的不动产税纳税年度从每年4月1日至次年3月31日。土地买卖交割日是2020年6月30日，交割日之后三英股份公司拥有完全产权。该土地每年产生36.5万美元不动产税。

分析：根据上述交易情形，在2020年4月1日至2021年3月31日这个不动产税纳税年度中，史密斯先生持有土地的时间是90天，即4月1日到6月29日（交割当日不计）。因此卖方史密斯先生应承担9万美元不动产税，即 $90 \div 365 \times 365\,000 = 90\,000$（美元）。

三英公司承担剩余的27.5万美元不动产税。

【例3-10】 接上例3-9，假如S县的不动产税纳税年度是自然公历年，每年6月1日不动产税的留置权产生，7月1日为税款支付到期日，但法律没有明文规定某个产权持有人的支付义务。史密斯先生在2021年4月30日将土地卖给莉雅女士，莉雅女士在7月1日缴纳了不动产税36.5万美元。2021年8月31日，莉雅女士又将土地卖给了三英股份公司。

分析：三位土地持有者在2021年应该承担的不动产税如下（莉雅女士的

买卖价格调整的依据)。

史密斯先生应承担1月1日到4月29日119天的税款11.9万美元，是此部分税款的实际责任人，交割当日视同其已经支付此税款；

莉雅女士应承担4月30日到8月30日123天的税款12.3万美元，是此部分税款的实际责任人，交割当日视同其已经支付此税款；

三英公司应承担8月30日到12月31日123天的税款12.3万美元，是此部分税款的实际责任人，交割当日视同其已经支付此税款。

（二）各州或地方政府征收的固定资产税

固定资产税需要同时符合三个基本条件才可以在公司所得税税前扣除：

1. 该税种以固定资产的价值为计税基础；
2. 该税种按年度计量，但征收次数可以较灵活；
3. 该税种的征收对象是固定资产。

（三）各州、地方政府或境外地区征收的所得税、战争红利税或超额利润税

战争红利税和超额利润税通常是战时地方政府特殊增加的税种。

（四）各州、地方政府征收的普通销售税

普通销售税是对广泛的公众商品或服务零售征收的、具有同一税率的税种[67]。普通销售税和各州、地方政府征收的所得税不能同时税前扣除，只能二选一。境外地区征收的普通销售税不能税前扣除。

（五）股份公司为其股东支付的税款

如果股份公司为其股东支付了税款，且股东不对此税款进行偿还，那么股份公司可以扣除此税款，股东则不能扣除[68]。

（六）自我雇用税

如果某个人属于自我雇用，比如成立S类小型股份有限公司，那么产生的自我雇用税的50%可以作为额外扣除项[69]。

（作者注：法典规定下列税款不得作为费用扣除项：纳税人已付或应付的联邦所得税、联邦政府征收的战争红利税或超额利润税、联邦政府对受监管

房地产信托征收的消费税，以及为某些特殊地方政府征税项目所支付的税款[70]。)

五、慈善捐款

法典通过允许慈善捐款适当从企业的应税总收入中扣除来鼓励慈善捐款。股份公司可以扣除的慈善捐款限额为其当年应纳税所得额的10%。超出的部分可以在其后的5年中按照一定规则抵扣，但仍须遵循不超过当年应纳税所得额10%的限制[71]。(作者注：为鼓励全社会对慈善事业的捐赠，《2020救援法案》规定，股份公司在2020年1月1日至2021年2月26日间发生的符合条件的现金捐赠，可以用从其2020年应纳税所得额中全额扣除[72]。该政策延续至2021纳税年度，不过，股份公司在公历年2021年发生的符合条件的现金捐赠可以从其2021年应纳税所得额中扣除，但不能超过应纳税所得额的25%[73]。)

在确定税前扣除限额时，下列各项不计入应纳税所得额基数：

1. 允许扣除的慈善捐款，即应纳税所得额的10%；
2. 股息扣除和股息支付扣除（参阅第八章第二节）；
3. 对债券溢价的抵扣限制；
4. 累计净经营亏损或资本性亏损结转带回到往年；
5. 针对特殊农业和畜牧业的部分抵扣。

股份公司可以在其纳税年度内扣除已经支付的慈善捐款和往年已经支付但尚未扣除的捐款余额。对于遵循权责发生制记账原则的股份公司，可以扣除该纳税年度终了后3个半月内支付的慈善捐款。此捐款应由董事会批准并书面备份[74]。

法典对慈善捐款的对象、捐资形式、特殊扣除年限和不得扣除项目都有更加详细的规定。

(作者注：关于个人、非营利机构和部分信托等纳税人的慈善捐款扣除规定，参阅第六章第二节。)

六、娱乐活动、餐饮和礼品等费用

大型公司在与经营相关的娱乐活动、用餐和礼品等方面可能有相当可观的开支，所以也会花时间精力深入细致了解税法对其扣除的限制，争取政策上的最大限度，减少税款。

法典关于此类费用扣除的总原则是不鼓励、不允许过度的开支从应税总收入中扣除。以下列举三个常见费用形式以作说明。

（一）娱乐性消费

2018 年 1 月 1 日起开始的娱乐性消费完全不允许扣除，之前的娱乐性消费在旧税法下允许扣除发生额的 50%，但前提是必须和企业的经营活动有真实的相关性。

娱乐性消费通常指在夜总会、体育赛事、剧场、酒庄、狩猎场等场所进行的有消遣、休闲性质的消费，或对此类场所支付的其他费用[75]。休闲式俱乐部的年费也属于娱乐性消费，不能扣除。

然而，以下情形中的费用可以扣除[76]：

1）对娱乐性消费场所支付的费用主要是为公司雇员提供某种福利；

2）专业协会或公共服务性组织的年费，如果该协会或组织的主要职能是帮助企业进行经营活动；

3）为企业雇员、股东等组织的业务会议所含的部分饮料、小食等；

4）该娱乐性消费场所对公众开放，可供公众自行消费，或产生营业收入；

5）该娱乐性消费构成消费者的报酬收入。

（二）餐饮费用

如果有雇员在场的餐饮消费不铺张，且以真实的经营活动为目的，那么公司可以将全部餐饮费用从应纳税所得额中扣除[77]。

不能全额扣除的部分餐饮消费，公司可以扣除其费用的 50%[78]。

（三）礼品费用

纳税人不能将超过 25 美元礼品费用（按每人每年测算）作为经营活动的扣除项[79]。

七、差旅、交通和车辆费

纳税人为经营业务而发生的差旅费，必须由该费用的最终承担人实现扣除。例如：雇员的差旅费由公司报销，那么公司就可以把这些费用作为其经营活动的差旅费。差旅费包括机票、车船票、酒店、餐食和通信等费用[80]。如果差旅同时具有个人度假的性质，那么应将业务经营和度假的差旅费分离，度假的部分不能扣除。配偶同行的差旅通常不能作为经营活动的费用扣除。

交通费分两种情况：

1）日常通勤费，即雇员从其居所到其主要办公地点的交通费，不能算作经营活动费用，不能扣除。例外情形是，如果雇员需要通勤到临时的工作地点，那么这部分通勤费可以报销，最终是雇主的交通费扣除项。

2）非通勤交通费，即雇员从某工作地到另一工作地的交通费，可以算作经营活动费用，在税前扣除。以居住地为主要办公场所的纳税人可以将居住地视为一个工作地点，在税前扣除从居住地到其他办公场所的交通费[81]。

车辆费包括汽油、轮胎、保险、维修、停靠、过桥、折旧等。和日常经营活动相关的车辆费，可以全额扣除。纳税人应保留相关的发票，以证实费用的真实和准确性。

如果纳税人的车辆也用于个人消费，那么可以使用下列两个方法来确定其经营活动的车辆使用费可扣除金额[82]：

1）标准英里车辆费。纳税人可以用业务用车里程数乘以标准每英里扣除额来计算总的车辆费扣除额度。2021 年和 2022 年的标准英里扣除额分别是每英里 56 美分和 58.5 美分。但是，纳税人只能在 5 辆以下的车辆上运用此方法。标准英里车辆费扣除法一经采用，纳税人就不能再对该车辆计提折旧。

2）固定和变动（车辆）费结算法（Fixed and Variable Rate Allowance，FAVR）。在公历年内有 5 位雇员（不能是管理层雇员）以上的雇主才可以依据法规使用此方法。此结算法是用每英里报销额来报销变动的费用，如汽油、轮胎更换费等，再用固定的金额报销折旧、保险和租赁等费用。国内收入局制定的2021年标准是雇主最高可按5.11万美元扣除固定和变动车辆费，2022年该标准为5.61万美元。

八、长途、长期出差费用

与上述“差旅、交通和车辆费”相同，如果费用确实是为经营活动而发生的差旅费，那么雇员可以报销此费用，雇主可以将其作为应税总收入的扣除项。

此处主要说明长途长期出差和工作调动的区别之处，以及纳税人对出差津贴费用的处理。

下面两个概念帮助理解长期出差和工作调动的区别：

1）税务居所（Tax Home），也可以称为主要纳税地点，是指纳税人的主要经营活动发生地。如果工作性质使得纳税人没有一个固定的工作地点，比如火车上的工作人员、船员、记者或国际销售人员，那么其真正意义的居所可以作为其税务居所[83]。如果前面两种情况都不适合某纳税人，那么该纳税人就没有税务居所，他就没有所谓的差旅费支出。

2）离开税务居所从事经营活动的时间是一个非常重要的因素，以此判断此安排是长期出差还是工作调动。1年期通常是可以使用的标准，即纳税人被安排到另外一个地点工作的时间是否超过1年。如果超过1年的可能性更大，那么就更倾向于是工作调动。反之，可以是长期的经常性出差。

纳税人离开其税务居所长期出差的各项差旅费都可以作为其应纳税收入的扣除项。

雇主有时候采用出差津贴的形式补贴雇员的出差费用[84]。国内收入局规定每年的各地区出差津贴标准，雇主可以据此进行补贴。使用此方法时，雇主雇员同样需要保存出差记录，如时间、地点及出差的经营活动目的等。

如果纳税人到境外出差，且出差具有真实的经营活动目的，那么差旅费用都可以从应纳税所得额中扣除。如果境外出差时间少于1周（7天），且个人休闲活动时间不超过整个出差时间的25%，那么全部出差费用都可以算作有经营活动的目的，从应纳税所得额中扣除。如果不符合要求，则分开计算工作或个人休闲的费用[85]。

九、承租人租金、获取租约费用及其他支付

承租人支付的与其经营活动相关的租金（包括出租人转嫁的地产税和利息等）可以作为承租人当期的税前扣除项。承租人解除租约的费用也可以当期扣除[86]。但出租人在解除租约时发生的费用则应先资本化，再摊销到未来的该资产租约期内进行扣除[87]。

使用收付实现制的承租人可以在租金支付当年扣除属于当年和下一个纳税年度的租金。超过此期间的租金费用必须先资本化，然后摊销到未来租约各年进行扣除。

有一些租金扣除受到统一资本化规则的限制，不能全部在支付当期扣除。请参阅本节“十七、关联方之间的费用或亏损”内容。

但是，承租人获取租约所发生的费用和租约期内对租用地点的改建、新建等费用则应该先资本化，再通过不同的摊销或折旧方法来费用化[88]。

> 1）如果出租人和承租人不是关联方，并且有下述情形之一，改建新建费的折旧或获取租约费用的摊销年限，应该包括租约可以续签的时间，但不应超过该改建或新建资产的使用年限。（作者注：此处的改建或新建的设施只适于承租人使用。）
>
> （1）改建或新建完成时，原租约到期的时间少于该改建或新建资产折旧期的60%。
>
> （2）获取租约的费用在首签租约期和可续签租约期分摊，首签租约期分摊的费用少于总费用的75%。
>
> 但是，如果承租人非常确定首签租约期完成后不会续签，那么折旧和摊销的时间都应该只包括首签租约期。

【例3－11】 假如三英股份公司租借了史密斯先生的土地，并在该地块上建造了厂区。厂区于2020年12月31日完成建造，当时三英公司的首签土地租约还有15年到期，并有再续签20年的选择权。从法律层面讲，三英公司并没有义务必须建造此厂区，并承担所有的建造费用。该厂区的使用年限

为 30 年。三英公司的纳税年度为公历年。

分析：厂区新建完成时，原租约到期时间占新建厂区折旧期的百分比为 50%（15 ÷ 30 × 100%），所以厂区的折旧期限应该包括续签期 20 年，但最长不应超过使用期 30 年。据此，三英公司应该用 30 年作为厂区的折旧年限。但是，如果三英公司非常肯定首签租约到期后不会续签，那么其应该使用 15 年作为厂区的折旧年限。

【例 3－12】 接上例 3－11，假如厂区建好时三英公司的首签土地租约还有 21 年，并有再续签 10 年的选择权。

分析：厂区新建完成时，原租约到期时间占新建厂区折旧期的百分比为 70%（21 ÷ 30 × 100%），所以厂区的折旧期限可以不包括续签年限，直接用 21 年。

2）如果出租人和承租人是关联方，即简单地说是被同一股东（或合伙人）持有 80%或以上的股权（或权益），或互持 80%或以上的股权（或权益），改建或新建费用必须以该资产的正常使用年限来进行折旧，获取租约的费用按照适用于非关联方的规则处理[89]。从出租人和承租人变为非关联方的次年及后续各年，折旧年限和数额可以按照非关联方规则重新计算。

【例 3－13】 接例 3－11，假如三英股份公司和史密斯先生是关联方，厂区于 2016 年 12 月 31 日完成建造，当时三英公司的首签土地租约还有 20 年到期，并有再续签 20 年的选择权。从法律层面讲，三英公司并没有义务必须建造此厂区，并承担所有的建造费用。该厂区的使用年限为 50 年。三英公司的纳税年度为公历年。三英公司和史密斯先生从 2018 年 12 月 31 日起不再是关联方。

分析：2017 年和 2018 年的两年时间里，由于三英公司和史密斯先生是关联方，所以厂区的折旧年限必须使用 50 年。

从 2019 年 1 月 1 日起，三英公司可以重新按照非关联方规则计算折旧年限。由于厂区建好时首签租约年限剩下 20 年，少于厂区使用年限的 60%，即 30 年（50 × 60%），所以折旧年限应该包括续约期的 20 年。假如三英公司比较肯定会续约，那么从 2019 年 1 月 1 日起，应该用 38 年（20 + 20 － 2）作为厂区建设费用的折旧期。

十、研发费和其他经营期间费用

（一）研发费

《减税与就业法案》对研发费的扣除做出了新规定。在2022年1月1日之前发生的研发费，纳税人可以选择将其全额当期扣除或者选择先资本化，再在未来60个月进行摊销。2021年12月31日之后（作者注：此处时间表述完全依照美国税法条款规定。）发生的研发费，纳税人必须将其全额资本化，然后在5年进行摊销，摊销时点从研发费支出当年的中间点开始[90]。如果研发费在境外发生，摊销年限是15年。

研发费应该被限制在经营活动中对新产品、新技术或新模式的测试、实验、消除不确定因素的阶段，可以包括申请专利所发生的各项费用，如律师费等。软件的开发费用属于研发费。以下列示的费用项目不能算作研发费：

1. 生产过程中的质量检测费；
2. 产品效能抽样调查费用；
3. 对公司管理层的研究；
4. 消费者调查；
5. 广告宣传或促销；
6. 收购专利、模块、产能或流程；
7. 对产品、技术或模式的发展史研究和文献研究；
8. 质量保证测试。

研发活动使用的土地和其他可折旧资产不属于研发费，对矿产的勘探费也不属于研发费。

如果研发的结果，如某产品或技术，在其研发费摊销结束之前就被出售、停止使用或彻底放弃，其研发费摊销仍按照原有方法继续摊销，不做剩余部分一次性费用化扣除处理。

（二）火灾或其他灾难保险的保费

适用于当年的保费支出可以扣除。

（三）广告和营销费

尽管广告和营销的效应可以延续超过 1 年的时间，广告和营销费用还是可以在支付当年全额扣除[91]。

产品包装设计费有时可以很昂贵，且具有长期的营销效应。但是，法典认为其不属于可以独立使用的专项无形资产，因此允许其当期全额扣除[92]。

（四）支付给专业服务公司的费用

提供专业服务可以是一种日常经营活动，因此专业人员的薪酬和日常费用都可以从应税总收入中扣除，具有长期受益性质的支出则同样应先资本化，再进行折旧或摊销，比如专业服务使用的信息系统、机器设备等。

法庭案例对一些较特殊的费用有指导意义。比如医生诊所给医院支付的医护人员特许从业费用就必须资本化，然后在此特许权的有效期进行年度摊销[93]。又如建立专业图书馆也属于给纳税人提供长期的、持续的受益，所以相应建立费用属于资本化支出。

（五）报刊发行费

不论报刊的订阅时间长短，出版公司的发行费都可以当期扣除[94]。

（六）律师费

维护涉及日常经营活动的声誉或商誉所发生的律师费可以当期扣除。与收并购相关的律师费属于应资本化费用，不能在当期全额扣除[95]。《减税与就业法案》颁布后，性侵犯事件所涉及的律师费也全额不能扣除。如果该事件不予披露，那么所有赔偿费也不能扣除[96]。

（七）罚款、回扣

违反各级政府规定产生的、支付给政府部门的罚款都不能扣除。

任何在经营活动中支付的非法回扣，包括贩毒，和政府大众医疗项目相关的药品出售、医生就诊、住院治疗等，都不能扣除[97]。

（八）游说和政治活动

游说和政治活动的费用不可以扣除[98]。这些活动的范围包括：

1. 影响联邦和各级政府的立法；
2. 参与、支持或反对联邦和各级政府竞选；
3. 任何试图影响公众行为，以达到上述两个目的；
4. 与任何政府职能部门职员的沟通和交流，以影响政府决策。

十一、农业生产费用

和其他营利性活动相似，农业生产部分日常经营费用可以当期扣除，比如短期使用的农用工具、饲料和农业机械使用的汽油柴油费、维修费等。而有些成本必须先资本化，如和农产品生产相关的费用和人工，请参阅本节“十七、关联方之间的费用或亏损”内容。这里讲解几个和农业生产相关的特殊费用。

1）土壤和水源保护费用及濒临灭绝动植物保护费。在每个纳税年度内，这两种费用的最高扣除限额是农业总收入的25%。不能当期扣除的部分结转到以后的年度，但同样受到每年农业总收入25%的限制。这些保护费的归类需要遵守美国农业部土壤保护条例的规定，对于湿地的保护不属于此类别[99]。

2）土地开垦费用。现行法典法规要求土地开垦费用全部资本化，计入土地的总成本，此规定亦有案例法支持[100]。但是，对农垦区日常维护的费用可以当期扣除[101]，比如铲除杂草费用等。

3）农用化肥费用。纳税人可以选择将原本应该资本化的农用化肥费用在支付发生的纳税年度进行扣除。该选择必须在当年的纳税申报中体现。选择生效后，一般不允许更改。农用化肥的费用包括购买石灰、地面石灰石、泥灰岩等化肥或材料，用于让土地肥沃、平衡土地酸碱度、让土地更适于种植某些农产品等[102]。

十二、矿业公司费用

采矿业主要经营开采石油、天然气、煤矿和其他自然资源。由于这个产业对民生的重要性，法典也用一个专门的子章 I 来阐述各种规范条文（参阅第十四章）。

十三、按合规经营（调整）收入核算的扣除

按合规经营（调整）收入核算的扣除是《减税与就业法案》下的新增内容，从2017年12月31日之后开始执行，其计算数据主要来源于独资企业、合伙企业、S类小型股份有限公司、信托和遗产纳税体等税负穿透体性质的纳税申报主体，因此也被通俗地称作“税负穿透体扣除”（pass-through deduction）[103]，或“199A扣除”。由于税负穿透体没有缴纳联邦所得税的义务，所以扣除限额在各层级税负穿透体的数据分析、汇总后，通过税负穿透体收支明细表（Schedule K－1）提交给最终的个人纳税主体，以协助该个人决定按合规经营（调整）收入核算的扣除额度。C类股份有限公司纳税人不能享受此项扣除。

即便对于从事财税业务的读者来说，充分理解法典和法典细则规定的特殊定义和计算要求都需要一些时间。在此作者仅做概括性的解释和举例，目的是帮助读者了解这个《减税与就业法案》下产生的减少税款的规定。（作者注：法典和法典细则关于此项规定的阐述超过40页。翻译此概念时加入“调整”两字，目的是方便读者理解这个用于计算扣除限额所用的收入概念是一种调整后的收入。）

法典规定可扣除限额取下面两个计算结果的较小值（两者均不能为负值）：

1）该纳税申报主体合计的、合规经营（调整）收入；

2）该纳税申报主体该年度应纳税所得额减去该年度资本净利得的部分乘以20%。

对上述“1)”纳税申报主体合计的合规经营（调整）收入，法典规定其等于下述“（1)”和“（2)”之和：

(1) 各个合规经营活动单独计算的经营（调整）收入之和。在单独计算各经营活动的调整收入时，不包括长期或短期的资本投资利得、与经营活动不相关的利息收入、从经营活动中支付给纳税人的薪酬、保证的（合伙人）报酬[104]，或下述“②”里的收入。计算时先分别算出每个经营活动的调整收入，再进行加总。单独计算的经营（调整）收入等于下面两项中的较小值：

①该经营活动调整收入的20%；

②比较该经营活动相关的薪酬的50%、和该经营活动相关的薪酬的25%加上收并购后合格资产基数的2.5%，两者取较高值。

如果各个合规经营活动单独计算的经营活动调整收入之和小于零，即上述“(1)”加总后为负值，那么本纳税年度内就不可能有按合规经营（调整）收入核算的扣除产生。这个净负值应该带入下一个纳税年度，作为一个单独计算的经营亏损项合并到下一年度其他的计算结果中[105]。

(2) 受监管不动产投资信托基金的股息加上市交易的合伙企业净收益之和的20%。

【例3-14】 假如莉雅女士独资经营一家网络营销公司，2018年公司净收入为10万美元。除此收入之外，莉雅女士没有其他收入或亏损。莉雅女士做单身纳税申报，根据法规减除部分标准扣除额后，其2018年的个人应纳税所得额为8.1万美元。

分析：莉雅女士的合规经营调整收入的20%为2万美元，应纳税所得额的20%为1.62万美元。取两者中的较低值，即1.62万美元为莉雅女士2018年的合规经营（调整）收入扣除限额。

【例3-15】 接上例3-14，假如莉雅女士还有7 000美元资本利得收入，调整后个人应纳税所得额为7.4万美元。

分析：莉雅女士的合规经营调整收入的20%仍为2万美元，应纳税所得额减去资本利得后余额的20%为1.34万美元（6.7×20%）。取两者中的较低值，即1.34万美元为莉雅女士2018年的199A扣除限额。

【例3-16】 假如莉雅女士和约翰先生是夫妻，并做婚内联合纳税申报。2018年，约翰先生挣得工资收入5万美元，莉雅女士独资经营的S类小型股份公司净收入为10万美元，已扣除股份公司给莉雅女士的薪酬15万美元。莉雅女士和约翰先生都没有其他资本利得或亏损。经测算，减除婚内联合纳税申报允许的扣除项后，双方共同的应纳税所得额为27万美元。

分析：根据上述合规经营（调整）收入的计算原则，莉雅女士和约翰先生的工薪收入都不计入合规经营（调整）收入。对于莉雅女士来说，她的合规经营（调整）收入来自其独资S类小型股份有限公司，即10万美元。因此，计算上述“(1)”的合规经营活动单独计算的经营（调整）收入，比较：

①S类小型股份有限公司合规经营（调整）收入的20%，即2万美元；

②该公司相关薪酬的50%，即7.5万美元。

取①和②两者的较小值，即2万美元，得到婚内联合申报纳税主体的合规经营（调整）收入。再用此值和该纳税申报主体的应纳税所得额的20%比较，即 5.4 万美元（27 × 20%），再取两者的较小值 2 万美元，就是 2018 年莉雅女士和约翰先生婚内联合申报可以使用的 199A 扣除限额。

上面讲述了 199A 扣除最基本的原则和计算。法典和 2019 年 2 月 8 日生效的法典细则还规定，随着纳税人的应税总收入的增高，扣除限额还受到其他限制。此部分会在后面第六章和第七章的个人纳税申报中做进一步解释。

十四、利息费用

由于纳税人借贷方式和借贷条款的纷繁复杂，利息费用的分类和可抵扣性也相应地呈现出细化规则并带有各种附加条件的特点。不仅如此，和利息费用处理相关的规定还散布在不同的税法章节或条款当中，更增加了彻底理解和掌握其全貌的难度。本节重点阐述和利息费用相关的常见问题。

（一）利息费用的实质存在

虽然税法明文规定纳税人利息费用可以税前扣除，但是也规定，判断利息费用是否实质性存在，需要依据纳税人的实际情况（Facts and Circumstances）而定。所以这个判断在很大程度上需要遵循案例法，尤其是当纳税人的事实和实际情况模棱两可的时候，往往要从法庭的历史判决中寻找答案。

总结过往的案例并结合税法规定，利息费用的实质存在应从以下 5 个方面考虑[106]：

1）真实的债权债务关系必须存在，即存在法律上具有强制性的、须无条件返还的固定金额；

2）扣除利息费用的纳税人是真实的债务人；

3）支付的款项实质上确实是利息费用；

4）应遵守实质重于形式的原则来决定付款是利息费用；

5）纳税人依照正确的税务会计方法，计算可扣除的利息费用金额。

纳税人采用的交易方式可能五花八门。获得的款项是否属于预付未来的商品或服务费用？是否更接近于所有者权益投资额？关联方间售后回租的交易发生借贷关系还是赠与关系？借贷合同代表真实的债权债务关系还是自行“产生”出利息费用抵扣？分析交易现象并最终确定利息费用时，都必须逐一回答上述问题。

（二）利息费用的账务处理

债权债务关系确定后，纳税人仍需考虑税法中关于利息费用如何在不同时期确认的问题，这就涉及账务处理所涵盖的内容：

1）折价发行的债券（Original Issue Discount，OID）或类似举债手段。折价发行的债券是指债券的发行价低于其账面价值，该债券的购买人以发行价购入债券，债券到期时可获得等于其账面价值的现金[107]。对于债券发行人（债务人）而言，债券发行价和账面价值的差额就是利息费用，债务人应按日将利息费用分配到各期（各纳税年度）[108]；对于债券购买人（债权人）而言，债券发行价和账面价值的差额就是利息收入，债权人应相应地将利息收入计入各期[109]。如果债权人是关联方且为非美国纳税人，那么债务人不能扣除未实际支付的利息费用[110]。对于税法规定的深度折价的举债方式，国内收入局有权强加一个公允合理的利率来计算可抵扣的利息费用[111]。

2）利息费用资本化（参阅本节“十八、资本性支出”内容）。

3）强制利息（Imputed Interest）。强制利息的法规最先用于推迟款项支付的情形，如在分期实现制下（参阅第二章第一节），即便合同没有规定，款项在推迟支付期间仍然应按利率计息[112]。强制利息的法规后来推广到抵押贷款，当债务人以某资产（不动产或其他有价资产）做抵押发债时，即便债务人没有清晰地规定债务的本金和利息，也必须按税法中强制利息的规定，来将本金和利息分别核算[113]。再者，关联方之间的债权债务也必须遵守独立交易原则（Arm's Length Standard），如果利息费用核算不合理，双方还必须按照税法规定重新核算[114]。计算强制利息所依照的利率，通常为相应的联邦基准利率（Applicable Federal Rate，AFR）[115]。

（三）利息费用的分类

对利息费用进行分类的目的是根据借贷用途、利息费用产生方式的多样性，分门别类地分析利息费用的真实性及其扣除的合理性。根据贷款在个人生活、日常经营活动还是投资活动中使用，利息费用可以分为个人生活贷款利息费用、经营活动利息费用或投资活动利息费用。税法对三者的扣除限额均有所规范。

个人生活贷款利息费用原则上一律不能扣除[116]，但有两个例外情形：合规自住房抵押贷款利息费用和合规学生贷款利息费用（参阅第六章第二节）。

纳税人在某个纳税年度内扣除的投资活动利息费用不能超过该年度内其获得的净投资收入，未能抵扣的部分结转到下年继续计算。净投资收入指从非日常经营活动的投资中获得的收入减去相对应的其他成本（利息除外）。净投资收入通常来源于利息、股息、年金、矿权税或版权税等[117]。

根据产生的不同方式，利息费用可包括：

1）分期付款交易下的利息（参阅第二章第一节）。

2）房贷点数（Mortgage Point），即获得房贷时支付的费用，也可以称作贷款启动费。通常情况下，房贷点数被当作利息费用处理，纳税人应按照贷款的年限将此费用分摊到各期来抵扣。但是如果符合一定要求，如房贷是主要自住房购买或维修的贷款、房贷点数符合当地惯用的标准、纳税人采用收付实现制以及房贷点数不是为其他服务（如估值、检验等）而收取等，那么该费用可以在支付的纳税年度内扣除[118]。

3）债券溢价（Bond Premium），即发债人收到高于债券面值的贷款额度，而还款时仅需偿还面值和利息。高于债券面值的部分就是溢价，其产生的实质是由于该债券采用了高于市场的利率。因此，溢价部分也应摊销到借款的各个期间，用于抵消当期的利息费用。此规则仅适用于应税债券，免税债券除外[119]。

4）可变现的地租契约（Redeemable Ground Rent），指一种可自由转让变现、租期超过15年且可以续约、根据地方法规承租人有权购买出租人全部土地权益的一种地租契约。税法规定这种契约实质上是一种用土地做抵押的贷款[120]。所以承租人在此契约下支付的月租或年租金（通常不会很高金额，不包括承租人购买土地的部分）被确认为利息费用[121]。

5）按照467条款入账的利息（参阅第二章第一节）。

6）售后回租（Sale－Leaseback），即买方将资产购入后将使用权又回租给卖方并收取租金的做法。当真正的资产所有权没有“实质上”从卖方转移时[122]，国内收入局可以认为售后回租交易是买方给卖方提供了贷款并获得利息收入。因此分析和确认所有权的实质转移非常重要。

（四）经营活动利息费用扣除限制

2017年颁布的《减税与就业法案》完全改写了经营活动利息费用扣除的规则，期待已久的法典细则解释前后出台了4稿，最终稿于2021年1月正式颁布。经营活动利息费用扣除新规，又称“163（j）限制”，对每个纳税人的影响都非常深刻。这些影响不仅体现在每年扣除限额发生变化，而且直接迫使企业和个人重新权衡贷款计划及其全球分布。

在旧的规则下，利息费用扣除限制适用于C类股份有限公司。简述之，就是在某纳税年度内如果C类股份有限公司的负债和所有者权益的比率高于1.5:1，并且利息费用超过调整后应纳税所得额的50%，那么所有不合规的利息费用（已付或待付的部分）就不能在当期税前扣除。不合规的利息费用主要指支付给关联方的或者由关联方提供担保的贷款利息费用。旧的规则主要是防止境内公司扣除利息费用，而境外关联方收到的利息收入却没有按美国收入纳税，造成盈余剥夺，即应税收入逃出美国。

《减税与就业法案》下的经营活动利息费用扣除限制适用于所有纳税人，包括个人、C类股份有限公司、合伙企业和S类小型股份有限公司等。所以当纳税人有多项利息费用时，应先按照其用途分为经营活动利息费用、投资活动利息费用或个人生活利息费用。在合伙企业下，如果存在多个经营活动且存在为经营活动的举债，那么合伙企业还可以根据需要（因合伙人参与经营活动的程度有别）将经营活动利息费用分摊到各项经营活动中[123]。

在以2018年1月1日（或之后）开始的纳税年度内，税法规定经营活动利息费用的扣除限额不能超过以下三项之和[124]：

1）该纳税年度内产生的经营活动利息收入。

2）该纳税年度的调整后应纳税所得额（不能为负值）的30%。（作者注：《2020救援法案》将比率提高到50%，但仅适用于2019年和2020年的调整后的应纳税所得额。纳税人如果需要更改往年的纳税申报，应按各年的规定执行。）

3）该纳税年度内货物担保贷款产生的利息费用。货物担保贷款通常是机动车辆（包括农用机动车辆和机动船舶）供应商为购进货物而进行的贷款，此类贷款应以库存做抵押[125]。

上述“1）”和“3）”是比较容易识别的，重点是要理解“2）”的计算，它所涉及的内容最为复杂。法典细则解释详细说明了调整后的应纳税所得额的计算方式（见表3－2）[126]。

表3－2　　调整后应纳税所得额的计算方式

不考虑利息费用扣除限制，按照其他法规正常计算出纳税人的应纳税所得额： 加：（1）所有已经扣除的经营活动利息 （2）已经使用的累计净经营亏损 NOL （3）199A 扣除（如有） （4）已经扣除的折旧和摊销（截至2022年1月1日，此后不能加回） （5）已经扣除的折耗（截至2022年1月1日，此后不能加回） （6）已经使用的资本亏损 （7）在163（j）限制条款下不符合规定的利息扣除的分配和归集	第三章 第四章 第三章 第三章 第十四章 第五章
减：（1）所有已经包括的经营活动利息收入（避免重复计算） （2）属于货物担保贷款产生的利息费用（避免重复计算） （3）在163（j）限制条款下不符合规定的收入分配和归集 （4）出售资产、股票或合伙权益时应做的特殊调整 （5）境外某些收入项和抵扣项的净额	第三章 第三章
等于：调整后应纳税所得额 再乘以30%（或50%） 得出可以扣除的部分	第三章

注：表中未标明章节的项目是本书未涉及的部分。由于条款项目的复杂性，读者应咨询专业税务师。

纳税人可税前扣除的经营活动利息费用应通过163（j）条款下经营活动利息费用抵扣限制表8990（见表3－3）来核算和申报。

表3－3　　163（j）条款下经营活动利息费用抵扣限制表8990
（现行，2020年5月颁布）

Form 8990 (Rev. May 2020) Department of the Treasury Internal Revenue Service	Limitation on Business Interest Expense Under Section 163 (j) ▶ Attach to your tax return. ▶ Go to *www. irs. gov/Form 8990* for instructions and the latest information.	OMB No. 1545－0123

填报目的：按《减税与就业法案》规则要求计算经营活动利息费用的当期抵扣额和结转下年的部分。

填报人：个人、C类股份有限公司、合伙企业和S类小型股份有限公司等。

未能当年扣除的经营活动利息费用可以结转到下一个纳税年度滚动计算[127]。满足收入测试的小企业（包括C类股份有限公司和合伙企业），即三年（含本纳税年度）的年平均销售总收入不超过2 500万美元（该标准按通货膨胀率、以百万美元单位调整，2021和2022纳税年度分别为2 600万美元和2 700万美元），可以不受上述利息费用扣除限额的限制[128]。

税法允许从事某些特定经营活动的实体可以选择免除上述利息费用扣除限额的限制，选择生效后则应保持统一性和连贯性，不能撤销[129]。纳税人选择免除经营活动利息费用限制的附加条件是不能使用红利折旧和加速折旧的方法，而必须采用可选择折旧制ADS[130]（参阅本节“十五、固定资产折旧”内容）。

这些特定的经营活动包括：

1. 以雇员身份提供的服务；
2. 做出该选择的房地产经营活动；
3. 做出该选择的农业经营活动；
4. 收费标准经地方政府批准的公共设施供应活动，如水、电、气、排污等。

可见，鱼和熊掌不可兼得。即便纳税人可以选择免除经营活动利息费用税前扣除的限制，也应在选择之前通过测算来衡量一下因选择而损失的折旧额，并结合其他税务事项，统筹考虑后再做最佳决定。

十五、固定资产折旧

美国上市公司Wolters Kluwer每年推出一部关于资产税务折旧的指南，2019年版长达1 352页。国会和国内收入局对此税前扣除项的关注和运用，可见一斑。

众所周知，资产折旧从财务角度讲是不影响当期现金流的。但是，从税务角度看，税法允许的折旧方法和金额能够非常直接、有效地影响应纳税所得额和当期应缴纳税款，从而影响现金流。所以，对于重资产高折旧的企业而言，对折旧规则的理解和运用非常重要。折旧通常也是国内收入局税务稽查的关键组成部分。

法典规定，纳税人可以对经营活动中使用的资产，在其使用期内进行折旧，适度的折旧额可以在当期扣除，减少应税收入[131]。

理解税务折旧的各项规定，可以从以下方面入手。

（一）可折旧的资产（成本）基数

资产（成本）基数指获得或建造某财产的成本。比如购买某物业的成本，或开工建造某物业的成本，都可以计入资产（成本）基数[132]。

在描述财产和财产分类时，有些重要的概念需要理解。财产可以以其特征分为不动产（Real Property）和动产（Personal Property），不动产主要是指土地和土地上不能被移动的建筑物。财产又可以以其性质分为有形资产（Tangible Property）和无形资产（Intangible Property）。有形资产可以是不动产，也可以是动产，动产类的有形资产和财务核算中的固定资产基本相同。动产又可以包括无形资产，无形资产则包括商誉、行业专利、销售渠道和客户信息等。

并非所有财产都可以计提折旧。只有用于经营活动并产生经营收入的财产才可以计提折旧。因此，私人日用的住所不能计提折旧，而出租的公寓则可以。

如果成本费用发生的目的是生产或购买库存商品，那么计入库存商品成本的部分都不能计提折旧。土地（但不包括对土地的改造或在土地上的新建设施）也不能产生折旧[133]。

【例3-17】 假如莉雅女士的公司经营房地产开发和租赁业务。2020年，莉雅女士的公司建造了4套公寓，其中三套准备直接上市销售，一套准备出租。4套公寓总共的开发成本是160万美元，每套的结构和成本基本相同。

分析： 三套公寓的成本120万美元属于库存商品，不得计提折旧；一套公寓属于出租商品，莉雅女士通过出租获取收入，因此该套公寓资产可以进行折旧。

众所周知，对不动产的租赁权益是一项资产。如果购买方购置的不动产在其租赁期内，购买方收购该不动产的成本就是其持有不动产的成本，可以分类进行折旧。购买方不应将收购成本的一部分分配到租赁权益的资产账户中去。

对资产的合理分类和确定其可折旧基数，可以说是纳税人确定折旧额的第一步。资产分类和基数不准确，折旧也不会准确。法典要求每一项资产应该有其单独的资产账户和折旧记录，如果采用集合汇总的方法将几个资产归入一个资产账户，也应该归集同类资产，比如考虑资产类别、购买和使用时间、使用年限的一致性[134]。资产合理分类后，才可以确定其折旧的年限。另外，国会制定优惠的折旧政策时，常常要具体到特定资产的类别。

纳税人收购一揽子资产时，应该根据各类资产的市值比率将收购总价格合理地分摊到各类资产上，再进行折旧[135]。

【例3－18】 假如三英股份公司在2021年收购了一家软件公司，收购价格为300万美元。经评估，交割时软件公司的各项资产的市值见表3－4。

表3－4　　交割时软件公司的各项资产的市值

资产	市值/美元
土地	180 000
房屋	720 000
办公设施和设备	300 000
软件成品	1 000 000
软件开发专利等	500 000
总计	2 700 000

根据上述数据，可以先计算出各类资产占总资产市值的比率，再按此比率将300万美元的收购价格分摊到各类资产中去，作为该资产的折旧基数（见表3－5）。

表3－5　　资产的折旧基数

资产类别	比率	折旧基数/美元
土地	6.67%	200 000
房屋	26.67%	800 000
办公设施和设备	11.11%	333 333
软件成品	37.04%	1 111 111
软件开发专利等	18.52%	555 556
总计	100.00%	3 000 000

（二）折旧方法

法典规定的折旧方法有四大类：

1）直线折旧法（Straight Line Method）。在此方法下，折旧总额是资产基数减去残值，并在该资产可以使用的年限内按年平均值计提折旧并税前扣除。

2）余额递减折旧法（Declining Balance Method）。某类资产每年折旧额是该类资产总余额的某个特定比率。残值在每年的折旧中不予考虑，但在资产弃置时，需在该类资产总余额中加回弃置资产的残值。用此方法进行折旧，其额度不应超过以直线折旧法计算的该类资产扣除额的两倍。

3）逐年点数累计折旧法（Sum of the Years – Digits Method）。在此方法下，折旧总额也是资产基数减去残值，但这个总额的分配不是取每年的平均值，而是用该资产剩余折旧年限（包括当年）除以累计的折旧年份点数的比率来分配到各年。比如某项资产折旧年限为5年，那么每年的折旧比率为：

第一年	5/(1+2+3+4+5)=5/15
第二年	4/(1+2+3+4+5)=4/15
第三年	3/(1+2+3+4+5)=3/15
第四年	2/(1+2+3+4+5)=2/15
第五年	1/(1+2+3+4+5)=1/15

4）其他方法。任何其他方法都需要得到国内收入局的认可，并且各类资产在任意一年的折旧总额不能超过按照余额递减折旧法计算的折旧总额。一旦确认使用某个方法，纳税人不能随意更改。

（三）折旧体系、折旧惯例和折旧年限

美国的税务折旧体系历史上形成了两大类，即1981年在《促进经济复苏税法法案》下推出的“加速成本回收体系”（Accelerated Cost Recovery System，ACRS）和《1986年税改法案》下推出的“改进的加速成本回收体系”（Modified Accelerated Cost Recovery System，MACRS）。目前，除了一些历史遗留的资产折旧仍沿用加速成本回收体系ACRS，大部分1987年开始使用的资

产都使用改进的加速成本回收体系 MACRS。

加速成本回收体系 ACRS 是为了配合美国的经济复苏而出台的，所以对资产成本回收规定的年限较短，每年可以扣除的折旧额较高。两种体系的其他区别主要有，折旧的基数是否允许逐年调整、折旧方法差异、资产归类差异、在非 365 天纳税年度里的折旧规则差异等。

此处“十五、固定资产折旧”下的折旧摊销内容，都是在改进的加速成本回收体系 MACRS 下的规定。在该体系下，又分两个具体的折旧体制，常规折旧制（General Depreciation System，GDS）和可选择折旧制（Alternative Depreciation System，ADS）。

改进的加速成本回收体系 MACRS 下还有一个重要的概念是折旧惯例（Convention）。折旧惯例是指按照一定的惯例决定折旧在某纳税年度的起始或终止时间，分以下三种[136]：

1）年中折旧惯例（Half – Year Convention）。资产折旧的年限从该资产投入使用年度的年中间开始计算，结束日是使用期末所在年度的年中间的那一天。

2）月中折旧惯例（Mid – Month Convention）。资产折旧的年限从该资产投入使用首月份的月中间开始计算，结束日是使用期末所在月份的月中间的那一天。

3）季中折旧惯例（Mid – Quarter Convention）。资产折旧的年限从该资产投入使用首季度的季中间开始计算，结束日是使用期末所在季度的季中间的那一天。

具体计算折旧时，需根据资产的归类，按照法典规定的适用于该资产的折旧体系、方法和惯例等进行计算。表 3 – 6 归纳了改进的加速成本回收体系 MACRS 下对各类资产的折旧规定[137]：

表 3 – 6　　改进的加速成本回收体系 MACRS

折旧体制	折旧方法	适用的资产类别
常规折旧制 GDS	200% 余额递减折旧法，可用年中折旧惯例或季中折旧惯例	■3 年、5 年、7 年和 10 年折旧期非农业资产 ■2017 年 12 月 31 日之后开始使用的 3 年、5 年、7 年和 10 年折旧期农业资产

续表

折旧体制	折旧方法	适用的资产类别
常规折旧制 GDS	150% 余额递减折旧法，可用年中折旧惯例或季中折旧惯例	■15 年和 20 年折旧期资产 ■3 年、5 年、7 年和 10 年折旧期非农业资产 ■2018 年 1 月 1 日之前开始使用的 3 年、5 年、7 年和 10 年折旧期农业资产 ■2017 年 12 月 31 日之后开始使用的 3 年、5 年、7 年和 10 年折旧期农业资产
	直线折旧法，可用年中折旧惯例或季中折旧惯例。月中折旧惯例仅可用于商业类不动产和出租的住宅类不动产	■商业类不动产 ■出租的住宅类不动产 ■产出果实的树木和藤类作物 ■供水系统资产 ■所有 3 年、5 年、7 年、10 年、15 年和 20 年折旧期资产 ■2017 年 12 月 31 日之后开始使用的合格的改建扩建资产[138]
可选择折旧制 ADS	直线折旧法，可用年中折旧惯例或季中折旧惯例。月中折旧惯例仅可用于商业类不动产和出租的住宅类不动产	■经营使用 50% 以下的车辆和交通工具 ■主要在美国境外使用的、与经营活动相关的资产（有例外） ■免税企业所使用的资产 ■选择不实行资本化折旧的农业资产 ■进口的资产 ■适用法典条款 163（j）（7）（B）的商业类不动产、出租的住宅类不动产和合格的改建扩建资产 ■适用法典条款 163（j）（7）（C）的、使用期超过 10 年的农业资产

上述“（一）~（三）”讲解了折旧的总规则和常用方法。为了促进经济发展，国会和财政部常常使用额外的法规，允许企业加速折旧或回收成本。下面“（四）”和“（五）”分别讲述现行的两个特殊折旧法规。

（四）法典第 179 条选择

法典第 179 条规定，纳税人可以对某些可折旧资产当期全部或部分费用化，从而进一步减少应纳税所得额和当期税款。本书将其简称为“179 选择”。

可以纳入 179 选择的资产必须是合规的、用于经营活动的购置资产，用于非经营活动的或纳税人自己建造而成的资产，不能采用 179 选择[139]。

179 选择包括的合规资产有：

1. 某些不动产内部改建的部分（折旧年限通常不超过 20 年），例如：

（1）对商业类不动产组成部分的改建，如屋顶、取暖通风和空调系统、防火和警报系统、安全系统等。

（2）对商业类不动产任何内部的改建，如增加隔墙。但不能包括房屋的扩建，也不包括上下直梯或手扶电梯、原有的建筑物内部的重要支撑结构的改建。

（3）仓储设施（建筑物及其重要支撑结构除外），如石油产品储罐和分流系统，大型仓储设施等。

（4）单一用途的农业或畜牧业设施。

（5）研发活动设施。

（6）涉及生产、运输、电力、供气、供水、城市排污、电信等活动的设施（建筑物及其重要支撑结构除外）。

2. 有形的动产，如各类固定资产。

3. 购买的计算机软件等。

179 选择不能包括绝大部分在美国境外使用的资产、免税税款的资产、出租给政府机构或境外纳税人使用且租期超过 6 个月的资产。

由于 179 选择下的合规资产直接费用化是一种税收优惠机制，所以法典也相应地限制其税前扣除的额度。限制的方式有如下三种，取最小值：

> 1）定额限制。在每个纳税年度内，纳税人最多可以获得的 179 选择扣除额为 100 万美元（婚内独立申报的纳税人的限额为 50 万美元）。（作者注：国内收入局可考虑通货膨胀率对此额度逐年调整，2021 和 2022 纳税年度分别为 104 万美元和 108 万美元。）
>
> 2）被降低的固定金额限制。如果纳税年度的 179 选择包括的资产金额超过 250 万美元，那么超出的部分用于减少上述“1)”的 100 万美元限制额度。（作者注：国内收入局可考虑通货膨胀率对此额度逐年调整，2021 和 2022 纳税年度分别为 262 万美元和 270 万美元。）
>
> 3）经营活动应纳税所得额限制。179 选择下的额外扣除额度不能超过计算此额外扣除前的纳税人应纳税所得额。由此限制而减少的扣除额度可以结转至下一个纳税年度。

【例 3－19】 假设三英股份公司在 2021 年为改建研发基地和增加设备共计支出 280 万美元，且经分析所有支出都符合 179 选择下的资产。三英公司统计的 2021 年应纳税所得额为 48.3 万美元（不含 179 选择扣除）。

分析：首先因为合规资产金额超过 2021 年规定的 262 万美元，所以固定金额限制被降低到 86 万美元［104－(280－262)］。然后又受到应纳税所得额限制，因此三英公司 2021 年的 179 选择扣除限额为 48.3 万美元，代入 2022

年的179选择扣除限额为37.7万美元（86－48.3）。

（五）红利折旧

在某个特定的纳税年度内，纳税人除了可以获得179选择下的直接费用化抵扣，还可以再行选择红利折旧（Bonus Depreciation），即法典以“红利”形式给予的、资产购置首年度的折旧增额。如果纳税人既按照179选择对资产成本直接费用化，又选择红利折旧，那么必须遵守179选择先于红利折旧的规定，这个顺序不能颠倒。

法典概括规定，同时符合以下条件的可折旧资产可以经由纳税人选择使用红利折旧：

1）该资产在改进的加速成本回收体系MACRS下，使用年限不超过20年；

2）该资产被首次使用或被收购后继续使用；

3）该资产投入使用期在2027年1月1日前[140]。

红利折旧在《减税与就业法案》出台以前就已经存在，几经中断或延续。《减税与就业法案》对某些规定做了调整，并延长了红利折旧的适用期限。比如，在2017年9月28日之前购入的（非自行生产的）有形固定资产，纳税人必须是该资产的首次使用者才可以选择红利折旧。而《减税与就业法案》改进了此条件，规定只要是2017年9月27日之后购入的符合上述条件的有形固定资产都可以选择红利折旧。也就是说，即便纳税人不是购入资产的首次使用者，也可以选择红利折旧。

法典对符合条件的资产红利折旧的额度规定见表3－7。

表3－7　折旧额度

时间	折旧额度
该资产于2017年9月27日之后，2023年1月1日之前开始使用	可选择首年度100%折旧
该资产于2022年12月31日之后，2024年1月1日之前开始使用	可选择首年度80%折旧
该资产于2023年12月31日之后，2025年1月1日之前开始使用	可选择首年度60%折旧
该资产于2024年12月31日之后，2026年1月1日之前开始使用	可选择首年度40%折旧
该资产于2025年12月31日之后，2027年1月1日之前开始使用	可选择首年度20%折旧

选择使用红利折旧后，纳税人不能随意撤回选择。适用红利折旧后，资产可折旧的基数减少，纳税人在此基数上用规定的方法继续折旧。和179选择首年度费用化不同，红利折旧不受其他额度的限制，所以红利折旧可以导致税务亏损。

【例3-20】 接上例3-18，三英公司如果继续选择红利折旧，其2021年的红利折旧可以是231.7万美元（280-48.3）。也就是说，三英公司在2021年通过179选择和选择适用红利折旧，可以把280万美元的成本在固定资产投入使用的首年度内全部费用化。三英公司的2021年净经营亏损为231.7万美元。

法典对某些特殊行业（如农业），或因收购、使用时点错位而产生的特殊性做出更详尽的红利折旧规定。

（六）折旧的纳税申报

上述内容最终都将体现在折旧的纳税申报中。纳税人如果需要使用下列扣除项目，则应该通过折旧和摊销表4562（见表3-8）来申报各项扣除金额，并留存计算细节[141]：

1. 该纳税年度的正常资产折旧；
2. 该纳税年度179选择费用化扣除，或往年179选择未用扣除额度；
3. 车辆或其他特殊资产折旧；
4. C类股份公司的任何资产折旧；
5. 该纳税年度的正常摊销（参阅本节“十六、商誉等无形资产摊销”内容）。

表3-8　　折旧和摊销表4562（2022纳税年度）

Form 4562 Department of the Treasury Internal Revenue Service	Depreciation and Amortization (Including Information on Listed Property) ▶Attach to your tax return ▶Go to *www. irs. gov/Form* 4562 for instructions and the latest information	OMB No. 1545-0172 2022 Attachment Sequence No. 179

填报目的：申报纳税人所有的固定资产折旧和其他资产摊销。
填报人：需要填报相关税表的纳税人。

2017年税改之前，公司纳税人和个人纳税人的折旧额都受到该纳税年度应承担的最低所得税限制。2017 年《减税与就业法案》取消了公司纳税人的最低所得税，所以只有个人纳税人在计算折旧时会受到一些影响。而《2022 年降低通胀法案》通过的股份公司替代性最低税，其计算方式完全不用于以前的最低所得税，所以公司纳税人的折旧额也不会受此新税种的限制。

十六、商誉等无形资产摊销

被资本化的商誉和被收购的无形资产用于生产经营活动时，可以用直线摊销法在 15 年中摊销。该商誉或无形资产的摊销基数为其收购成本，摊销起始时点为收购当月[142]。

可见摊销的方法非常简洁明了，此处重点讨论对可摊销的商誉和无形资产范围的规定。

凡是能够被摊销的无形资产（包括商誉），俗称“可摊销的 197 无形资产”，都是通过收购获得并用于生产经营的资产。道理很简单，自行创建的无形资产如果没有在市场上交易，就无法确定其市场价值，即公允价值。没有收购环节的市场定价，就没有摊销的合理基数，也就无从摊销。例外的情形是，如果自行创建的无形资产是为了在某个或某些系列交易中被出售，那么也可酌情考虑摊销的可能性。

可摊销的 197 无形资产有：

1. 商誉。

2. 持续经营价值。

3. 受雇用合同保护或约束的劳动力、经营记录、经营系统和其他信息；知识产权、技术、配方、工艺流程、设计、方式方法和格式等；和客户信息相关的无形资产、和供应商信息相关的无形资产。

4. 执照、许可或其他政府赋予的权利。

5. 收购中的非竞争承诺条款。

6. 特许经营权、商标或商品名等。

可摊销的 197 无形资产不包括：

1. 股份公司股权、合伙企业权益、信托和遗产纳税体的经济权益；期权合同、外币交易合同、名义本金合同或类似的合同。

2. 地契。

3. 任何计算机软件。

4. 有形资产租赁合约、债权权益。

5. 住宅贷款服务能力。

6. 股份公司的交易成本，如专业咨询费等。

如果部分可摊销的 197 无形资产被再次出售或被确认无价值，其剩余的未摊销成本不能立即费用化，而应继续按照原摊销方法逐年费用化。出售时如果出现亏损，该亏损也不能确认，而应相应增加该部分可摊销的 197 无形资产的摊销基数。

对于上述某些可摊销的 197 无形资产，法典细则还更加具体规定了其再次出售、转让或评估时的价值确定和摊销原则等。

十七、关联方之间的费用或亏损

与关联方之间交易产生的亏损不能确认为税务亏损；在收款方确认美国应税收入前，向其支付的费用（包括利息）不能确认为付款方当期（某个纳税年度）的可扣除项。当收款方是关联方且为非美国纳税人时，应遵守成本与收益匹配原则，即支出的确认必须和收入的确认相匹配，在收入不被非美国纳税人确认的情形下，支出也不能被美国纳税人确认。关联方指经济利益极其相关的双方，如直系家庭成员、50% 以上权益的持有人，信托中的委托人和受托人，以及被同一控制人控制（80% 以上权益）的各方等[143]。

十八、资本性支出

资本性支出（Capital Expenditures）指不能直接在支付时立即费用化，而必须先资本化后再行摊销的费用，故称为资本性支出[144]。

常见的此类资本性支出及其处理方式有：

1）为购置某资产而发生的佣金等费用应先资本化，在资产出售时再从收入中扣除[145]；

2）收购或新建有形资产发生的费用应按照有形资产的分类来分别资本化，增加各有形资产的成本基数[146]；

3）改善有形资产的条件而发生的费用也应按照有形资产的分类

来分别资本化，增加各有形资产的成本基数[147]；

4）收购或创建可明确识别且可估值的无形资产时，应将所有与其相关的费用都资本化，然后再通过各期摊销费用化[148]；

5）收购经营活动实体或改变经营实体的股权结构，以及发债时所发生的相关费用应全部资本化[149]。

油气行业中的钻井和开采期无形成本也是一种资本性支出，它的处理规则请参阅第十四章。

十九、统一资本化规则 263A

统一资本化规则是里根总统执政期间倡导的一项税法革新，并正式写入《1986 年税改法案》。它是对原有的资本性支出条款的进一步细化，并且非常明确地扩增了需要资本化的成本和费用。

（一）基本规定

法典规定，纳税人在生产活动和购销活动中产生库存时，应该在出现下列情形之一时遵守统一资本化规则[150]，即必须先把和生产或收购各项资产相关的直接费用和间接费用统一资本化：

1. 建造不动产或生产固定资产，用于以营利为目的的经营活动；
2. 建造不动产或生产固定资产，再出售给消费者；
3. 收购不动产、有形资产或无形资产，并将其再次出售。

上述“3”所说的有形资产包括股票经纪人收购的、以库存入账并以再次出售为目的的股票。

不受统一资本化规则约束的费用包括以下六种：

1. 建造不动产或生产固定资产，以私人使用为目的，不用于生产经营；
2. 核准的研发费用；
3. 石油、天然气等矿产的开发成本（其遵守法典其他条款规定）；
4. 根据长期合同进行的生产或购销（其遵守法典其他条款规定）；
5. 木材或装饰用树木的生产（其遵守法典其他条款规定）；
6. 特殊果木栽培（其遵守法典其他条款规定）。

统一资本化规则要求纳税人首先将和生产、购销相关的全部直接费用和

（部分）间接费用资本化，即增加相应的库存商品成本或固定资产成本，然后通过固定资产折旧、无形资产摊销、库存商品销售等方式，将资本化的费用逐渐释放到各期成本。可见，统一资本化规则是从税法的角度进一步控制当期可以扣除的费用支出，促使具有长期效应的支出更加合理地分配到未来各期，以和收入的时点更加匹配。

某些小型企业可以不受统一资本化规则的约束。这些企业必须同时符合以下条件：

1. 该企业的生产和购销活动符合统一资本化的基本规定，且约束的解除只适用于有形动产的生产和购销活动；

2. 该企业连续 3 年（含本纳税年度）的年平均销售总收入不超过 2 500 万美元（该标准按通货膨胀率、以百万美元单位调整，2021 和 2022 纳税年度分别为 2 600 万美元和 2 700 万美元）；

3. 如果纳税人为个人，那么还要按照其独立的经营业务进行判断。

（二）统一资本化规则下的费用及其归集方法

应按法典要求进行统一资本化的费用包括生产或购销的直接生产或购买成本、直接参与生产或购买的人工费用和应分配到库存商品或再次售出财产的间接费用[151]。

从财务记账的角度而言，直接生产成本和人工费用通常都比较容易识别，并且能够按照会计准则入账。部分间接费用往往需要再次分析和识别，确定其是否应在税法要求下统一资本化。这些间接费用包括全部除了直接费用的支出。还应指出的是，并非每个纳税人或纳税实体的财务账簿都经过注册会计师的审核，其编制的财务报表也并非都符合美国会计准则，有些甚至没有编制财务报表。即使这样，纳税人还是要履行纳税申报的义务，所以必须理解和遵守税法的各种规定。

法典允许下列间接费用不必统一资本化：

1. 广告、营销和分销费用；

2. 研发费用（其遵守法典其他条款规定）；

3. “179 选择”直接费用化的成本；

4. 净经营亏损；

5. 某些闲置设备或资产的折旧；

6. 所得税税款；

7. 罢工成本；

8. 保修和商品质量保证相关的成本（如保险）；

9. 和零售店相邻的库存商品储存库；

10. 应标费用；

11. 与生产或购销不直接相关的、可直接费用化的服务类成本，如负责公司全盘管理和规划、财务报表、法律和税务事项的高级管理人员费用，制定质量管理、安全生产、保险、风险控制和环境保护政策的费用，审计费，税务服务费，以及投资人关系管理费用等。

额外的费用被识别出需要统一资本化后，应该根据允许的方法计算并归集到称作“条款263A额外费用”（包括计算调整项）的税务科目。这部分费用最终也间接地归入库存商品或纳税人建造的待出售财产之中。在配合统一资本化方法的使用中，计算调整项可能出现负值。

计算和归集额外的、需要统一资本化的费用可以用以下方法：

1. 特别识别法（Specific Identification Method）。在生产和建造活动过程中，直接将成本、费用和某个具体的产品或不动产联系起来，从而可以将成本、费用直接附于该产品或不动产。

2. 承担率法（Burden Rate Method）。纳税人可以用合理的承担率计算需要统一资本化的费用。不同的成本费用科目可以使用不同的承担率，只要是合理且逐年一致即可，如通过直接成本、小时数等计算的承担率都可以运用。如果纳税人更改承担率，则属于变更税务记账法。

3. 标准成本法（Standard Cost Method）。纳税人不根据实际发生的费用金额来计算统一资本化金额，而是用事先决定的某个固定的数额做统一资本化费用。

4. 合理的其他方法。混合使用上述一种或多种方法，且以合理性和统一性为目的。

有些情形下纳税人发生的某些费用，既服务于生产和建造，又可以直接扣除的部分，具有两者难以分开的混合特征，因此被称为“混合的服务类成本”。法典介绍了一种简化的服务成本法（Simplified Service Cost Method），用以区分出必须统一资本化的部分费用。

简化的服务成本法是按照生产或服务的业务部门的统计数据，用一定的分摊比例将全部混合的服务类成本一次性归集到需要统一资本化的费用账户，其计算公式为：

需统一资本化的费用 = 分摊比例 × 全部混合的服务类成本

分摊比例可以采用下面两种：

（1）劳工成本分摊比例 $=\dfrac{\text{条款 263A 下的劳工成本}}{\text{全部劳工成本}}$

（2）生产成本分摊比例 $=\dfrac{\text{条款 263A 下的生产成本}}{\text{全部成本（除了条款 263A 下的生产成本和利息费用）}}$

（三）统一资本化的方法

法典规定纳税人可以采用下列两种方法中的一种方法来计算需要统一资本化的费用：

1）简化的生产法（Simplified Production Method，SPM）[152]。在此方法下，需要用到两个重要的概念"条款 471 成本"和"条款 263A 额外费用"。法典第 471 条本身讨论的是对库存商品的税法要求，但在统一资本化规则下，"条款 471 成本"包括财务报表本身入账的库存商品成本，以及法典要求的所有应该归集到库存商品或建造的不动产的其他应资本化的费用（不包括利息费用）。可见"条款 471 成本"包含法典对财务报表的各项税务调整。"条款 263A 额外费用"是指所有应资本化，但和生产或建造不直接相关的、不能归集到"条款 471 成本"项下的费用。

简化的生产法用下面的公式计算需要统一资本化的成本：

$$\text{归集到年末库存商品的"条款 263A 额外费用"} = \underbrace{\frac{\text{年度发生的"条款 263A 额外费用"}}{\text{年度发生的"条款 471 成本"}}}_{(A)} \times \text{归集到年末库存商品的"条款 471 成本"}$$

公式中的（A）项所表达的比率称为"吸收率"。

【例 3－21】 假设三英股份公司生产试剂盒，并用先进先出法对库存商品入账。（作者注：使用后进先出法对库存商品入账时，计算略有不同。参阅第二章第一节。）2020 年 1 月 1 日，三英公司的库存商品税务成本为 250 万美元，包括 200 万美元"条款 471 成本"和 50 万美元"条款 263A 额外费用"。在先进先出法下，年初库存商品在 2020 年全部出售。2020 年中，三英公司归集了该年度发生的"条款 471 成本"1 000 万美元，"条款 263A 额外费用"100 万美元，年底结账时，测算出归集到年末库存商品中的"条款 471 成本"

为3 000万美元。

分析： 三英公司应该把“条款263A额外费用”归集到年末库存商品的金额为30万美元（30 000 000×1 000 000/10 000 000）。

2）简化的再销售法（Simplified Resale Method，SRM）[153]。顾名思义，这种方法只能用于纳税人购入商品后进行简单处理即再次销售的活动。如果有大量实质性的生产和建造活动，纳税人只能选择简化的生产法。法典允许在以下两种情形中选择使用简化的再销售法[154]：

（1）纳税人的生产、建造活动相对于其整个经营活动来说，比例不超过10%。计算比例时，分别测算生产、建造活动产生的收入和总收入比例，以及生产、建造活动发生的人工成本和总成本的比例。两种测算的比例都不能超过10%。

（2）纳税人依照生产合同进行生产，签约方是该纳税人的非关联方，且必将把合同下的库存商品出售给消费者。

简化的再销售法用下面的公式计算需要统一资本化的成本：

$$\text{归集到年末库存商品的“条款263A额外费用”} = \text{组合吸收率} \times \text{归集到年末库存商品的“条款471成本”}$$

$$\text{组合吸收率} = \text{储藏和处理费用吸收率} + \text{采购费用吸收率}$$

$$\text{储藏和处理费用吸收率} = \frac{\text{本年度储藏和处理费用}}{\text{年初库存税务成本（包括“条款471成本”）} + \text{本年度库存商品购买量}}$$

$$\text{采购费用吸收率} = \frac{\text{本年度采购费用}}{\text{本年度库存商品购买量}}$$

【例3－22】 假设莉雅女士的公司（简称莉雅公司）分销三英股份公司生产的试剂盒，并用先进先出法对库存商品入账。（作者注：使用后进先出法对库存商品入账时，计算略有不同。参阅第二章第一节。）2020年1月1日，莉雅公司的库存商品税务成本为210万美元，包括200万美元“条款471成本”和10万美元“条款263A额外费用”。在先进先出法下，年初库存商品在2020年全部出售。2020年中，莉雅公司购买试剂盒的总量是1 000万美元，发生的采购费用是46万美元，储藏成本11万美元，处理费用9万美元。年底结账时，测算出归集到年末库存商品中的“条款471成本”为3 000万美元。

那么，莉雅公司应该把“条款263A额外费用”归集到年末库存商品的额度为188.1万美元（3 000×6.27%），计算如下：

（1）储藏和处理费用吸收率 $=\frac{110\ 000+90\ 000}{2\ 000\ 00+10\ 000\ 000}\times 100\%=1.67\%$

（2）采购费用吸收率 $=\frac{460\ 000}{10\ 000\ 000}\times 100\%=4.6\%$

（3）组合吸收率 $=1.67\%+4.6\%=6.27\%$

（四）对利息费用的规定

在建造不动产或生产有形资产的活动中所产生的利息费用扣除时，同样受到统一资本化规则的约束。购销不动产或有形资产活动中产生的利息费用不受此约束。

利息费用被统一资本化时需要同时满足下列条件：

1. 建造的不动产或生产的有形资产具有至少20年的使用年限；
2. 建造或生产时间最少2年；
3. 建造或生产时间1年以上，且建造或生产总成本超过100万美元[155]。

建造或生产开始的时点为该活动发生的首日，结束的时点为该不动产或有形资产达到预定可使用状态的当日。

在统一资本化利息费用时，应使用规避成本法（Avoided Cost Method）将可以直接和生产、建造活动相关的利息费用资本化。在确定利息费用扣除额时，先考虑统一资本化规则下应减少的当期利息费用，再考虑“十四、利息费用”中讲述了法典163（j）对利息费用扣除的限制[156]。

以上仅简单阐述统一资本化规则的规定、计算和记账方法。读者遇到实际问题时，应结合法典细则查询、研究并获得具体方案。

本章参考文献

[1] IRC § 63（a）.

[2] *Commissioner v. Glenshaw Glass Co.*，348 U.S. 426（1955）.

[3] IRC § 61（a）；Treas. Reg. § 1.61－1.

[4] Treas. Reg. § 1.61－2（c）.

[5] Treas. Reg. § 1.61－2（d）（2）.

[6] IRC § 83（a）；Treas. Reg. § 1.83－1（a）and（b）.

[7] IRC § 83 (b) (1); Treas. Reg. § 1.83 - 2 (a).

[8] IRC § 83 (b) (2); Treas. Reg. § 1.83 - 2 (b).

[9] IRC § 61 (a) (4); Treas. Reg. § 1.61 - 7.

[10] Treas. Reg. § 1.61 - 7 (b).

[11] Treas. Reg. § 1.61 - 7 (c).

[12] Treas. Reg. § 5f.103 - 1.

[13] Treas. Reg. § 1.61 - 3 (a).

[14] Treas. Reg. § 1.61 - 3 (b).

[15] Treas. Reg. § 1.61 - 14 (a).

[16] IRC § 61 (a) (5); Treas. Reg. § 1.61 - 8.

[17] IRC § 61 (a) (6); Treas. Reg. § 1.61 - 8.

[18] U. S. Department of the Treasury, Internal Revenue Service, *Publication 4681: Cancelled Debts, Foreclosures, Repossessions, and Abandonments*, Cat. No. 51508F, (Washington DC: 2020).

[19] IRC § 108 (e) (6).

[20] Id. And IRC § 108 (f).

[21] IRC § 61 (a) (11); Treas. Reg. § 1.61 - 12.

[22] IRC § 74 (a); Treas. Reg. § 1.74 - 1.

[23] IRC § 74 (b).

[24] IRC § 74 (c).

[25] IRC § 74 (d).

[26] IRC § 75; Treas. Reg. § 1.75 - 1.

[27] IRC § 77; Treas. Reg. § 1.77 - 1 and 1.77 - 2.

[28] IRC § 78; Treas. Reg. § 1.78 - 1.

[29] IRC § 80.

[30] IRC § 84.

[31] IRC § 527 (e).

[32] IRC § 87.

[33] IRC § 88.

[34] IRC § 90.

[35] IRC § 91.

[36] IRC § 102; Treas. Reg. § 1.102 - 1.

37 IRC § 103.

38 IRC § 108 (a) and (b).

39 IRC § 109; Treas. Reg. § 1. 109 – 1.

40 IRC § 110; Treas. Reg. § 1. 110 – 1.

41 IRC § 115.

42 IRC § 118; Treas. Reg. § 1. 118 – 1.

43 IRC § 126; Treas. Reg. § 16A. 126 – 1.

44 IRC § 136.

45 IRC § 139.

46 IRC § 139A.

47 IRC § 162 (a); Treas. Reg. § 1. 162 – 1.

48 Internal Revenue Service, *Business Activities*, https://www.irs.gov/businesses/small-businesses-self-employed/business-activities (accessed January 9, 2022).

49 Treas. Reg. § 1. 183 – 2.

50 IRC § 183; Treas. Reg. § 1. 183 – 1.

51 IRC § 195; Treas. Reg. § 1. 195 – 1.

52 Treas. Reg. § 1. 195 – 1 (b).

53 IRC § 162 (a); Treas. Reg. § 1. 162 – 7.

54 Treas. Reg. § 1. 162 – 9.

55 *Exacto Spring Corporation vs. Commissioner*, CA – 7, 99 – 2 USTC, 7th Cir (1999).

56 U. S. Department of the Treasury, Internal Revenue Service, Rev. Proc. 2022 – 3.

57 IRC § 162 (m); Treas. Reg. § 1. 162 – 27.

58 Temp. Treas. Reg. § 1. 404 (b) – 1T, Q&A – 2.

59 IRC § 404 (a) (5), (b) (1).

60 IRC § 162 (m) (6); Treas. Reg. § 1. 162 – 27.

61 IRC § 162 (m) (5).

62 IRC § 280G, 4999 (a).

63 IRC § 419.

64 IRC § 162 (l); Rev. Proc. 2014 – 41.

[65] IRC § 164 (a); Treas. Reg. § 1.164 – 1.

[66] IRC § 164 (d); Treas. Reg. § 1.164 – 6.

[67] IRC § 164 (a) (5); Treas. Reg. § 1.164 – 3 (f) to (i).

[68] IRC § 164 (e); Treas. Reg. § 1.164 – 7.

[69] IRC § 164 (f).

[70] IRC § 164 (c); Treas. Reg. § 1.164 – 2, 1.164 – 4.

[71] IRC § 170 (b) (2), (d) (2).

[72] U.S. Department of the Treasury, Internal Revenue Service, *Instruction for Form* 1120 *U.S. Corporation Income Tax Return* (2020).

[73] U.S. Department of the Treasury, Internal Revenue Service, *Instruction for Form* 1120 *U.S. Corporation Income Tax Return* (2021).

[74] IRC § 170 (a) (2).

[75] IRC § 274 (a); Treas. Reg. § 1.274 – 2.

[76] Treas. Reg. § 1.274 – 2 (f) (2).

[77] IRC § 274 (k) (1).

[78] IRC § 274 (n) (1).

[79] IRC § 274 (b).

[80] IRC § 162 (a) (2); Treas. Reg. § 1.162 – 2.

[81] U.S. Department of the Treasury, Internal Revenue Service, Rev. Rul. 99 – 7.

[82] U.S. Department of the Treasury, Internal Revenue Service, Rev. Proc. 2019 – 46. Notice 2021 – 02 and Notice 2022 – 03.

[83] U.S. Department of the Treasury, Internal Revenue Service, Rev. Rul. 75 – 432.

[84] Treas. Reg. § 1.274 – 5 (g) (2). U.S. Department of the Treasury, Internal Revenue Service, Rev. Proc. 2019 – 48.

[85] IRC § 274 (c).

[86] IRC § 162 (a) (3).

[87] *Peerless Weighing & Vending Machine Corp. v. Commissioner*, 52 T.C. 850 (1969).

[88] IRC § 178; Treas. Reg. § 1.178 – 1 (a).

[89] Treas. Reg. § 1.178 – 1 (d).

[90] IRC § 174.

[91] U. S. Department of the Treasury, Internal Revenue Service, Rev. Rul. 92－80.

[92] Treas. Reg. § 1. 263 (a)－4 (b) (3) (v).

[93] *Heigerick v. Commissioner*, 45 T. C. 475 (1966).

[94] IRC § 173.

[95] Treas. Reg. § 1. 263 (a)－2.

[96] IRC § 162 (q).

[97] IRC § 162 (f); Treas. Reg. § 1. 162－18.

[98] IRC § 162 (e); Treas. Reg. § 1. 162－20.

[99] IRC § 175; Treas. Reg. § 1. 175－1.

[100] *AMFAC, Inc. v. Commissioner*, 70 T. C. 305 (1978).

[101] *Barham v. United States*, 69－1 T. C. , 23 AFTR 2d 1347, D. Ga (1969).

[102] IRC § 180; Treas. Reg. § 1. 180－1, 1. 180－2.

[103] IRC § 199A; Treas. Reg. § 1. 199A－1.

[104] IRC § 199A (c) (4).

[105] IRC § 199A (c) (2); Treas. Reg. § 1. 199A－1 (c) (2).

[106] Daher, 536－4th T. M. , *Interest Expense Deduction.*

[107] IRC § 1273 (a) (1).

[108] IRC § 163 (e) (1).

[109] IRC § 1272 (a) (1).

[110] IRC § 163 (e) (3).

[111] IRC § 163 (i).

[112] IRC § 483 (a).

[113] IRC § 1274 (a).

[114] IRC § 482.

[115] IRC § 1274 (d) (1).

[116] IRC § 163 (h).

[117] IRC § 163 (d).

[118] Internal Revenue Service, "Topic No. 504 Home Mortgage Points," *http: //www. irs. gov/taxtopics/tc*504 (accessed January 9, 2022).

[119] IRC § 171.

[120] IRC § 1055.

[121] IRC § 163 (c).

[122] *Hilton v. Commissioner*, 74 T. C. 305 (1980).

[123] IRC § 163 (j) (5).

[124] IRC § 163 (j) (1).

[125] IRC § 163 (j) (9).

[126] Treas. Reg. § 1.163 (j) -1 (b) (1).

[127] IRC § 163 (j) (2).

[128] IRC § 163 (j) (3).

[129] IRC § 163 (j) (7).

[130] Treas. Reg. § 1.163 (j) -9 (c) (3).

[131] IRC § 167 (a); Treas. Reg. § 1.167 (a) -1.

[132] IRC § 1012 (a).

[133] Treas. Reg. § 1.167 (a) -2.

[134] Treas. Reg. § 1.167 (a) -7.

[135] Treas. Reg. § 1.167 (a) -5.

[136] IRC § 168 (d) (4).

[137] U. S. Department of the Treasury, Internal Revenue Service, *Publication* 946: *How to Depreciate Property*, Cat. No. 13081F, (Washington DC: 2020).

[138] IRC § 168 (b) (3).

[139] IRC § 179. U. S. Department of the Treasury, Internal Revenue Service, *Publication* 946: *How to Depreciate Property*, Cat. No. 13081F, (Washington DC: 2020).

[140] IRC § 168 (k) (2) (A).

[141] U. S. Department of the Treasury, Internal Revenue Service, *Instruction for Form* 4562 *Depreciation and Amortization* (2021).

[142] Treas. Reg. § 1.197 -2.

[143] IRC § 267.

[144] IRC § 263 (a) (1); Treas. Reg. § 1.263 (a) -1 (a).

[145] Treas. Reg. § 1.263 (a) -1 (e).

[146] Treas. Reg. § 1.263 (a) -2.

[147] Treas. Reg. § 1.263 (a) -3.

[148] Treas. Reg. § 1.263 (a) -4.

[149] Treas. Reg. § 1.263 (a) –5.

[150] IRC § 263A; Treas. Reg. § 1.263A –1.

[151] Treas. Reg. § 1.263A –1 (e).

[152] Treas. Reg. § 1.263A –2 (b).

[153] Treas. Reg. § 1.263A –3 (d).

[154] Treas. Reg. § 1.263A –3 (a) (4).

[155] IRC § 263A (f); Treas. Reg. § 1.263A –8.

[156] Treas. Reg. § 1.263A –9 (g).

第四章

应纳税所得额的分类和计算（二）

经营活动中出现的损失在计算应纳税所得额时应如何合理扣除，是经营者普遍关心的问题。损失的分类、计量和扣除方式也直接影响纳税人的应纳税所得额。

美国的税法体系仍然具有对全球收入征税的特征。它体现在两个方面，其一是美国纳税居民应申报其全球应纳税所得额，计算并缴纳税款。其二是非美国纳税居民应申报其来源于美国境内的应纳税所得额，计算并缴纳税款。

本章阐述经营活动损失的主要分类和税务处理方式，美国境内和境外收入的划分及其对应纳税所得额的影响。

第一节　损失类项目的计量和处理规定

在经营活动或以营利为目的的交易中，如果纳税人承担了损失，包括各种意外的或人为事件造成的损失，那么该损失的认定对纳税人计算合理扣除非常重要。本节概要地阐述法典对损失类项目的处理规定。

总的原则是，法典允许没有获得保险赔偿或其他形式赔偿的损失作为扣除项来减少应税收入。但是，为了避免对损失的不合理扣除，法典对常见的损失做出规定，用以规范纳税人的处理方式。

一、可以当期扣除的损失及其数额

纳税人的损失必须由一个已完结的事件来证明其真实存在，而且对损失有具体的量化认定[1]，比如某次买卖交易、丧失抵押品赎回权、被政府征用等。特别强调的是，该事件必须是真实发生的，产生了具有实质性的损失，而非形式上的损失。如果存在获得补偿的可能性，哪怕是很小的可能，全部相关的损失也不能当期扣除。当然，对于库存商品价值减少或坏账计提（又称作或有负债准备金）类的损失，可以部分扣除。

损失的量化原则是它的最高金额不能超过该财产或资产调整后的持有成本基数。对持有成本的调整包括持有期的折旧、摊销、废弃、认定损失过程中的收益和费用。确认、量化损失之后，其具体的扣除还会受到其他种种要求的限制，比如是否为资本性资产损失、不同种类的股票损失以及或有债务损失等。

用于个人生活的费用或财产损失不能作为收入的扣除项。个人的损失必须和经营活动相关，或以营利为目的，或由其他诸如盗窃、自然灾害等原因而产生，才能符合扣除的前提条件[2]。而且，个人的损失扣除应该符合风险承担原则、被动性亏损扣除规则（参阅第二章第一节）和关联方交易规则（参阅本章第一节）等。

二、常见的损失类项目

（一）废弃或报废

从2014年1月1日起，在经营活动或以营利为目的的交易中，如果纳税人永久性地废弃或报废其使用的某些不可折旧的资产，那么纳税人可以将这些资产的持有成本认作当期经营性（非资本性）损失。

对于1986年12月31日之后开始使用的、且在改进的加速成本回收体系下折旧的固定资产来说，如果纳税人没有用其做抵押贷款，那么报废该项固定资产时，可以认定的损失等于纳税人对该固定资产调整后的持有成本。如果纳税人确实用其做抵押贷款，该固定资产的报废事件应当作资产处置处理[3]。

还应着重强调的是，仅仅将某些资产搁置起来不使用，或财务会计上将某些资产作废弃或报废处理，都不能视为税务上合理认定资产的废弃或报废。税务认定时必须坚持永久性废弃（永不再使用）或有实际事件证明其无价值的原则。

（二）房屋拆除

房屋被拆除时，纳税人要承担房屋被停止使用的损失。此处房屋是指各类建造在地面上的房产，属于不动产。拆除房屋的损失分两种情形处理[4]：

1. 购买房屋时即有拆除的目的。如果纳税人在购买房屋时，已经计划将其拆除并利用地块作其他用途，那么拆除房屋所造成的损失都不能当期扣除，而应将该损失附加在房屋所在地的土地的持有价值上，增加土地的持有成本。即便是拆除的计划被推迟或停止，这个规定仍然适用。例外的情形是，如果房屋没有马上被拆除，而是全部或部分被用于生产（自用）或产生租金收入，那么一部分收购款可以分摊到用于生产的成本或产生租金收入的成本中去，分摊额以拆除前持有期内的总收入来折现计算，折现的起始时点是该房屋投入使用的当天。房屋自用的情况下，用理论上合理的租金进行折算。房屋拆除时，没有折旧完的房屋成本可以一次性当期扣除；其余没有分配到可使用、可折旧的房屋资产的成本部分，应作为损失项附加到房屋所在地的土地持有成本上。

【例4-1】 假设莉雅女士的A公司于2020年1月1日收购了一处商业地产，包括土地和房屋共计60万美元。莉雅女士在收购前就计划好将此处房屋拆掉重建，增加其使用的功能和价值。收购完成后，A公司发现资金和设计都没有到位，不能马上实施重建计划，需要推迟3年左右才比较稳妥。因此，A公司立即将此商业地产出租，月租金为1 000美元。A公司计划租约结束后进行拆除重建。

分析：在此情形下，A公司可以将部分收购款分摊给出租性房屋，并用3年期对其折旧。按净现值法计算，假设3年租金收入在2020年1月的现值为3万美元。那么，A公司可以把3万美元分摊到出租性房屋上，并用3年进行折旧，即每年可以折旧1万美元。

【例4-2】 接上例4-1，假如A公司于2021年6月20日解除租约，并开始着手拆除和重建。

分析：A公司关于此处房产的成本分摊和回收见表4-1。

表4-1　　成本分摊和回收　　单位：美元

项目	2020纳税年度	2021纳税年度
2020年1月1日收购价分摊-土地	570 000	570 000
2020年1月1日收购价分摊-房屋	30 000	30 000
当期房屋折旧	(10 000)	(5 000)
年末累计折旧（12月31日）	(10 000)	(15 000)
年末房屋净值（12月31日）	20 000	15 000

2021年，A公司除了可以确认5 000美元（截至6月20日的半年折旧额）折旧外，还可以将1.5万美元未折旧的房屋资产直接作为拆除损失当年扣除。

2. 购买房屋之后才计划拆除。此种情形下，房屋资产被拆除前，都可以按照原有的折旧方法进行折旧扣除。在拆除当年，没有折旧完的资产成本可以一次性作为拆除损失扣除。但是，如果房屋拆除并重建属于一份租约的组成部分，那么拆除损失不能当期扣除，而应相应增加租约的成本，并摊销到未来的租期之中进行成本回收。

【例4－3】 假设莉雅女士的A公司于2019年1月1日收购了一处商业地产，包括土地和房屋共计60万美元。收购完成后，A公司立即将此地产出租，租约20年，每月租金1 000美元。A公司在获得此项租约的过程中，发生了如律师费、评估费等各种费用共计12 000美元。根据评估师的测算，该项地产中土地价值约为20%，即12万美元，房屋价值48万美元，可以按照商业地产的折旧年限40年进行折旧。出租期内，承租人要求将房产设计彻底改变，以适应其业务的需要。最终A公司和承租人决定在2022年1月将原有房屋拆除，进行重建。

分析： 此例中关于各年的折旧和拆除损失分摊见表4－2。

表4－2　折旧和拆除损失分摊　单位：美元

项目		2019纳税年度	2020纳税年度	2021纳税年度	2022纳税年度
2019年1月1日收购价分摊－土地	a	120 000	120 000	120 000	120 000
2019年1月1日收购价分摊－房屋	b	480 000	480 000	480 000	—
当期房屋折旧（c＝b/40）	c	(12 000)	(12 000)	(12 000)	—
年末累计折旧（d＝本年c＋上年d）	d	(12 000)	(24 000)	(36 000)	—
年末房屋净值（12月31日）（e＝b－d）	e	468 000	456 000	444 000	—
应摊销的租约成本费	f	12 000	12 000	12 000	—
当期摊销（20年摊销期）（g＝f/20）	g	(600)	(600)	(600)	(600)
应摊销的拆除损失（H＝2018年的e）	h	—	—	—	444 000
当期摊销损失（17年摊销期＝h/17）		—	—	—	(26 118)

可见，从2022年起，A公司每年可以摊销拆除损失26 118美元。（作者注：本例中没有解释新建房屋的成本归集、资本化和折旧。）

（三）持有的有价证券无价值化

有价证券指公司股票、股票期权、（可转换）债券、贷款票据等。如果纳税人持有的有价证券只因市值波动而贬值，那么此类损失不能确认为当期损失。如果纳税人持有的有价证券因某些原因变得确实毫无价值，比如公司破产等，那么纳税人可以在当期确认该损失[5]。

损失可以分为两种：日常经营损失或资本性亏损。决定损失类别的关键是该有价证券在纳税人持有期内是否属于资本性资产（参阅第五章）。

债券或贷款变得毫无价值时，纳税人可以在当期确认日常经营损失。

纳税人持有关联公司股票时，其无价值化的损失只能以日常经营损失类别确认，不属于资本性亏损。此处关联公司是指纳税人必须持有该公司80%以上的投票权（源于各类有投票权的股票）和持有80%以上的各类无投票权股票（不包括对分红有限制的无投票权股票，如优先股）。

（四）意外伤害损失

纳税人遭遇意外伤害时，对于造成的财产损失可以当期扣除，如车祸、失火、风暴、海难等损失[6]。被盗窃损失不属于意外伤害损失。

确定损失的数额时，须参照意外发生前后该财产的市值（经评估师等专业确证）。通常情况下，不论该财产是否用于经营活动或产生收入，意外伤害所造成的财产损失金额应该取下面两者的较小值，并减去保险赔偿的部分：

1. 意外发生前该财产市值减去意外发生后该财产市值；
2. 该财产的持有成本（假设在意外发生日出售）。

不过，如果该财产用于经营活动或产生收入，并且被彻底摧毁，那么损失可以等于该财产的持有成本。

如果某财产购买时属于私人用品，之后转为经营活动使用，那么在转换当日应比较该财产的市值和持有成本，取较小值作为用于经营活动的财产原始成本，并以此成本额开始计算折旧。

如果某财产属于私人用品，其在2017年12月31日之后因意外伤害而遭受损失，那么按照上述原则确定的损失金额还应减去每单次意外受限额100美元（如果属于总统令宣布的灾难损失，则为500美元）。个人意外伤害损失抵扣还受到该纳税人调整后的总收入之10%的限制。（作者注：以下举例中忽略此限制，参阅第六章。）

还应指出一个针对个人纳税人的限制，即在2018年到2025年这八个纳税年度内，纳税人只应确认联邦政府公布的灾害所造成的损失（包括盗窃）。当然，法规也允许纳税人选择确认其他意外伤害损失，但其最高额度仅限于保险或其他的赔偿部分[7]。

【例4-4】 假设乔先生于2018年花3.6万美元购买了一辆轿车，私人使用。2021 年，该车辆在意外撞车事故中受严重损害。事故前后该车辆的市值分别为 2 万美元和 1.5 万美元。保险公司为此意外事故支付了 3 000 美元赔偿费。乔先生 2021 年可以扣除的意外伤害损失计算见表 4-3。

表 4-3　可扣除的意外伤害损失　单位：美元

项目		金额
意外事故前车辆市值		20 000
减去：意外事故后车辆市值		15 000
实际损失数额	A	5 000
对比意外事故发生日的持有成本	B	36 000
取 A 或 B 的较小值		5 000
减去：保险赔偿		3 000
减去：每单次意外受限额		100
2021 年可以扣除的意外伤害损失		1 900

【例 4-5】 假设莉雅女士 2018 年花 9 万美元购买了一处商用地产，当时土地估值为 1.8 万美元，写字楼估值 7.2 万美元。收购后，莉雅女士又种植了花草树木，以美化写字楼周围环境，共计花费 1 200 美元。2021 年，写字楼和周围园林树木花草受飓风侵袭，后保险公司赔付 5 000 美元。飓风前后写字楼的市值分别为 7 万美元和 5.2 万美元，园林树木的市值分别为 2 000 美元和 400 美元。飓风发生时写字楼的持有成本为 6.6 万美元（减去折旧后）。莉雅女士 2021 年可以扣除的意外伤害损失计算见表 4-4。

表 4-4　可扣除的意外伤害损失　单位：美元

项目		金额
意外事故前写字楼市值		70 000
减去：意外事故后写字楼市值		52 000
实际损失数额	A	18 000
对比意外事故发生日的持有成本	B	66 000
取 A 或 B 的较小值		18 000
减去：保险赔偿		5 000

续表

项目		金额
2021 年可以扣除的写字楼损失		13 000
意外事故前园林市值		2 000
减去：意外事故后园林市值		400
实际损失数额	A	1 600
对比意外事故发生日的持有成本	B	1 200
取 A 或 B 的较小值		1 200
2021 年可以扣除的园林损失		1 200

如果飓风将写字楼完全摧毁，毫无修复的可能，那么莉雅女士可以扣除所有的持有成本 6.6 万美元。

（五）被盗窃损失

被盗窃所造成的损失可以在盗窃被纳税人发现，并可以确定损失金额的年份确认为损失。如果被盗人申请保险赔偿，但还无法确定赔偿的最后金额，那么该损失还不能确认。

计算损失数额的方法和上述“（四）意外伤害损失”讲述的意外伤害损失的计算一致[8]。

（六）博彩损失

博彩损失可以作为应税总收入的扣除项，但其金额最高为当年博彩所获得的收益。夫妻双方合并纳税时，可以合并计算博彩损失和收益[9]。

（七）金融机构破产损失

因金融机构清算或破产给纳税人造成的存款损失，可以作为应税总收入的扣除项。但对个人纳税人来说，最高只能扣除 2 万美元的损失。纳税人还可以选择此损失为非资本性损失，因此不受资本利得的额度限制[10]。同样，针对个人纳税人而言，在 2018 年到 2025 年这 8 个纳税年度内，纳税人只应确认联邦政府公布的灾害所造成的存款损失。当然，法规也允许纳税人选择确认其他意外伤害损失，但其最高额度仅限于保险或其他的赔偿部分。

（八）灾难损失

联邦政府公布的受灾地区通常是由美国总统宣布，并给予援助的受灾区。在受灾区内发生的损失属于灾难损失。纳税人可以在受灾当年确认损失，或选择将损失确认到受灾前一年的纳税年度里[11]。2020 年新型冠状病毒在全球蔓延，各国政府都采取了积极的补救、重建或刺激政策，美国也不例外。在这次涉及全人类健康的灾难中，纳税人可以考虑如何更好地确认其灾难损失。

计算灾难损失数额的方法和上述“（四）意外伤害损失”讲述的意外伤害损失的计算一致。此外，国内收入局还对如何运用已获联邦贷款的评估价值来计算损失提供指导意见。

三、坏账损失

法典所涵盖的坏账损失，包括在常见的债权债务关系中债权人无法回收的贷款，也包括经营活动中的各种应收未收款项。从财务会计出发，越来越多的企业每年对应收账款或其他应收款做坏账分析，并计提坏账准备。但是，对于个人或财务记账并不标准化的企业来说，它们并不进行年度计提坏账准备。因此，法典允许以两种方式处理坏账：

> 1）债权人贷出的款项或应收的款项全部或部分变为无价值或不可回收时，纳税人可以确认坏账损失，并抵减应税总收入；
>
> 2）纳税人对应收的款项计提坏账准备时，如果增加的计提部分变为无价值或不可回收时，纳税人可以对增加的计提部分确认坏账损失，并抵减应税总收入。

上述两种处理方式要求贷款和应收款都必须和经营活动相关，或者以营利为目的。如果此要求不能满足，坏账则被认定为非经营活动的性质，其彻底无价值时，就作为纳税人短期资本性亏损处理[12]。然而，如果非公司实体或个人纳税人为某非经营活动贷款做担保、背书或赔偿保证，且此行为以营利为目的并受法律责任的制约，那么其担保支付的款项属于经营性坏账损失[13]。

贷款必须能真实地代表债权债务关系，比如股东给公司提供的预支款就不能代表真实的债权债务关系。股票价值降低所造成的亏损也不属于坏账损失。

上述两种方式均要求确定无价值或不可回收，法典允许按照实际的情形对此做出判断，比如债务人是否进入破产程序、债权人是否采取法律措施（但不是必要条件）、抵押物是否仍有价值等。法规不要求必须由法庭来裁决坏账的真实性和具体金额，而要求有证据表明真实的债权债务关系和纳税人确实已采取措施回收款项。

坏账损失的税务入账往往向纳税人提出挑战，也是时常容易出错之处。其原因是基于上述原则而进行的税务入账，往往需要对财务账务做出调整，而且是逐年滚动地调整入账。根据实践，可以把坏账损失分为两种，即贷款型坏账损失和收入型坏账损失。下面用两个例子分别解释其税务入账的方法。

1. 贷款型坏账损失的税务入账处理

【例4-6】 史密斯先生的X公司经营业绩良好，现金流非常丰富。2019年1月，X公司给Y公司提供贷款200万美元，双方签订3年贷款合同，以Y公司的库存商品做了抵押担保。但是，由于市场定位偏差，Y公司销售业绩持续下滑。2019年12月，X公司财务结账时，计提了坏账准备20万美元。2020年12月，X公司再度计提坏账准备50万美元。此两年多时间里，X公司多次电话Y公司财务，询问销售情况和贷款偿还能力，均获得全额还款的保证。2021年12月，X公司正式出函Y公司询问贷款偿还时间表，却被告知Y公司无力偿还全部本金和利息。Y公司回函说明目前所有库存价值约120万美元，2022年2月底交货后立即全款返还X公司贷款。

分析： 上述情形下，X公司对坏账准备的财务处理如下（会计分录以万美元为单位，下同）。

2019年12月31日

借：坏账损失	20	
贷：坏账准备		20

2020年12月31日

借：坏账损失	50	
贷：坏账准备		50

2021年12月31日

借：坏账损失	10	
贷：坏账准备		10

三年共计：坏账损失80万美元，坏账准备（贷款备抵账户）80万美元。

然而，X公司进行应纳税所得额的计算时，需要调整坏账损失的确认。由于在2019年和2020年期间，贷款全额收回的可能性还是存在的，所以计提的坏账不能在税法条规下确认为当期的损失。但是到了2021年底，抵押物库存市值仅有120万美元，而Y公司又没有其余的现金流可以还款，所以，2021年X公司可以确定至少80万美元贷款绝对无法回收。X公司调整应税收入的记账处理如下：

2019年12月31日：调减税务损失，增加应纳税所得额。

借：坏账准备	20	
贷：坏账损失		20

2020年12月31日：调减税务损失，增加应纳税所得额。

借：坏账准备	50	
贷：坏账损失		50

2021年12月31日：调增税务损失，减少应纳税所得额。

借：坏账损失	70	
贷：坏账准备		70

借方增加财务当期坏账损失10万美元，贷方增加财务当期坏账准备10万美元。

三年共计：坏账损失80万美元，坏账准备80万美元。

可见三年累计下来，财务和税务的坏账损失确认总和一致，但税务上是在第三年做全部确认，而财务是分为三年确认的。

2. 收入型坏账损失的税务入账处理

【例4-7】 莉雅公司分销三英股份公司生产的试剂盒，2020年销售收入150万美元，截至年底应收款60万美元。2021年销售收入210万美元，应收款80万美元。莉雅公司对两年底的应收账款分别计提10%和15%的坏账准备。2021年还有一笔货虽然签了15万美元销售合同，但对方没有提货。莉雅公司财务认为客户很可能不会立即需要此批试剂盒，所以就没有确认15万美元的收入。

分析： 上述情形下，莉雅公司对收入和坏账准备的财务处理如下。

2020年12月31日

借：应收账款	150	
坏账损失	15	

贷：销售收入　150

　　坏账准备　15

2021 年 12 月 31 日

借：应收账款　210

　　坏账损失　31.5

　　贷：销售收入　210

　　　　坏账准备　31.5

两年共计：应收账款 360 万美元，销售收入 360 万美元。坏账损失 46.5 万美元，坏账准备（贷款备抵账户）46.5 万美元。

注：15 万美元的销售没有入账。

和例 4－6 一致，如果应收账款不能完全确定为不可回收，那么所有不能确定的部分在税务记账处理中都将被调整为没有坏账计提。如果税务认定的坏账损失在随后各期得到回收或补偿，那么回收或补偿应视同当期收入。最后，由于 15 万美元的销售财务没有确认收入，所以财税两方面都不能对其未收账款确认坏账。莉雅公司调整应税收入的记账处理如下：

2020 年 12 月 31 日：调减税务损失，增加应纳税所得额。

借：坏账准备　15

　　贷：坏账损失　15

2021 年 12 月 31 日：调增税务损失，增加应纳税所得额。

借：坏账准备　31.5

　　贷：坏账损失　31.5

两年共计：坏账准备 46.5 万美元，坏账损失 46.5 万美元。

四、（累计）净经营亏损

净经营亏损（Net Operating Loss，NOL）的概念和立法由来已久，其目的主要是解决有失公允的问题，即由于税法要求纳税人按照一定的纳税年度缴纳税款所产生的收入和成本分配不协调问题。如果成本开支大的纳税年度所产生的亏损不能在未来的年份从收入中扣除，那么长久来看，收支分配不均衡的纳税人就会浪费掉相当一部分成本抵减收入的机会，而以较高的收入进行纳税。甚至可能出现在同一时期内，即便某纳税人和其他纳税人相比具有同等数额的收入和成本[14]，但因其收支分配较不均衡且某些年份的净经营亏损不能结转扣除，从而使该纳税人在此期间缴纳了更多的税款。

净经营亏损结转扣除的规定从立法上实现了对纳税人长期的、平均应纳税所得额进行征税，最大限度地保证了公平性。对于特殊纳税实体，如不动产投资信托类的股份公司等，法典细则做出一些特殊的规定，比如不动产投资信托公司的经营净经营亏损可以结转到亏损年之前的 3 年内扣除，或结转到亏损年之后的 15 年内扣除[15]（参阅第十三章）。

（一）股份有限公司净经营亏损扣除的定义和总体规则

净经营亏损是指法典允许的、当期的成本费用超出当期应税总收入的部分。由于净经营亏损可以结转，具有累计的特征，故此翻译时在净经营亏损之前增加“累计”一词，以帮助读者加深理解其含义和特点。

经《减税与就业法案》和《2020 救援法案》修订后的法典规定，股份有限公司在某个纳税年度可以扣除[16]：

> 1）在纳税年度起始日期早于 2021 年 1 月 1 日的情形下，全部可向前结转到该纳税年度的累计净经营亏损加上可向后结转到该年的累计净经营亏损，但不能超过累计净经营亏损扣除前的应纳税所得额。
>
> 2）在纳税年度起始日期晚于 2020 年 12 月 31 日的情形下，2018 年 1 月 1 日之前产生的、结转到该年的累计净经营亏损加上以下两者的较小值：
>
> ①2017 年 12 月 31 日之后产生的、结转到该年的累计净经营亏损；
>
> ②应纳税所得额（累计净经营亏损、199A 扣除和其他特殊扣除前）减去上述“①”部分之后余额的 80%（可简单理解为 80% 应纳税所得额的限制）。

上述规定反映了累计净经营亏损法规的演变。2018 年 1 月 1 日之前产生的当期净经营亏损可以结转到亏损年之前 2 年或亏损之后 20 年，不受 80% 应纳税所得额的限制。2017 年 12 月 31 日之后产生的当期净经营亏损可以无限期地结转到下一个纳税年度，而不能结转到亏损年之前（对某些特殊行业例外）。《2020 救援法案》规定 C 类股份有限公司可以将 2017 年 12 月 31 日—2021 年 1 月 1 日产生的净经营亏损结转到亏损年之前 5 年使用，用于抵减以前年份的应纳税所得额，并且不受 2017 年税率变更或 80% 应纳税所得额的限制（参阅第一章第一节）。（作者注：如果纳税人需要更正其往年的纳税申报，那么应注意税法对净经营亏损各年结转和扣除的特殊规定。）

在运用净经营亏损抵扣时，通常会遵循下面三个步骤：

1）确定可以使用净经营亏损的纳税人及其各年度净经营亏损。法典规定，个人、遗产纳税体、信托、免税组织和多数C类股份有限公司都可以使用净经营亏损，但其本身必须是产生该净经营亏损的纳税人。换句话说，净经营亏损不能随意转让给其他纳税人使用，这一点在夫妻合并纳税，C类公司重组或扩资和公司合并纳税时尤为重要。税负穿透体（合伙企业和S类小型股份有限公司）和少数股东控股公司不能使用净经营亏损。计算纳税人各年度净经营亏损时，需要注意某些调整项目，请参阅本节"（二）个人纳税人计算净经营亏损的规定"和"（三）C类股份有限公司计算净经营亏损的特殊规定"内容。

2）确定可以使用净经营亏损的纳税年度，以及某纳税年度的净经营亏损余额。虽然净经营亏损可以被累计计算，但是每一份亏损其实带有其自身的纳税年度标记，这个标记在旧税法的规定下必须自始至终地牢记和使用。在旧的税法规定下，某年的净经营亏损可以结转到其之前两年和其之后20年，被使用时也要从最先适用的纳税年度开始（当然纳税人可以选择放弃结转到其之前2年的使用权），直到被用尽之后，下一个年度的净经营亏损才可以在同样的规则下被使用。由于《减税与就业法案》允许2018年1月1日起某年的净经营亏损可以无限期结转到未来的年份，所以亏损的年份标记显得不那么重要了。但是，上面提到的"相当于80%当期应纳税所得额的（累计）净经营亏损"扣除限额限制，仅用来限制2018年1月1日起产生的净经营亏损。此前产生的净经营亏损，仍可以抵减当期全部应纳税所得额。

3）确定使用净经营亏损之后的当期应纳税所得额，或者未用完的净经营亏损额度，并结转到未来年份。

【例4-8】 三英股份有限公司属于常规的C类股份有限公司。使用净经营亏损扣除前，三英公司2015年到2019年的当期应纳税所得额或净亏损如下表第二栏所列。三英公司放弃了将2016年的20万美元净经营亏损结转到

2015 年，而决定将其结转到未来 20 年内。因此这 20 万美元净经营亏损额度将在 2036 年 12 月 31 日到达其可以使用的期限。

分析：2017 年，三英公司使用了从 2016 年结转来的净经营亏损 10 万美元，抵减其应纳税所得额，使得 2017 年抵减后应纳税所得额为零。所剩的 2016 年净经营亏损 10 万美元继续结转到 2018 年和其当年的净亏损相加，2018 年累计净经营亏损为 25 万美元，全部结转到 2019 年。2019 年 8 万美元的净收入，可以被所剩的 2016 年净亏损 10 万美元全额抵减，因为 2018 年前产生的净经营亏损不受亏损抵减前应纳税所得额 80% 的限制。剩余的 17 万美元净经营亏损结转到 2020 年。各纳税年度的计算结果见表 4－5。

表 4－5　各纳税年度的计算结果　单位：美元

纳税年度	当期应纳税所得额（净亏损）	当期净经营亏损抵扣	抵扣后应纳税所得额	累计净经营亏损余额
2015	100 000	—	100 000	—
2016	（200 000）	—	—	（200 000）
2017	100 000	（100 000）	—	（100 000）
2018	（150 000）	—	—	（250 000）
2019	80 000	（80 000）	—	（170 000）

【例 4－9】 接上例 4－8，所有事实不变，仅假设三英公司选择将 2016 年的亏损结转到 2015 年使用。①

分析：2016 年 20 万美元的净经营亏损被结转到 2015 年和 2017 年使用后，全部用完。因此，当 2018 年的净经营亏损 15 万美元结转到 2019 年时，受到当期应纳税所得额 80% 的限制，只能扣除 6.4 万美元，剩余的 8.6 万美元净经营亏损结转到 2020 年。各纳税年度的计算结果见表 4－6。

① 提醒读者特别注意，【例 4－8】和【例 4－9】仅帮助读者理解净经营亏损的某些规定，而并未进一步解释 2018 年的净经营亏损可以结转到 2015 年和 2017 年的情形。净经营亏损的结转和运用通常被认为是重大的税务事项，请根据您的实际情况妥善处理。

表 4－6 各纳税年度的计算结果 单位：美元

纳税年度	当期应纳税所得额（净亏损）	当期净经营亏损抵扣	抵扣后应纳税所得额	累计净经营亏损余额
2015	100 000	(100 000)	—	—
2016	(200 000)	—	—	(100 000)
2017	100 000	(100 000)	—	—
2018	(150 000)	—	—	(150 000)
2019	80 000	(64 000)	16 000	(86 000)

（二）个人纳税人计算净经营亏损的规定

如前所述，净经营亏损是指经营活动中当期的成本费用超出当期应税总收入的部分。根据个人计算其应纳税所得额的特点（参阅第六章和第七章），法典规定计算 2017 年 12 月 31 日之后产生的净经营亏损，不能包括个人免税额、合规经营收入抵扣、资本亏损超过资本利得的部分，以及非经营性成本费用超出非经营性收入的部分[17]。

和案例法相结合，个人纳税人计算净经营亏损时可以使用的扣除项和亏损项总结如下[18]：

1. 经营活动相关的成本费用和亏损；
2. 经营活动相关的坏账损失；
3. 经营活动相关的借贷成本；
4. 从合伙企业及 S 类小型股份有限公司获得的和经营活动相关的亏损；
5. 境外被没收或充公的经营活动资产亏损；
6. 合理的意外伤害损失和被盗窃损失。

（三）C 类股份有限公司计算净经营亏损的特殊规定

C 类股份有限公司计算其应纳税所得额（参阅第八章）时，有一些特殊扣除项。而这些特殊扣除项在计算净经营亏损时不能使用，它们包括[19]：

1. 结转到其他年度的净经营亏损（避免双重计算）；
2. 股息扣除部分；
3. 2018 年 1 月 1 日以前的纳税年度里产生的国内生产活动扣除项；
4. 2017 年 12 月 31 日以后的纳税年度里产生的境外无形收入（FDII）扣

除项和全球无形资产低征税收入扣除项。

（四）超额的经营活动亏损

超额的经营活动亏损（Excess Business Loss of Noncorporate Taxpayers）是《减税与就业法案》下产生的新概念，其目的是限制非C类股份有限公司纳税人在某纳税年度内用经营活动亏损过度减少非经营活动收入。

2017年《减税与就业法案》规定，从2017年12月31日到2026年1月1日的八年时间内，任何超额的经营活动亏损都不能从当年非经营收入中扣除（农业经营活动亏损有一些例外）[20]。《2020救援法案》规定在2018年、2019年和2020年三个纳税年度中，超额的经营活动亏损可以从当年非经营收入中扣除[21]。（作者注：如果纳税人需要更正其往年的纳税申报，那么应注意税法对超额的经营活动亏损在各年的特殊规定。）《2022年降低通胀法案》将超额的经营活动亏损的扣除限制延长至2029年1月1日。

超额的经营活动亏损是指可扣除的经营活动成本费用超过经营活动总收入加25万美元（夫妻合并纳税可加50万美元，此数额每年按通胀率调整）的部分。

不能扣除的超额的经营活动亏损视同净经营亏损，在下一个纳税年度里，同样受80%应纳税所得额最高扣除限额的限制[22]。

有关超额的经营活动亏损的法典细则还没有出台，所以有些具有实操指导意义的规定尚不清楚。比如法典规定超额的经营活动亏损结转到下一个纳税年度时按照净经营亏损处理，但没有明确说明其是否有别于其他经营活动的净经营亏损，是否在结转年份继续受计算公式的限制规定。

合伙企业和S类小型股份有限公司产生的经营税务亏损被分配到合伙人或股东层面再进行统一计算[23]。

第二节　对境内或境外收入的纳税规定

目前各国在征收所得税时，通常依据两个基本的、广泛被接受的原则，即属地原则和属人原则。这两个原则其实也是建立在国际法对各国管辖权限的认可之上。各国制定的税收政策，就是要从这两个基本原则出发，从立法的角度确定本国的征税权限。显然，由于国与国之间采纳的基础标准对收入来源的定义、外延，以及税款计算方法各不相同，同一笔收入被双重征税的现象在所难免。因此，各国通过制定双边税收协定，允许外国税收抵免，来解决双重征税的问题。

一、美国的全球征税体系

美国在百余年中发展起来的严密税法体系支持的是一种混合体制，两个征税原则同存并用。对于美国税收居民或美国境内公司来说，采用全球收入征税制；对于非美国税收居民或外国公司来说，采用按源于美国境内的收入（地域制）来征税的体制[24]。在这个混合体制下，法典条款的运用应根据外向型投资或内向型投资而有所变化。外向型投资指美国税收居民或美国境内公司在境外的投资经营活动，而内向型投资指非美国税收居民或外国公司在美国境内的投资经营活动。

如果美国税收居民或美国公司本身直接在境外从事经营活动，其境外收入应和其境内收入一样，在当期汇总计算并缴纳税款。如果其在境外的经营活动是通过境外子公司（C 类股份有限公司）来实现，那么该子公司收入很可能不汇总到当期收入中缴税，而是等到子公司分红时才作为收入缴纳其美国税款。这个对纳税人较为有利的体系被充分利用，迫使美国国会不断加强反税收递延体制，完善各类法典条款抵制对这一体系的过度使用。《减税与就业法案》颁布的“转入股东免税税收体系时对已获递延的境外所得的处理”条款[25]一方面使法规更加倾向于地域制征税制度，另一方面将已递延的所得税迅速纳入征收范围。（作者注：外向型投资及其所涉及的反税收递延体制不是本书内容范围所及，仅简要介绍。）

对于非美国税收居民或非美国公司来说，美国的征税权只能触及其源自美国本土的收入。税法对其施加的缴税义务通过两种方式：按应纳税所得额主动申报缴纳，或按应税总收入被代扣代缴（参阅第七章和第八章）。

下面用表 4 -7 简要列示纳税人的分类、美国税收居民的身份以及相应条件下其境内外收入是否属于美国所得税征收范围。

表 4－7　美国现行税法下所得税征收范围

纳税人国籍	美国税收居民身份	源自美国境内收入	源自美国境外收入	本书参考章节
美国公民或绿卡持有人	是（居住美国境内）	征收	征收（可使用由外国税收抵免）	第六章 第七章
美国公民或绿卡持有人	是（居住美国境外）	征收	征收（可使用由外国税收抵免）	第六章 第七章
外国公民	是（取决于美国居留天数）	征收	征收（可使用由外国税收抵免）	第七章
外国公民	否	征收	不征收或部分征收	第七章
美国境内公司	不适用	征收	征收	第八章
美国境外公司	不适用（有美国境内公司或个人股东）	征收	征收（可使用由外国税收抵免）	基本不涵盖
美国境外公司	不适用（无美国境内公司或个人股东）	征收	不征收	第八章

从表 4－7 可以清楚看到美国的全球征税制和地域制并存的情形，这种税制的确使其征收范围大大延伸。为避免双重征税，美国税法采取由外国税收抵免来减少本国应纳税款的做法。所以，在境外被征收过所得税的收入不会在美国境内被重复征税。因此，严格区分境外收入及其已缴纳税款无疑是非常重要的。

为了帮助后续各章阐述具体纳税人的税款计算和缴纳，此节重点讲解美国税制下对境内外收入的规定及其相关概念。

二、源于美国境内的收入

现行税法对境内外收入的判断规则按照收入的种类进行细分，并考虑各种因素，如支付人的国别、获取人的纳税特征等，因此不同种类的收入来源可以依据不同的判断标准来确定。

（一）利息收入

由美国联邦政府、地方政府、哥伦比亚特区政府以及美国税收居民、美国境内公司支付的各类债务利息，包括债券、贷款或其他形式的举债，都属于源自美国境内的利息收入[26]。但不包括以下情形下的利息收入：

1）由美国境内公司或境内合伙企业通过境外分支机构支付的存款利息，前提是该分支机构从事合法的银行业务；

2）美国境外合伙企业收取的和美国境内经营活动完全无关的利息。也就是说，产生利息的本金既不来源于美国境内，也不会用于美国境内的经营活动。

如果外国公司在美国有实质的经营活动，那么其支付的利息就视同美国境内公司支付的利息，属于源自美国境内的收入[27]，比如外国银行在美国分支机构支付的利息。

（二）股息分红收入

股息分红收入的来源地通常由支付股息的公司所在地（公司成立地点）决定。美国境内公司支付的股息属于境内收入，境外（外国）公司支付的股息属于境外收入。特殊情形是，某些外国公司从事美国境内的经营活动，那么其分配的和境内经营活动相关的股息则属于境内收入[28]。

（三）个人服务性收入

服务性收入的来源地取决于履行服务义务的地点。因此，在美国境内完成的服务工作，属于境内收入，而在境外完成的服务工作属于境外收入。下面例外的情形下产生的收入是境外收入[29]：

1）服务工作由某非美国税收居民在美国完成，但其在美国从事服务的时间总和不超过该纳税年度的90天，对该服务的报酬不超过3 000美元，非美国税收居民是以雇员或服务商的身份履行该服务义务。

2）外国船舶或航空企业的船员或飞行服务团队，在美国境内从事两国间运输业务所产生的服务项目。

（四）租金收入和特许权使用费收入

这两项收入的来源地取决于被使用的资产是否在美国境内，或者该无形资产是否应该在美国境内使用。出租人和承租人的国籍或所在地不影响租金收入来源地的判断，特许权使用人的国籍和工作地点也不影响特许权使用费收入来源地的判断[30]。

（五）美国不动产处置收入

企业或个人出售美国不动产或不动产所有权而产生的收益全部属于源自美国境内的收入[31]。（作者注：对美国不动产的投资，参阅第十三章。）

（六）库存商品销售收入

从美国境外（不包括美国托管地）购买的库存商品在美国境内销售后产生的收入，属于境内收入[32]。

（七）保险或年金保证收入

与美国税收居民的生命、健康相关的保险收入或年金保证收入属于境内收入，不论该收入是否由个人或其他形式的个体获得[33]。

（八）美国社会保障福利收入

政府发放的美国社会保障福利收入属于境内收入[34]。

（九）保证金收入

直接或间接获得的，由美国税收居民或境内股份公司支付的，保证偿还该美国税收居民或境内股份公司的借款而产生的保证金，属于美国境内收入[35]。

直接获得的保证金收入比较容易识别和理解其来源地，而间接获得的保证金则需通过进一步分析才可以识别其真正来源地。下面举一例说明[36]。

【例 4－10】 假设美国三英股份有限公司由其在中国境内的母公司 100% 持有其股权。为了保证三英公司的初创经营，母公司对三英公司对外的借款提供担保，其中大部分借款来自中国香港的 A 银行。出于谨慎性考虑，A 银行和三英公司签署的贷款合同利率相对高于非担保贷款。A 银行和母公司之间也有往来业务或贷款业务。A 银行放贷时，将保证金 3 万美元打入母公司保证金专有账户，不得动用。A 银行将剩余贷款部分 97 万美元打入三英公司账户。两年后，三英公司连本带息偿还了 A 银行的贷款，母公司可以动用保证金 3 万美元。

上述资金关系如图4－1所示：

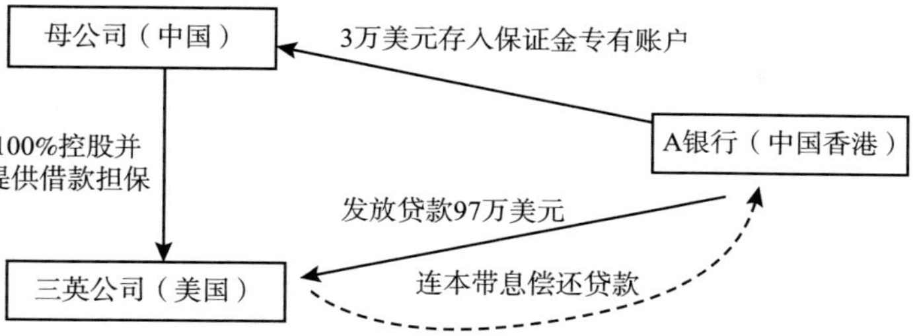

图4－1　资金关系

分析： 母公司最终获得的3万美元保证金收入，实质上产生于三英公司支付给A银行的较高利息，因此其源头是美国境内公司对境外公司的间接支付，属于源自美国境内的收入。

与上述源于美国境内的收入相关的成本和费用可以用来抵减境内收入，从而产生美国境内的应纳税所得额，它们是纳税人缴纳税款的根据（结合其他税务调整项）。

三、源于美国境外的收入

所有不属于美国境内的收入都是源于美国境外的收入。

（作者注：境外收入如何被纳入美国税法的征税范围属于外向型投资相关税法的内容，超出本书的讨论范围。）

四、有效相关收入及其他境内收入

对于上述源于美国境内的收入，法典进一步提供相关条款，用以判断这些收入是否为有效相关收入（Effectively Connected Income，ECI），并区别于源于美国境内的固定定期收入等。两者都属于美国税法的征税范围，但不同的分类对外国公民和境外公司如何缴纳美国税款有直接的影响（参阅第七章和第八章）。

第三章第二节介绍了“经营活动”的含义，即经营活动是指个人或任何组织为了生计或牟取利益而从事的各种活动。和美国境内经营活动紧密联系的有效相关收入范围十分广泛，法典仍然按照收入类型逐一规定判断的标准或条件。

（一）排除在美国经营活动之外的源自美国境内的收入

根据总体的原则，在美国境内从事的服务性活动属于美国境内的经营活动，产生的收入属于源自美国境内的收入。

但是，下面两种情形例外[37]：

1）雇员或独立服务承包商在美国境内为外籍雇主提供某项服务，其在美国境内提供服务的时间总量不超过 90 天（一个纳税年度内），对服务的总体回报不超过 3 000 美元。外籍雇主可以是没有美国经营活动的外籍个人、外国合伙企业、外国股份公司，或者美国公民或绿卡持有人、美国股份公司、美国合伙企业在境外设立的分公司或分支机构。

2）某些符合条件的证券交易或大宗商品交易。非美国税收居民通过美国境内的交易商、托管人或其他提取佣金收入的独立从业者，或者通过其自己设立的交易方式，买卖各类股票、证券或在某交易所交易的大宗商品。前面这句话点明了第一个条件，即对于大宗商品交易来说，这些大宗商品必须是在某个固定交易场所上市交易的。第二个条件是该非美国税收居民不能在美国境内有固定的经营场所。在这个条件背后的逻辑其实是，在美国境内有固定经营场所的外籍个人或其他形式的实体，本身已经被认定为美国税收居民［结合下述“（四）源于美国境外的收入被视为有效相关收入”并参阅第七章第二节］，税法对其实施全球征税制。第三个条件是该非美国税收居民不是专营证券或大宗商品交易的经销商。

（二）有效相关收入

此处所指的有效相关，就是和美国境内经营活动的有效相关。有效相关收入这一概念，仅针对非美国税收居民或外国公司，用于判断其是否承担缴纳美国税款的义务。

非美国税收居民或外国公司以各种方式从事美国境内的经营活动（参阅

第三章经营活动的概念）并产生收入时，除了源自美国境内的固定定期收入和某些资本利得外［结合下述“（三）固定定期收入和资本利得（或亏损）”］，所有其他收入都属于有效相关收入[38]。有效相关收入包括处置美国境内不动产收入，以及学生学者收到的奖学金、助学金或各类境内机构拨款。

（三）固定定期收入和资本利得（或亏损）

固定定期收入（Fixed or Determinable, Annual or Periodical Income, FDAP），是“源自美国境内的、固定或可确定的按年度或按定期实现的收入”的简称，包括利息、股息、租金收入、保险费收入、年金、社会安全保障收入和各种服务报酬，还包括来自木材或其他矿产开采的矿区使用费，处置持有超过1年以上的木材或矿产的净收益和因授予专利、版权等使用权而产生的收入[39]。固定定期收入的概念也是针对非美国税收居民或外国公司而言的。非美国税收居民获得的美国社会安全保障收入的85%属于固定定期收入。

虽然法典将固定定期收入和资本利得（或亏损）划分在有效相关收入之外，但是它们也可以转化成有效相关收入。其转化的原因或条件是下列情形之一：

1）该收入的产生和用于美国境内经营活动的资产直接相关；

2）美国境内的经营活动是实现该收入的最主要的促成因素。

（四）源于美国境外的收入被视为有效相关收入

如果非美国税收居民或外国公司在美国境内设立了固定办公场所，那么以下三种收入属于其有效相关收入[40]：

1）其无形资产使用所产生的租用收入或版税收入；

2）其股息、利息或保证金收入；

3）由美国办公场所主导的境外有形资产交易收入。

固定办公场所通常不包括非美国税收居民或外国公司雇用的第三方机构，除非该第三方机构在其代理业务中具有决策权，以极大的权限代表非美国税收居民或外国公司对外谈判，或代表它们购入并维持库存商品数量。在上述收入产生的过程中，美国的固定办公场所还应起到实质的主导作用，才可以致使上述收入成为有效相关收入。

（五）滞后支付的收入

如果收入的支付被滞后，那么判断该收入是否为有效相关收入时，应依据该收入产生的纳税年度的事实情况，而不是收入被支付的纳税年度的事实情况[41]。

（六）某些财产处置收入

如果某些财产被用于美国境内的经营活动，随后该使用行为终止后的10年内该财产被处置，那么判断该财产处置收入是否为有效相关收入时，应依据该资产的使用行为被终止前的事实情况来确定[42]。

（七）处置合伙企业权益收入

因为合伙企业是税负穿透体，所以处置其所有权的收入是否属于有效相关收入也要根据该合伙企业是否从事美国境内的经营活动，是否产生有效相关收入来判断。如果合伙企业是一个持有美国不动产的税负穿透体（很常见的税务结构），那么卖掉其所有权时的收入全部属于有效相关收入[43]。

五、可动资产处置收入

与美国不动产处置的收入不同，可动资产处置收入的来源地取决于该可动资产处置人的税收身份（或纳税居所）。如果该处置人是美国税收居民，那么该处置收入即为源自美国境内的收入。如果该处置人不是美国税收居民，那么该处置收入即为源自美国境外的收入[44]。

此条款下所用的美国税收居民包括：其居所在美国境内的美国公民或美国绿卡持有人、其居所在美国境内的外国公民、美国境内股份公司、信托或遗产纳税体。

虽然有上面这个总体原则规范可动资产的处置收入来源地，但仍有几项显著的例外情形值得解释。

（一）库存商品销售收入

库存商品销售收入的来源地取决于该商品销售（决定商品所有权交换）的地点［请参阅本节“二、源于美国境内的收入（六）库存商品销售收入”

内容］。也就是说，如果外国公民或外国公司在美国境内有办公场所，并通过此场所销售库存商品，那么该收入为源自美国境内的收入。库存商品的存放地和交换地本身并不重要[45]。

相反，如果美国公民或美国公司在境外办公场所进行销售，且该库存商品在境外使用或消费，那么该销售收入属于源自美国境外的收入。

如果出现美国境内生产的库存商品销售到境外，或境外生产的库存商品销售到境内的情形，销售收入可以按照合理的比例确认为源自境内或境外的收入。

未经加工处理的在美国境内砍伐的木材（仍处在软木状态）作为库存商品出售时，其销售收入为源自美国境内的收入。

（二）可折旧固定资产处置收入

可折旧固定资产处置时，按照纳税人以往区分折旧可扣除所在地收入的方式确定处置收入的来源地。如果固定资产折旧曾被用于抵减美国境内收入，那么和这部分累计折旧比率相等的处置收入即为源自美国境内的收入，和境外累计折旧比率相等的处置收入为源自美国境外的收入。超过累计折旧总额的处置收入，按照库存商品销售收入的判定方法来确定其收入来源地[46]。

（三）无形资产处置收入

如果无形资产的处置收入依赖于该无形资产的使用，那么处置收入的来源地和该特许权使用费收入的来源地一致［请参阅本节“二、源于美国境内的收入（四）租金收入和特许权使用费收入”内容］。如果无形资产的处置收入并不依赖于该无形资产的使用，收入来源地取决于纳税人的身份。

商誉的处置收入来源地取决于该商誉的生成地点。

如果在同一个资产处置的交易中，既有可折旧资产处置收入，又有无形资产处置收入，而且可折旧资产处置收入小于累计折旧总额，那么无形资产的处置收入应先用来填补可折旧资产处置收入小于累计折旧的部分，并按照上述“（二）可折旧固定资产处置收入”确定收入来源地。剩余的部分才按照无形资产处置收入处理[47]。

【例 4－11】 乔先生在马来西亚设立了一家股份有限公司，取名三英马来。公司生产制造试剂盒并直接销售到美国和其他国家。2021 年 6 月，乔先生决定处置三英马来的全部资产并关闭公司。其中固定资产处置净收入（减去资产成本后）为15万美元，无形资产（主要是商誉）处置净收入为8万美元。由于三英马来对美国直销其生产的试剂盒，所以多年以来一直以外国公司的身份向美国国内收入局进行所得税申报（表1120－F）。截至资产处置前，其固定资产折旧累计总额为25万美元，其中用于抵减美国境内销售收入的部分为15万美元，即总额的五分之三。

分析：根据上述规定，全部资产处置净收入的来源分配见表4－8。

表4－8　全部资产处置净收入的来源分配　　单位：美元

来源	累计折旧分配	固定资产处置净收入	无形资产处置净收入
美国境内收入	150 000	90 000	60 000
美国境外收入	100 000	60 000	20 000
总额	250 000	150 000	80 000

固定资产净收入在美国境内或境外的分配比率等同于固定资产累计折旧的分配比率。这样分配之后，固定资产处置净收入归于美国境内的部分为9万美元，低于既往的累计折旧15万美元。因此，无形资产处置净收入应先补齐缺失的6万美元，剩余的2万美元部分才按照无形资产处置的规定分配到美国境外。

（四）股权处置收入

美国税收居民处置其持有的公司股权时，如果下面三个条件都成立，那么该股权处置收入为源自美国境外的收入[48]：

1）该公司为外国公司；

2）处置交易在该公司的经营活动所在国发生；

3）处置交易发生前的三个纳税年度内，50%以上的总收入来自该外国公司的经营活动所在国。

（五）通过固定办公场所处置的可动资产

可动资产处置时，除了应关注处置人的纳税身份，还应区分处置人是否在境内或境外设有固定的办公场所。

美国税收居民通过其境外固定办公场所处置可动资产时，如果其处置净收入按照10%或以上的税率被征税，那么该处置收入被视为源自境外的收入。

非美国税收居民通过其境内固定办公场所处置可动资产时，如果该处置行为没有其境外的固定办公场所主要和实质性地参与，那么该处置收入被视为源自境内的收入。

固定办公场所通常不包括非美国税收居民或外国公司雇用的第三方机构，除非该第三方机构在其代理业务中具有决策权，以极大的权限代表非美国纳税居民或外国公司对外谈判，或代表他们购入并维持库存商品数量。在上述收入产生的过程中，美国的固定办公场所还应起到实质的主导作用，才可以致使上述收入成为有效相关收入[49]。

六、中美税收协定

美国与其他数十个国家签有双边税收协定。中美之间的税收协定于1984年4月30日签署，1987年1月1日起执行。

中美税收协定主要涉及的税种为中国境内征收的个人所得税、中外合资经营公司所得税、外国公司所得税和地方所得税，以及美国境内征收的联邦所得税。

中美税收协定规定了税收居民、常设机构、关联方企业等重要的税务概念，以降低征收税率或免除税款的方式减少或减轻对方国家税收居民就本国收入所承担的纳税负担。税收协定的相关条款，将在后续各章中逐步阐述。

本章参考文献

[1] IRC § 165（a）；Treas. Reg. § 1.165－1（a），（b）.

[2] IRC § 165（c）；Treas. Reg. § 1.165－1（e）.

[3] Treas. Reg. § 1.168（i）－8（e）.

[4] Treas. Reg. § 1.165－3.

[5] Treas. Reg. § 1.165－4，1.165－5.

[6] IRC § 165（h）；Treas. Reg. § 1.165－7.

[7] U. S. Department of the Treasury，Internal Revenue Service，*Publication 547：Casualties，Disasters，and Thefts*，Cat. No. 15090K，（Washington，DC：2021）.

[8] IRC § 165 (e); Treas. Reg. § 1.165-8.

[9] IRC § 165 (d); Treas. Reg. § 1.165-10.

[10] IRC § 165 (l).

[11] IRC § 165 (i).

[12] IRC § 166; Treas. Reg. § 1.166-1, 1.166-5.

[13] Treas. Reg. § 1.166-9.

[14] Freitag, 539-4th T. M., *Net Operating Losses - Concept and Computations.*

[15] Proposed Treas. Reg. § 1.172-10 (a) (2), 1.172-10 (a) (3).

[16] IRC § 172 (a).

[17] IRC § 172 (d) (2), (d) (3), (d) (4) and (d) (8).

[18] Freitag, 539-4th T. M., *Net Operating Losses - Concept and Computations.*

[19] IRC § 172 (d) (1), (d) (5), (d) (7) and (d) (9).

[20] IRC § 461 (l) (1).

[21] P. L. 116-136, CARES Act of 2020, Section 2304 (a).

[22] IRC § 461 (l) (3).

[23] IRC § 461 (l) (4).

[24] Joint Committee on Taxation, *Present Law and Selected Policy Issues in the U. S. Taxation of Cross-Border Income*, March 16, 2015.

[25] IRC § 965.

[26] IRC § 861 (a) (1).

[27] IRC § 884 (f) (1).

[28] IRC § 861 (a) (2).

[29] IRC § 861 (a) (3).

[30] IRC § 861 (a) (4).

[31] IRC § 861 (a) (5).

[32] IRC § 861 (a) (6).

[33] IRC § 861 (a) (7).

[34] IRC § 861 (a) (8).

[35] IRC § 861 (a) (9).

[36] Joint Committee on Taxation, *Present Law and Selected Policy Issues in the U. S. Taxation of Cross-Border Income*, March 16, 2015.

[37] IRC § 864 (b).

[38] IRC § 864 (c) (3).

[39] IRC § 871 (a), 881 (a).

[40] IRC § 864 (c) (4), (c) (5).

[41] IRC § 864 (c) (6).

[42] IRC § 864 (c) (7).

[43] IRC § 864 (c) (8).

[44] IRC § 865 (a).

[45] IRC § 865 (b).

[46] IRC § 865 (c).

[47] IRC § 865 (d).

[48] IRC § 865 (f).

[49] IRC § 865 (e).

第五章

资产处置的盈利和亏损

法典所指的资产具有非常广泛的含义，它包括资产负债表中罗列的所有资产项目，比如现金、存款、固定资产、有价证券、持有合伙企业权益和各类无形资产等。个人或各类机构通常用现金交换获得其他形式的资产之后，将之用于私人生活、日常经营活动或者投资。纳税人在任何时候出售其持有的资产时，都会产生资产处置的盈利和亏损。法典根据资产的使用功能和目的，分门别类地规定如何处理其处置时的盈利和亏损。

本章阐述用于日常经营活动或者投资的资产处置时的各项规定。用于个人生活的资产处置将在第六章阐述。

第一节　资产的分类及其持有成本

资产的分类意义重大，其根源是不同的资产处置时所产生的盈利在税务上有完全不同的认定方法。处置资本性资产而产生的净收益，可以依照较低的税率缴纳所得税；相反，处置非资本性资产而产生的净收益，则必须按照常规的税率缴纳所得税。

虽然人们已经普遍接受联邦政府对资本性资产处置的净收益征收所得税（也称资本利得税），但是对其历史渊源的探讨和争议百年不衰。著名教授恩豪塞斯（Marjorie E. Kornhauser）专注于研究联邦所得税政策和整体社会的互动和协调。她有一段非常精辟的概括论述，深刻指出社会各个层面对资本利得税的反响。

"……对资本利得税的持续争议毫不奇怪。对资本利得征税产生了一系列的问题，既涉及哲学思考，也涉及社会实践。这些问题包括从经济理论角度出发所提出的'收入'的概念，以及从现实经济考量出发所体现的效果扭曲的市场决策。政治上，资本利得税争议的焦点集中在什么样的收入才应被征税和如何征税，而忽略收入的经济理论概念。政治和经济上的分析又不同于从哲学理论的角度来讨论谁应承担资本利得税。最后，资本利得税给税法的执行层面提出众多挑战。为了避免纳税人极其热衷地将日常经营收入转化成资本利得，国会不得不一而再、再而三地制定法典细则严加规定。这无疑又增加了法典的复杂性。"[1]

1913 年的《税收法案》规定，源于雇用、交换、贸易和处置的各类收入、收益等都属于所得税的征收范围。从 1914 年起，财政部开始逐步强化对资本利得征税的态度。1921 年，最高法院对四起案例的最终判决表明，征收资本利得税得到了司法的认定，也促使财政部出台细则规定资本性资产的含义和征收税率。

一、资本性资产

1921 年颁布的法典这样定义资本性资产：纳税人购入并持有两年以上的

资产（不论其是否用于经营活动），但不包括纳税人或其家人私用的资产，或者可以被纳税人确定为库存的货品或类似的资产。

这个最初的定义经过了数十年的争议和修改，形成了现行法典中对资本性资产的定义，即纳税人持有的所有资产（不论其是否用于经营活动），但不能包括[2]：

1）被纳税人确认为该纳税年度的库存商品，或者纳税人在其经营活动中出售给消费者的具有库存商品性质的资产；

2）纳税人用于经营活动的不动产，或者允许折旧的固定资产；

3）纳税人自行创建的某项专利、发明、设计、特殊配方或流程，自行创作的版权、文字、音乐或艺术作品、书信或备忘录等；

4）由提供服务或出售库存商品产生的应收账款或其他应收项目；

5）非经购买而获得的美国政府的出版物；

6）经销商持有的大宗商品交易衍生品；

7）交易当日即做税务确认的套期保值交易；

8）纳税人日常经营所消费的供应品。

除了上述 8 个类型之外的所有资产都属于资本性资产的范畴，比如股票、购买的艺术品（自有的除外）、邮票、黄金等。

对于上述“6)”，如果该大宗商品交易衍生品不是该经销商日常经销的衍生品，且该经销商有足够证据可以证明此事实，那么该大宗商品交易衍生品可以是该经销商持有的资本性资产。

对于上述“7)”，法典细则对交易当日即做税务确认有严格的规定。如果纳税人不能按照规定完成当日的税务确认，那么这些套期保值交易将被作为资本性资产交易处理。

二、经营活动中使用的资产

虽然用于经营活动的不动产和可折旧的固定资产被排除在资本性资产之外，但是对这类资产的处置收益仍然可以部分确认为资本性收益或亏损，享受和资本性资产处置同等的税法待遇[3]。

对于此类经营活动中使用的资产，法典还要求纳税人必须对其持有超过一年以上的时间，才可以享受资本性资产处置的待遇。这些资产包括木材、煤炭和美国境内的矿产资源，购买后持有期超过 24 个月并用于牵拉、育种、产奶或体育运动的牛群或马匹，购买后持有期超过 12 个月并用于牵拉、育种、产奶、体育运动的其他牲畜，以及和土地一起出售的、在地里长了一年以上但未收割的农作物[4]。

此类资产不包括：

1）被纳税人确认为该纳税年度的库存商品，或者纳税人在其经营活动中出售给消费者的具有库存商品性质的资产；

2）纳税人自行创建的某项专利、发明、设计、特殊配方或流程，自行创作的版权、文字、音乐或艺术作品、书信或备忘录；

3）非经购买而获得的美国政府的出版物[5]。

【例 5 -1】 约翰先生专业饲养马匹并卖给消费者。部分消费者购买马匹后用于拉车。基于消费者的这种需求，约翰先生在自己家的农场里训练一些马匹来拉车。

分析： 被训练用于拉车的马匹不属于用于经营活动的资产，而属于上述“1)”下的出售给消费者的具有库存商品性质的资产。

三、资产的持有成本

纳税人对于某项资产的持有成本通常取决于其最初的投资成本，以及持有期间的各种成本基数调节项。有些情况下，纳税人也可能接手一个替代或结转的成本基数，比如某资产的成本被结转到另一个纳税人获得的另一项资产中。

（一）首次购买时的投资成本

首次购买某项资产时所支付的所有款项或等价交换物的价值，都构成该资产的最初成本，包括交割费、结算费、律师费、佣金、政府文件登记费、财产转让税、市场调查费、产权保险费等。

如果买方接手抵押贷款或为此支付其他款项，那么抵押贷款的现值和所有其他支付的款项都构成买方的资产最初成本[6]。

存入托管账户用于日后支付的款项不能构成最初成本。

不动产买卖或转让时，往往涉及数量可观的不动产税的分割问题，以及由哪一方何时支付的问题，这些问题会影响到买方投资成本的计量。如果出现买方支付了应由卖方承担的不动产税，那么这部分应由卖方承担的不动产税将构成买方的初始投资成本。相反，如果卖方支付了应由买方承担的不动产税，那么这部分应由买方承担的不动产税应从交易价款中剥离出来单独计算，不构成买方的投资成本[7]。

【例 5－2】 莉雅女士签约购买 W 县的一块土地，合同上价款为 5 万美元。W 县对该土地每年征收的不动产税是 1 000 美元，每年 3 月 30 日前全额缴纳。土地卖方史密斯先生在交割前如数缴纳了该年度的不动产税。交割时，双方认定莉雅女士实际应承担 750 美元的不动产税。

分析： 因为卖方史密斯先生支付了应由买方莉雅女士承担的 750 美元不动产税，所以史密斯先生实际获得的土地出售价款是 49 250 美元。莉雅女士对土地的最初投资额也是 49 250 美元。

【例 5－3】 接上例 5－2，但假设莉雅女士在交割后支付了 1 000 美元不动产税，其中 250 美元应由史密斯先生承担。

分析： 因为买方莉雅女士支付了应由卖方史密斯先生承担的 250 美元不动产税，所以莉雅女士实际为购买土地支付了 50 250 美元，其对土地的最初持有成本即为 50 250 美元。

因为资产处置时的盈利必须按照资产的类别或功能区别对待，所以纳税人如果一次性购买一揽子资产，就需要区分各类资产并且合理分配收购成本[8]。这种情形通常出现在收购某企业全部用于经营活动的资产。

将用于经营活动的资产收购成本合理分配到各个资产类别时，必须按照以下资产的市值和分配顺序来进行[9]：

第一级资产：现金、银行活期存款。

第二级资产：大额存款、外币等容易在市场上迅速交易的可动资产。

第三级资产：纳税人每年需确定其市值的资产，比如应收账款、抵押物和信用卡应收款等。

第四级资产：被确认为该纳税年度的库存商品，或者纳税人在其经营活动中出售给消费者的具有库存商品性质的资产。

第五级资产：除了第一、二、三、四和第六、七级资产以外的其他全部资产。

第六级资产：除商誉之外的所有无形资产。

第七级资产：商誉和永续经营能力。

上述分配必须得到买卖双方的认可，并且各自在其纳税年度申报中通过购置资产分类说明表 8594（见表 5－1）来体现。

表 5－1　　购置资产分类说明表 8594（现行，2021 年 11 月颁布）

Form 8594 (Rev. November 2021) Department of the Treasury Internal Revenue Service	Asset Acquisition Statement Under Section 1060 ▶ Attach to your income tax return. ▶ Information about Form 8594 and its separate instructions is at *www. irs. gov/Form* 8594	OMB No. 1545－1021 Attachment Sequence No. 169

填报目的：区分各类资产并且根据市值分配收购成本。

填报人：参与资产交易的买方和卖方。

（二）持有期间的成本调整

在资产持有期间，通常会发生增加对某项资产的投入，或由于某些境况使得资产成本减少。所以对持有成本的调整是一个持续的过程，但调整并不取决于资产市值的变化。

出现下列情形之一时，应增加资产的持有成本：

1. 可以资本化的改建、扩建、修缮费用，比如加盖一个楼层、重换整套屋顶、重铺马路、修缮上下水系统、重新铺设室内电线电缆等；

2. 意外损失后重新恢复资产的使用功能而发生的费用；

3. 维护产权而发生的律师费；

4. 纳税人主动选择资本化的部分费用。

另外，应根据以下情况相应减少资产的持有成本（以下情况出现时纳税人已将相应的费用或损失在税前扣除）：

1. 资产的折旧、折耗或摊销费用；

2. 作为收入排除项的政府节能补贴；

3. 确认的意外伤害损失或盗窃损失；

4. “179 选择”下的合规资产直接费用化抵扣；

5. 未经征税的股份公司分红（比如股票分红）。

值得一提的是，计算可折旧、折耗或摊销资产的持有成本时，用某种合理的方法计算出的折旧、折耗或摊销必须用来抵减资产的持有成本。这个要求不因纳税人在此前各年度抵扣折旧、折耗或摊销与否而改变[10]。

【例5-4】 约翰先生2019年7月1日购买了一套软件，价值3.6万美元。该软件可以按照直线法在3年内折旧，没有残值。约翰先生的纳税年度为1月1日到12月31日。约翰先生在2019年的纳税年度里忘记了扣除折旧6 000美元。而仅在2020年扣除了折旧1.2万美元。2021年1月1日，约翰先生将该软件卖给莉雅女士。

分析：虽然约翰先生在2019年没有扣除6 000美元的折旧，但是在计算其持有成本时，这部分应该被扣除的折旧仍然必须用于减少持有成本。因此，2021年1月1日，约翰先生对软件的持有成本为1.8万美元（36 000－6 000－12 000）。根据法典规定，约翰先生应对6 000美元的折旧费用缴纳税款，因为它减少了持有成本，即相应增加了资产处置的盈利。

（三）一些特殊情况下的资产成本计量

逝者生前通过遗嘱赠与的或转入信托的资产，如果其在逝者生前没有被出售或转让，那么在逝者过世当日被赠与人或信托持有这些资产的成本等于该资产的市值[11]。当然法典还有一些特殊规定在此不做详述。

对于常规的礼品性的赠与，被赠与人在获得赠与物时，也原封不动地获得等同于赠与人对该资产的持有成本，这种情形下获得的持有成本被形象地称作“替代的成本基数”或“结转的成本基数”。如果赠与被征税，那么持有成本相应增加征收的税款，但最高不能超过该赠与资产的市值。如果持有成本高于市值的赠与资产被随后转卖或出售，计算交易亏损时应用市值作为其持有成本[12]。

替代的或结转的成本基数被新的资产持有人所接替并继续持有的现象还会出现在其他场合，比如对旧有资产的强迫改造、本章第三节讲述的资产置换，以及股份公司获得的以有形资产出资的资本投入等。

（四）决定资本利得或亏损的调整后持有成本基数

资产的持有成本从购入时起，经过持有期的各项增减调整后，到出售时确定的成本基数，就是用于计算和确定资本利得或亏损的调整后持有成本基数[13]。

第二节　资本利得和资本亏损的征税规则

资产在出售或交换时才会产生处置收益或亏损。比如库存商品作为一种资产卖给消费者之时，即会产生毛利润；投资人卖出股票时，也会产生处置收益或亏损。然而在有些情形下，表象中的“交换”并不能代表实质上的“处置”或“出售”已经发生，比如在1991年小屋存款联盟（Cottage Savings Association）状告国内收入局的案例中，原告小屋存款联盟用一系列的居民住房贷款抵押物权交换了另一个存贷款企业的另一系列的居民住房贷款抵押物权，并确认了交换产生的亏损。美国最高法院对此案例的判决是原告小屋存款联盟实质上没有完成居民住房贷款抵押物权的处置或出售，也不应就此确认亏损。这个判决的主要依据是被交换物必须有“本质上的区别”，才能满足确认“处置”或“出售”的最低要求[14]。

1921年美国国会立法正式确定可以对资本利得征收所得税之后，对符合条件的“处置”或“出售”做过数次修订，尤其针对债权类、债券类或金融衍生品的资产处置，根据其发展的多样性不断出台应对的法典规则加以限制。判断特殊资产的“处置”或“出售”不可避免要引入众多法律概念，因此超出此节所探讨的范围。

此节阐述资产持有期的确定方式，以及不同资产类别下纳税人对合格的资产处置所产生的长短期利得或亏损的处理。

一、资产的持有期

持有资产的时间起始点通常为获得资产的次日，终止点为处置资产的当日。由于资产处置的盈利和亏损处理和资产的持有期息息相关，持有期的计算尤为重要。持有期超过1年的属于长期持有，1年以下的属于短期持有。

如果新的资产持有人全部或部分接替并继续持有“替代的成本基数”，那么其同样将该资产在上一位持有人手中的持有时间也结转过来，附加在自己的持有期上。比如某资产被赠与时，如果被赠与人接替了替代的成本基数，那么赠与人持有该资产的时间也将“传递”给被赠与人[15]。但是，如果被赠与人重新以市场价值持有该资产，那么持有时间将重新确认，即从获得资产的次日开始计算。

前文提到逝者生前通过遗嘱赠与或转入信托的资产，其持有成本通常在死亡当日被重新确认为按市值计量。而对于继承者持有该资产的时间来说，也立即被认为持有期已经超过 1 年[16]。

以股票或股票购买权分红时，对新股票或股票购买权的持有时间包括对原有旧股票的持有时间[17]。

合伙人获得合伙企业原本持有的、代表分配的实物资产时，合伙企业对该实物资产的持有期应在分配时结转给合伙人[18]。至于合伙企业权益的持有期则比较复杂，将在第十二章关于合伙企业的税务问题中讲述。

二、长短期资本利得或亏损的处理

处置长期（1 年以上）持有的资本性资产所获得的利得或亏损属于长期资本利得或亏损；处置短期持有的资本性资产所获得的利得或亏损属于短期资本利得或亏损。资产处置时必须按照可区分的资产类别和不同的持有期分别确定各类资产的长短期利得或亏损。

资产处置的结果是利得还是亏损，取决于获得的交换物的价值和被处置资产的持有成本之间的差额。所获得的交换物通常为现金，但也可以是其他有价物[19]。所获得的交换物的市值大于被处置资产的持有成本时，资产处置将产生资本利得。反之，所获得的交换物的市值小于被处置资产的持有成本时，资产处置将产生资本亏损。

在某个纳税年度内，各项被处置的资本性资产分别计算出各自的资本利得或亏损之后，纳税人可以将短期资本利得和亏损合并得到短期净资本利得或短期净资本亏损，将长期资本利得和亏损合并得到长期净资本利得或长期净资本亏损[20]。再继续汇总的话，则会出现五种情形：

1）分别获得长期净资本利得和短期净资本利得时，长短期净资本利得都纳入应税总收入；

2）分别获得长期净资本亏损和短期净资本亏损时，长短期净资本亏损应结转到下一个纳税年度；

3）如果长期净资本利得高于短期净资本亏损，那么两者合并后的数值被称为“净资本利得”（Net Capital Gain），该净资本利得应纳入应税总收入；

4）如果短期净资本利得高于长期净资本亏损，那么两者合并后的数值被称为“资本利得收入”（Capital Gain Net Income），该资本利得收入应纳入应税总收入；

5）如果长期净资本利得低于短期净资本亏损，或短期净资本利得低于长期净资本亏损，那么法典规定的不允许扣除的部分［见下述“（一）限制资本亏损抵减”］被称为“净资本亏损”（Net Capital Loss）。

（一）限制资本亏损抵减

C类股份公司不能用任何净资本亏损抵减经营活动的收益，也就是说股份公司只能抵减等同于资本利得的资本亏损部分，未抵减完的资本亏损用于结转。

非C类股份公司纳税人（包括个人、遗产纳税体和信托）也遵守和C类股份公司一样的资本亏损抵减限制，不同的一点是此类纳税人可以用上限为1 500美元（夫妻合并纳税时为3 000美元）或净资本亏损的较小值抵减该纳税年度的其他收入，但不能因此使应纳税所得额低于零[21]。

【例5-5】 2020年，未婚的莉雅女士的个人应纳税所得额（不含资本性资产处置盈亏）为8.5万美元。此外，她进行了股票的买卖，分别计算股票买卖盈亏后发现长期股票投资盈利1.2万美元，亏损3万美元；短期股票投资亏损1万美元。

分析：确定莉雅女士可以用于抵减其应纳税所得额的资本亏损见表5-2。

表5-2　用于抵减其应纳税所得额的资本亏损　单位：美元

项目	金额	
应纳税所得额（不含资本利得或亏损）		85 000
长期资本利得	12 000	12 000
长期资本亏损	(30 000)	
长期资本净亏损	(18 000)	

续表

项目	金额	
短期资本（净）亏损	（10 000）	
可扣除的等同于资本利得的亏损	（12 000）	（12 000）
个人额外可抵扣上限		（1 500）
含资本利得和亏损的应纳税所得额		83 500
结转下年的资本亏损	（28 000）	

【例 5－6】 接上例 5－5，假设莉雅女士进行了股票的买卖，分别计算股票买卖盈亏后发现长期股票投资盈利 1.2 万美元，亏损 1.1 万美元；短期股票投资亏损 1 400 美元。

分析： 确定莉雅女士可以用于抵减其应纳税所得额的资本亏损见表 5－3。

表 5－3　用于抵减其应纳税所得额的资本亏损　单位：美元

项目	金额	
应纳税所得额（不含资本利得或亏损）		85 000
长期资本利得	12 000	
长期资本亏损	（11 000）	
长期资本净利得	1 000	1 000
短期资本（净）亏损	（1 400）	
可扣除的等同于资本净利得的亏损	（1 000）	（1 000）
个人额外可抵扣上限**		（400）
含资本利得和亏损的应纳税所得额		84 600
结转下年的资本亏损	—	

注：资本净亏损为 400 美元，小于上限 1 500 美元。

（二）资本亏损结转

本纳税年度未扣除完的资本亏损可以结转，但结转的方式根据 C 类股份公司或非 C 类股份公司纳税人而有所不同：

1. C 类股份有限公司可以将净资本亏损结转到亏损产生年之前的 3 个纳

税年度或者亏损产生年之后的5个纳税年度，并且只能结转到这8年时间内。净资本亏损一旦结转，就全部归为短期净资本亏损。净资本亏损向亏损产生年之前的3个纳税年度结转时，不能增加被结转年的累计净经营亏损[22]。换句话说，净资本亏损不能再结转到已有净经营亏损的年份。如果净资本亏损是由于境外某国政府强行没收财产、干预经营、财产充公或类似的原因而导致，那么这些净亏损可以结转到未来的10个纳税年度里扣除，但不能结转到亏损产生年之前的年份里。对于受监管投资公司这种特殊的C类股份公司（如不动产投资信托基金REIT），其净资本亏损可以逐年永续地结转到下一个纳税年度，并保持净资本亏损的长短期分类特征[23]。

【例5－7】 三英股份公司的经营活动收入和投资盈亏情况、2020年和2021年资本亏损的结转见表5－4。

表5－4　　资本亏损的结转　　单位：美元

项目	2018年	2019年	2020年	2021年	2022年
应纳税所得额（不含资本利得或亏损）	(2 000)	25 000	25 000	25 000	25 000
资本净利得	14 000	16 000			8 000
资本净亏损			(27 500)	(16 000)	
应纳税所得额（含资本净利得）	12 000	41 000	25 000	25 000	33 000
资本净亏损的结转：					
2020年净亏损结转	(12 000)	(15 500)			
2021年净亏损结转		(500)			(8 000)
结转后应纳税所得额（含资本净亏损）	—	25 000	25 000	25 000	25 000

分析：2020年产生的资本净亏损可以结转到2017—2019年这3年的纳税年度里。虽然2018年有1.4万美元资本净利得，但是结转后的资本亏损不能增加当年的税务亏损，因此结转到2018年的资本净亏损只能是1.2万美元。2020年剩余的资本净亏损1.55万美元可以结转到2019年，且因为结转后2019年还有500美元资本净利得可以吸收结转的亏损，所以可以将2021年的资本净亏损结转过来。2021年的资本净亏损还可以向未来各年逐年结转，结转到2022年为8 000美元，抵减2022年的资本净利得。至此，2021年的资本净亏损尚有7 500美元可以往2023—2026年的4年里继续逐

年结转。

2. 个人、遗产纳税体或信托可以将没有抵减完的资本亏损逐年永续地结转到未来各年，直到其用完为止。资本亏损保持其长短期的分类特征，短期资本亏损结转到下年后，先与短期资本利得相抵，如果还有短期净资本亏损，则再用其与长期净资本利得相抵（若有）。如果相抵后继续出现短期净资本亏损，则可以用上限 1 500 美元（夫妻合并纳税时为 3 000 美元），或小于 1 500 美元的净资本亏损抵减该纳税年度的其他收入，但不能因此使应纳税所得额低于零[24]。

纳税人通过提交资本性资产处置表 8949（见表 5 -5）来申报资本性资产处置的信息，包括处置时间、所获金额、持有成本以及所产生的资本利得或亏损等。该表所体现的内容又结转到资本性利得和亏损计算表 D，用于支持表 D 的计算。

表 5 -5　　资本性资产处置表 8949（2022 年）

Form 8949 Department of the Treasury Internal Revenue Service	Sales and Other Dispositions of Capital Assets ▶Go to *www. irs. gov/Form* 8949 for instructions and the latest information ▶File with your Schedule D to list your transactions for lines 1b, 2, 3, 8b, 9 and 10 of Schedule D	OMB No. 1545 -0074 2022 Attachment Sequence No. 12A

填报目的：申报纳税人在该纳税年度内处置资本性资产的结果。
填报人：需要填报相关税表的纳税人。

资本性利得和亏损计算表 D 将各类资本利得和亏损按照长短期再次汇总，根据纳税人的不同分类，该表在格式上也略有区别，以适用于个人（参阅第六章）、税负穿透体（参阅第十一章和第十二章），或各类股份公司（参阅第八章）的不同纳税申报要求。

三、1231 类资产处置

1231 类资产就是本章第一节讲述的用于经营活动的、持有期超过 1 年的不动产或固定资产。因为法典第 1231 条给这类资产下了定义，并且对其处置的盈亏给予特殊规定，所以业界俗称此类资产为“1231 类资产”，其处置所产生的盈利或亏损也被俗称为“1231 资产处置利得”（1231 Gain）或“1231 资产处置亏损”（1231 Loss）。

虽然用于经营活动的资产不属于资本性资产，但是法典给予 1231 类资产特殊的甚至优于资本性资产的待遇，以鼓励纳税人在其经营活动中对 1231 类资产的投资。

（一）总体规则

在某个纳税年度内，如果 1231 类资产处置的总盈利大于总亏损，那么所有的 1231 资产处置利得和 1231 资产处置亏损都被认为是对长期持有的资本性资产处置，分别属于长期资本利得和长期资本亏损。在此情形下，由于长期资本利得大于长期资本亏损，所以长期净资本利得将被纳入应税总收入，以长期资本利得的税率纳税（适用于个人）。相反，如果 1231 类资产处置的总盈利小于总亏损，那么所有的 1231 资产处置利得和 1231 资产处置亏损都被认为是对持有的非资本性资产处置，分别属于一般经营活动资产处置盈利和亏损。在此情形下，由于盈利小于亏损，所以净亏损被当作一般经营活动亏损，可以在当年抵减经营活动的应税总收入[25]。

计算 1231 资产处置的盈利和亏损和计算其他资产处置的规则一致，即用资产处置所获得的现金和其他资产市值减去 1231 资产的持有成本。由于强迫改造、没收财产、干预经营、财产充公或类似的原因而导致的 1231 资产处置亏损（或盈利，如保险补偿），也可以包括在计算当中[26]。

（二）夺回经营活动净亏损的优待

1231 资产处置的净亏损被当作一般经营活动亏损是法典给予纳税人的优惠待遇。为了平衡这种优待，维护公平公正的原则，法典又规定，如果纳税人在某纳税年度获得 1231 资产处置净利得，而在此纳税年度之前 5 年内曾确认过 1231 资产处置净亏损（经营活动亏损），那么该纳税人应先将等同于过往 5 年的净亏损部分确认为经营活动的盈利，剩余部分才属于长期净资本利得[27]。法典把这种规定称为“夺回经营活动净亏损的优待”。

下面举一个例子说明为什么 1231 资产处置的规定对纳税人具有其特殊的优越性，夺回经营活动净亏损的优待规定对纳税人的影响等。读者可以结合个人所得税的相关章节一起阅读。

【例 5－8】 假设莉雅女士未婚并单独纳税申报。她的一般收入纳税税率为 30%，长期资本利得纳税税率为 15%。莉雅女士主要经营地产业务和护肤品推销，她的历年个人收入和 1231 资产处置盈亏情况见表 5－6。

表 5－6　莉雅女士历年个人收入和 1231 资产处置盈亏情况　单位：美元

项目	2018 年	2019 年	2020 年	2021 年	2022 年
应纳税所得额（不含资本利得或亏损）	250 000	250 000	250 000	250 000	250 000
1231 资产处置利得（a）	40 000	—	20 000	40 000	120 000
1231 资产处置亏损（b）	（10 000）	（50 000）	（60 000）	（50 000）	—
长期净资本利得（如 a－b 大于零）	30 000				120 000
经营活动盈利或亏损		（50 000）	（40 000）	（10 000）	100 000
以 30% 税率纳税的应纳税所得额（c）	250 000	200 000	210 000	240 000	350 000
应纳税所得额的 30%（c1＝c×30%）	75 000	60 000	63 000	72 000	105 000
以 15% 税率纳税的长期净资本利得（d）	30 000	—	—	—	20 000
长期净资本利得的 15%（d1＝d×15%）	4 500	—	—	—	3 000
纳税年度总税款（e＝c1＋d1）	79 500	60 000	63 000	72 000	108 000

分析： 2018 年，因为 1231 资产处置利得高于亏损，所以处置净利得 3 万美元属于长期净资本利得，可以按照 15% 税率纳税。

2019—2021 年的 3 年里，因为 1231 资产处置亏损高于利得，所以处置净亏损属于经营活动亏损，可以抵减其他应税收入，莉雅女士以 30% 税率纳税的应纳税所得额得以降低。

2022 年，莉雅女士获得 12 万美元的 1231 资产处置利得。由于在 2019—2021 年的 3 年里她确认了 10 万美元的 1231 资产处置亏损，即经营活动亏损，所以这 10 万美元应该先被确认为当年的经营活动盈利，增加应纳税所得额（夺回经营活动净亏损的优待），剩余的 2 万美元属于长期净资本利得，可以按照 15% 税率纳税。

可见，莉雅女士在 2019 年到 2021 年期间通过 1231 资产处置亏损而减少了税款。但是，夺回经营活动净亏损的优待规定实质上迫使莉雅女士在 2023 年将少缴的税款全部补缴了。考虑到现金的时间价值和其他筹划或税率的变化，1231 资产处置的法典规定总体上是有利于纳税人的。

（三）1245 资产处置和 1250 资产处置的特殊规定

在 1231 类资产中，还有三个细分项资产类别，分别由法典第 1245 条、第 1250 条和第 1254 条规定其处置时的盈利分类。简单地讲，1245 类资产是非不动产类并用于经营活动的、属于 1231 类的有形资产[28]，而 1250 类资产则是用于经营活动的、属于 1231 类的不动产[29]，即土地和地面建筑物等。1254 类资产是用于经营活动的油气等自然资源，也属于 1231 类的不动产（参阅第十四章）。

1245 类固定资产都是消耗型的，通常不会出现使用磨损后又大幅增值的现象。处置 1245 类资产时，所有净收益应被重新确认为经营活动收益，计算方法是取用所获得的现金及其他等价物的市值或重新计算的成本基数这两个数值的较小者，减去处置前 1245 类资产的持有成本，即得到应确认的经营活动收益[30]。可见 1245 类资产处置的盈利或亏损都属于经营活动性质。

处置 1250 类资产时如果获得处置盈利，那么应先确定该资产的折旧是否使用了加速折旧法（产生较小的持有成本）。如有，则需对比直线折旧法获得加速折旧法下产生的额外折旧，该折旧差额应该被确认为经营活动盈利，而不是长期资本利得[31]。业界把这项税法规定俗称为“夺回 1250 资产处置利得的优待”，就是夺回将其作为长期资本利得来确认的优待。

四、套期保值交易和其他资产处置的特殊规定

虽然总体而言由资本性资产处置而产生的资本利得或资本亏损可以给纳税人带来诸多益处，但是在一些资产处置中纳税人更希望获得非资本性资产处置盈利或亏损。最为典型的情形是套期保值交易。

众所周知，套期保值交易的目的是规避大宗商品的市场价格波动、汇率波动以及利率波动带来的损失，因此套期保值交易大多情形下（除非极端投机的行为）总是和实物交易配套进行。因此，纳税人最理想的结果是套期保值交易产生的损益和实物交易产生的损益在同一个时期内得以确认，从而最大限度地保持净收入的相对稳定。

但是税法规定套期保值交易如果没有进行税务上的具体识别确认，则被视为资本性资产处置。根据套期保值合同的持有时间，其交易完结后将产生

长期或短期资本利得或亏损，并按照前面所述的按类别合并归类，净亏损不能抵减经营活动的收入，而必须进行结转处理。这样的处理迫使实物交易的损益认定和套期保值交易的损益认定在不同的纳税年度实现，造成套期保值交易的财务认定和税务认定存在着巨大的时间性差异。这种差异在某些年度可能给纳税人带来重大税款，且无法在未来年份里弥补回来。

相反，纳税人如果按如下各项规定逐一完成套期保值交易的税务识别，且该套期保值交易为真实的、与实物交易相结合、避免实物交易风险的套期保值交易，该套期保值交易所产生的盈利或亏损则可以被确认为该纳税年度的正常经营活动盈亏，可以和实物交易产生的盈亏合并，从而使财务税务处理达到一致的结果[32]。套期保值交易的税务识别规定如下：

1）套期保值交易的税务识别应在交易当日完成。

2）套期保值交易所保护的实物交易对象必须十分明确，包括对风险的具体描述应非常清晰。

3）对可预见的资产收购进行套期保值，税务识别应包括资产收购的对象、金额和预计发生日；对库存商品进行套期保值，税务识别应包括库存商品的种类、预计购销日期和金额等；对贷款利息进行套期保值，税务识别应包括已发行或即将发行的贷款的金额、具体条款（如到期日、利率等）、预计发行日等；对实物交易的整体风险进行套期保值，税务识别应旨在建立一套完善的系统来规范并囊括逐项完成的数笔交易，促使所有套期保值交易都满足税务识别的要求。

4）纳税人应将套期保值交易的税务识别记录存档。

5）对于合并纳税的一组公司而言，原则上可以采取由一家公司代表其他所有公司的方式来满足套期保值交易的税务识别要求。但是，如果纳税人不愿采用此方法，那么每一个介入套期保值交易的公司必须各自完成各自套期保值交易的税务识别[33]。

上述1245资产处置、1250资产处置和套期保值交易仅仅是法典规定的诸多特殊资本性资产处置的几个常见项目。法典对其他项目的规定内容更加纷繁复杂，比如股票期权处置、虚假交易盈亏处理、证券期货合约以及各类债券债务交易盈亏的处理等。有兴趣的读者可以参考法典的有关章节继续阅读学习。

第三节　资产置换所得延迟征税和投资联邦机会区

通过前面两节的阐述，读者了解到与以经营活动或薪酬为特征而确认的收入相比较，以资本利得确认的收入处于一个征税相对较低的有利地位。更为重要的是，如果资产置换符合一定的条件，那么该置换可以免税，或者其产生的资本利得可以延迟甚至多次延迟征税。

允许某些资产置换收入被延迟征税的主要理论出发点是，同类资产仍然全部用于生产经营或创造新价值，投资人并没有将置换所得立即变现并用于其他消费目的，所产生的资本利得也仅仅是账面的增值。法典规定了十余种资产置换可以免税或者对其资本利得延迟征税，比如非自愿的资产转换、同一股份公司的股票置换、国债置换、重购不动产、将公司股票转卖给员工持股计划（由指定的信托专门管理）等。本节讲述其中一个比较常见的 1031 资产置换的税法规定。

从资本利得可以延迟征税的角度出发，不能不提及 2017 年《减税与就业法案》引进的新规定，也可被独立称作《机会区投资法案》。这项旨在促进经济欠发达地区发展的法案正在被广泛应用。

一、1031 资产置换

1031 资产置换始于 1921 年，由于法典第 1031 条规定资产置换的条条框框，所以被俗称为“1031 资产置换”。如果资产置换符合条件，那么纳税人的应税收入和税款责任在置换前或置换后没有本质上的变化，资产的升值或贬值也仅仅是理论上和账面上的价值提升或降低的体现，不确认资本利得或亏损[34]。了解 1031 资产置换的条件和过程，应从以下四个方面入手。

（一）置换物必须是同类资产

2017 年 12 月 31 日之后符合 1031 置换条件的资产必须是用于经营活动或以牟取营利为目的、不属于库存商品的不动产，而此前的 1031 置换可以包括其他有形的固定资产或无形资产。这是《减税与就业法案》对1031条款的一项改动。

被置换的和换入的资产必须是同类资产[35]。所谓“同类”，主要依据资产的自然属性或应用功能，而忽略资产的质量或使用的级别分类。比如城市的土地或建筑物和郊外的农场或牧场，都属于不动产，可以视为同类资产。又如《减税与就业法案》实施前允许的一项旧专利置换一项新专利等。

《减税与就业法案》限制了可以置换的资产范围，大大降低了对同类资产进行定义和区分的难度。然而，即便仅仅是不动产，由于其包括地面、地上建筑物或地下的矿产，且持有这些不动产权益的方式多种多样，或者不动产并非百分之百用于经营活动，因此在实际的资产置换中，辨别资产是否属于“同类资产”仍然是重要的第一步，常常需要参考案例法的判决来得出合理的结论。

美国境外的不动产不属于符合条件的1031资产[36]。合伙企业的权益不属于符合条件的1031资产，即便该合伙企业持有且仅持有符合条件的不动产。

（二）置换过程

1984年之前，美国国内收入局在评判1031资产处置时，要求资产置换必须同时发生，即放弃原有资产和获得置换（替代）资产的时间必须是同时，延迟的置换被认为不符合要求。但是，多个案例迫使国会考虑如何将延迟的置换列入符合条件的资产置换范畴。

1984年所做的税法修订提出，如果资产置换人没有在下列时间范围内完成置换资产的识别或所有权交换，那么该资产交换才不符合1031资产置换：

> 1）在放弃被置换资产后的45天内（含），正式确认并登记置换资产；
>
> 2）在放弃被置换资产后的180天内（含），或该纳税年度所得税纳税申报前（取两者中的较早日期，纳税申报日应包括延期纳税的情形），获得置换资产的所有权[37]。

可见，1031资产置换的修订条款给予纳税人一段时间用于完成合规的置换。但是，在延迟的置换过程中，置换人不能获取任何现金或其他财产，否则该置换将产生应纳税的资本利得。

这些修订的新条款使得协助1031资产置换的第三方，即合格的资产置换中介的出现成为必然。合格的资产置换中介不是置换人的代理人，而是独立的中间人。该资产置换中介与置换人签署置换合同，约定该中介购买并转售被置换的（旧）资产，也购买并将置换过来的新资产在规定的180天内交予置换人[38]。这样的安排还可以让多个资产所有人参与置换，而不是一对一地交换。在此期间，资产置换中介所做的置换资产担保、将现金存入指定的托管账户，或者资产置换人有权获得利息或其他增值收益等事项，都不会被视为资产置换人直接获得现金或等价物[39]。这样安排的资产置换符合“安全港”的要求，因此置换资产升值可暂时免除缴税。

【例5－9】 2020年5月17日，莉雅女士把一块价值120万美元的土地转给合格的资产置换中介Z，并与其签署1031资产置换合同。同日，莉雅女士将某标的仓储库作为置换资产告知中介Z。中介Z随后将10万美元打入指定的托管账户作为担保，保证履行中介义务。托管合同规定，没有莉雅女士和中介Z的书面授权，谁也不能动用托管账户资金。并且，在2020年11月14日前，莉雅女士不得以任何方式获得托管资金或用其做抵押。托管资金可以用于购买仓储库。

分析：莉雅女士作为资产置换人，在放弃被置换资产土地的当日就识别了置换资产仓储库。如果中介Z成功购买仓储库，并于11月14日之前将其转给莉雅女士，那么莉雅女士在放弃被置换资产后的180天之内获得了置换资产。此次置换属于成功的1031资产置换。

【例5－10】 接上例5－9，假如资产置换合同增加一条规定：如果在2020年8月14日之前仓储库没有按照合同规定进行分区改建，那么莉雅女士可以要求全权动用托管账户的现金。

分析：此条规定使得莉雅女士在2020年8月14日获得动用现金的权利（即使她没有实际动用现金），因此被视为“实质上获得现金”，违背了“安全港”的要求，置换不完全符合1031资产置换的条件，潜在的资本利得或亏损都将被确认。

（三）获得现金或其他有价财产

如果资产置换人的本意是完成一项合规的1031资产置换，但是由于各种原因造成其收到部分现金或其他有价财产，那么基于这部分现金或其他有价财产的部分交换应视同资产变卖成功，应相应确认资本利得。资本利得最高不能超过所获得的现金或有价财产的市值，资本亏损则不能立即确认[40]。

【例5－11】 2020年5月17日，莉雅女士把一块价值120万美元的土地转给合格的资产置换中介Z，并与其签署1031资产置换合同。同日，莉雅女士收到（土地变卖的）现金20万美元及置换标的仓储库所有人的承诺，同意将仓储库作为置换标的资产，仓储库市值为100万美元。莉雅女士持有土地的成本为70万美元。

分析： 莉雅女士持有的土地升值50万美元（120－70）。如果直接出售，莉雅女士应确认50万美元的资本利得。但是，因为她将土地用于1031资产置换，仅收到现金20万美元，所以她在2020年这个纳税年度里仅需要确认20万美元的资本利得。

（四）资产的持有成本和持有时间

置换过来的资产的成本，等于被置换的资产持有成本减去置换人获得的现金或其他等价物市值，再加上置换人在该置换中确认的资本利得。或者，如果置换人支付了现金或其他等价物，那么置换过来的资产的成本，等于被置换资产的持有成本加上付出的现金或其他等价物的市值[41]。

可见，置换过来的资产承接或部分承接了被置换资产的持有成本，也就是前面提到的“替代的或结转的成本”。因此，置换过来的资产的持有时间也应该包括已被置换资产的持有期[42]。

【例5－12】 接上例5－11，莉雅女士持有仓储库的成本见表5－7。

表5－7　　莉雅女士持有仓储库的成本　　单位：美元

项目	金额
被置换资产土地的持有成本	700 000
减：置换人收取现金	(200 000)
加：置换人确认的资本利得	200 000
置换资产仓储库的持有成本	700 000

莉雅女士持有仓储库的时间，将包括其原来所有的、现已经放弃的土地的持有时间。

二、投资联邦机会区

2017 年 12 月出台的《减税与就业法案》第一次提出了联邦机会区（Opportunity Zone，OZ）的概念，并且首次立法通过面向在联邦机会区投资的税收优惠政策。联邦机会区是指经财政部批准认可的、对其投资享有税收优惠的、经济发展落后的社区。《减税与就业法案》出台后，超过 8 700 个社区获批，正式成为联邦机会区。联邦机会区代表了超过 3 500 万生活在低收入、低就业社区的人口，是被总体繁荣的美国经济所忽视的地区[43]。《减税与就业法案》出台一年后，特朗普总统签署行政令，批准成立白宫机会及复苏委员会，由 17 个联邦政府部门组成，负责建立联邦和各州之间的合作机制，领导并协调各方以最佳方式利用公共资源，促进联邦机会区的发展。白宫机会及复苏委员会主席由美国住房和城市发展部部长担任。

（一）联邦机会区

联邦机会区具体是指财政部根据官方人口普查数据而确定的低收入社区。美国各州，包括波多黎各等美国托管地，向财政部提交书面申请，提名本州备案的、可入选联邦机会区的低收入社区。为平衡各州的机会区分配，财政部部长决定入选地区时需要考量[44]：

> 1）确定为联邦机会区的社区不能超过该州低收入社区总数的 25%；如果该州低收入社区数额小于 100，那么 25 个社区可以入选联邦机会区。
>
> 2）如果某社区本不属于州内的低收入社区，但它与某联邦机会区相邻且该社区的家庭收入中位数不超过其相邻的联邦机会区的家庭收入中位数，那么该社区也可以入选联邦机会区。但是，以这种方式入选的联邦机会区不能超过该州机会区总数的 5%。

低收入社区一旦被指定为联邦机会区，此地位可以持续 10 年，起始时点则是被指定日。

美国各州经济发展水平参差不齐，低收入社区也是一个相对的概念。简言之，如果某社区的家庭贫困率高于 20%，或者家庭收入中位数低于本州（或所处的大城市区域）家庭收入中位数的 80%，那么该社区即为低收入社区[45]。

(二) 对投入联邦机会区的资本利得延迟征税

为了吸引投资,《减税与就业法案》给予联邦机会区一条新的税收优惠政策,即如果纳税人在180天内将其因买卖或交换而获得的资本利得投入合格的机会基金(Qualified Opp用于联邦机会区的“资本利得新投资”,以下简称新投资),那么该资本利得不作为该纳税人本纳税年度的收入,不在本纳税年度征税[46]。

同时,纳税人对新投资的持有成本以零为起点。根据纳税人处置新投资的时间,其必须在处置新投资的年度内,将下列资本利得包括在应税总收入之中[47]:

1) 新投资持有时间少于5年,资本利得等于纳税人投入合格的机会基金的资本利得或新投资的市场价值,取二者较小值;

2) 新投资持有时间多于5年,资本利得等于上述“1)”中二者较小值减去纳税人投入合格的机会基金的资本利得的10%;

3) 新投资持有时间多于7年,资本利得等于上述“1)”中二者较小值减去纳税人投入合格的机会基金的资本利得的15%;

4) 新投资持有时间多于10年,资本利得等于上述“1)”中二者较小值减去新投资的市场价值,计算结果不能小于零。

通过此项税法新规,纳税人可以将既得的资本利得延迟到新投资处置的年份里进行缴税,甚至可以完全免除联邦所得税(如果新投资超过10年且出售时市值大于原延迟纳税的资本利得)。

如果纳税人选择将资本利得投入合格的机会基金,那么其应该将此选择通过其年度纳税申报明确呈交给国内收入局。纳税人应该填写首年度及各年度投资合格的机会基金明细表8997(见表5-8),并将它作为纳税申报的辅助表格一并呈交。

表5-8 首年度及各年度投资合格的机会基金明细表8997(2022纳税年度)

Form 8997 Department of the Treasury Internal Revenue Service	Initial and Annual Statement of Qualified Opportunity Fund (QOF) Investments ▶Go to *www.irs.gov/Form* 8997 for the latest information. ▶Attach to your tax return	OMB No. 1545-0123 2022 Attachment Sequence No. 997

填报目的:申报纳税人投资合格的机会基金的时间、金额和比率等。
填报人:所有投资合格的机会基金的纳税人。

（三）特殊定义和要求

与联邦机会区投资相关的特殊概念和定义实质上提出了对这些投资的特殊要求。对这些概念缺乏理解或者部分误解，会导致投资不符合要求，使纳税人面临非常尴尬的欠税局面。

1）合格的机会基金，指以C类股份公司形式或合伙企业形式（均为税务认定）设立的投资联邦机会区的主体，其90%以上的资产为合格的机会区资产（Qualified Opportunity Zone Property）。基金资产的比率测定分别在每个纳税年度的第6个月结束日和纳税年度的末日。合格的机会基金不应再持有另一个合格的机会基金[48]。

2）合格的机会区资产，指股票、合伙企业权益或直接用于经营活动的有形资产，而且这些资产必须是在2017年12月31日之后由合格的机会基金以现金方式出资直接收购而取得，资产被收购时，发行股票的股份公司和出售权益的合伙企业已经在从事合格的机会区经营活动，待出售的有形资产也已经用于合格的机会区经营活动（Qualified Opportunity Zone Business，QOZB）。此外，在合格的机会基金持有这些资产的期间内，该资产必须持续地被用于合格的机会区经营活动[49]。

3）合格的机会区经营活动，指按照某经营单位的纳税年度衡量，如果该经营单位同时符合下列3个要求，其经营活动为合格的机会区经营活动：

（1）用于经营活动的有形资产70%以上属于自有的或租赁的合格的机会区资产；

（2）该纳税年度内的总收入50%以上来自合格的机会区内的经营所得，绝大部分的无形资产用于合格的机会区内的经营，非合格金融资产（贷款、股票投资、合伙企业权益投资、期权等）占所有资产原始总成本的5%以下，并且以现金、债券或应收账款形式入账的经营活动资本金符合“安全港”要求，即经营单位应对经营活动资本金的使用制定时间表，并且应在收到资本金后的31个公历月内（创业型经营单位可获得不长于62个公历月的延长期限）用于经营活动支出；

(3) 参与休闲娱乐、奢侈享受经营（如商用高尔夫球场、乡村休闲会所、桑拿按摩会所、博彩、赛马等）的部分不得超过规定的最高限度，即总收入的5%或总资产的5%[50]。

4) 非关联方交易，指所有权关系小于20%的关联方之间进行的交易。非关联方交易的原则适用于纳税人处置现有的资产，即其获取的资本利得不能源于把现有的资产卖给所有权关系高于20%以上的关联方。非关联方交易原则同样适用于合格的机会基金对其他机会区企业的投资或资产的收购。即该基金不能与其关联方做交易，否则，该交易不符合对合格的机会区投资的要求[51]。

合格的机会基金通过给国内收入局提交合格的机会基金表8996来自我认可合格的机会基金身份。股份公司或合伙企业在符合合格的机会基金要求的期间内，必须按纳税年度提交合格的机会基金表8996（见表5-9）。该表需与股份公司或合伙企业的所得税申报表一并提交。

表5-9　　合格的机会基金表8996（现行，2021年12月颁布）

Form 8996 (Rev. December 2021) Department of the Treasury Internal Revenue Service	Qualified Opportunity Fund ▶Go to *www. irs. gov/Form* 8996 for instructions and the latest information. ▶Attach to your tax return. See instructions.	OMB No. 1545-0123 Attachment Sequence No. 996

填报目的：C类股份有限公司或合伙企业自我认定为合格的机会基金。
填报人：符合合格的机会基金条件的纳税人。

如果投资机会区的基金在某个或某些个纳税年度不符合要求，那么该基金将受到欠税罚款的处罚。

在执行投资联邦机会区的各项规定时，纳税人仍会遇到各种实际问题的挑战。虽然旨在规范投资税务管理的法典和法典细则都已经正式颁布执行，纳税人还应该随时注意细则解释的调整或国内收入局对某些新问题的公告通知。

2020年，席卷全球的新型冠状病毒毫无疑问地符合税法所定义的“联邦政府宣布的灾难”。因此财政部和国内收入局频频下发通知，给予放宽部分上述规定的要求，减少投资联邦机会区失败的概率。通知所涉及的条款主要包括[52]：

1）如果纳税人180天的投资期限截止日在2020年4月1日到2021年3月31日之间，那么该纳税人可以延迟其投资时间窗口至2021年3月31日，此日（含）前投入合格的机会基金的资本利得都符合要求。

2）对于持有90%合格的机会区资产的要求，在2020年4月1日到2021年6月30日（含）之间失败的测试不予追究。

3）对于已购入的机会区资产的30个月改善期限要求，判断时不包括2020年4月1日到2021年3月31日这段时间。

4）2021年6月30日前到位的经营活动资本金，其“安全港”要求被延长24个月，即经营单位应对经营活动资本金的使用制定时间表，并且应在收到资本金后的55个公历月内（创业型经营单位可获得不长于86个公历月的延长期限）用于经营活动支出。

以资本利得投资联邦机会区可以获得延迟纳税的优惠政策是一项联邦政府的税收政策，地方政府可以采取和联邦政府一致的政策法规，或者略有变化的统一规定，抑或完全不同的规定。

本章参考文献

[1] Marjorie E. Kornhauser, *The Origins of Capital Gains Taxation*: *What's Law Got to Do with It*, 39 Sw L. J. 869 (1985).

[2] IRC § 1221 (a); Treas. Reg. § 1. 1221 –1.

[3] IRC § 1231 (a).

[4] Treas. Reg. § 1. 1231 –2.

[5] IRC § 1231 (b).

[6] IRC § 1012 (a). U. S. Department of the Treasury, Internal Revenue Service, *Publication* 551: *Basis of Assets*, Cat. No. 15094C, (Washington DC: 2018).

[7] IRC § 1012 (b); Treas. Reg. § 1. 1012 –1 (b), 1. 1001 –1 (b).

[8] Treas. Reg. § 1. 61 –6.

[9] IRC § 1060; Treas. Reg. § 1. 338 –6, 1. 1060 –1.

[10] IRC § 1016; Treas. Reg. § 1. 1016 –1, 1. 1016 –2 and 1. 1016 –3.

[11] IRC § 1014; Treas. Reg. § 1. 1014 –1.

[12] IRC § 1015.

[13] IRC § 1011.

[14] *Cottage Savings Association v. Commissioner*, 499 U. S. 554 (1991).

[15] IRC § 1223 (2).

[16] IRC § 1223 (9); Treas. Reg. § 1. 1223 – 1 (j).

[17] IRC § 1223 (4).

[18] IRC § 735 (b); Treas. Reg. § 1. 1223 – 3.

[19] IRC § 1001.

[20] IRC § 1222 (1) to (11).

[21] IRC § 1211; Treas. Reg. § 1. 1211 – 1.

[22] IRC § 1212 (a) (1); Treas. Reg. § 1. 1212 – 1 (a).

[23] IRC § 1212 (a) (3).

[24] IRC § 1212 (b); Treas. Reg. § 1. 1212 – 1 (b).

[25] IRC § 1231 (a) (1), (a) (2); Treas. Reg. § 1. 1231 – 1.

[26] IRC § 1231 (a) (3).

[27] IRC § 1231 (c).

[28] IRC § 1245 (c).

[29] IRC § 1250 (c).

[30] IRC § 1245 (a) (1).

[31] IRC § 1250 (a), (b).

[32] Treas. Reg. § 1. 1221 – 2 (g).

[33] Treas. Reg. § 1. 1221 – 2 (f).

[34] IRC § 1031 (a) (1).

[35] Treas. Reg. § 1. 1031 (a) – 1.

[36] IRC § 1031 (h).

[37] IRC § 1031 (a) (3); Treas. Reg. § 1. 1031 (k) – 1.

[38] Treas. Reg. § 1. 1031 (k) – 1 (g) (4).

[39] Treas. Reg. § 1. 1031 (k) – 1 (g).

[40] IRC § 1031 (b), (c); Treas. Reg. § 1. 1031 (c) – 1.

[41] IRC § 1031 (d); Treas. Reg. § 1. 1031 (d) – 1.

[42] IRC § 1223 (2).

[43] White House Opportunity and Revitalization Council, *Report to the President*, December 2019.

[44] IRC § 1400Z - 1 (d), 1 (e), 1 (f).

[45] § 45D (e).

[46] IRC § 1400Z - 2 (a).

[47] IRC § 1400Z - 2 (b), 2 (c).

[48] IRC § 1400Z - 2 (d) (1); Treas. Reg. § 1. 1400Z2 (d) - 1 (a).

[49] IRC § 1400Z - 2 (d) (2); Treas. Reg. § 1. 1400Z2 (d) - 2.

[50] IRC § 1400Z - 2 (d) (3); Treas. Reg. § 1. 1400Z2 (d) - 1 (d).

[51] IRC § 1400Z - 2 (e) (2).

[52] U. S. Department of the Treasury, Internal Revenue Service, Notice 2021 - 10.

第六章

个人所得税税法条款和税务处理（一）

根据美国行政管理和预算局的统计数据，美国联邦财政收入长久以来大致占国内生产总值GDP的17%，其中来自个人所得税的财政收入占总体财政收入的50%左右。[1]

本章阐述法典对个人缴纳所得税的各项规定，重点讲述多数生活在美国境内的美国公民或绿卡持有人的纳税规定。

第一节 个人所得税税率和申报方式

美国国会图书馆官方馆藏记录证实，美国政府对个人收入进行征税可以追溯到美国内战时期。1861 年颁布的法典首次立法规定个人应该缴纳个人所得税以支持战争开支，国内收入局局长的职位也在次年产生并首次任命。在随后的 150 多年里，政府对个人所得的征税政策随着国运和时代的变迁而不断修正、修改和完善，以期达到个人收入再分配和财政收入再平衡的目的。

本章所阐述的各项规定基于现行的《1986 年税改法案》，以及 2017 年颁布实施的《减税与就业法案》的各项修订。

一、个人所得税纳税申报身份和税率

法典第一章第一款即规定了个人所得税纳税申报身份和相应的累进税率，并且指出在 2017 年 12 月 31 日到 2026 年 1 月 1 日期间累进税率逐级向下微调，最低边际税率为 10%，最高边际税率为 37%。具体需执行的应纳税所得额的累进金额，每年都会根据通货膨胀率来调整，由国内收入局逐年在税收执行程序中颁布执行。

（作者注：除特殊注明外，以下列举的税率为法典规定的法定税率及收入适用范围，纳税人进行纳税申报时应查询本年度必须具体执行的略作调整的规定。）

（一）婚内联合纳税申报

如果夫妻双方在纳税年度的最后一天没有解除婚约，那么经双方共同选择同意，可以采用婚内联合纳税申报的身份计算并缴纳个人所得税。在丧偶的情形下，丧偶者仍可以选择婚内联合纳税申报的身份[2]。但是，过世配偶的遗产纳税体也可以在纳税申报到期日之前的 365 天内，将婚内联合申报改为婚内独立纳税申报。

除非过世配偶的遗产纳税体决定采用婚内独立申报，否则丧偶者可以在配偶过世当年及其后的两个纳税年度内，选择婚内联合申报纳税。丧偶者的纳税身份要求该个人同时满足以下条件：

1）在该纳税年度的最后一天前仍处于未再婚状态；

2）维持某居所并且和他/她的亲生子女或正式收养子女（但不能是寄养子女）住在该居所；

3）该亲生子女或收养子女必须不满19岁（如果仍在读书，年龄可以是不满24岁）[3]。

纳税人的婚姻状态应遵守其所居住的州立法规定，只有在州立法认同合法婚姻成立时，夫妻双方的联邦纳税身份才能够被视为合理。这个规定对同性婚姻是否可以婚内联合申报影响很大。

另外，同时满足下列情形时，即便婚姻没有正式解除，纳税人仍被视同没有处于结婚状态，可以独立进行纳税申报[4]：

1）在纳税年度一半以上时间内，纳税人和至少一名孩子住在同一居所；

2）纳税人支付该居所一半以上的生活费用；

3）在该纳税年度的后6个月内，其配偶不住在该居所。

如果夫妻一方在战争地区服役或执行政府特定的有关国防或国家安全的任务，另一方可以做婚内联合纳税申报。

婚内联合纳税申报的收入标准和税率见表6－1[5]。

表6－1　　婚内联合纳税申报的收入标准和税率

应纳税所得额	税率
不超过36 900美元	15%
36 901美元至89 150美元	5 535美元加超过36 900美元部分的28%
89 151美元至140 000美元	20 165美元加超过89 150美元部分的31%
140 001美元至250 000美元	35 928.50美元加超过140 000美元部分的36%
超过250 000美元	75 528.50美元加超过250 000美元部分的39.6%

【例6－1】 乔先生每年和妻子进行婚内联合纳税申报。2022年两人的应纳税所得额总额为11万美元，没有资本利得收入。（本例忽略2017年12月

31 日到 2026 年 1 月 1 日累进税率逐级向下微调的情况。)

分析：夫妻双方联合申报时，收入在边际税率 31% 的区间内，所以计算 2022 年婚内联合申报的总税款为 26 628. 50 美元［20 165 +（110 000 - 89 150）×31%］。

（二）婚内独立纳税申报

婚内联合纳税申报是由夫妻双方选择并共同决定的，没有双方的共同许可，夫妻各方需要各自做婚内独立纳税申报。当然，税法要求出现下列情形之一时，夫妻各方只能做婚内独立纳税申报[6]：

1）夫妻一方是非美国税收居民（详见第七章）。如果该方配偶愿意以美国税收居民身份来联合申报，那么夫妻可以做婚内联合申报。

2）夫妻双方的纳税年度不相同（因一方或双方离世的情形除外）。

3）即便丧偶者已经做完婚内联合申报，过世配偶的遗产纳税体管理人仍有权在法定纳税申报日之后的 1 年内，通过呈交一份过世配偶独立的纳税申报来推翻原有的婚内联合申报。

婚内独立申报时，夫妻各方所遵守的收入标准和税率是一致的，对各方净收入的标准规定也都是婚内联合申报标准的一半，具体见表 6 - 2[7]。

表 6 - 2　　婚内独立申报的收入标准和税率

应纳税所得额	税率
不超过 18 450 美元	15%
18 451 美元至 44 575 美元	2 767. 50 美元加超过 18 450 美元部分的 28%
44 576 美元至 70 000 美元	10 082. 50 美元加超过 44 575 美元部分的 31%
70 001 美元至 125 000 美元	17 964. 25 美元加超过 70 000 美元部分的 36%
超过 125 000 美元	37 764. 25 美元加超过 125 000 美元部分的 39. 6%

除非纳税人必须进行婚内独立申报，一般情况下纳税人选择婚内联合申报更能有效地降低税款，其原因是同等条件下独立申报可能会使某一方以较高的税率计算并缴纳税款。但是，也不排除独立申报优于联合申报的情形，

比如夫妻一方有高额的医疗费用，其抵减收入的力度取决于调整后的总收入，因此独立申报更有可能抵减更高的医疗费用。

（三）户主纳税申报

如果个人符合作为户主的条件，那么该个人可以采用户主纳税申报的方式。户主纳税申报的优越性在于，可以多获得一些标准扣除，税款起点也比单身未婚申报的税率略低。

个人需要同时满足下列条件，才可以以户主身份申报[8]：

1）纳税年度结束时，该个人处于未婚或被视同未婚状态（夫妻双方分居6个月以上），并且不能属于丧偶者身份；

2）维持某居所并支付该居所一半以上的生活费；

3）有符合条件的个人住在该居所超过半年的时间。

可见，以户主身份做纳税申报的个人通常都必须维持某居所的生活。居住时间的要求可以在某人离世或暂时离开该居所（住院或拘留等）的情形下作为例外处理。

符合条件的个人必须是“被扶养人”。“被抚养人”，又称“受扶养者”，包括符合条件的孩子和符合条件的亲戚，但不包括已婚并做婚内联合申报的个人，也不包括非美国公民（除非该个人是美国税收居民或被美国公民收养的孩子）。如果某个人本身是被扶养人，那么他/她不能再有被扶养人[9]。

符合条件的孩子指同时满足下列条件的孩子：

1）孩子是户主亲生子女、继生子女、收养子女、寄养子女，以及这些子女的子女，或户主亲生兄弟姐妹、继父继母所生的兄弟姐妹，以及这些兄弟姐妹的子女。

2）在该纳税年度内，孩子与户主生活在一起超过半年的时间。

3）在该纳税年度内的12月31日，孩子没有到19岁；如果孩子在校读书，年龄没有到24岁；如果孩子完全残疾，则不受年龄限制。

4）孩子不能自己支付该纳税年度内一半的生活费。

5）孩子没有在户主的纳税年度内做过孩子本人的婚内联合纳税申报（为获得退税的申报除外）[10]。

符合条件的亲戚指同时满足下列条件的亲戚：

1）户主间接资助的孩子、户主的亲生兄弟姐妹、继父继母所生的兄弟姐妹、亲生父母及祖父母、继父继母、亲生兄弟姐妹的子女、亲生父母的兄弟姐妹、配偶的父母、配偶的兄弟姐妹、子女的配偶，或者在户主的居所居住属于该居所成员的个人；

2）该亲戚的年收入小于该纳税年度的个人免税额（法定 2 000 美元，或国内收入局规定的某年份的具体数额，比如 2017 年为 4 050 美元，2018 年到 2025 年为零）；

3）户主为该亲戚提供本公历年一半以上的生活费；

4）该亲戚不属于符合条件的孩子[11]。

【例 6 –2】 2022 年，莉雅女士资助一位非亲非故的朋友张女士和她 3 岁的孩子的生活，所付给张女士的生活费超过其生活所需的一半。张女士和她 3 岁的孩子住在一起，没有收入来源。

分析： 因为张女士没有收入来源，她不需要进行 2022 年的纳税申报，她的孩子也就不能是符合条件的孩子。莉雅女士为两人提供生活费的额度超过一半，所以两人都可以归属为莉雅女士的符合条件的亲戚。3 岁的孩子也不是符合条件的孩子。

户主纳税申报的收入标准和税率见表 6 –3[12]。

表 6 –3　　户主纳税申报的收入标准和税率

应纳税所得额	税率
不超过 29 600 美元	15%
29 601 美元至 76 400 美元	4 440 美元加超过 29 600 美元部分的 28%
76 401 美元至 127 500 美元	17 544 美元加超过 76 400 美元部分的 31%
127 501 美元至 250 000 美元	33 385 美元加超过 127 500 美元部分的 36%
超过 250 000 美元	77 485 美元加超过 250 000 美元部分的 39.6%

（四）单身未婚纳税申报

在某纳税年度的最后一天处于单身未婚状态的个人，如果不符合丧偶者或户主的纳税申报身份，那么该个人应该做单身未婚纳税申报[13]。

单身未婚纳税申报的收入标准和税率见表6－4。

表6－4　单身未婚纳税申报的收入标准和税率

应纳税所得额	税率
不超过22 100美元	15%
22 101美元至53 500美元	3 315美元加超过22 100美元部分的28%
53 501美元至115 000美元	12 107美元加超过53 500美元部分的31%
115 001美元至250 000美元	31 172美元加超过115 000美元部分的36%
超过250 000美元	79 772美元加超过250 000美元部分的39.6%

二、申报表格和时间

美国公民或美国税收居民有义务进行联邦所得税的年度纳税申报。国内收入局每年会颁布具体的申报指南和要求，规定按申报身份而定的最低申报收入，超过最低申报收入的美国公民或美国税收居民都必须依照法律进行申报[14]，即便该纳税人并不拖欠税款。

对于纳税年度起始点从2017年12月31日到2026年1月1日的美国公民或税收居民来说，其应税总收入超过基本标准扣除与增加的标准扣除之和（最低申报收入）时，就必须进行纳税申报。

对于多数纳税人而言，按照纳税身份而规定的2021年最低申报收入见表6－5[15]。

表6－5　最低申报收入　　单位：美元

项目	金额
单身未婚申报	12 550
单身未婚申报，超过65岁	14 250
婚内独立申报	5
婚内联合申报	25 100
婚内联合申报，一方配偶超过65岁	26 450

续表

项目	金额
婚内联合申报，双方配偶超过 65 岁	27 800
户主申报	18 800
户主申报，超过 65 岁	20 500
丧偶者申报	2 5100
丧偶者申报，超过 65 岁	26 450

基本标准扣除是税法给予每个纳税人的抵减应税总收入的额度，增加的标准扣除是在基本标准扣除的基础上又增加的一些抵减额度，只适用于特殊纳税人，如年龄超过 65 岁或眼睛失明的纳税人[16]。

按照法规，如果某个人是某一纳税人的被扶养人，该个人又有一定的个人收入，那么该个人也应做出一份独立的纳税申报[17]。被扶养人的个人应税总收入用两个类别来衡量，劳务收入和非劳务收入。劳务收入指薪酬、小费、专业服务报酬、应税奖金以及科研拨款等[18]。非劳务收入则是指投资类型的、非某项具体劳动而得的收入，如应税利息、股息、资本利得、失业金、社保金、年金、债务解除收入等。

如果被抚养人 2021 年应税总收入超过如下规定（见表 6－6），那么该被扶养人应做一份独立申报[19]。

表 6－6　　应税总收入规定

单身被抚养人，65 岁以下无失明	非劳务收入超过 1 100 美元； 劳务收入超过 12 550 美元；或 应税总收入大于两者中的较高值：1 100 美元或劳务收入（最多 12 200 美元）加 350 美元
单身被抚养人，65 岁以上或失明	非劳务收入超过 2 800 美元； 劳务收入超过 14 250 美元；或 应税总收入大于两者中的较高值：2 800 美元或劳务收入（最多 12 200 美元）加 2 050 美元
单身被抚养人，65 岁以上且失明	非劳务收入超过 4 500 美元； 劳务收入超过 15 950 美元；或 应税总收入大于两者中的较高值：4 500 美元或劳务收入（最多 12 200 美元）加 3 750 美元

续表

已婚被抚养人，65 岁以下无失明	非劳务收入超过 1 100 美元； 劳务收入超过 12 550 美元； 应税总收入至少 5 美元，且配偶做婚内独立申报并使用分类扣除。或 应税总收入大于两者中的较高值：1 100 美元或劳务收入（最多 12 200 美元）加 350 美元
已婚被抚养人，65 岁以上或失明	非劳务收入超过 2 450 美元； 劳务收入超过 13 900 美元； 应税总收入至少 5 美元，且配偶做婚内独立申报并使用分类扣除。或 应税总收入大于两者中的较高值：2 450 美元或劳务收入（最多 12 200 美元）加 1 700 美元
已婚被抚养人，65 岁以上且失明	非劳务收入超过 3 800 美元； 劳务收入超过 15 250 美元； 应税总收入至少 5 美元，且配偶做婚内独立申报并使用分类扣除。或 应税总收入大于两者中的较高值：3 800 美元或劳务收入（最多 12 200 美元）加 3 050 美元

即使个人的收入情形不满足上面所述的任何一种申报要求，该个人仍应该对比下列各项申报要求。如果符合任何一项申报要求，该个人应该进行该年度纳税申报[20]：

1. 该个人应缴纳下面任何一种税款：

（1）替代性最低（所得）税；

（2）因养老计划的支付而产生了额外税款；

（3）居家雇用税（雇用了人员在家里提供服务而产生的雇用税）；

（4）对小费收入没有缴纳社会安全保障税和老年医疗保障税；

（5）各类特殊类别的税项或税项调整，如增收的老年医疗保障税、净投资收入税等；

（6）补缴因往年获批的税款减免而少缴的税项，如教育成本抵减。

2. 该个人（或其配偶，在婚内联合申报时）收到健康存款账户的定期分配。

3. 该个人自主经营净收入超过 400 美元。

4. 该个人从教堂或教会控制的类似组织收到多于 108.28 美元的薪酬。这些薪酬免征雇主方的社会安全保障税和老年医疗保障税。

5. 该个人收到了在商业健康保险陈述表 1095 - A 上反映的、自主选择的健康保险计划给予的，适用于本人、配偶及被扶养人的保险费抵免额度。

6. 该个人收到了在健康保险保费抵免额预支表 1099 – H 上反映的、雇主选择的健康保险计划给予的，适用于本人、配偶及被扶养人的保险费抵免额度。

7. 该个人具有税法第 965 条下的收入。

2021 年的个人所得税申报表仍旧分为两类，美国个人所得税申报表 1040（见表 6 – 7）和美国老年人个人所得税申报表 1040 – SR（见表 6 – 8）。两份表格的形式和内容大部分相同，申报时满 65 岁的纳税人应使用表 1040 – SR。

表 6 – 7　　美国个人所得税申报表 1040（2022 纳税年度）

1040	Department of the Treasury – Internal Revenue Service (99) U. S. Individual Income Tax Return	2022	OMB No. 1545 – 0074	IRS Use Only – Do not write or staple in this space.

填报目的：申报应税总收入、资本利得、资本亏损、收入抵减项及税款减免额，并计算当期个人所得税应纳税额。

填报人：以美国税收居民身份申报的个人。

表 6 – 8　　美国老年人个人所得税申报表 1040 – SR（2022 纳税年度）

1040 – SR	Department of the Treasury – Internal Revenue Service (99) U. S. Tax Return for Seniors	2022	OMB No. 1545 – 0074	IRS Use Only – Do not write or staple in this space.

填报目的：申报应税总收入、资本利得、资本亏损、收入抵减项及税款减免额，并计算当期个人所得税应纳税额。

填报人：以美国税收居民身份申报的老年人。

奥巴马总统任职时期，国会立法通过，2016 年的税表应在该纳税年度结束后第 4 个月第 15 日前进行申报，而此前的规定是纳税年度结束后第 3 个月第 15 日前进行申报。所以对于以公历年 12 月 31 日为纳税年度截止日的纳税人，他们应在次年的 4 月 15 日前完成纳税申报[21]。配合合伙公司所得税税表的申报日期的调整，这项更新使得个人所得税的申报截止日期更加合理。（作者注：新型冠状病毒 COVID – 19 袭击美国时，正值个人所得税的纳税申报前期。由于病毒侵袭对各家各户造成的影响巨大，所以国内收入局根据法典特殊条款[22]和总统宣布的灾难紧急援助令，曾通告宣布将 2019 纳税年度的第一申报截止日延迟到 2020 年 7 月 15 日[23]。）

如果纳税人在该纳税年度结束后第 4 个月第 15 日前不能完成申报，那么可以要求延期申报。税法给予个人纳税人 6 个月的延迟申报时间，因此对于以公历年 12 月 31 日为纳税年度截止日的纳税人，他们最晚应在次年的 10 月 15 日前完成纳税申报[24]。申请延期申报应提交美国个人所得税延期申报申请表 4868（见表 6 –9）。

表 6 –9　　美国个人所得税延期申报申请表 4868（2022 纳税年度）

Form 4868 Department of the Treasury Internal Revenue Service	Application for Automatic Extension of Time To File U. S. Individual Income Tax Return ▶Go to *www. irs. gov/Form*4868 for the latest information	OMB No. 1545 –0074 2022

填报目的：将个人所得税申报截止日期延迟 6 个月。
填报人：以美国税收居民身份申报的个人（包括老年人）。

提醒读者注意的是，纳税申报表的延期申报并不意味着延迟支付应该缴纳的个人所得税税款。也就是说，纳税人在申报纳税申报表时，应该已经全额缴纳了其税款。关于个人所得税预缴的规定请看“三、个人所得税缴纳的规定”内容。

三、个人所得税缴纳的规定

联邦个人所得税的缴纳遵循现收现付的原则，即收入抵达个人账户时，个人所得税也应同期缴付。个人缴纳个人所得税通过四种途径，第一种是在工资发放时雇主代扣代缴，第二种是付款机构代扣代缴，第三种是自行预缴，第四种则是补缴。下面逐一简述采用不同缴纳途径的原因、要求和时点。

（一）雇主代扣代缴个人所得税

如果个人以某种形式被雇用，那么其雇主应为其代扣代缴个人所得税。雇主可以是个人或其他任何形式的经营实体，包括免税实体和各级政府机构等。雇主具有掌握薪酬发放的绝对权利，比如某个人为某实体提供了服务，但如果该实体不能直接给该个人发工资，那么该实体就不是该个人的雇主[25]，这个服务实际上是个人代替其真正雇主（也可以在自雇的方式下）完成的工作。

从另一方面来看，也应分清雇员和独立承包商的区别，雇主不必给独立承包商进行个人所得税代扣代缴或其他税项的代扣代缴。区分雇员和独立承包商的主要因素有三个[26]：

1. 雇主对其行为的控制力，即雇主是否有权力决定其本人从事某工作任务的方式，以及决定其是否需要雇用其他人员和如何雇用等；

2. 雇主对其回报的控制力，即雇主如何支付其劳动或服务的费用，是否将其工作期间发生的费用都予以报销，是否将其作为投资人对待，是否允许其在相同市场环境中自由地卖出自己的劳动时间；

3. 雇主与其的关系，即体现在双方签署的合同中的关系，尤其是是否提供通常给雇员的各种福利，如医疗保险、退休金计划、带薪休假或带薪病假等。

雇主必须依据税法在每一期工资发放时代扣代缴员工的个人所得税和其他雇用税税项[27]。雇主代扣代缴个人所得税的收入基础是依据雇员所有的薪酬所得，包括基本工资、各类补贴、小费、员工福利、奖金等。而代扣代缴的税率则需要根据员工的实际纳税申报身份来决定。雇员应根据个人及其家庭的具体情况填写雇员个人所得税代扣代缴许可证明表 W－4（见表 6－10）并交给雇主，用以正式通知雇主其纳税申报身份。雇主再依据每个雇员的纳税身份确定一个较为合适的代扣代缴税率[28]。（作者注：雇主除代扣代缴个人所得税外，还有代扣代缴雇用税的义务。雇用税请参阅第十六章。）

表 6－10　雇员个人所得税代扣代缴许可证明表 W－4（2022 纳税年度）

Form W－4 (Rev. December 2021) Department of the Treasury Internal Revenue Service	Employee's Withholding Certificate ▶Complete Form W－4 so that your employer can withhold the correct federal income tax from your pay. ▶Give Form W－4 to your employer. ▶Your withholding is subject to review by the IRS.	OMB No. 1545－0074 2022

填报目的：雇员通知雇主其纳税申报身份及其代扣代缴个人所得税的相关细节。
填报人：领取薪酬的雇员。

【例 6－3】 莉雅女士成立了自己的房地产经纪公司，聘请了一名销售员张某和一名文秘李某。两人的聘用合同里都明确规定了年薪、带薪休假、医疗保险等待遇。同时，莉雅女士还和一家大型地产开发商签订销售服务合同，莉雅女士按照其销售额的 2.5% 收取最低佣金，销售额每增加 1 000 万美元，佣金的点数增加 0.5%，但最高不超过 3.5%。

分析：销售员张某和文秘李某与房地产经纪公司签署的聘用合同具备雇主雇员关系的要素，所以张某和李某属于公司雇员。他们的工资发放时，公司应代扣代缴个人所得税。而莉雅女士和地产开发商签订的合同仅仅涉及按销售比例提取佣金，不具备其他任何雇主雇员关系下的要素，所以莉雅女士不是地产开发商的雇员，而是独立承包商。

【例 6 -4】 接上例 6 -3，假如销售员张某已婚，他给公司提供了雇员个人所得税代扣代缴许可证明表 W -4，表中显示张某和妻子进行婚内联合纳税申报，并育有一子。李某给公司提供的雇员个人所得税代扣代缴许可证明表 W -4 上显示李某未婚单身。张某年薪 12 万美元，李某年薪 6 万美元。

分析： 根据张某和李某的收入和纳税申报身份，他们分别处于 31% 和 28% 的累进税率范围（假设有效税率均为 25%）。所以公司分别按照各自的有效税率代扣代缴个人所得税，张某每月可以收到 7 500 美元的税后工资，即每月 1 万美元扣除 2 500 美元个人所得税后的余额。李某每月收到 3 750 美元的税后工资，即每月 5 000 美元扣除 1 250 美元个人所得税后的余额（此处忽略社会安全保障税和老年医疗保障税、可扣除的养老金账户存款等对个人所得税的影响）。

雇主代扣代缴的个人所得税如果超过了纳税人应该承担的个人所得税，纳税人可以在个人所得税申报时要求国内收入局退还超额支付的部分。相反，如果雇主代扣代缴的个人所得税低于纳税人应该承担的个人所得税，那么纳税人应自行预缴或补缴欠缺的部分［请结合下述“（三）预缴个人所得税”和“（四）补缴个人所得税”阅读］。

（二）付款机构代扣代缴

银行、投资公司或任何企业向个人支付其应得的各类收入时，都会考虑是否应该对该笔支出代扣代缴个人所得税。这些收入类型包括利息、服务费、股息、租金、资本利得、佣金、矿税版税等所有非工资收入。代扣代缴使用同一个税率，该税率在 2017 年 12 月 31 日到 2026 年 1 月 1 日之间是 24%。

纳税人可以通过给银行、投资公司等支付机构提交一份有效的纳税人识别号及纳税身份证明表 W -9（见表 6 -11）来避免代扣代缴[29]。纳税人识别号及纳税身份证明表 W -9 由美国公民或美国税收居民填写，用于提供纳税人的税号及纳税身份等[30]。

表 6 -11　纳税人识别号及纳税身份证明表 W -9（现行，2018 年 10 月颁布）

Form W -9 (Rev. October 2018) Department of the Treasury Internal Revenue Service	Request for Taxpayer Identification Number and Certification ▶Go to *www. irs. gov/FormW9* for instructions and the latest information.	Give Form to the requester. Do not send to the IRS

填报目的：提供纳税人的美国境内税号及纳税身份。

填报人：属于美国税收居民的个人或其他美国境内实体。

（三）预缴个人所得税

预缴个人所得税是纳税人针对雇主代扣代缴以外的收入部分，根据已缴及未缴个人所得税的实际情况，按期缴纳个人所得税的行为。预缴个人所得税主要针对的收入来源有自营收入、利息、股息、租金、资本利得、奖品及奖励等非工资收入。除了预缴个人所得税外，由于税法对自营收入还要征收自我雇用税，所以预缴时也应该缴纳这部分税款。（作者注：自我雇用税属于雇用税的范畴，参阅第十六章。）

纳税人应预先计算其在本纳税年度内的应税收入和税款，计算方式基本等同于税表填报时应该遵循的各个步骤（参阅本章第二节），仅略为简化。其次，纳税人应对比本年预计税款和下面两个数据的较小值：

1. 本年度应纳税额的90%；

2. 上年度已纳税额的100%[31]，或者110%（纳税人的收入超过一定数额）。

如果本年预计税款高于上述两个数据的较小值，那么该纳税人应及时采取行动进行预缴，否则会有欠税罚金。

根据国内收入局的指导性文件，个人所得税预缴应分四次进行，分别在本纳税年度第4个月的第15日、第6个月的第15日、第9个月的第15日及次年第1个月的第15日或之前完成。因此对以公历年12月31日为纳税年度截止日的纳税人来说，其预缴个人所得税的日期为每年的4月15日、6月15日、9月15日和次年的1月15日[32]。

纳税人全年的收入不一定均匀地分配在每个月中，比如出现特殊分红或资本利得或亏损等，这样就产生了一个问题：如何相对准确地预计应税总收入并按期预缴合适的金额。此情形下，纳税人可以采用按年化总收入分次预缴的方法，即在每一次预缴时，根据实际发生的交易和预计发生的交易尽可能准确地计算出本年度的应税总收入和应缴税额，然后再将此税额平均分摊到4期进行预缴，即第一次完成全年总税款25%的预缴，第二次完成至全年总税款50%的预缴，第三次完成至全年总税款75%的预缴，第四次则要完成至全年总税款100%的预缴[33]。

【例6-5】 莉雅女士单身未婚，个体经营房地产经纪公司，她的2020年应税收入为15万美元。莉雅女士的纳税年度为每年1月1日到12月31日。

2021 年，她的业务有很大拓展，她预计自己的本年应税收入能达到 18 万美元，总税款为 5.5 万美元。因此，在 4 月和 6 月两次预缴个人所得税时，她分别预缴了 13 750 美元。2021 年 8 月 18 日，莉雅女士再创佳绩，卖出一套豪华住宅，使其 2021 年的应税收入将达到 26 万美元。（本例忽略 2017 年 12 月 31 日到 2026 年 1 月 1 日累进税率逐级向下微调的情况。为简化计算，此例忽略各扣除项或税务减免项，计算出的税额也已四舍五入。）

分析：莉雅女士面临 9 月 15 日应预缴多少个人所得税的问题。在她卖出豪华住宅，获得更高收入的同时，她的全年个人所得税税款也上升到 8.4 万美元。根据上述原则，到 9 月 15 日应预缴至全年总税款的 75%，即 8.4 万美元的 75%，6.3 万美元。因此，莉雅女士第三次预缴个人所得税的额度要相应增加到 3.55 万美元，使其预缴总额达到 6.3 万美元。表 6－12 详细列示了分析计算的过程：

表 6－12　　　　分析计算过程　　　　单位：美元

	4 月 15 日	6 月 15 日	9 月 15 日	12 月 15 日
预计每期应付税款（18 万应税收入）	13 750	13 750	13 750	13 750
预计每期应付税款（26 万应税收入）	21 000	21 000	21 000	21 000
实际支付现金（总额为 84 000 美元）	13 750	13 750	35 500	21 000

9 月 15 日应支付 3.55 万美元的计算如下：

(21 000 × 3) － (13 750 + 13 750) = 35 500（美元）

至此，莉雅女士一次性补齐了迄今为止应缴的税款。

纳税人预缴个人所得税的准确性取决于其对应税总收入的确定，其余都是技术上的计算。因此避免偏离这个本质性的问题是避免产生差错的核心要素。

（四）补缴个人所得税

纳税人应该在次年第 1 月的第 15 日之前，完成该纳税年度个人所得税 100% 的预缴。如果纳税人发现没有交满额度，那么其应该在次年第 4 个月的第 15 日（含），即纳税申报截止日前补缴所欠的税款。

从严格意义上讲，任何补缴税款或者在每期缴纳时没有按应缴的金额缴纳的行为都会产生罚金和利息。国内收入局会书面通知纳税人罚金和利息的金额及计算过程。

第二节 个人所得税的计算方法

相对于企业来说，个人应税总收入的构成与其完全相同，即具有全囊括、全包含的性质和广义概念。然而个人应纳税所得额，即法典特殊定义的“调整后的总收入”，则完全不同于企业的应纳税所得额所涵盖的范围。两者最大的区别是个人在计算应纳税所得额时，不能抵减用于个人日常生活的全部支出，只能抵减某些税法允许的特殊项目，而企业的会计事项中通常不应包含用于个人日常生活的支出，如有，则应分类处理。两者相似之处则在于，个人直接参与经营活动所发生的费用，可以和企业用于经营活动的费用一样，抵减个人经营活动产生的收入。

本书第三章、第四章和第五章详细阐述了企业和个人都应确认的应税总收入和可以抵减总收入的费用项目，它们都具有参与经营活动的性质。本节和第七章则重点阐述仅仅与个人纳税相关的收入、收入调整项及费用扣除项。讲解侧重于对概念、原则和计算方法的解释，而非各项收入或费用在个人纳税申报表 1040、表 1040 - SR 或表 1040 - NR 上的具体呈现方式。事实上，2019 年的美国个人所得税申报表 1040 等更新了呈现方式，但个人调整后的总收入的概念和计算方法并没有实质的变化。

本节阐述个人调整后的总收入（实质上是个人应纳税所得额）的构成和在此基础上个人所得税的计算方法。

一、个人调整后的总收入

个人调整后的总收入由应税总收入及对收入的调整项两个大类组成[34]，下面分别讲述。税负穿透体收支明细表 K - 1（参阅第十一章和第十二章）所提供的项目应逐一分析，计入合适的美国个人所得税申报表 1040 的收支项目中。

（一）个人应税总收入

除了第三章讲述的和经营活动相关的收入和第五章讲述的资本利得收入

之外，个人应税总收入还包括以下主要项目。（作者注：本书无意列举并解释所有可能出现的收入项目。如果读者遇到特殊类型的收入，请咨询税务师或查阅税法相关章节。）

1）薪酬和纳税证明表 W－2 及其他收入表 1099 中包括的所有非正常工资性收入，包括雇员享受的超过税法给予排除的各种超额福利（如雇主报销的搬家费[35]）、雇主支付的雇员寿险的保险费及收益[36]、小费收入、失业金[37]、延迟的薪酬[38]及股票期权激励等。这些对雇员或独立承包商付出劳动的报酬由雇主或服务购买方负责分类和记录，并按照纳税年度通知纳税人。

2）股息收入。个人的股息收入体现在派息公司所提供的股息分配表 1099－DIV 中，该表详细列出合规股息和普通股息的数额，供纳税人申报个人所得税时正确核算应税收入。合规股息指由美国境内的股份有限公司或合格的境外股份有限公司所做的派息，并且合格股息还应满足股票持有时间的条件，即个人股东持股期最少连续 60 天，且该持股期需在从除息日前 60 天（除息日当日不计算）开始连续计算的 121 天之内。简单地说，就是以除息日为分界线，其前后各 60 天之内的这段 121 天时间内，连续持股 60 天，就可以满足股票持有时间的要求[39]。

3）年金收入，指来源于任何养老账户、捐赠账户或寿险账户的定期收入分配。支持这些账户分配的是纳税人与这些账户管理人签署的养老、人寿保险等合同。相当于纳税人投资部分的分配不应算作收入分配，而是本金返还[40]。账户管理人在分配时要明确应算作收入或不应算作收入的部分。

4）社会安全保障收入，指根据社会保障法案按月发放的一种退休金收入。税法规定社会安全保障收入被纳入个人当年收入的最高额度是所收到的社会保障收入的 85%。但是，纳税人仍需要根据当年应税总收入的实际情况来核算出具体应该纳入应税收入的部分[41]。

5）收到的抚养费，即夫妻双方离婚或分居后，一方向另一方支付的抚养子女或维持生活的费用。《减税与就业法案》颁布前，抚养费支付方不必算作费用支出，收到方也不必算作应税收入。但是《减税与就业法案》改变了这个做法，要求抚养费支付方应将其算作费用支出，收到方应将其算作应税收入[42]。另外，在 2018 年之后签订的离婚协议或离婚协议修改版中，如果夫妻双方都明确同意不按照《减税与就业法案》的规则来处理抚养费，那么双方仍可以按照旧的处理方式执行。

6）博彩收入，应全额算作当年的应税总收入。

个人应税总收入主要的、显著的项目在个人纳税申报表 1040、表 1040－SR 和表 1040－NR 的第一页直接体现，还有部分收入项则在附表 1 中列示和计算。

（二）收入调整项

个人收入的调整项与第三章中阐述的不征税收入是两个不同的概念。它们最大的区别在于，前者应在税表中反映，而后者不会出现在申报的税表当中（因为不必征税）。税表中反映的个人收入的调整项用于抵减应税总收入，也就是属于从应税总收入中扣除的项目。

下列收入调整项也在美国个人所得税申报表 1040 及其附表 1 中一一列示并计算（如有）[43]：

1. 教育工作者的成本支出。在学前班或 1～12 年级的美国教育机构工作的老师及其他工作人员，如果该学年的工作总时间超过 900 小时，那么该个人可以扣除 250 美元用于职业发展培训或购买书籍等费用。如果夫妻双方都从事教育工作，并做婚内联合申报，那么双方可以扣除 500 美元。

2. 特殊职业者的部分从业成本，如表演艺术家、国民警卫队及政府工作人员的相关从业开销。

3. 部分自主营业者支付的自我雇用税以及对养老金计划的投入。

4. 自主营业者支付的健康保险费（允许扣除的额度有一定限制）。

5. 对某些储蓄提前支取而支付的罚金。

6. 对传统的个人退休计划账户的投入（有限制条款）。

7. 合规的学生贷款利息，该贷款用于支付大学或大学以上教育机构的学费、杂费、寄宿费和书本费等，受教育人必须是本人、配偶或受扶养人。该贷款不能用于其他目的、不能从关联方借出、追其来源不能出自于某雇主支持的退休计划。纳税人还应满足两个条件：第一，其纳税申报身份必须采用除婚内独立申报以外的任何方式；第二，其调整后的应税收入总额低于 8.5 万美元（未婚独立申报、户主申报或丧偶者申报）或 17 万美元（婚内联合申报）。

8. 合格学费等，指纳税人为本人、配偶或扶养人支付的高中教育以上教育机构的学费、杂费和其他合规费用等。可扣除限额受到纳税人的调整后的总收入和纳税申报身份的影响。此调整排除项到 2020 年 12 月 31 日到期，取代它的是合格教育经费的税务抵免额。

9. 其他临时调整项等。

二、可扣除项

税法的基本原则是，与个人或家庭日常生活相关的费用不能从其应税总收入中扣除[44]，除非税法明确规定。可扣除项包括两个类别，其一是标准扣除或分类扣除（二选一），其二是合规经营（调整）收入扣除。合规经营（调整）收入扣除，即 199A 扣除的定义和计算在第三章已经详细说明，此处不再赘述。

标准扣除指税法根据纳税人纳税申报身份区别对待的，按纳税年度和通胀率来调整的，可选择的统一抵减应税总收入的额度[45]。对于老年人或失明人，税法给予额外的标准扣除额度。2021 和 2022 纳税年度的标准扣除额度见表 6 – 13[46]。

表 6 – 13　　2021 和 2022 纳税年度的标准扣除额度　　单位：美元

申报身份	2021 纳税年度的标准扣除额度	2022 纳税年度的标准扣除额度
婚内联合申报或丧偶者申报	25 100	25 900
户主申报	18 800	19 400
婚内独立申报	12 550	12 950
未婚单身申报	12 550	12 950

65 岁以上的老年人或任何年龄的失明人可以获得额外的标准扣除额（2021 纳税年度为 1 350 美元，2022 纳税年度为 1 400 美元）。如果纳税人以未婚单身身份申报或户主身份申报，那么也可以获得额外的标准扣除额度（2021 纳税年度为 1 700 美元，2022 纳税年度为 1 750 美元）。

出现下列情形之一时，纳税人不能选择标准扣除[47]：

1）纳税人采用婚内独立申报，但某一方选择了分类扣除；

2）纳税人是非美国税收居民；

3）纳税人因改变税务记账方法而做少于12个月的短期申报；

4）纳税人为合伙体、信托或遗产纳税体。

纳税人有权选择的另一种扣除方式为分类扣除。因为标准扣除和分类扣除不能同时使用[48]，所以纳税人都会尽量选择扣除额度大的一种方式来减少应纳税所得额。但是分类扣除受最高额度的限制，纳税人可以使用的分类扣除应按以下两者中的较小值确认[49]：

1）调整后的总收入超过规定上限的3%。此处规定上限为：婚内联合纳税申报或丧偶者申报为30万美元（婚内独立申报各方为15万美元）；户主申报为27.5万美元；单身未婚申报为25万美元。

2）分类扣除总额的80%。此处分类扣除的总额不包括医疗费、投资活动利息费用或意外伤害和盗窃损失。

分类扣除的规定上限可以逐年根据通货膨胀率适当调整，其具体项目在个人纳税申报表1040或表1040－SR的附表A（见表6－14）中列举并计算。

表6－14　　分类扣除计算附表A（2022纳税年度）

SCHEDULE A (Form 1040) Department of the Treasury Internal Revenue Service	Itemized Deductions ►Go to *www. irs. gov/ScheduleA* for instructions and the latest information ►Attach to Form 1040 or 1040 – SR. Caution: If you are claiming a net qualified disaster loss for Form 4684, see the instructions for line 16.	OMB No. 1545 – 0074 2022 Attachment Sequence No. 07

填报目的：纳税人填报分类扣除项。
填报人：填报个人纳税申报表1040或表1040－SR的纳税人且采用分类扣除。

分类扣除计算附表A中包含以下分类扣除项[50]：

1）保险公司不予支付的超过纳税人调整后总收入10%的（对于2016年12月31日到2019年1月1日之间支付的费用此比率为7.5%），纳税人自行支付的，为本人、其配偶或被扶养人使用的医疗费和牙齿健康保护费。此类费用包括了所有和医疗相关的费用，如医疗或牙医保险费、长期护理保险费、自付处方药、针灸治疗费、心理治疗费、临终治疗护理费、肥胖治疗费、牙齿矫正费、轮椅、拐杖、导航犬等。不能包括在此类费用中的项目主要有减肥食品、美容费用、寿险保险费、老年医疗保障税、进口药药费、入葬或葬礼支出等[51]。

2）各类地方税费，指州和地方政府征收的所得税或销售税、不动产税、固定资产税。如果纳税人向地方政府缴纳的销售税高于所得税，该纳税人可以选择扣除较高的销售税。各州的销售税扣除限额可以采用实际支付的数额或由国内收入局根据各州的销售税税率、纳税人收入和纳税人家庭成员人数而做的具体规定数额。在 2018 年 1 月 1 日（含）到 2026 年 1 月 1 日（不含）这段时间内，婚内联合申报的纳税人最高可以扣除 1 万美元的各类地方税费[52]。

3）利息费用，此处仅指税法允许的个人合规自住房抵押贷款利息和投资活动利息费用。

（1）合规自住房抵押贷款利息包括主要居住房和第二套次要居住房[53]的抵押贷款利息。抵押贷款包括用于购买该自住房的贷款和以该自住房资产为抵押的贷款（用于其他用途）。在 2018 年 1 月 1 日（含）到 2026 年 1 月 1 日（不含）这段时间内签署的抵押贷款合同，纳税人可以扣除的利息为：用于购买自住房的贷款本金不超过 75 万美元（婚内联合申报）或 37.5 万美元（婚内独立申报）所产生的利息费用；自住房资产抵押贷款（用于其他用途的）利息不得扣除。在 2018 年 1 月 1 日之前或 2025 年 12 月 31 日之后签署的抵押贷款合同，纳税人可以扣除的利息为：用于购买自住房的贷款本金不超过 100 万美元（婚内联合申报）或 50 万美元（婚内独立申报）所产生的利息费用；不超过 10 万美元（婚内联合申报）或 5 万美元（婚内独立申报）自住房资产抵押贷款所产生的利息[54]。纳税人的抵押贷款利息通常会反映在抵押贷款利息说明表 1098（见表 6－15）之中。

表 6－15　　抵押贷款利息说明表 1098（2022 纳税年度）

OMB No. 1545－1380 2022 Form 1098	Mortgage Interest Statement

填报目的：披露该公历年收取的利息金额等信息。
填报人：贷款利息的收款方。

（2）投资活动利息费用指用于投资活动的贷款所产生的利息费用，其扣除额最高不能超过投资净收益[55]。不能扣除的部分可以结转到下一年。投资活动指在非日常经营活动中产生利息、股息、年金或版权等收入的投资，对非日常经营活动资产的处置以及通过合伙体等实体投资某经营活动，但本人并非实质参与的活动。此类投资活动产生的收益减去所发生的全部费用（不含用于投资的贷款利息）即为投资净收益。

[作者注：个人计算应纳税所得额时可以扣除的利息费用还包括用于经营活动的贷款利息费用，参阅第三章第二节；合规学生贷款利息费用，见上述"（二）收入调整项"[56]。]

4）给合格的慈善机构的捐赠款，其扣除限额受到被赠与的慈善机构的类别及个人调整后的应税总收入的限制。简单概括地讲，每年给合格慈善机构捐赠的、可扣除的最高额度为个人调整后的应税总收入（不含净经营亏损）的50%。超过的部分可以结转到未来的5个纳税年度中扣除[57]。如果纳税人以非现金的方式捐赠财产超过500美元，纳税人应在非现金慈善捐赠申报表8283（见表6-16）中详细申报捐赠的情况。

表6-16　非现金慈善捐赠申报表8283（现行，2021年12月颁布）

Form 8283 (Rev. December 2021) Department of the Treasury Internal Revenue Service	Noncash Charitable Contributions ▶Attach one or more Forms 8283 to your tax return if you claimed a total deduction of over $500 for all contributed property. ▶Go to *www.irs.gov/Form 8283* for instructions and the latest information	OMB No. 1545-0074 Attachment Sequence No. 155

填报目的：披露非现金捐款金额。
填报人：以非现金方式捐款的纳税人，包括个人、股份有限公司、合伙企业等。

5）意外伤害和盗窃损失，其扣除方式和限制参阅第四章第一节。纳税人应通过意外伤害和盗窃申报表4684（见表6-17）来计算并申报具体的损失事项。

表 6－17　　意外伤害和盗窃申报表 4684（2022 纳税年度）

Form 4684 Department of the Treasury Internal Revenue Service	Casualties and Thefts ▶Go to *www. irs. gov/Form4684* for instructions and the latest information ▶Attach to your tax return. ▶Use a separate Form 4684 for each casualty or theft.	OMB No. 1545－0177 2022 Attachment Sequence No. 26

填报目的：披露并核算意外伤害和盗窃的结果（如果有保险赔偿，有可能产生盈利的结果）。
填报人：遭受意外伤害或盗窃的各类纳税人。

6）受限于调整后的总收入 2% 限制的分类扣除项[58]。简言之，除了上述（主要）分类扣除项之外，个人纳税人发生的、税法允许的部分其他（十几项）的支出项目也可以有限度地予以扣除，如收养费、股票投资佣金费、居家保安系统等。这些项目的费用加总后可扣除的最高额度为该纳税人当年调整后的总收入的 2%。而且，此规定在 2018 年 1 月 1 日到 2025 年 12 月 31 日之间暂停执行。

7）其他扣除，如博彩损失（最高不能超过博彩收入）、某些和经营活动相关的亏损等。

三、计算个人所得税

个人所得税是根据纳税人的应纳税所得额（计税基础）乘以其纳税身份所对应的税率计算出来的。应纳税所得额等于个人调整后的总收入减去可扣除项。此外，下面一些其他特殊事项也会影响个人所得税的计算结果：

1）个人净资本利得（长期性，不同于短期性的资本利得收入）以及合规股息的征税税率。不同于其他一般收入的征税税率，税法根据纳税人纳税申报身份制定了与其应纳税所得额相匹配的累进税率，分别为 0、15%、20%，2021 和 2022 纳税年度的详细标准见表 6－18[59]。

表 6 - 18　　纳税人纳税申报身份及其应纳税所得额

纳税人纳税申报身份及其应纳税所得额 2021 纳税年度/2022 纳税年度	对资本利得及合规 股息的征收税率
婚内联合或丧偶者申报：应纳税所得额低于 80 800/83 350 美元 户主申报：应纳税所得额低于 54 100/55 800 美元 单身未婚申报或婚内独立申报：应纳税所得额低于 40 400/41 675 美元 遗产纳税体或信托：应纳税所得额低于 2 700/2 800 美元	0
婚内联合或丧偶者申报：应纳税所得额低于 501 600/517 200 美元 户主申报：应纳税所得额低于 473 750/488 500 美元 单身未婚申报：应纳税所得额低于 445 850/459 750 美元 婚内独立申报：应纳税所得额低于 250 800/258 600 美元 遗产纳税体或信托：应纳税所得额低于 13 250/13 700 美元	15%
婚内联合或丧偶者申报：应纳税所得额高于 501 600/517 200 美元 户主申报：应纳税所得额高于 473 750/488 500 美元 单身未婚申报：应纳税所得额高于 445 850/459 750 美元 婚内独立申报：应纳税所得额高于 250 800/258 600 美元 遗产纳税体或信托：应纳税所得额高于 13 250/13 700 美元	20%

2）对于个人而言，除了第三章列举的不征税收入以外，不征税收入还包括以下常见的类型：

（1）主要自住房产处置的资本利得可以有条件地排除在应税总收入之外，免税资本利得的限额为 25 万美元（婚内联合申报可达 50 万美元）。纳税人应满足的最基本条件是，在该房产处置前的 5 年时间里，纳税人应以其为主要居所，并在该居所居住 2 年以上的时间[60]。

（2）合格教育机构颁发的用于支付学费和校内相关费用的奖学金[61]。

（3）雇主提供的住宿和餐食，包括教育机构为雇员提供的住宿[62]。

（4）美国国债收益并用于高等教育的部分，可以免征个人所得税[63]（有限制条款）。

（5）雇主支付的、帮助雇员收养子女的费用[64]，以及美国政府支付的、用于寄养子女生活的费用属于不征税收入[65]（有限制条款）。

（6）寿险根据被保人死亡而支付的补偿（注意有很多例外情形）[66]、雇主支付的工伤补偿[67]、保险公司支付的意外伤害赔偿[68]等通常也属于不征税收入。

纳税人收到此类付款时，如果经确认属于不征税收入，那么纳税人不用在税表的任何地方反映这些收入的信息。

3）（未成年）子女提供劳务所获得的劳务报酬，只能算作该子女个人的应税收入，而不能包括在其父母或监护人的应税收入之中。该子女因提供服务而发生的费用，不论实际支付人是谁，都算作其经营活动的费用[69]。如果必要，该子女可以做单独的纳税申报。

4）（未成年）子女的非劳务收入既可以与其父母或监护人的收入合并在一起申报，也可以单独申报[70]（此处不做详述）。

5）个人免税额是指税法给予纳税人的免于征税的额度，该额度以每个人为单位，每年根据通货膨胀幅度做调整，可适用于纳税人本人、（在其税表上明确列出的）配偶或被扶养人。比如 2017 年，该免税额度为每人 4 050 美元。但是，在 2018 年 1 月 1 日到 2025 年 12 月 31 日期间，个人免税额暂时被降为零[71]。因此 2021 纳税年度的个人纳税申报表 1040 或表 1040 – SR 没有体现这个免税项。

至此，本章介绍了申报个人所得税的最基本、最重要的相关内容，第七章将阐述高收入人群的替代性最低税、净投资收入税及额外老年医疗保障税等。由于篇幅限制，本书不详细介绍相关税法条款规定的特殊税款减免额（Tax Credits）。

纳税人根据个人的情况选择好纳税申报身份后，就可以遵循计算个人所得税的总体框架步骤来计算其某纳税年度的应纳税额。具体步骤见表 6 – 19。

表 6 – 19　　个人所得税应纳税额计算步骤

一、汇总所有应税收入项，包括：	
加：薪酬	第三章
利息	第三章
养老金	第六章
社会保障福利	第六章
资本净利得（计算附表 D）	第五章、第六章
其他收入项（附表 1）	第三章、第六章
等于：应税总收入（加总上述收入项）	
二、计算调整后的总收入	
减：收入调整项（附表 1，包括累计经营活动亏损）	第四章、第六章
等于：调整后的总收入 AGI	

续表

三、计算应纳税所得额 减：标准扣除或分类扣除 减：199A 合规经营收入扣除（如有） 等于：应纳税所得额	第六章 第三章
四、计算个人所得税应纳税额	第六章

因为税法规定个人所获得的资本净利得及合规股息收入可以较低的税率征税，所以计算个人应纳税额时要区别对待这部分收入。用于计算资本利得和亏损的附表 D（见表 6－20）内容非常丰富，它不仅归类并汇总长期或短期资本利得或亏损，也归类并汇总收藏活动资本利得或亏损和夺回 1250 资产处置利得的优待等。某些附表 D 的项目来自资本性资产处置表 8949 的计算（参阅第五章第二节），或者来自资本利得和亏损附表 D 的计算底稿。

表 6－20　　资本利得和亏损附表 D（2022 纳税年度）

SCHEDULE D (Form 1040) Department of the Treasury Internal Revenue Service	Capital Gains and Losses ▶Attach to Form 1040, 1040－SR or 1040－NR. ▶Go to *www. irs. gov/ScheduleD* for instructions and the latest information ▶Use Form 8949 to list your transactions for lines 1b, 2, 3, 8b, 9 and 10.	OMB No. 1545－0074 2022 Attachment Sequence No. 12

填报目的：纳税人填报资本利得或亏损。
填报人：填报个人纳税申报表 1040、表 1040－SR 或表 1040－NR 的纳税人且有资本利得或亏损。

下面通过一个例子来解释个人所得税的计算过程和结果。提醒读者注意，以下举例中的背景条件含有或暗示了某些潜在的假设条件，如果这些条件发生变化，将会引起一系列的联动效应（甚至是本书未能详细解释的现象），从而改变计算结果。所以，这些举例是用于帮助读者理解本章内容如何在实际的计算中得以应用，而不能作为读者计算其本人的个人所得税的照搬照抄的计算方法。

【例 6－6】　乔先生每年进行婚内联合申报，是公历年纳税人。2022 年，乔先生和太太的收入情况如下表所示。假如他们的各项收入和费用分为 3 种情形，那么每种情形下可能产生不同的调整后总收入和应纳税额见表 6－21。

表 6-21　　每种情形下可能产生不同的调整后总收入和应纳税额　　单位：美元

收入或费用项目	情形 1	情形 2	情形 3
薪酬收入（a）	150 000	150 000	150 000
出租收入	60 000	—	—
出租费用	(45 000)	(45 000)	(45 000)
矿区使用费收入	33 000	33 000	33 000
租赁期成本折耗	(3 000)	(3 000)	(3 000)
被动性收入（亏损）汇总（b）	45 000	(15 000)	(15 000)
不能抵减其他收入的被动性亏损（c）	—	15 000	15 000
长期资本利得（亏损）-股票（LT）	20 000	20 000	20 000
短期资本利得（亏损）-合伙企业	(10 200)	(30 200)	19 800
资本利得（亏损）汇总（d）	9 800	(10 200)	39 800
不能抵扣的资本亏损（e）	—	7 200	—
标准扣除（假设分类扣除较小）（f）	(24 400)	(24 400)	(24 400)
调整后的总收入（h=a+b+c+d+e+f）	180 400	122 600	165 400
长期资本利得（i=LT 或 d）	9 800	—	20 000
长期资本利得的应纳税额按 15% 征税（j=i×15%）	1 470	—	3 000
其他正常调整后的总收入（k=h-i）	170 600	122 600	145 400
其他正常收入的应纳税额（按 20% 计）（l=k×20%）	34 120	24 520	29 080
2022 年总体应纳税额（m=j+l）	35 590	24 520	29 080

此例中特别需要指出的是，情形 2 下的资本亏损 10 200 美元不能全部税前扣除，而只能获得上限 3 000 美元的扣除限额；情形 3 下的短期资本利得不能享受 15% 的优惠税率。另外，情形 2 和情形 3 下的被动性亏损扣除均受到限制（参阅第二章第一节）。

本章参考文献

[1] Molly F. Sherlock and Donald J. Marples, *Overview of the Federal Tax System in* 2022, Congressional Research Service, June 8, 2022.

[2] IRC § 1 (a); Treas. Reg. § 1.2-1.

[3] Treas. Reg. § 1.2-2 (a).

[4] IRC § 7703.

[5] IRC § 1 (a) (2).

[6] IRC § 6013 (a).

[7] IRC § 1 (d).

[8] IRC § 2 (b) (1).

[9] IRC § 152 (a), (b).

[10] IRC § 152 (c); Treas. Reg. § 1.152 – 2.

[11] IRC § 152 (d); Treas. Reg. § 1.152 – 3.

[12] IRC § 1 (b).

[13] IRC § 1 (c).

[14] IRC § 6012 (a) (1); Treas. Reg. § 1.6012 – 1 (a).

[15] U. S. Department of the Treasury, Internal Revenue Service, 1040 *and* 1040 – *SR Instructions*, *Chart A*, *Tax Year* 2021.

[16] IRC § 63 (c).

[17] IRC § 6012 (a) (1) (C).

[18] IRC § 911 (d) (2).

[19] U. S. Department of the Treasury, Internal Revenue Service, 1040 *and* 1040 – *SR Instructions*, *Chart B*, *Tax Year* 2021.

[20] U. S. Department of the Treasury, Internal Revenue Service, 1040 *and* 1040 – *SR Instructions*, *Chart C*, *Tax Year* 2021.

[21] IRC § 6072 (a).

[22] IRC § 7508A.

[23] U. S. Department of the Treasury, Internal Revenue Service, Notice 2020 – 18.

[24] IRC § 6081 (a).

[25] IRC § 3401 (d); Treas. Reg. § 31.3401 (d) – 1.

[26] U. S. Department of the Treasury, Internal Revenue Service, *Publication* 15 – *A Employer's Supplemental Tax Guide*, Cat. No. 21453T, (Washington, DC: 2021).

[27] IRC § 3402 (a).

[28] IRC § 3402 (b).

[29] IRC § 3406 (a), (b). U. S. Department of the Treasury, Internal Revenue Service, *Publication* 505 *Tax Withholding and Estimated Tax*, Cat. No. 15008E, (Washington, DC: 2020).

[30] U. S. Department of the Treasury, Internal Revenue Service, *Instruction for Form W-9* (2018).

[31] IRC §6654 (d).

[32] IRC §6654 (c).

[33] IRC §3406 (a), (b). U. S. Department of the Treasury, Internal Revenue Service, *Publication* 505 *Tax Withholding and Estimated Tax*, Cat. No. 15008E, (Washington, DC: 2020).

[34] IRC §62.

[35] IRC §82.

[36] Treas. Reg. § 1.61-22.

[37] IRC §85.

[38] IRC §404.

[39] IRC §1 (h) (11) (B).

[40] IRC §72 (a); Treas. Reg. § 1.72-1.

[41] IRC §86.

[42] IRC §61 (a) (8).

[43] U. S. Department of the Treasury, Internal Revenue Service, 1040 *and* 1040-*SR Instructions*, *Tax Year* 2020.

[44] IRC §262.

[45] IRC §63 (c).

[46] U. S. Department of the Treasury, Internal Revenue Service, Rev. Proc. 2020-45 and 2021-45.

[47] IRC §63 (c) (6).

[48] IRC §63 (b).

[49] IRC §68.

[50] U. S. Department of the Treasury, Internal Revenue Service, *Instruction for Schedule A* (2020).

[51] IRC §213; Treas. Reg. § 1.213-1.

[52] IRC §164 (b) (6).

[53] IRC §163 (h) (4) (A).

[54] IRC §163 (h) (2).

[55] IRC §163 (d).

[56] IRC §163 (h) (3).

[57] IRC §170 (b).

[58] IRC §67.

[59] U. S. Department of the Treasury, Internal Revenue Service, Rev. Proc. 2020 – 45 and 2021 – 45.

[60] IRC §121.

[61] IRC §117.

[62] IRC §119.

[63] IRC §135.

[64] IRC §137.

[65] IRC §131.

[66] IRC §101.

[67] IRC §104.

[68] IRC §105, 106.

[69] IRC §73; Treas. Reg. § 1. 73 – 1.

[70] IRC §1 (g), (j) (4).

[71] IRC §151.

第七章

个人所得税税法条款和税务处理（二）

本章继续阐述美国公民或绿卡持有人的个人所得税税务处理的相关内容，重点内容为对高收入人群征收的三种特殊税款。此外，本章还介绍非美国税收居民应该遵守的税务处理规定，以及由美国公民或美国税收居民转变为非美国税收居民时产生的退籍税等。

第一节　个人所得税的特殊征税事项

美国国内收入局的统计数据显示，申报2016年个人所得税税表的数量为1亿5千万份，其中690万份调整后的总收入超过20万美元，占比4.6%[1]。对于这部分高收入人群来说，他们应缴纳的个人所得税往往会包括三种额外的特殊税款，即替代性最低税、净投资收入税和额外老年医疗保障税。

另外不容忽视的是，美国公民或美国税收居民对境外收入和境外资产账户有如实披露和申报的义务，对此义务的不理解、忽视或有意规避，将导致非常严重的经济责罚或刑事处罚后果（参阅第十六章第一节）。

一、替代性最低税

替代性最低税（Alternative Minimum Tax，AMT）起源于1969年的税法改革，目的是避免少数高收入人群通过各类扣除项把正常税款降低甚至不缴个人所得税的现象。然而，由于2001年税法改革降低了正常税款而替代性最低税的规则没有相应做重大调整，导致替代性最低税正在从一种“阶层税”转化为“广众税”[2]。数据显示，2001年仅有不到2%的纳税人支付了替代性最低税，这些纳税人确实具有高收入，他们的调整后的总收入之和代表了当年全部调整后的总收入的7%，所缴纳的替代性最低税占当年个人所得税总和的1%。然而2010年的可对比数据显示，三分之一的纳税人受到替代性最低税的影响，他们的调整后的总收入之和代表了当年全部调整后的总收入的55%，所缴纳的替代性最低税占当年个人所得税总和的10%。可见替代性最低税对中产阶级家庭的影响非常显著。

替代性最低税的征税对象是个人、遗产纳税体和信托[3]。它的计算和正常个人所得税的计算平行进行，是一套独立的计算系统，十分复杂。纳税人必须首先计算出其替代性最低收入（Alternative Minimum Taxable Income，AMTI），然后按照特定税率再计算出替代性最低税。替代性最低收入是在正常的应纳税所得额的基础上，加回替代性最低收入条款下不允许扣除的税收优惠项和可调整项而获得。

（一）税收优惠项

税收优惠项是对 Tax Preference 的直译，中文字面意思容易产生歧义。这里的优惠项并非指仅仅对某些纳税人特殊适用的项目，而是指对所有纳税人都普遍适用的，具有增加扣除额或减少正常应纳税所得额的项目。"优惠"的意义在于使用了这些项目的纳税人获得减少税款的待遇。

《减税与就业法案》改革后，计算替代性最低税时应该被加回的税收优惠项包括[4]：

> 1）纳税人计算正常应纳税所得额时扣除的单位油气矿储资产折耗摊销超过持有的单位油气资产净值的部分（按该纳税年度截止时计算，不计当年的折耗摊销），此优惠项加回不适用于独立的油气开发商（参阅第十四章）。

【例 7－1】 史密斯先生继承了家族对油田开发的权益资产，其对单位油气井的持有成本为零。2022 年，史密斯先生在计算其个人所得税的正常应纳税所得额时，按照规定扣除了 4.53 万美元的油气资产折耗摊销。

分析： 4.53 万美元属于税收优惠项，在计算替代性最低税时史密斯先生应加回同等数额的折耗摊销成本。假如到 2022 年 12 月 31 日（纳税年度截止日）史密斯先生持有该权益资产的净值为 2.5 万美元，那么其税收优惠项的额度为 2.03 万美元（4.53－2.5）。

> 2）纳税人扣除的油气资产（或地热资产）的无形开发成本摊销超过按照直线摊销法所允许的部分[5]，再加上该纳税人应纳税所得额（按直线摊销法计算）的 65%（参阅第十四章）。

【例 7－2】 接上例 7－1，2022 年史密斯先生在计算正常应纳税所得额时，还加速摊销了 5.45 万美元的无形开发成本，而如果用直线摊销法计算该无形开发成本扣除额应为 1.7 万美元。同时，如果用直线摊销法计算的 1.7 万美元扣除额来重新计算应纳税所得额，那么应纳税所得额应为 3 万美元。

分析： 史密斯先生应考虑这个无形开发成本摊销的税收优惠项，核算步骤见表 7－1。

表 7－1 **核算步骤** 单位：美元

实际抵扣的无形开发成本	54 500（a）
减：直线法摊销的无形开发成本	17 000（b）
采用直线法后的应纳税所得额	30 000（c）
减：65% 的上述应纳税所得额	19 500（d）
替代性最低税的税收优惠项	18 000（a－b－d）

计算替代性最低税时，史密斯先生应加回这 1.8 万美元的税收优惠项。

3）纳税人购买 1986 年 8 月 7 日后发行的债券所产生的免税利息，如果有购买成本，纳税人可以扣除该购买成本。但是，纳税人购买的在 2008 年 12 月 31 日到 2011 年 1 月 1 日之间发行的债券，不适用本规定。

4）如果纳税人仍持有或租用在 1987 年 1 月 1 日前开始使用的不动产或固定资产，并采用加速折旧或摊销法计算扣除额，那么其扣除额高于按直线法折旧或摊销的部分即为税收优惠项。

5）如果纳税人在 2010 年 9 月 28 日前持有或购买了合格的小型股份有限公司股票，持有时间在 5 年以上，且出售时产生的资本利得没有包含在正常的应纳税所得额之中，那么这部分资本利得的 7% 即为税收优惠项。

（二）替代性最低收入调整项

替代性最低收入指以应纳税所得额为基础经调整后的余额[6]。替代性最低收入调整项指在另行计算最低收入时不应扣除的费用，其对比的扣除项来源于计算正常应纳税所得额时所允许的分类扣除项、经营活动抵扣项或收入排除项。以下逐一列举常见的不能扣除或需要增减的替代性最低收入调整项[7]：

1. 应加回各类地方政府税费（除了跨代资产转移税）。
2. 应加回医疗费和牙齿健康保护费。
3. 应加回除个人合规自住房购买抵押贷款利息以外的其他抵押贷款利息，如果贷款用于投资活动，相当于投资净收益额度的投资性贷款利息不必加回。
4. 应加回受 2% 调整后总收入额度限制的各种个人纳税人扣除项。
5. 应加回计算正常应纳税所得额时使用的标准扣除。

6. 应加回计算正常应纳税所得额时使用的个人免税额。

7. 如果纳税人的激励型股票期权已被认购且股票可以无条件转让，那么计算正常应纳税所得额时的排除项，即股票市值高于股票购入成本的部分，应被加回到替代性最低收入。

8. 应加回各类资产的正常折旧高于替代性最低税所允许折旧的差额，二者的差别源于计算后者时使用的折旧年限更长。

9. 因上述各税收优惠项或调整项，替代性最低税的规则下计算的资产持有成本，肯定不同于正常计算的资产持有成本，所以在同一资产处置时，会产生正常的资本利得或亏损和替代性最低税下的资本利得或亏损。计算替代性最低税时应使用后者。

10. 替代性最低税规则下计算的累计税务亏损可能不同于正常计算的累计税务亏损，前者可以用来减少替代性最低收入，但不能超过替代性最低收入的 90% 。

11. 长期合同的收入认定必须采用完工百分比法，此方法下计算的收入如果不同于正常计算的合同完工收入，两者的差异属于替代性最低收入的调整项。

12. 采矿业下的勘探开发费用必须采用 10 年直线摊销法进行成本摊销[8]，此方法下计算的摊销成本肯定不同于正常计算的摊销成本，两者的差异属于替代性最低收入的调整项。

13. 研发费用必须采用 10 年直线摊销法进行成本摊销[9]，期刊发行费必须采用 3 年直线摊销法进行成本摊销[10]。此方法下计算的摊销成本如果不同于正常计算的摊销成本，两者的差异属于替代性最低收入的调整项。

14. 被动性亏损、税负穿透体产生的亏损等有各自不能认定的、其他更复杂的限制。

15. 其他调整项。

通过对以上重点调整项的简要概述，读者可以更深刻地理解为什么替代性最低收入是平行于正常应税收入的另一种计算方式。因规则标准的变化，其计算过程也独立于正常应税收入的计算过程。

（三）替代性最低收入免税额

替代性最低收入免税额由法典规定、国内收入局根据通货膨胀率逐年调整[11]。税法还特别规定了在 2017 年 12 月 31 日到 2026 年 1 月 1 日之间适用的免税额，其中2020年至2022年适用的免税额见表7－2[12]。

表7－2　2020年至2022年适用的免税额　单位：美元

申报身份	2020年免税额	2021年免税额	2022年免税额
婚内联合申报或丧偶者申报	113 400	114 600	118 100
户主或未婚单身申报	72 900	73 600	75 900
婚内独立申报	56 700	57 300	59 050
遗产纳税体或信托	25 400	25 700	26 500

该免税额还有一个特征，是它可以被逐步淘汰，或者称为分阶段停止使用。具体含义是，如果纳税人的替代性最低收入（按前述法则计算后）高于下列限额（见表7－3），那么高出部分的25%则不能作为免税额。

表7－3　替代性最低收入免税额分阶段停用限额　单位：美元

申报身份	2020年限额	2021年限额	2022年限额
婚内联合申报或丧偶者申报	1 036 800	1 047 200	1 079 800
户主或未婚单身申报	518 400	523 600	539 900
婚内独立申报	518 400	523 600	539 900
遗产纳税体或信托	84 800	85 650	88 300

如果纳税人的替代性最低收入（按前述法则计算后）高于下列最高额度（见表7－4），那么该纳税人则不能使用免税额。

表7－4　替代性最低收入免税额分阶段停用限额　单位：美元

申报身份	2020年额度	2021年额度	2022年额度
婚内联合申报或丧偶者申报	1 490 400	1 505 600	1 552 200
户主或未婚单身申报	810 000	818 000	843 500
婚内独立申报	745 200	752 800	776 100
遗产纳税体或信托	186 400	188 450	194 300

【例7-3】 莉雅女士单身未婚，她预估自己2020年的个人所得税时，测算当年的替代性最低收入约为70万美元。

分析： 由于莉雅女士的替代性最低收入超过了免税额被逐步淘汰的额度518 400美元，所以她需要考虑并计算允许免税的额度（见表7-5）。

表7-5　允许免税的额度　　单位：美元

税法规定的免税额（a）	72 900
纳税人替代性最低收入（b）	700 000
免税额逐步淘汰标准限制额度（c）	518 400
淘汰额度（d）（等于25%乘以b-c的余额）	45 400
纳税人可以使用的免税额（等于a-d）	27 500

（四）试算最低税和替代性最低税

试算最低税是根据替代性最低收入并采用税法规定的税率计算出来的课税额度，它如果高于按照正常方法计算的应纳税额，这个高出的部分就是替代性最低税[13]。

替代性最低收入减去允许的免税额后的余额称为“超额课税基数”，就是试算最低税的课税基础。税法规定适用于该课税基础的税率为26%或28%，对于2020纳税年度来说，低于197 900美元（婚内独立申报的纳税人应采用此数额的50%）的超额课税基数部分按26%计算课税额，高出197 900美元的部分按28%计算课税额，两者相加得到试算最低税。下面通过两个例子来解释替代性最低税具体的计算过程。（作者注：国内收入局可考虑通货膨胀率对区分税率的额度逐年调整，如2021年为199 900美元，2022年为206 100美元。）

【例7-4】 除了上例7-3中的情况外，莉雅女士测算的正常应纳税所得额为50万美元，根据国内收入局颁布的累进税率表测算，莉雅女士2020年应缴的正常个人所得税约为14.98万美元。

分析： 莉雅女士应该按照如下步骤测算其2020年的替代性最低税（见表7-6）。

表 7－6　替代性最低税计算步骤　单位：美元

纳税人替代性最低收入（a）	700 000
纳税人可以使用的免税额（b）	27 500
超额课税基数（c＝a－b）	672 500
197 900×26%（d）	51 454
（c－197 900）×28%（e）	132 888
纳税人的试算最低税（f＝d＋e）	184 342
纳税人的正常个人所得税（g）	149 800
纳税人的替代性最低税（等于 f－g）	34 542

此例中，莉雅女士 2020 年应缴纳的个人所得税税额为 184 342 美元，其中替代性最低税额度为 34 542 美元。

【例 7－5】 除了上例 7－3 中的情况外，莉雅女士测算的正常应纳税所得额为 60 万美元，根据国内收入局颁布的累进税率表测算，莉雅女士 2020 年应缴的正常个人所得税约为 18.64 万美元。

分析： 莉雅女士应该按照如下步骤测算其 2020 年的替代性最低税（见表 7－7）。

表 7－7　替代性最低税计算步骤　单位：美元

纳税人替代性最低收入（a）	700 000
纳税人可以使用的免税额（b）	27 500
超额课税基数（c＝a－b）	672 500
197 900×26%（d）	51 454
（c－197 900）×28%（e）	132 888
纳税人的试算最低税（f＝d＋e）	184 342
纳税人的正常个人所得税（g）	186 400
纳税人的替代性最低税（等于 f－g，不能为负数）	0

此例中，莉雅女士 2020 年应缴纳的个人所得税税额为 186 400 美元，全部属于正常个人所得税。

从上面的两个例子可以看出，正常的应纳税所得额和替代性最低收入之间的差额，即替代性最低收入的各类调整项和税收优惠项，是影响纳税人是否受制于替代性最低税条款限制的核心因素。当试算最低税高于正常个人所得税税额时，纳税人就要支付额外的替代性最低税。个人纳税人通过替代性最低税计算表6251（见表7－8）来核算并申报其当年的替代性最低税。

表7－8　替代性最低税计算表6251（2022纳税年度）

Form 6251 Department of the Treasury Internal Revenue Service	Alternative Minimum Tax – Individuals ▶Go to *www. irs. gov/Form* 6251 for instructions and the latest information ▶Attach to Form 1040, 1040 – SR, or 1040 – NR.	OMB No. 1545 – 0074 2022 Attachment Sequence No. 32

填报目的：计算纳税人在该纳税年度内的替代性最低税。
填报人：需要计算并填报替代性最低税的个人。

二、净投资收入税

净投资收入税（Net Investment Income Tax）是2010年通过立法用于支持奥巴马总统的《平价医疗法案》的一项新税种，于2013年1月1日起执行。

净投资收入税适用于个人纳税人、遗产纳税体和信托，取下面两个数值的较小值为计税基础，税率为3.8%：

（1）该纳税年度的净投资收入；

（2）该纳税年度改进的调整后的总收入超出下列规定限额的部分[14]（见表7－9）。

表7－9　申报身份与豁免限额　　单位：万美元

申报身份	豁免限额
婚内联合申报或丧偶者申报	25
户主申报	20
婚内独立申报	12.5
未婚单身申报	20

改进的调整后的总收入指在纳税人调整后的总收入基础上加上其境外所

获得的某些收入[15]。（作者注：纳税人的境外收入认定超出本书的范围。）

净投资收入本身也是加总几类收入而获得的综合性投资收益，减去和这些投资相关的成本。它包括[16]：

（1）利息、股息、年金、矿税、版税和租金收入；

（2）被动性经营活动（参阅第二章）、大宗商品或金融衍生品交易所产生的收入；

（3）资本性资产（不含经营活动资产，但包括用于被动性经营活动的资产）处置时的资本利得；

（4）上述三项加总后减去与产生上述收入相关的成本费用。

可见，净投资收入是应纳税所得额的一部分，纳税人需要根据细则定义将属于净投资收入的部分分离出来，从而准确地计算净投资收入税。纳税人通过净投资收入税表 8960（见表 7－10）来计算并申报其当年的净投资收入税。

表 7－10　　　　净投资收入税表 8960（2022 纳税年度）

Form 8960 Department of the Treasury Internal Revenue Service	Net Investment Income Tax – Individuals, Estates, and Trusts ▶ Attach to your tax return. ▶ Go to *www. irs. gov/Form* 8960 for instructions and the latest information	OMB No. 1545－2227 2022 Attachment Sequence No. 72

填报目的：披露并核算纳税人在该纳税年度内的净投资收入税。
填报人：需要计算并填报净投资收入税的个人、遗产纳税体和信托。

【例 7－6】　莉雅女士单身未婚，是一名出色的房地产经纪。2021 年她的收入有：房屋租金收入 9 万美元，投资房产出售资本利得 15 万美元，利息 5 000 美元，股息 8 000 美元，股票交易资本利得 6 万美元，以及从合伙企业 A 中获得的净收入 3 万美元。合伙企业 A 从事金融衍生品交易。

分析：由于莉雅女士是房地产经纪，全年实质性参与房地产的各类经营活动，所以房地产经营对她来说不是被动性的经营活动，其房租收入和投资房处置资本利得都不属于被动性活动收入。根据上述判断净投资收入的几项依据，莉雅女士 2021 年收入的结构和计算净投资收入税的结果见表 7－11。

表 7－11　　收入结构和计算结果　　单位：美元

收入分类	调整后总收入	净投资收入
房屋租金收入	90 000	—
利息收入	5 000	5 000
股息收入	8 000	8 000
投资房资本利得	150 000	—
股票交易资本利得	60 000	60 000
合伙企业 A 收入	30 000	30 000
收入总和	343 000	103 000
减：净投资收入税可豁免额	(200 000)	—
净投资收入税计税基础（a）	143 000	103 000
净投资收入税（较小的 a×3.8%）		3 914

由于净投资收入的值较小，所以净投资收入税的课税税基为 10.3 万美元，以此乘以税率 3.8% 后得到净投资收入税 3 914 美元。

【例 7－7】 假如上例 7－6 中的所有条件不变，只是莉雅女士的房租收入仅为 1 万美元，那么计算净投资收入税的结果见表 7－12。

表 7－12　　收入结构和计算结果　　单位：美元

收入分类	调整后总收入	净投资收入
房屋租金收入	10 000	—
利息收入	5 000	5 000
股息收入	8 000	8 000
投资房资本利得	150 000	—
股票交易资本利得	60 000	60 000
合伙企业 A 收入	30 000	30 000
收入总和	263 000	103 000
减：净投资收入税可豁免额	(200 000)	—
净投资收入税计税基础（a）	63 000	103 000
净投资收入税（较小的 a×3.8%）	2 394	

由于调整后总收入减去豁免额之后的值较小，所以净投资收入税的计税基础税基为6.3万美元，以此乘以税率3.8%后得到净投资收入税2 394美元。

三、额外老年医疗保障税

《平价医疗法案》增加的另一个税项就是额外老年医疗保障税（Additional Medicare Tax），也是2013年1月1日起执行。这个税项的计税基础是雇员的工薪收入（包括各种福利在内）超过下列豁免额的部分（见表7－13），税率为0.9%。

表7－13　申报身份与豁免限额　单位：万美元

申报身份	豁免限额
婚内联合申报或丧偶者申报	25
户主申报	20
婚内独立申报	12.5
未婚单身申报	20

纳税人通过额外老年医疗保障税表8959（见表7－14）来计算并申报应缴纳的税款。

表7－14　额外老年医疗保障税表8959（2022纳税年度）

Form 8959 Department of the Treasury Internal Revenue Service	Additional Medicare Tax ▶If any line does not apply to you, leave it blank. See separate instructions. ▶Attach to Form 1040, 1040－SR, 1040－NR, 1040－PR, or 1040－SS. ▶Go to *www.irs.gov/Form8959* for instructions and the latest information	OMB No. 1545－0074 2022 Attachment Sequence No. 71

填报目的：披露并核算额外老年医疗保障税。
填报人：需要计算并填报额外老年医疗保障税的个人。

【例7－8】　乔先生每年做婚内联合纳税申报。2022年他们夫妻双方的薪酬总额是33.5万美元。

分析：乔先生夫妻双方的共同额外老年医疗保障税 =（335 000 − 250 000）× 0.9% = 765（美元）。

第二节　非美国税收居民的税务处理

本书第四章第二节详细阐述了收入的分类以及如何判断各类收入的来源，并通过美国现行税法下个人所得税征收范围表 4 − 1 简要清晰地列示了各种纳税人对源于美国境内或境外的收入的纳税义务。对于美国税收居民来说，其纳税义务和美国公民的纳税义务和流程完全相同，也就是第六章和本章第一节所涵盖的内容。

本节在此基础上进一步阐述非美国税收居民的纳税义务和基本流程。

一、美国税收居民及双重纳税身份

美国税收居民是指符合下列条件之一的外国公民[17]：

1. 根据移民法批准的、整个纳税年度都符合移民法规定的美国绿卡持有人（只要被美国移民局批准为永久绿卡持有人，该永久居民的身份即成立，并且在整个纳税年度中成立，除非该绿卡持有人主动放弃或移民局强制其放弃绿卡身份）。

2. 该个人在美国境内居留时间满足“实质存在测试”（Substantial Presence Test）的计量规定。“实质存在测试”的计量标准为该个人：

（1）于该公历年内在美国境内连续居留至少 31 天；

（2）加总计算其于该公历年度内在美国境内居留的天数、该年度前一年的公历年内在美国境内居留天数的三分之一和该年度前两年的公历年内在美国境内居留天数的六分之一，合计的天数等于或超过 183 天[18]。

3. 该个人（需要满足一些在美国境内居留时间的条件）做出选择，愿意以美国税收居民身份进行纳税申报。

不能符合上述条件的个人即为非美国税收居民。此外，部分符合上述“实质存在”条件的个人仍然被视为非美国税收居民，他们包括：

1. 该个人与美国境外某国家的联系更为密切。密切联系体现在：该个人在本公历年度内，在美国境内居留天数少于183天；该个人以某一个境外国家作为其本公历年全年的税收居所；该个人与该境外国家的联系比和美国的联系要更加紧密[19]。如第三章所述，税收居所，也可以称为主要纳税地点，是指纳税人的主要经营活动发生地。判断与境外国家的联系的主要方面有该个人的永久居住地，亲属所在地，个人财物所在地，个人的政治、宗教、社会关系所在地以及个人的选举权所在地等。

2. 该个人属于税法定义的被豁免人，从而不受在美国境内居留天数的限制。他们包括：全职受雇于外国政府相关的个人及其家属，如某国际组织的雇员或使领馆雇员等；教师或受训个人及其家属；在某美国学校学习的学生及职业运动员等[20]。

【例7－9】 赵女士是中国公民，未申请绿卡。2022年她在美国的居留时间总共122天，2021年和2020年也分别在美国居留了122天。

分析：判断赵女士在2022年是否为美国税收居民时，需要按照实质存在的计量标准计算在美国居留的天数，如下。

122（2022年）+1/3×122（2021年）+1/6×122（2020年）=183（天）

由于赵女士在美国居留的天数等于实质存在所要求的183天，所以她在2022年里是美国税收居民。

【例7－10】 接上例7－9，假如赵女士2022年在美国居留时间为25天，而2021年和2020年分别在美国居留了365天。

分析：由于赵女士2022年在美国的居留天数少于31天，所以没有达到实质存在的计量标准，赵女士在2022年里不是美国税收居民。但是，2020年和2021年赵女士在美居留的天数都构成“实质存在”，因此她在这两年是美国税收居民。

上述规则和举例说明个人从非美国税收居民转变成美国税收居民，或者从美国税收居民转变成非美国税收居民，都是在某一个特定的公历年内发生的。换句话说，就是个人的美国税收居民身份应该有其起始和终止的时点，准确定位这两个时点对个人的纳税申报意义重大。

如果个人在某公历年转变成美国税收居民（前一个公历年为非美国纳税居民），那么其美国税收居民身份的起始点是该个人开始“实质存在”于美国的那一天。法规允许此前最多10天的在美逗留期不用于确定起始点，逗留期必须在该公历年内，但是这个逗留时间仍用于计算在美国的总居留天数。然而，对于已经获得美国绿卡身份的个人来说，其美国税收居民身份始于其入境美国的那一天[21]，并一直延续，除非其放弃美国绿卡身份[22]。

相反，如果个人在某公历年是美国税收居民，但下一个公历年其不再是美国税收居民，那么其美国税收居民身份的终止点是该个人本公历年内停止"实质存在"于美国的那一天。通常情况下，法规认可该公历年的最后一天（12 月 31 日）为其美国税收居民身份的终止点[23]。当然，如果该个人能够证明其离开美国后即以某一个境外国家作为其本公历年剩余时间的税收居所，并且其与该境外国家的联系比和美国的联系要更加紧密，那么该个人的美国税收居民身份终止点可以是其离开美国的那一天。

在某个公历年度内，如果个人既具备美国税收居民身份，也具备非美国税收居民身份，那么该个人就是大家常说的"双重税收居民"。

【例 7－11】 赵女士是新加坡公民，2021 年前从未是美国税收居民。2021 年 1 月 6—10 日，她来美国参加了一次会议，此间其税收居所仍然是新加坡，与新加坡的联系也更为紧密。其后 3 月 1 日—8 月 20 日期间，她本人在美国居住，处理公司和个人的一些事宜。2021 年 12 月，她再次来美国度假旅游了 9 天。

分析：计算赵女士 2021 年在美国居住的总天数。

5（1 月 6—10 日）+173（3 月 1 日—8 月 20 日）+10＝188（天）

在美国境内居留总共 188 天，连续居住超过 31 天，所以赵女士符合"实质存在"的条件，其在 2021 年是美国税收居民。由于 2021 年为赵女士成为美国税收居民的首年度，所以根据法规，其 1 月在美逗留的 5 天应计算在居留美国的总天数内，而 3 月 1 日为赵女士的美国税收居民身份的起始点，此前她是非美国税收居民。所以在 2021 年，赵女士是双重税收居民。

【例 7－12】 赵女士是新加坡公民，于 2021 年 11 月 15 日获得美国绿卡，并于 11 月 26 日入境美国，此前没有来过美国。圣诞节期间，她离开美国去新加坡探望家人，但没有放弃绿卡身份。

分析：赵女士在 2021 年是美国税收居民，该身份的起始点是 11 月 26 日。

【例 7－13】 接上例 7－11，假如赵女士 8 月 20 日返回新加坡后，就没有打算再次来美国长期居住，其个人的生活和社交活动都转回到新加坡。2021 年 12 月来美国旅游后，2022 年她没有入境美国。

分析：赵女士在 2021 年仍然属于美国税收居民，该身份的起始点如例

7－11 的结论所示为3月1日。由于赵女士8月20日返回新加坡之后建立了和新加坡更为密切的关系，并且2022年没有入境美国，所以其美国税收居民身份在2021年也结束了，终止时点为8月20日。这一年里，赵女士仍然是双重税收居民。

二、计税基础及特殊排除项

非美国税收居民的个人所得税申报程序和美国税收居民的个人所得税申报要求一致，如第六章和本章第一节所述。

从收入涵盖的范围来讲，非美国税收居民则只针对源自美国境内的各种收入（参阅第四章）具有缴纳个人所得税的义务，所以充分把握和判定源自美国境内的各种收入十分重要，如利息、股息、年金、薪酬、租金等。如果个人具有双重纳税身份，即美国税收居民和非美国税收居民，那么该个人还应该按照一定的合理方法（比如按时间比例、地理分布或其他合理的方法）来分配源自美国境内的收入，使总收入和净收入分别在两种纳税身份下得以核算并提交申报表。可见，纳税人在同一个纳税年度内维持两种纳税身份会让申报更加复杂，为了避免这种复杂性，纳税人可以主动选择适用美国税收居民身份[24]，该选择仅对该年度有效。

对于高净值人群或具有高收入的人士来说，维持非美国税收居民身份往往可以大大降低其个人所得税税款，主要原因是美国对高净值，特别是高收入人士征收较高的个人所得税。维持非美国税收居民身份的个人应针对源自美国境内的收入缴税，核算其应税总收入时，他们还应考虑以下一些特殊事项。

（一）资本利得

税法规定非美国税收居民如果没有因直接参与美国境内的经营活动而获得有效相关收入（参阅第三章第二节和第四章第二节），也没有在某纳税年度居留于美国境内超过183天，则不必针对其买卖美国境内公司的股票所获得的资本（净）利得而缴纳个人所得税[25]，美国境内公司指C类股份有限公司，但不包括不动产投资信托等以不动产经营为主营业务的公司（参阅第十三章）。相反，如果非美国税收居民在某纳税年度居留于美国境内超过183天，那么其获得的资本（净）利得将按30%税率征收个人所得税[26]。如果其资本净利得与其直接参与的美国境内的经营活动相关，那么该资本净利得还可以是有效相关收入。

【例 7 – 14】 接上例 7 – 12，假设所有情况相同。此外，赵女士持有在纽约证交所和纳斯达克证交所交易的股票（非不动产投资信托类或不动产经营公司类股票），她于 2021 年 9 月卖出了部分股票，获得资本净利得 3 万美元。

分析： 根据例 7 – 12，赵女士从 2021 年 11 月 26 日起属于美国税收居民，此前为非美国税收居民。因此 3 万美元的资本净利得不应该计入她的 2021 年应税总收入。

【例 7 – 15】 赵女士是新加坡公民，主要经营业务是给客户做室内装潢设计，2021 年前从未是美国税收居民。2021 年 3 月 3 日到 6 月 10 日期间，她为了客户的一个项目来到美国参与设计方面的沟通，完成并交付了设计成果。这个项目的总价格为 12 万美元，最后阶段非常重要，是项目成功的关键所在。此外，赵女士持有在纽约证交所和纳斯达克证交所交易的股票（非不动产投资信托类或不动产经营公司类股票），她于 2021 年 9 月卖出了部分股票，获得资本净利得 3 万美元。

分析： 赵女士在美国境内从事了服务性活动，时间超过了 90 天，回报也超过 3 000 美元，因此该设计服务产生的收入就是有效相关收入。而赵女士在美国居留的天数没有达到美国税收居民的 183 天标准，所以设计服务收入是赵女士以非美国税收居民身份获得的应税总收入。赵女士的股票交易和设计服务没有任何联系，所以她不需要对资本净利得 3 万美元缴纳美国的个人所得税。

【例 7 – 16】 赵女士是新加坡公民，主要经营业务是给客户做投资咨询，2021 年前从未是美国税收居民。2021 年 12 月 3 日，她为了客户的一个项目在美国设立了办公场所，并开始积极开拓投资业务。此外，赵女士持有在纽约证交所和纳斯达克证交所交易的股票（非不动产投资信托类或不动产经营公司类股票），她于 2021 年 12 月 20 日卖出了部分股票，获得资本净利得 3 万美元。

分析： 赵女士在美国设立了办公场所的举措使其在美国的投资咨询的收入成为有效相关收入。她的股票交易和她从事的投资、咨询活动关系紧密，因此也属于有效相关收入，所以赵女士应对资本净利得 3 万美元缴纳个人所得税。

（二）社会安全保障福利

如果由于种种原因某非美国税收居民（个人）可以获得社会安全保障福利收入，那么其85%的福利收入是应税总收入。美国税收居民或美国公民所能够获得的豁免额对非美国税收居民不适用[27]。

（三）交流或培训计划中的收入

持有F类、J类、M类或Q类签证的个人处于在美交流或培训计划中，该个人虽然没有从实际活动中参与经营活动（需以营利为目的），但是其收入被视同有效相关收入，是应税收入[28]。

（四）合格养老计划的年金

非美国税收居民获得的养老计划年金在一定条件下可以不算作其应税收入[29]。这些条件不仅针对非美国税收居民个人，还针对养老计划而制定，因此通常是养老计划的执行机构来通知该获益人如何进行判断和处理。

（五）10%以下股东或权益人贷款（Portfolio Debt）

如果非美国税收居民向美国的某股份公司或合伙企业提供贷款，同时满足下列条件时，该贷款利息可以不算作该非美国税收居民的源于美国的固定定期收入或应税收入[30]：

1. 该非美国税收居民直接或间接持有该股份公司股权或合伙企业的权益的比率总和少于10%；

2. 该贷款有明确的合同支持，属于记名形式（2012年3月18日前的贷款也可以是不记名形式）；

3. 该贷款产生的利息不会被确认为该贷款人有效相关收入；

4. 该贷款利息不能依赖于债务人或债务人的关联方的总收入、净收入、资产增值、红利或股息等；

5. 该股份公司或合伙企业获得贷款人（或贷款人的银行、清算机构等金融机构）签署的声明，确认贷款人是非美国税收居民。

非美国税收居民获得的不能同时满足上述条件的源于美国的贷款利息都是固定定期收入，属于其应税收入。

（六）免于征税的利息和股息

非美国税收居民在银行、储蓄机构或保险公司的存款或保证金所产生的利息可以免征个人所得税。但是，这些存款或利息不能用于其他可能会产生有效相关收入的活动。

由境外业务占比80%以上的美国股份有限公司所支付的股息或利息，按比例可分配给境外的部分免征个人所得税[31]。税法对境外业务的划分及80%比率的衡量标准和测算有详细的规定。

（七）受监管投资公司或不动产投资信托基金的特定股息红利

符合条件的股息红利可以不算作非美国纳税居民的应税收入，详细内容请参阅第十三章。

（八）等同股息

非美国税收居民常常通过券商或银行，直接或间接地参与和美国境内公司相关的股票投资或交易，但是这些交易往往在复杂的金融衍生品的表象交易中，被模糊了其真实的存在和价值。2010年，国会通过一项新规定，特别对此类交易做实质分析，并且要求从2017年1月1日起，凡是被确认为等同股息分配给非美国税收居民的，都要对该分配征收个人所得税[32]。

（九）将所有和不动产相关的收入都选择为有效相关收入

和不动产相关的收入常常体现为从经营不动产中获得的租金、私人放贷利息、合伙企业收入、股份公司分红和资产处置资本利得。基于非美国税收居民在产生这些收入的活动中的参与程度和投资方式，收入可以分为固定定期收入（如租金、利息和某些股息），或有效相关收入。非美国税收居民可以将所有当年和不动产相关的营利活动的收入都选择为有效相关收入[33]，这样做的好处是和这些收入相关的费用可以用来抵减总收入，并采用不同的税率缴纳税款（参阅本节“三、征收税率”和“五、纳税申报事项”）。

将与不动产相关的收入选择成为有效相关收入的做法不会影响其他收入的纳税分类或税率，比如和美国不动产营利不相关的股息、利息、版权收入、薪酬或资本利得等。

三、征收税率

适用于非美国税收居民的个人所得税税率分为两类：

1. 30%统一税率，适用于固定定期收入，包括利息、股息、租金收入、保险费收入、年金、社会安全保障收入和各种服务报酬，还包括来自木材或矿区使用费收入，处置持有超过1年的木材或矿产的净收益和使用专利权或版权而产生的收入[34]。在美国居留超过183天的非美国税收居民所收获的资本净利得也按30%税率纳税[35]。如果非美国税收居民的税收居所国（通常应该是其国籍所在国）和美国签订了税收协定，那么这个30%的统一征收税率可以按照税收协定的规定调整。

2. 美国公民的正常累进税率，只适用于有效相关收入，而且纳税基数是扣除了与收入相关的成本、费用之后的净收入[36]。

四、非美国税收居民个人所得税缴纳的规定

非美国税收居民缴纳个人所得税的方式和美国公民或美国税收居民的个人所得税缴纳方式完全相同，都是遵循现收现付的原则，即收入抵达个人账户时，个人所得税也应同期缴付。缴纳个人所得税也可以通过四种途径，第一种是在工资发放时雇主代扣代缴，第二种是付款机构代扣代缴，第三种是自行预缴，第四种则是补缴（参阅第六章第一节）。

不同的是，非美国税收居民可能因为种种原因不会主动地自行缴纳个人所得税，所以税法要求：①给非美国税收居民支付其源于美国境内的固定定期收入或某些资本利得时，付款机构必须履行代扣代缴的义务[37]；②付款机构支付给非美国税收居民的款项为其美国的有效相关收入时，原则上不用代扣代缴其应付的个人所得税，而非美国税收居民产生有效相关收入后，必须进行主动纳税申报和缴税（当付款机构为合伙企业时，通常也被要求代扣代缴因有效相关收入而产生的税款）。付款机构进行代扣代缴个人所得税的依据是非美国税收居民提供的外籍身份获益人代扣代缴个人所得税证明表W-8BEN（见表7-15）。

表 7－15　　外籍身份获益人代扣代缴个人所得税证明表 W－8BEN

（现行，2021 年 10 月颁布）

Form W－8BEN （Rev. October 2021） Department of the Treasury Internal Revenue Service	Certificate of Foreign Status of Beneficial Owner for United States Tax Withholding and Reporting （Individuals） ▶For use by individuals. Entities must use Form W－8BEN－E. ▶Go to *www. irs. gov/FormW8BEN* for instructions and the latest information. ▶Give this form to the withholding agent or payer. Do not send to the IRS.	OMB No. 1545－1621

填报目的：书面通知代扣代缴机构该获益人的外籍身份并同意其代扣代缴个人所得税。
填报人：外籍身份的个人或机构获益人。

付款机构代扣代缴个人所得税后，应给予非美国税收居民一份“外国人的美国收入代扣代缴证明表 1042－S（B 联）”（见表 7－16），证明其收入被代扣代缴的事实和数额。该表一式五联，列明代扣代缴的收入类别和数额、税率、税额、代扣代缴机构名称地址、外国获益人的姓名地址等，分别交给国内收入局一份（或电子申报）、获益人三份（一份留底，一份用于其联邦纳税申报，还有一份用于其州纳税申报），还有一份自留备案。

表 7－16　　外国人的美国收入代扣代缴证明表 1042－S（B 联，2022 纳税年度）

Form 1042－S Department of the Treasury Internal Revenue Service	Foreign Person's U. S. Source Income Subject to Withholding ▶Go to *www. irs. gov/Form1042S* for instructions and the latest information 2022	OMB No. 1545－0096 Copy B For Recipient

填报目的：代扣代缴机构通知国内收入局和个人等所扣缴的收入类型以及税额。
填报人：代扣代缴个人所得税的机构。

如果该非美国税收居民认为代扣代缴的金额或方式不正确，则可以通过代扣代缴机构申报外国人的美国收入年度扣缴汇总表 1042（见表 7－17）获得多交部分的返还，或可以自行主动申报非美国税收居民美国个人表 1040－NR 来申请多退少补其个人所得税税款。

外国人的美国收入年度扣缴汇总表 1042 是代扣代缴机构年度扣缴个人所得税的汇总申报，填报人应汇总逐次逐项反映在表 1042－S 上的所有金额。

表 7－17　　外国人的美国收入年度扣缴汇总表 1042（2022 纳税年度）

Form 1042 Department of the Treasury Internal Revenue Service	Annual Withholding Tax Return for U. S. Source Income of Foreign Persons ►Go to *www. irs. gov/Form*1042 for instructions and the latest information.	OMB No. 1545 －0096 2022

填报目的：代扣代缴机构通知国内收入局本纳税年度所扣缴税额。
填报人：代扣代缴个人所得税的机构。

五、纳税申报事项

非美国税收居民通过非美国税收居民美国个人所得税申报表 1040 － NR（见表 7 －18）来进行纳税申报。该表不具备婚内联合申报或户主申报的功能，所以纳税人只能选择其他申报身份。夫妻双方如果有一方是非美国税收居民，且夫妻双方决定联合申报，那么就应该使用非美国税收居民美国个人所得税申报表 1040，也就是非美国税收居民的一方选择成为美国税收居民。

表 7－18　　非美国税收居民美国个人所得税申报表 1040－NR（2022 纳税年度）

1040 － NR	Department of the Treasury － Internal Revenue Service (99) U. S. Nonresident Alien Income Tax Return	2022	OMB No. 1545 －0074	IRS Use Only － Do not write or staple in this space.

填报目的：申报应税总收入、资本利得、资本亏损、收入抵扣项等，并计算当期个人所得税税额。
填报人：非美国税收居民。

非美国税收居民美国个人所得税申报表 1040 － NR 要求纳税人将其收入按照有效相关收入或固定定期收入分开列示，分门别类地列明各种收入的数额和征收税率，再分别计算并汇总个人所得税税额。非美国税收居民在申报时，应理解以下 3 个重点事项。

（一）纳税申报具有强制性

在出现下列情形时，非美国税收居民（纳税人）必须主动进行纳税申报，即提交非美国税收居民美国个人所得税申报表 1040 － NR：

1. 该纳税年度中参与了美国境内的经营活动，即便没有产生有效相关收入或固定定期收入，或者收入属于税收协定的豁免类别，该纳税人都应以简约的方式申报；

2. 该纳税年度中没有参与美国境内的经营活动，但是纳税人收到源于美国境内的其他收入，且没有对该收入合理纳税或缴纳足额的税款；

3. 该纳税人拖欠了一些特殊的税款，如替代性最低税，从某些退休（兼投资）账户、医疗存款（兼投资）账户等收到应税的分配，需缴纳居家服务人员（美国境内）的雇用税，需申报某些寿险账户或医疗存款账户的特殊税款等；

4. 如果该纳税人的税收居所国（通常是其国籍所在国）与美国签订有双边社会安全保障条约，该纳税人是自营业主并且该纳税年度在美国境内的自营收入超过400美元，那么该纳税人应缴纳（自我）雇用税；

5. 作为法定代表，代替已过世的个人、某信托或遗产纳税体进行他们的申报；

6. 在该纳税年度的任何一天持有对合格的机会基金的投资（参阅第五章第三节）。

非美国税收居民在上述情形下应该按期申报非美国税收居民美国个人所得税申报表1040－NR，过期60天不报的将会产生罚金，罚金最低为435美元或所欠税款（取较小值），最高可达拖欠税款的25%。如果发现任何虚假、欺诈或肆意伪造应税金额的，罚款可高达应付税金的75%[38]。

（二）双重税收居民的申报

个人在某个纳税年度具有双重税收居民身份，即部分时间属于美国税收居民，另一部分时间属于非美国税收居民，其申报应采用如下方式：

1. 该个人可以选择以美国税收居民的身份来申报全年的个人所得税，使用个人所得税纳税申报表1040或表1040－SR；

2. 申报时，如果在该纳税年度的最后一天（通常是12月31日）该个人是美国税收居民，那么其应用个人所得税纳税申报表1040或表1040－SR来进行纳税申报，同时在表头列示“双重税收居民身份申报表”，并提交一份声明来解释在非美国税收居民期间的收入；

3. 申报时，如果在该纳税年度的最后一天（通常是12月31日）该个人是非美国纳税居民，那么其应用非美国税收居民美国个人所得税申报表1040－NR来进行纳税申报，同时在表头列示“双重税收居民身份申报表”，并提交一份声明来解释在美国税收居民期间的收入；

4. 美国公民或永久绿卡持有人放弃其公民身份或永久绿卡时，有其他税务事项需要考量（参阅本节“六、退籍税”内容）。

（三）选择确认所有和不动产相关的收入均为有效相关收入

前文提到非美国税收居民可以将所有和不动产相关的收入选择确认为有效相关收入，因该选择对纳税人来说意义重大并影响深远，所以在此简要介绍相关细节[39]。（作者注：参阅第十三章，结合与不动产收入相关的其他法律规定，从而更深入理解此选择的优劣。）

1. 选择可涵盖的不动产相关收入：美国境内不动产处置净收益、石油天然气及其他自然资源所产生的土地租金或矿区使用费收入以及处置持有超过一年的木材或矿产开采权的净收益。

2. 选择不可涵盖的收入：不动产抵押贷款产生的利息收入、主营不动产业务的 C 类股份公司所做的日常经营所得的分红、自主居所（非营利目的）处置收入以及非不动产（固定资产或无形资产）的出租收入或版权收入。

3. 选择的时点及其效应：纳税人的（第一份）纳税申报表提交后 3 年内或纳税人（首次）缴税日之后两年内，纳税人可以在两者中较晚的时点前所进行的纳税申报中提出选择申请。选择申请就是一份声明陈述，详细列明不动产的持有情况、所在地以及纳税人选择的纳税年度起始点。选择如果不被国内收入局质疑，通常即视为生效，适用于以后所有年度，直到被撤销。

4. 撤销选择：纳税人的选择如果没有收到国内收入局的明确首肯，那么其可以在选择时点到期前，即上述两个时点中的较晚一个前撤销该选择。如果选择时点过期或选择得到国内收入局的首肯，那么该选择必须得到国内收入局的批准才可以撤销。选择撤销后纳税人不能立即再做申请，必须在纳税人撤销选择后的第五个纳税年度（不含选择撤销年）才可以重新提出新的选择申请。

5. 纳税人通过合伙企业投资美国不动产时，该选择权在纳税人手中，而不在其投资的合伙企业层面。

【例 7 – 17】 赵女士是新加坡公民，单身未婚，主要经营业务是给客户做房地产投资咨询，2021 年前从未是美国税收居民。2021 年 3 月 15 日到 4 月 1 日期间，赵女士在美国会见了几个她自己的投资项目团队，并讨论了项目退出的时间表。2021 年第四季度，赵女士卖出某不动产股份公司的股票，获得净收益 120 万美元，该年其他的收入还有从房地产合伙企业中获得的租金收入 12 万美元和股息收入 2 500 美元，以及出售纽交所上市的科技股的资本利得 3 万美元等。赵女士与各投资方约定自行缴纳个人所得税。

分析： 赵女士 2021 年在美国境内仅居留了 18 天，所以仍然是非美国税收居民。但是，赵女士卖出了某不动产股份公司的股票，从而产生了有效相关（净）收入 120 万美元。赵女士获得的租金收入 12 万美元和股息收入 2 500 美元属于固定定期收入，科技股处置的资本利得 3 万美元属于免税的资本利得。

如果赵女士在进行 2021 年的纳税申报时不选择将所有和房地产相关的收入都视同有效相关收入，那么她的应税收入就会分为两个部分，一部分是有效相关收入 120 万美元，另一部分是 12.25 万美元的固定定期收入。前者在联邦边际税率 36% 的范围内，后者按统一的 30% 税率征收联邦个人所得税。此处暂忽略州或市级的个人所得税税款。

如果赵女士在进行 2021 年的纳税申报时选择将所有和房地产相关的收入都视同有效相关收入，那么她的应税收入就会成为一个整体部分，共计 132.25 万美元。在这个选择下，赵女士可以扣除与这些收入相关的成本费用，如合理的差旅费、律师费、咨询费等，从而有可能降低其应纳税所得额和边际税率。

六、退籍税

美国公民放弃美国国籍或美国永久居民放弃永久绿卡身份即为退籍，此类人群被统称为退籍人（Expatriate）[40]，其放弃公民或永久绿卡的当日即为退籍日（Expatriation Date）[41]，在此政策下所征收的税款统称为退籍税（Expatriation Tax or Exit Tax）。退籍税是一个广义词，它包含因退籍而产生的个人所得税（参阅本节）、遗产税和赠与税（参阅第十五章第一节）等。

美国退籍税政策经历了两次重大的改革，因此退籍人在考虑退籍税政策的适用性时，应断定其退籍日以及退籍日那一天应采用的退籍税法律规定。2004 年 6 月 3 日，《美国创造就业法案》（The American Job Creation Act, AJCA）通过，它建立了一套十年替代性征税机制，对原有的体系进行了必要的改革。2008 年 6 月 17 日，《2008 年美国英雄收入辅助及援助税改法案》

（The Heroes Earnings Assistance and Relief Tax Act of 2008，HEART Act），俗称《爱心法案》，再次推出了一套全新规则，它要求按照资产市值计算应纳退籍所得税，并以市值为准绳对遗产税和赠与税增加了新的条款。《爱心法案》对退籍人加大征税力度，主要的目的是以此来弥补因对部分从军人员收入免除征税而产生的财政短缺[42]。可见，《爱心法案》从一个侧面真实而深刻地反映了国会立法中的爱国主义情结。

鉴于这两次税法改革，美国退籍税法规的适用性按退籍日分为三个阶段，2004 年 6 月 3 日之前退籍的美国公民或永久居民，应采用最老的政策；在 2004 年 6 月 3 日和 2008 年 6 月 17 日之间退籍的美国公民或永久居民，应采用替代性征税机制；2008 年 6 月 17 日之后退籍的美国公民或永久居民，则应采用《爱心法案》下的新规定。然而，《爱心法案》的新规定并没有完全排斥或废除此前替代性征税机制下建立的某些概念、标准或规定，所以退籍人在运用《爱心法案》下的新规定时，仍需考虑以往概念、标准或规定的适用性。（作者注：比如下面介绍的“特定退籍人”。此标准税法术语出现在《爱心法案》中，但其内涵则沿用了替代性征税机制下的规定。）

自 2008 年 6 月 17 日起，针对部分放弃美国国籍的美国公民或放弃永久绿卡的美国永久居民，国内收入局开始实施新的征税政策。退籍税的征收对象并非所有退籍人，而只是“特定退籍人”（Covered Expatriate）。满足下列条件之一的退籍人即为“特定退籍人”[43]：

1. 退籍人在退籍前 5 年所应缴纳的联邦所得纳税年度平均值超过 12.4 万美元，俗称“纳税额测试”（Tax Liability Test）。（作者注：国内收入局可考虑通货膨胀率对此额度逐年调整，2021 和 2022 纳税年度分别为 17.2 万美元和 17.8 万美元[44]。）

2. 退籍当日，退籍人的净资产市值不低于 200 万美元，俗称“净资产测试”（Net Worth Test）。

3. 退籍人无法证明其在退籍前 5 年内如实履行纳税义务。

此处美国永久居民指该个人在退籍年前 15 年中有 8 年符合美国永久居民的定义要求。但是，如果某年该个人因双边税收协定而被视为非美国税收居民，那么该年则不能记作美国税收居民年[45]。

但是，特定退籍人不包括以下人群[46]：

1. 该个人出生时即为美国公民和其他国家公民，在退籍当日该个人仍为其他国公民并且是该国的税收居民；再者，该个人退籍前 15 年中被视为美国税收居民（满足“实质存在”的计量规定）的年份不超过10年。

2. 该个人在18岁半之前放弃美国国籍，退籍前该个人被视为美国税收居民的年份不超过10年。

法典规定，特定退籍人应视同在退籍日前一天出售其全部财产，按全部财产的市值计算相应的应纳税所得额，全部净收入或净亏损都应在本纳税年度确认并申报，被征收过退籍税的财产的税务成本也因此等于其市值，从而避免未来再次被征税。特定退籍人可从因退籍产生的全部应纳税所得额中扣除60万美元的免征额[47]。（作者注：国内收入局可考虑生活成本指数对此额度逐年调整，2021和2022纳税年度分别为74.4万美元和76.7万美元[48]。）

特定退籍人可以选择推迟缴纳退籍所得税，最长可以推迟到该特定退籍人出售、赠与或以其他形式交换该资产，或该特定退籍人过世之日。退籍所得税的推迟缴纳选择必须按资产逐项进行，特定退籍人应提供欠缴所得税支付担保且经国内收入局批准才可生效。该选择一经生效则不能撤销[49]。

特定退籍人拥有的以下资产可以不被纳入计算退籍税的范围：

1）任何延期支付的薪酬或其他劳务报酬，针对特定退籍人的此类收入应遵守其他特殊规定[50]；

2）特定税务延迟账户的款项，如退休账户、529教育存款账户、医疗保障存款账户等[51]；

3）持有的非委托人信托的权益，针对特定退籍人的此类权益收入应遵守其他特殊规定[52]。

特定退籍人退籍后，应向国内收入局提供详细的相关退籍信息，包括该特定退籍人的境外住址、退籍当日的资产、负债和应纳税所得额以及退籍当年在美国停留的时间等[53]。国内收入局通过退籍首年及各年陈述表8854（见表7－19）来采集相关退籍信息。如果特定退籍人选择延迟缴纳退籍所得税，有延期支付的薪酬或其他劳务报酬，或者持有非委托人账户的权益，那么该退籍人必须定期每年提交退籍首年及各年陈述表8854[54]。

表 7－19　　　　退籍首年及各年陈述表 8854（2022 纳税年度）

Form 8854 Department of the Treasury Internal Revenue Service	Initial and Annual Expatriation Statement For calendar year 2021 or other tax year beginning, 2021, and ending, 20 ▶Go to *www. irs. gov/Form*8854 for instructions and the latest information ▶Please print or type.	OMB No. 1545 – 0074 2022 Attachment Sequence No. 112

填报目的：披露相关退籍信息。
填报人：特定退籍人或部分 2008 年以前退籍的美国公民或永久居民。

如果（特定）退籍人因故意疏忽或无正当理由而没有提交退籍首年及各年陈述表 8854，将被处以每年 1 万美元的罚款[55]。

本章参考文献

1 Justin Bryan, *Individual High – Income Tax Return for Tax Year* 2016, IRS Statistics of Income Bulletin, Fall 2019.

2 Leonard E. Burman, William G. Gale, Jeffrey Rohaly and Benjamin H. Harris, *The Individual AMT Problems and Potential Solutions*, The Urban – Brookings Tax Policy Center, September 2002.

3 IRC §55 (a).

4 IRC §57.

5 IRC §57, 59 (e) (1), (e) (2) (C).

6 IRC §55 (b) (2).

7 IRC §56.

8 IRC §59 (e) (1), (e) (2) (D) and (e) (2) (E).

9 IRC §59 (e) (1), (e) (2) (B).

10 IRC §59 (e) (1), (e) (2) (A).

11 IRC §55 (d).

12 U. S. Department of the Treasury, Internal Revenue Service, Rev. Proc. 2019 – 44, 2020 – 45, and 2021 – 45.

13 IRC §55 (a).

14 IRC §1411 (a), (b); Treas. Reg. § 1. 1411 – 2 (b).

15 IRC §1411 (d).

[16] IRC §1411 (c); Treas. Reg. § 1.1411 -4.

[17] IRC § 7701 (b) (1) (A); Treas. Reg. § 301.7701 (b) -1 (b) (1).

[18] IRC § 7701 (b) (3) (A); Treas. Reg. § 301.7701 (b) -1 (c).

[19] IRC § 7701 (b) (3) (B); Treas. Reg. § 301.7701 (b) -2.

[20] IRC § 7701 (b) (3) (D); Treas. Reg. § 301.7701 (b) -3.

[21] IRC § 7701 (b) (2) (A); Treas. Reg. § 301.7701 (b) -4 (a).

[22] Treas. Reg. § 301.7701 (b) -1 (b).

[23] IRC § 7701 (b) (2) (B); Treas. Reg. § 301.7701 (b) -4 (b).

[24] IRC § 7701 (b) (4).

[25] IRC § 871 (a) (2); Treas. Reg. § 1.871 -7 (d).

[26] Treas. Reg. § 1.871 -7 (d).

[27] IRC § 871 (a) (3).

[28] IRC § 871 (c); Treas. Reg. § 1.871 -9.

[29] IRC § 871 (f).

[30] IRC § 871 (h); Treas. Reg. § 1.871 -14.

[31] IRC § 871 (i).

[32] IRC § 871 (m); Treas. Reg. § 1.871 -15.

[33] IRC § 871 (d); Treas. Reg. § 1.871 -10.

[34] IRC § 871 (a) (1).

[35] IRC § 871 (a) (2).

[36] IRC § 871 (b).

[37] IRC § 1441 (a).

[38] U. S. Department of the Treasury, Internal Revenue Service, 2021 *Instruction for Form* 1040 - *NR*.

[39] Treas. Reg. § 1.871 -10.

[40] IRC § 877A (g) (2).

[41] IRC § 877A (g) (3).

[42] William L. Dentino and Christine Manolakas, *The Exit Tax: A Move in the Right Direction*, 3 Wm. & Mary Bus. L. Rev. 341 (2012), http://scholarship.law.wm.edu/wmblr/vol3/iss2/3.

[43] IRC § 877A (g) (1) (A), 877 (a) (2).

[44] U. S. Department of the Treasury, Internal Revenue Service, Rev. Proc.

2020 – 45 and 2021 – 45.

[45] IRC § 877A (g) (5).

[46] IRC § 877A (g) (1) (B).

[47] IRC § 877A (a).

[48] U. S. Department of the Treasury, Internal Revenue Service, Rev. Proc. 2020 – 45 and 2021 – 45.

[49] IRC § 877A (b). U. S. Department of the Treasury, Internal Revenue Service, Notice 2009 – 85.

[50] IRC § 877A (c) (1), 877A (d).

[51] IRC § 877A (c) (2), 877A (e).

[52] IRC § 877A (c) (3), 877A (f).

[53] IRC § 6039G (a), (b).

[54] U. S. Department of the Treasury, Internal Revenue Service, 2021 *Instruction for Form* 8854, *Initial and Annual Expatriation Statement.*

[55] IRC § 6039G (c).

第八章

股份有限公司的税法条款和税务处理（一）

除个人之外，作为直接承担各类税款的纳税实体，C类股份有限公司是一种重要的承载经营活动的组织形式。如第一章所阐述，C类股份有限公司的税务认定独立于其法律认定，有其自身应遵守的税法规定。纵观C类股份有限公司的税法发展史，双重征税曾经是20世纪讨论的焦点，即税法要求C类股份有限公司必须以独立的纳税实体身份缴纳公司所得税，而其税后的股息分红还要在其个人股东手中以分红的收入被再次征收公司所得税。

本章阐述C类股份有限公司的设立、股息分红、公司所得税计算方法以及持续经营期间的税务处理等税法规定。

第一节　股份有限公司的设立

股份有限公司是由一个或多个股东（可以是个人或其他经营实体）设立的，以营利为目的并将收益以分红形式分配给股东的经营实体[1]。直接设立的股份有限公司，在其所成立的美国境内各州、美国托管地或外国政府管辖区域，向当地政府递交成立文件，设立董事会，并对股东发行股票。

如前所述，美国的C类股份有限公司不仅可以在法律层面直接设立，也可以经由税法规定下的“纳税实体选择”过程将其他形式的经营实体“选择”成为C类股份有限公司，从而实现税务上的个性化需求。美国税法还规定，有些经营实体默认是实质上的股份有限公司，不可以选择成为其他的纳税人身份。

针对C类股份有限公司双重征税的特征，经济学家通过各种分析来测算双重征税对财政收入及再投资的影响，试图佐证或影响税法的变革。目前双重征税的税制仍然存在，同时各种激励企业发展的税法条款也在逐渐降低C类股份公司整体纳税额占财政收入的比重。布鲁金斯学会（Brookings Institution）和都市学会（Urban Institute）共同组建的税务政策中心（Tax Policy Center）的统计数据显示，2018年C类股份有限公司的所得税对美国财政收入的贡献率仅为6.15%，是1934年以来的最低点，预计未来5年该比率也将在7%～10%徘徊[2]。尽管这个比率并不高，但绝大部分上市公司仍然以C类股份有限公司为载体，境外等同于C类股份有限公司的实体也依照同样的税法条款分析对其美国母公司应纳税所得额的影响，多数公司兼并或重组都避不开C类股份有限公司的参与。因此理解C类股份有限公司的税法法规仍十分重要。

一、免税设立公司或增资需要满足的条件

笼统而言，股份有限公司设立时股东和公司本身不会产生应税所得，从而不会产生税款，这个税收政策由来已久。但是，公司设立需同时满足如下要求或条件，才可以达到上述结果[3]：

1）股东投入其资产获取公司发行的股票，并仅能获取股票；

2）在公司获得股东资产，股东获得公司股票之时，股东获得对公司的控制权。此处控制权是指同时拥有公司至少80%的投票权和股票市值。

注意，如果股东获取优先购股权和认股权证，则不视为满足条件一，因为优先购股权和认股权证不是股票。另外，如果出现下面两种情形之一，公司的股票不能视同发行：

1）股票用以交换某些已经提供或将要提供的服务；

2）相对于已经发行的股票而言，对某个股东后续发行的股票价值非常小，并且发行的主要目的是为满足上述80%的投票权和股票市值的要求。

【例8－1】 乔先生和史密斯先生有意联合设立一家生产试剂盒的股份有限公司，取名三英股份。乔先生准备投入自己的专利技术，价值30万美元。史密斯先生准备投入其在纽约上州的工厂，价值70万美元。双方均约定公司发行1 000万普通股股票，每股10美分。乔先生获取300万股票，投票权占比30%，史密斯先生获取700万股票，投票权占比70%。

分析：公司如果按照上述方式设立，乔先生和史密斯先生均没有获得除公司股票之外的任何利益，并共同持有公司100%的投票权和市值。所以，这次公司设立，三方都不产生应纳税所得。

【例8－2】 乔先生和史密斯先生有意联合设立一家生产试剂盒的股份有限公司，取名三英股份。乔先生准备投入自己的专利技术，价值25万美元。史密斯先生准备投入其在纽约上州的工厂，价值70万美元。乔先生在公司设立之前提供了对工厂的技术改造咨询服务，价值5 000美元。双方同意乔先生的服务可以作价入股。双方均约定公司发行1 000万普通股股票，每股10美分。乔先生获取300万股票，投票权占比30%，史密斯先生获取700万股票，投票权占比70%。

分析：公司如果按照上述方式设立，乔先生和史密斯先生均没有获得除公司股票之外的任何利益，但是部分股票（5万股）用于交换乔先生所提供的服务。因此，这5万股不能视同已经发行。只有乔先生即刻认定5 000美元为应纳税所得，其所对应的5万股股票才能视同发行给乔先生。

在实际经营活动中，种种原因导致上述条件和要求时常受到挑战。比如如果某个或某些小股东想认购公司后续发行的股票，而大股东不愿再出资认购，那么小股东的认购是否免税则是个问题。

【例 8-3】 接上例 8-2，三英公司运营 1 年后，乔先生提出希望增加其股权比例。乔先生有现金 10 万美元和另一项专利技术估价 10 万美元，都可以投入公司，而史密斯先生并没有富裕的现金流。

分析：假设只有乔先生投入现金和专利，价值共计 20 万美元，那么其投资总额是 50 万美元，应占股权比例为 41.67%（50÷120×100%）。但是，这个增资行为没有史密斯先生参与，而在交易后增资人乔先生对三英公司并没有获得 80% 的投票权和股票价值。因此，这次增资不能确认为是免税交易。

要想保证乔先生顺利增资扩股，史密斯先生必须至少投入 7 万美元现金或同等价值财产，即其现有股票价值的 10%。比如史密斯先生投入价值 7 万美元的机器设备，乔先生投入价值 10 万美元的专利技术和 3 万美元现金。如此增资扩股，史密斯先生的总投入也将计入交易后的投票权和股票价值，增资符合免税条件[4]。至此，三英公司资本共计 120 万美元，乔先生共计投入 43 万美元，史密斯先生共计投入 77 万美元，分别占比 35.83% 和 64.17%。

在一些情况下，投资人不仅获得股份公司的股票，还获得股份公司直接给予的现金、有价财产或公司债权。如果出现这些情况，投资人的股票认购都不能完全免税。

如果现有股东按比例增加对公司的投资，但公司并不增发股票，公司所获得的现金或等价财产被认定是股权投资，就不会产生应税收入问题[5]。

股份公司获得的股权投资为有形资产时，其持有成本通常等同于出资股东对该资产的持有成本加上该股东出资时确认的应税收入[6]。如果股东没有确认应税收入（常见的情况），那么股份公司的持有成本就是常说的"结转的成本基数"，意思是将股东的持有成本完全"继承"或"结转"到股份公司手中（参阅第五章第一节）。

二、股权或债权的认定

股份有限公司的股权或债权认定，一直是困扰董事会或管理层的问题，特别是在增资时，董事会或管理层可能还没有考虑好到底用何种方式出资，但公司运营的现金流却不能断裂。故而多数情况下，公司以应收应付的形式先获取现金流注资，而推迟对该笔资金的定性。（作者注：虽然股权或债权的认定在此节讨论，其仍然适用于个人之间的借贷关系，以及公司持续经营期间的借贷关系。）

而从税收的角度看，由于股权出资和债权出资会产生截然不同的税务处理结果，因此美国国会、财政部和国内收入局都希望以法律条文制约纳税人对注资定性的灵活度。1969 年的税法改革提案中，国会针对定性出资的第 385 条款正式列入法典，并且将对该法条的解释权赋予财政部。此后财政部几度颁布、撤销或更新法典解释，最近一次是 2016 年 10 月颁布的最终且具时效性的法典解释。

股权和债权就好比一个系列光谱的两极，一端代表着标准意义上的股权，而另一端代表着标准意义上的债权，两级中间则存在着各式各样的注资形式，越到光谱中间，其定性也越困难[7]。因此，除了法典和法典解释，众多案例法也被国内收入局和法庭作为参照，用来裁决某个现实案例。比如 1957 年吉尔伯特案例的结论中这样定义，“一个最标准的债务是债务人必须在某规定的时点，连本带息将借款偿还给债权人，而此还款行为不因债权人收益或亏损的状况而受影响”[8]。与之相对应的股权，则在多个法庭案例中被公认为是“代表对公司剩余价值无限制的所有权和对公司经营风险无限制的责任”。众所周知，股东的出资意图是参与公司的经营，承担损失风险，并最终获得所有可能的收益。

特别值得一提的是，1992 年通过的法典 385（c）条款规定，出资人如果出资时确认是债权出资，那么这个定性对出资人具有约束效应，也就是说出资人不能随意改变该项出资的债权属性。但是，该条款还规定，这个约束力并不适用于国内收入局，也就是说国内收入局有权力对该项出资做出相同或不同的判断[9]。

因此，出资人对每一笔出资的准确定性就变得非常重要，以防止国内收入局将原意向中的债权出资定义为股权出资。

法典规定，出资是否被确认为债权出资需要考虑以下 5 个因素[10]：

1）是否具有书面约定，规定按债权人的要求或约定时点，债务人应按约定还本付息。债务合同对还款有约束力，债权人有权利强制债务合同的履行。如果债务人不履行还款义务，债权人应有资格得到补偿。

2）相对公司其他债务而言，此债务偿还是否优先于或落后于其他债务。尤其在出资人本身就是现有股东的情况下，出资人（股东）需秉持建立真实债权债务关系的意愿。

3）公司现有的债权与股权的比例。

4）是否约定该债权可以转换为股权。

5）债务人有能力偿还本息，并有实际行为表明债权债务关系存在。

综观众多法庭案例，股权还是债权的争议通常出现在判定股东出资设立公司或增加投资是否符合免税条件，公司支付给股东的现金到底是利息还是红利，以及公司无法偿还出资时如何进行财务记账，即确定为债务免除还是无价值股票。

在实际生活中，存在形形色色的股权和债权混合的有价证券，如可转换债券等。它们的存在有些是为了规避债权所占出资的比重，避免银行借款难的问题，有些则确实有经营活动的实际需求。对于这些混合有价证券在某一特定时段的定性，法庭多次在对债权的判决中遵循上述原则，并细化考量以下 13 类具体事项[11]：

1. 该有价证券的名称；
2. 是否有固定的还本到期日；
3. 还本付息的经济来源；
4. 对还款的约束力大小；
5. 应收应付形式的现金流注资是否赋予出资人对公司的管控权力；
6. 应收应付形式的现金流注资和正常商业贷款的相似程度；
7. 交易各参与主体的真实交易目的；
8. 明确的债权人和股东的不同交易收益；
9. 股权比例的稀薄程度；
10. 公司从非股东来源获得借款的能力；
11. 获得现金的用途；
12. 作为债务人的公司是否无法偿还本息；
13. 以应收应付形式提供现金流注资的风险。

2016 年 10 月，国内收入局颁布了关于判定股权或债权的法典细则，是目前普遍遵守的判定依据。尽管该细则在总统令的要求下进行了一些简化，但是核心的判定依据和因素并没有重大变化。如果出资人和公司能遵循债权或股权判定的重要因素，尽量在出资时就确定其性质，就可以最大程度避免和国内收入局意见相左的风险。

最后提醒读者注意，税法对关联方之间的借款和债权关系有更加严格的规定，即如果关联方的借款被用于“受到污染的交易”中，通常会被视同股权投资[12]。简单地讲，“受污染的交易”是指各关联方介入的，将所借的款项分配给关联方债权人或其他关联方的一系列交易。由于这些规定非常复杂，债权是否成立的分析和判定常常需要专业人士的协助来完成。

三、3 种特殊股份有限公司

税法对以下 3 种特殊的 C 类股份有限公司有相应的特殊征税规定。

（一）员工持股的服务型股份有限公司

员工持股的服务型股份有限公司（Personal Service Corporation，PSC）是指公司主要提供服务型业务，且绝大部分业务由直接或间接持股 10% 以上（不含 10%）的股东来完成。直接或间接持股 10% 以上是指在公司纳税年度（通常必须确认为公历年[13]）的任何一天核算的持股比例[14]。

在这样的股份有限公司形式下，某个人基于股东和雇员的双重身份，可以相对自由地利用公司和个人纳税条规的不同，获得避税的机会，比如扣除个人股东原本无法扣除的成本支出，或获得个人股东原本无法获得的税务减免额度。

因此，税法明确规定国内收入局有权重新分配个人股东和其持股的服务型股份有限公司之间的收入、成本和免税额度的划分。

当然，判断服务型股份有限公司是否真的是以避税为目的，税法也提供了一个安全的评判方法，俗称“判定安全线”，即如果雇员股东的税款在过去 12 个月里的减少额低于下述两项的较小值（计算时，该服务型股份有限公司的税款视同雇员股东按比例缴纳的税款），那么该股份有限公司的存在即为合理合法：

1）2 500 美元；

2）雇员股东在过去12个月里联邦税款的10%，假设雇员股东提供的服务是以个人纳税的方式进行计算。

【例8-4】 莉雅女士单身未婚，按公历年度进行纳税申报。2020年1月全资成立了一家美容美发店（股份公司），持股100%。莉雅女士还雇用了两名美容美发师，但她自己主要承担顾客维护、美容美发风格及日常顾客服务的责任。2020年美容美发店的应纳税所得额为10万美元。此外，莉雅女士经营的房地产投资净收益为15万美元。

分析： 根据上述定义，美容美发店是员工持股的服务型股份有限公司，按股份有限公司作为纳税实体的话，其2020年的应缴所得税税额为2.1万美元（现行税率为21%）。假设该股份公司不成立，则莉雅女士应按照个人边际税率36%来对10万美元的应纳税所得额进行缴税，其税款为3.6万美元（假设忽略所有排除或扣除项），高于前者以股份有限公司形式所承担的税款，差额1.5万美元超过判定安全线2 500美元。因此，国内收入局有权问责莉雅女士以股份有限公司方式承担税款的做法。

（二）少数股东控股公司

对少数股东控股公司（Personal Holding Company，PHC）征收额外税款的法规经常容易被忽视，其原因是很多公司和股东并不非常熟悉它们，而且不了解什么是少数股东控股公司。

股份有限公司被定义为少数股东控股公司，需要同时满足两个条件[15]：

1）公司下半个纳税年度内（以公历年为纳税年度的，则为6—12月），在任何时点公司已发行股票市值的50%由不超过5个股东持有。这里股东不仅可以是个人，也可以是一个养老金基金、失业金基金、私人公益基金或者永久性公益信托。

2）在整个纳税年度内，公司60%的调整后一般性总收入由下列收入（每种收入都有例外情况需考虑）构成：

（1）公司分红（但不包括受控外国子公司的分红）、利息收入、专利收益和其他固定年金；

（2）租金；

（3）矿区使用费收入；

（4）版权收益；

(5) 电影公映收益;

(6) 持股不少于25%的股东使用公司财产时支付给公司的费用;

(7) 其他个别特定服务的收益。

即便满足上述条件，有些股份公司仍然可以不算作少数股东控股公司，如永久免税公司、银行、贷款公司、保险公司、申请破产的公司和多数外国股份有限公司。

少数股东控股公司除了正常缴纳公司所得税之外，还要就未分配的少数股东控股公司总收益，额外缴纳20%的税款。这种惩罚性征收的原因主要是，防止股东成立此类公司，将投资收益或服务费存留在公司内，以较低的税率（低于个人股东的税率）支付所得税，俗称“公司化的钱口袋”现象。

【例8-5】 除了三英公司以外，史密斯先生还有另外几家早年建立的股份公司。其中一家A公司是和约翰先生联手建立，被确定是属于少数股东控股公司的范畴，两人各占50%的股权。2020年，A公司应纳税所得额是10万美元。

分析：A公司2020年正常的所得税是2.1万美元，此外还应支付少数股东控股公司税1.58万美元（7.9×20%）。试想，如果史密斯先生和约翰先生都没有通过此股份公司经营业务，那么他们的收益将直接计入2020年的个人所得中进行纳税。假如他们的个人税率都在35%，那么两人总共需缴纳3.5万美元的所得税（假设忽略个人可扣除项）。可见，如果没有惩罚性少数股东控股公司税，通过设立股份公司，有1.4万美元（3.5-2.1）的收益将被留在股份公司里，公司成为个人避税的“钱口袋”。

（三）产生美国应纳税所得的外国公司

在美国境外设立的股份有限公司（以下简称外国公司）产生源于美国境内的收入（参阅第四章）时，就等于产生了美国应纳税所得额。原则上讲，如果对该应纳税所得额的税款没有全额缴纳，该外国公司则需要在美国进行纳税申报。具体的申报细节在第二节税务处理中讲述。

源自美国境内的收入可以分为固定定期收入、资本利得和有效相关收入。外国公司以各种方式从事美国境内的经营活动（参阅第四章）并产生收入时，除了固定定期收入和某些资本利得外（参阅第五章），所有其他收入都属于有效相关收入。有效相关收入包括处置美国境内不动产的收入。

美国与其他国家的双边税收协定中引入一个“常设机构”（Permanent Establishment，PE）的概念，帮助分析和确定外国公司是否在美国境内有持续经营、固定的经营场所，从而产生直接的有效相关收入。简要地讲，中国和美国双边税收协定中所指的常设机构可能有下面4种情形[16]：

1）中国公司在美国境内设有经营管理场所、分支机构、办事处、工厂、作业场所，以及矿场、油气井区等开采自然资源的场所；

2）中国公司在美国境内有建筑施工场所，组装或安装工程，或与此类活动相关的监督管理活动等，并且这些活动需至少持续6个月的时间；

3）中国公司在美国境内有为勘探或开采自然资源所使用的装置、钻井机械或船只，并且勘探或开采活动需至少持续3个月的时间；

4）中国公司通过其雇员或某些专门代理人在美国境内提供劳务服务，并且为同一个劳务服务项目所花费的时间在任何12个月内超过连续6个月。

从较严格的意义上看，如果确定外国公司在美国有常设机构，那么该外国公司一定会产生有效相关收入及其对应的成本费用。同时，在该常设机构的经营活动也有可能使该外国公司的固定定期收入转化成为有效相关收入（参阅第四章第二节）。

第二节　股份有限公司持续经营期间的税务处理

法典规定，股份有限公司应针对每个财年的应纳税所得额进行纳税申报和缴纳税款，各个公司针对这方面的工作通常称为所得税税务处理工作。

另外不容忽视的是，美国境内股份有限公司对境外收入和境外资产账户有如实披露和申报的义务，对此义务的不理解、忽视或有意规避可以导致非常严重的经济责罚或刑事处罚后果（参阅第十五章）。

一、股份有限公司所得税税率

《减税与就业法案》将美国股份有限公司的所得税税率统一降至应纳税所得额的21%，从2018年1月1日之后开始的财年不再使用逐级递增的税率结构。21%税率同样适用于外国公司产生的与美国境内经营活动有效相关收入[17]。

公司彻底退出原有的税率结构仍需要一个过程，如公司被国内收入局审查往年的申报等，因此了解2018年1月1日之前的税率（见表8－1）仍然有其意义所在。

表8－1　C类股份有限公司所得税税率表（适用于2018年1月1日前的应纳税所得额）

应纳税所得额超过	但不超过	税额计算	超过以下数额的部分
零美元		15%乘以	零美元
50 000美元	75 000美元	7 500美元加25%乘以	50 000美元
75 000美元	100 000美元	13 750美元加34%乘以	75 000美元
100 000美元	335 000美元	22 250美元加39%乘以	100 000美元
335 000美元	10 000 000美元	113 900美元加34%乘以	335 000美元
10 000 000美元	15 000 000美元	3 400 000美元加35%乘以	10 000 000美元
15 000 000美元	18 333 333美元	5 150 000美元加38%乘以	15 000 000美元
18 333 333美元		35%乘以	零美元

《2022年降低通胀法案》重新启动了由2017年新法案废除的替代性最低税做法，但是建立了一套不同于以往的全新规定，要求从2023年1月1日起对营收超过10亿美元的大型公司开征股份公司替代性最低税，应纳税额为调整后的财务净利润的15%（参阅本节“五、股份有限公司计算应纳税所得额的特殊规定”）。

二、股份有限公司的所得税申报表

股份有限公司的所得税申报按境内或境外公司身份分为两个类别，如下所述。

（一）美国 C 类股份有限公司

美国 C 类股份有限公司所得税申报表（见表 8－2，以下简称表 1120）应该由美国公司在财年结束后第 4 个月的第 15 个工作日或之前（2016 年 1 月 1 日后执行）进行该表的年度申报[18]。如果公司财年在 12 月 31 日截止，那么年度表 1120 就应该在下一年的 4 月 15 日或之前完成申报。例外的情况是，如果公司财年截止日是 6 月 30 日，那么对于 2026 年 1 月 1 日之前开始的财年，申报日是该财年结束后第 3 个月的第 15 个工作日或之前。大多数公司在财年结束后的 100 天左右内，无法将申报材料完全准备好，因此需要延期申报。延期申报应通过美国 C 类股份有限公司公司所得税、信息披露及其他申报的延期申请表 7004（见表 8－4，以下简称表 7004）通知国内收入局，以获得通常为 6 个月的延期[19]。在美国，绝大部分公司都可以通过自购的网络报税软件系统或其税务师使用的报税软件系统进行表 1120 电子申报。但如果电子申报有困难或不成功，国内收入局也接受书面提交的表格。

表 8－2　美国 C 类股份有限公司所得税申报表 1120（2022 纳税年度）

Form 1120 Department of the Treasury Internal Revenue Service	U. S. Corporation Income Tax Return For calendar year 2022 or tax year beginning ____, ending ____ ▶Go to *www. irs. gov/Form* 1120 for instructions and the latest information.	OMB No. 1545－0123 2022

填报目的：申报应税总收入、资本利得、资本亏损、收入抵扣项及税款减免额，并计算当期所得税税款。

填报人：美国境内成立的 C 类股份有限公司（税务认定）。

2022 纳税年度的表 1120 共有 6 页。但是需要提醒读者注意，有相当一些表格是用来支持表 1120 的某项计算，或作为表 1120 的附属表格。这些表格也需要同时和表 1120 一起申报。所以，6 页表 1120 通常是公司最简单、最基本的申报内容。

（二）外国公司

外国公司通过外国公司美国所得税申报表 1120 – F（见表 8 –3，以下简称表 1120 – F）向国内收入局申报在美国的应纳税所得额。如果外国公司在美国有办公地点，其申报 1120 – F 的时间和其他美国公司一样；如果外国公司在美国没有办公地点，其申报时间是财年结束后第 6 个月的第 15 个工作日或之前。需要延期申报时，同样应通过表 7004 通知国内收入局，以获得通常 6 个月的延期。

外国公司在美国从事经营活动产生有效相关收入时，无论其是否有应税净收入，或该收入在双边税收协定下是否予以免税，该外国公司都应该进行纳税申报。如果外国公司未获得有效相关收入，但获得源自美国的其他固定定期收入或某些资本利得，并且代扣代缴的税额少于或多于其应缴税额时，该外国公司应通过申报表 1120 – F 补缴所得税或要求退还多缴的所得税。除这两种常见的必须申报的情形外，外国公司还可能实施“保护性税表”的申报，即外国公司自行判断没有产生有效相关收入，但为了防止判断失误及确保与美国境内业务相关的扣除项都可以用于减少可能出现的收入，因而主动进行的税表 1120 – F 的申报。换句话说，如果该外国公司不进行“保护性税表”的申报，那么其所有可扣除的成本和费用额度都将丧失，而没有得到表 1120 – F 申报中的确定和保护。

表 8 –3　　外国公司美国所得税申报表 1120 – F（2022 纳税年度）

Form 1120 – F Department of the Treasury Internal Revenue Service	U. S. Income Tax Return of a Foreign Corporation For calendar year 2022 or tax year beginning ____, ending ____ ▶Go to *www. irs. gov/Form1120F* for instructions and the latest information.	OMB No. 1545 – 0123 2022

填报目的：申报外国公司获得的源自美国境内的固定定期收入、有效相关收入、资本利得、资本亏损、收入抵减项及税款减免额，并计算当期所得税税款。

填报人：美国境外成立的 C 类股份有限公司（税务认定）。

2022 纳税年度的表 1120 – F 共有 8 页，体现最基本的申报信息要求。如果某项计算需要用到辅助表格或解释性说明，则需要在申报时同时递交这些表格和说明。

表 8-4　　公司所得税、信息披露及其他申报的延期申请表 7004
（现行，2018 年 12 月颁布）

Form 7004 (Rev. December 2018) Department of the Treasury Internal Revenue Service	Application for Automatic Extension of Time to File Certain Business Tax, Information, and Other Returns ► File a separate application for each return. ► Go to *www. irs. gov/Form*7004 for instructions and the latest information.	OMB No. 1545-0233

填报目的：申请延期申报公司所得税申报表或信息披露表等。
填报人：提出申请的各类企业（非个人）。

三、股份有限公司预缴所得税

需要说明一个重要的事项，即上述表 1120 或表 1120-F 的申报允许延期 6 个月，而公司应纳税额的缴付是不能延期的[20]。这个问题不仅容易被纳税人忽视，也时常被从业人员所误解，造成不必要的麻烦甚至产生欠税罚金。

（一）需预缴所得税的应纳税所得额

笼统地讲，美国公司和外国公司对其所有应纳税所得额都应该进行所得税预缴（如果年度税额小于 500 美元，可以免除预缴）。归总前面各章叙述的内容，应纳税所得额可以分为以下四类[21]：

1. 公司正常的应纳税所得额、2018 年后产生的资本利得或保险公司的应纳税所得额；

2. 2018 年 1 月 1 日之前产生替代性最低税的应纳税额或 2023 年 1 月 1 日之后产生的股份公司替代性最低税的应纳税额；

3. 2017 年税改之后产生的税基侵蚀和反滥用税（参阅本节“五、股份有限公司计算应纳税所得额的特殊规定”内容）的应纳税额；

4. 外国公司在美国境内产生的交通运营总收入。

（二）预缴所得税的时点

税法规定年度所得税预缴在四个时点或之前分次进行，即每个财年第 4 个月的第 15 日、第 6 个月的第 15 日、第 9 个月的第 15 日和第 12 个月的第 15

日（对于以12月31日结束财年的公司来说，就是4月15日、6月15日、9月15日和12月15日），每次缴纳预测的该年度应付总税款的25%，或上年度（以12个月为一个年度）已付总税款的25%（可取两者较低值）。可见，股份公司理应在其每个财年的最后一个季度应缴税日期前，缴纳全年的所得税税款[22]。

（三）计算预缴所得税的方法

法典和法典细则解释对计算预缴所得税的两种方法进行了非常详细的说明，足见其对每个纳税人为国库应尽义务之重视。作者根据多年从业经验认为，无论用哪种方法，其核心还是要深入细致地对公司经营业绩和应纳税所得进行分析掌握。适当调高预缴的份额（如增加10%～15%）也是避免欠税或罚款的最有效途径。

方法一：按年度化总收入分次预缴[23]。

公司首先根据截至本月的收入，测算其整个财年的总收入。方法是：

$$公司财年总收入=\frac{截止本月收入}{本财年月份数}\times 12$$

然后根据这个年化的总收入，进行税务收入调整，再乘以21%税率得到该年度应付税款，最后计算出截至本次预缴日应该缴纳的税款。

【例8－6】 三英公司的财年结束日是12月31日。2019年上半年，三英公司预测其年应纳税所得额是10万美元。因此，该公司在4月15日和6月15日分别预缴所得税5 250美元。公司下半年业务有很大拓展，到8月31日月结时，公司财务收入达到15万美元，到11月30日，公司财务收入达到23.1万美元。三英公司在下半年计算应纳税所得额和应付预缴税款时，遵循以下步骤：

第一步根据截至8月31日的财务收入计算年度应纳税所得额（假定没有税务调整）22.5万美元。

$$\frac{150\ 000}{8}\times 12=225\ 000（美元）$$

第二步先计算出全年应纳税额47 250美元，9月15日前应支付其75%减去已经支付的部分，即24 938美元。

$$225\ 000\times 21\%=47\ 250（美元）$$

$47\ 250 \times 75\% - 5\ 250 \times 2 = 24\ 938$（美元）

第三步根据截至 11 月 30 日的财务收入计算年度应纳税所得额（假定没有税务调整）25.2 万美元。

$\frac{231\ 000}{11} \times 12 = 252\ 000$（美元）

第四步计算 12 月 15 日前应缴纳的剩余税额，用全年应预缴税款 52 920 美元减去已经支付的部分，即 17 482 美元。

$252\ 000 \times 21\% = 52\ 920$（美元）

$52\ 920 - 47\ 250 \times 75\% = 17\ 482$（美元）

方法二：按季节调节收入分次预缴[24]。

该方法下所谓的季节调节收入计算十分烦琐，并且要求在以往连续 3 个财年的同一个时期内（连续 6 个月），其应税净收入占该财年应税总收入的 70% 或以上。作者认为此计算方法复杂且不常用，因此不再赘述。有兴趣的读者可以自行阅读法典章节。

（四）预缴所得税欠税罚金和利息

国内收入局对预缴所得税欠税行为进行罚款并收取利息。罚款额度通常按月计算，每个月是欠税额的 0.5%，最高可达欠税额的 25%。欠税和罚金都会按月产生利息，并由纳税人承担。

四、股份有限公司分红和股息扣除

股份有限公司在持续经营期间应给予股东适当的投资回报，这个将公司财产分配给股东的行为就是分红。如前所述，如果股东是个人，分红则是该个人当年应纳税所得额的一部分。本部分还继续阐述，如果股东是另外一家股份有限公司，如何遵循股息扣除的法规，减少当年的应纳税所得额。

（一）分红的定义

股东分红是指股份公司将公司财产分配给股东，其价值不应该超过[25]公司当年的税后净利润（Earnings and Profits，E&P），或 1913 年 2 月 28 日之后的公司累计税后净利润。

构成分红的首先是公司当年的税后净利润，然后再从累计部分提取。如果公司发行的股票有对分红不等权的情况，如优先股，那么分红应按照对其获取权限的大小来分等级分配给股东。

如果公司的财产分配高于当年和累计的税后净利润，高出的部分先认定为资本返还，再高于投资成本的部分则认定为资本利得（投资收益）。

【例 8 -7】 假设三英公司经营数年后，到 2018 年 12 月 31 日的税后净收益总额是 20 万美元。2019 年初始，公司发行了 200 万股优先股，对公司分红有优先权。2019 年财年结束后经计算该年的税后净收益是 8 万美元，公司在每个季度末给股东分配现金 3 万美元，共计分配 12 万美元，其中优先股占 2 万美元。

分析： 三英公司全年的分配计算见表 8 -5。

表 8 -5　三英公司全年的分配计算　单位：美元

分配时间	优先股分配现金	优先股分红源于 2019 年税后净收益额	普通股分配现金（A = B + C）	普通股分红源于 2019 年税后净收益额（B）	普通股分红源于 2019 年以前累计税后净收益额（C）
3 月底	5 000	5 000	25 000	15 000	10 000
6 月底	5 000	5 000	25 000	15 000	10 000
9 月底	5 000	5 000	25 000	15 000	10 000
12 月底	5 000	5 000	25 000	15 000	10 000
分配总额	20 000	20 000	100 000	60 000	40 000

公司分红的额度首先必须用尽所有的当年税后净收益，即 2 万美元优先股分红和 6 万美元普通股分红。然后再从往年的累计税后净收益中进行分红。

【例 8 -8】 接上例 8 -7，假设三英公司经营数年后，到 2018 年 12 月 31 日的税后净收益总额是亏损 5 万美元，其余情况同上例 8 -7。

分析： 三英公司全年的分配计算见表 8 -6。

表 8-6 **三英公司全年的分配计算** 单位：美元

分配时间	优先股分配现金	优先股分红源于 2019 年税后净收益额	普通股分配现金（A = B + C）	普通股分红源于 2019 年税后净收益额（B）	普通股股东资本返还（C）
3 月底	5 000	5 000	25 000	15 000	10 000
6 月底	5 000	5 000	25 000	15 000	10 000
9 月底	5 000	5 000	25 000	15 000	10 000
12 月底	5 000	5 000	25 000	15 000	10 000
分配总额	20 000	20 000	100 000	60 000	40 000

此例说明，公司分红的额度必须用尽所有的当年税后净收益，即 2 万美元优先股分红和 6 万美元普通股分红。此计算认定并不受到往年税务累计亏损的影响。

如果公司有累计税后净收益，但当年产生净经营亏损，那么当年产生的净经营亏损可以减少累计净收益，以计算全年分红。不过，在滚动计算累计税后净利润时，当年净经营亏损应平摊到每个月份当中[26]。

【例 8-9】 接上例 8-7，假设 2019 年三英公司产生了净经营亏损 10 万美元，其余情况不变。

分析： 由于 2019 年当年净经营亏损需要平摊到各个月份，所以每个季度将逐次减少累计税后净收益 2.5 万美元。三英公司上半季度的分配计算见表 8-7。

表 8-7 **三英公司上半季度的分配计算** 单位：美元

分配时间/可分配累计税后净收益	优先股分配现金	优先股分红源于 2019 年以前累计税后净收益额	普通股分配现金（A = B + C）	普通股分红源于 2019 年以前累计税后净收益额（B）	普通股股东资本返还（C）
3 月底/17.5 万	5 000	5 000	25 000	25 000	0
6 月底/12 万	5 000	5 000	25 000	25 000	0
9 月底/6.5 万	5 000	5 000	25 000	25 000	0
12 月底/1 万	5 000	5 000	25 000	5 000	20 000
分配总额	20 000	20 000	100 000	80 000	20 000

由于2019年的税后净亏损为10万美元，所以三英公司截至2019年底总共的税后净收益为10万美元，也就是说，分红的最高额为10万美元。而且2019年的亏损要平摊到每个月份。此例也表明分红的时点在计算中非常重要，如果期间有股东退出或新股东进入，计算可能会变得非常复杂。

由上述几例可见，正确理解和计算税后净收益的概念非常重要，其数量大小可能直接影响到股东的分红数值和股东的应纳税所得额。虽然两者有时候等值，但是税后净收益不同于应纳税所得额。简单地说，税后净收益是结合公司现金流和支付能力的实际情况，对应纳税所得额进行必要的调整后所得到的公司有能力支付的数额。由于其计算非常烦琐，因篇幅有限，在此不做详细阐述。

（二）分红的形式

分红的形式可以是现金、股票增发、公司债、公司其他有形或无形资产的分配。现金分红是最简单的形式，公司和股东在确定分红数额大小的时候只需要考虑当年和累计的净收益。确认现金分红后，股东应将分红认定为当期应纳税所得额的一部分。然而，以其他三种方式进行分红时，公司和股东还需要考虑股票、债券或有形资产本身所代表的价值是多少。

1. 股票分红是指股份有限公司以增发的股票代替现金进行分红。一般情况下，股票分红时股东不认定分红是当期应纳税所得[27]，通俗地称为“股东免税分红”。股票分红后，每股的成本会受到增发股票的稀释作用影响而降低。如果作为分红的股票和股东原持有的股票相同，那么股东的总投资额或总成本应平均分摊到持有的所有股票上。如果不同，分摊总投资额或总成本时应考虑各种股票的市值占总市值的比率，按比率分摊[28]。分红股票的持有期也和原有股票一致[29]。

【例8-10】 假设三英公司经营数年后，到2018年12月31日的税后净收益总额是20万美元。2019年初始，公司对外发行了200万股优先股，每股12美分，对公司分红有优先权。2019年财年结束后经计算该年的税后净收益是8万美元。2019年12月，公司以100万股优先股分配的方式对普通股股东进行了分红，每股价值12美分。分红前乔先生持有300万股的普通股，史密斯先生持有700万股普通股，每股成本10美分，普通股的市值经评估为10.5美分。

分析：此次优先股分红对公司和股东产生的税务影响如下。

公司已发行的普通股仍保持1 000万股，已发行的优先股增加到300万股。公司的当年和累计税后净收益不因此次发行而减少。

对于两位原普通股股东乔先生和史密斯先生而言，分红后的普通股和优先股每股成本应按如下计算：

（1）计算两种股票市值的比重：

优先股市值：$0.12 \times 1\ 000\ 000 = 12$（万美元）。

普通股市值：$0.105 \times 10\ 000\ 000 = 105$（万美元）。

优先股占市值比例：$12 \div 117 \times 100\% = 10.26\%$。

普通股占市值比例：$1 - 10.26\% = 89.74\%$（或$105 \div 117$）。

（2）按比重分摊原普通股总成本：

优先股总成本：$100 \times 10.26\% = 10.26$（万美元）。

普通股总成本：$100 \times 89.74\% = 89.74$（万美元）。

（3）分别计算分红后两种股票的每股成本：

分配给股东的优先股每股新成本：$10.26 \div 1\ 000\ 000 = 10.26$（美分）。

股东所持普通股每股新成本：$89.74 \div 10\ 000\ 000 = 8.974$（美分）。

但是，在下列特殊情况下，股票分红不能认定为“股东免税分红”，不能遵循上述税务结果：

（1）如果任一股东可以选择现金分红或股票分红；

（2）不对称分红，即如果公司以现金或公司资产分红给部分股东，而以股票分红给另一部分股东，并且分红后股东持股比例发生变化；

（3）普通股股东获得不一样的股票分红，即一部分获得普通股股票，另一部分获得优先股股票；

（4）给予持优先股的股东普通股股票分红；

（5）以可转换优先股形式分红。

以上特殊情况在私人企业分红时常常会发生，产生了股东必须对分红纳税的结果。在非“股东免税分红”情况下，分红的价值是股票的市值，股东所获得的新股票的持有期，只能从分红那天开始计算，而不能视同于已有股票的持有期。对于公司来说，分红视同于公司分配现金给股东，分红可以减少公司当期或累计税后净收益。

对于上述特殊情况的判断，法典解释中给出一些定义、说明和举例等。

实际生活中可能出现更为复杂的情况，需要更多的分析。

2. 以公司债形式分红。公司用自发债券、长期借款的形式向股东分红称为以公司债形式分红。公司债是公司财产的组成部分[30]。因此，以公司债形式分红，对股东而言，其处理方式基本等同于以债务市值确认的现金分红，即应该以其市值和公司当期或累计税后净收益计算分红数额。而公司不确认债务转移的收益[31]，但分红会降低公司累计税后净收益。

【例8-11】 假设三英公司2019年以本公司长期贷款的形式分红。该长期贷款本金面值20万美元，3年到期，年利息2.3%。经估值该长期贷款市值为18万美元。

分析： 三英公司分红时不需要确认18万美元为2019年的应纳税所得额，而应确认累计税后净收益减少。股东需按长期贷款的市值18万美元确认分红收入。

3. 以公司其他有形或无形资产分红。如果公司将自有的有形或无形资产分配给股东，该资产的市值会很大程度上影响分红对公司的税务结果。如果该资产市值超过公司的财产持有成本，公司需对增值部分确认资本利得，视同于公司将该财产出售后所得。如果该财产市值小于公司的财产持有成本，公司不能对减值部分确认亏损[32]。如果该公司资产为某债务作抵押，且分红后股东承担债务，那么该资产市值不能低于该债务。公司的累计税后净收益将减少，数额是分红财产的市值减去或有的抵押债务[33]。对股东来说，应按该财产市值（减去或有的抵押债务）确认分红等。股东对该财产的持有成本等于其市值。

【例8-12】 假设三英公司经营数年后，到2018年12月31日的累计税后净收益总额是20万美元。2019年财年结束后经计算该年的税后净收益是8万美元。2019年12月，公司以先期购置的土地进行分红。土地购置成本是6万美元，市值9万美元，公司用土地为抵押贷款4万美元，分红后由股东承担后期支付。

分析： 如果此次分红完成，三英公司和股东分别有如下税务结果。

三英公司首先应确认资本利得3万美元，即土地市值高出持有成本的部分。这3万美元是公司当年应纳税所得额的一部分，等同于公司卖掉土地，再进行现金分红。其次，分红减少公司的当期税后净收益5万美元，即土地市值9万美元减去抵押贷款4万美元。

股东共计获得土地分红5万美元，即土地市值9万美元减去抵押贷款4万美元，对土地持有成本9万美元，其中抵押贷款4万美元。

上述结果如果用税务记账的借贷方表述，也非常清晰（单位：美元）：

三英公司账目：

借：抵押贷款	40 000	
当期税后净利润	50 000	
贷：土地		60 000
资本利得		30 000

股东账目：

借：土地	90 000	
贷：抵押贷款		40 000
分红		50 000

【例8-13】 接上例8-12，假如公司用土地为抵押的贷款是10万美元，其余情况均同上。

分析：公司不能对土地确认减值，而应通过确认资本利得将土地市值提升为10万美元。股东获得10万美元土地和10万美元抵押贷款，没有实际分红产生。税务记账为（单位：美元）：

三英公司账目：

借：抵押贷款	100 000	
贷：土地		60 000
资本利得		40 000

股东账目：

借：土地	100 000	
贷：抵押贷款		100 000
分红		0

（三）股息扣除

股息扣除法规的出发点是避免对股份公司的股息收入多重征税。在美国，一家股份公司可以是另外一家股份公司的股东。那么子公司对母公司进行分红时，分红部分已经是子公司的税后剩余收益，如果再次纳入母公司的应税收入，则需要再次缴税。

为了避免多重纳税，法典规定股息扣除条款是指母公司可以用适当的比例从收入中扣除子公司分配的股息红利。2017 年 12 月出台的《减税与就业法案》改变了有关股息扣除的规定，如从 2017 年 12 月 31 日起，对持有美国境内的子公司股权少于 20% 的股份公司，可以从应税股息中扣除 50%，这个比例此前是 70%；从 2017 年 12 月 31 日起，对持有美国境内的子公司股权多于 20% 的股份公司，可以从应税股息中扣除 65%，这个比例此前是 80%[34]。股息扣除还应满足的一个条件是，股东持股期最少连续 45 天，且该持股期需在从除息日前 45 天（除息日当日不计算）开始连续计算的 91 天之内。或简单地说，就是以除息日为分界线，其前后各 45 天之内的这段 91 天时间内，连续持股 45 天，就可以满足股息扣除的时间要求。但是，在一些特有的情况下，持股的时间要求会不同，或计算方法会被调整，如持有特殊红利分配权的股票，或持股人针对所持股票签订其他合约等，都需要根据更加具体的法规细节来分析。

如果违反上述持有时间的要求，美国境内子公司的股息扣除都不能实现。法规还规定不享受股息扣除的子公司分红，例如：子公司是享受税务豁免的公司、农民合作联盟及某些联邦住房贷款银行等。

有专家分析认为，股息扣除比例的减少是要配合公司所得税税率降低到 21%，保持股息扣除的税务影响基本不变。

非常值得一提的是，《减税与就业法案》增加了对美国母公司持股的外国公司的股息扣除法条，使得美国的国际税法更倾向于属地化征税系统。该法条的基本规定如下[35]：

特定被持股 10% 或以上的外国股份公司是指被某美国公司持有 10% 或以上投票权或价值的外国公司，该类公司不包括“被动型外国投资公司”（Passive Foreign Investment Company，PFIC）。（作者注：“被动型外国投资公司”是一个特殊税法定义下的公司类型。）

特定被持股 10% 或以上的外国股份公司分红时，如果该分红是源于美国境外的收入，那么其美国公司股东可以获得 100% 股息扣除的待遇，所有分红不算作当期应纳税所得额。享受此待遇的持股时间条件是股东持股期最少连续 365 天，且该持股期需在从除息日前 365 天（除息日当日不计算）开始连续计算的 731 天之内。也就是在以除息日为分界线，其前后各 365 天之内的这段 731 天时间内，连续持股 365 天，才可以满足股息扣除的时间要求。

上述法条基本规定需和其他条款结合使用，比如美国母公司当年是净经营亏损年，则不能再进行股息扣除；如果美国母公司是用借款进行的股票收购，则需考虑借款收购的比率[36]；如果美国公司持股超过 50%，该外国公司成为受控外国子公司，与此相关的其他法律规定则必须考量，导致问题进一步复杂化。

股息计入或扣除的计算是美国 C 类股份有限公司所得税申报表 1120 的组成部分，体现在计算表格 C 之中。国内收入局对其的计算步骤也有详细说明，往往实际情况的多样性使计算变得有难度。

（四）伪装的分红

股份公司如果只有少数股东持有，那么公司的分配形式和股东使用公司资源的方式都会非常灵活。这时候需要防止伪装的分红情况出现，即公司的资源分配或股东对公司资源的使用是实际意义上的分红。

比如，公司借给股东现金，名为借款，但却没有任何证据要求股东必须偿还；公司将某资产贱价卖给股东，公司确认交易亏损，股东以较少现金获得较高市值的资产；公司向股东支付劳务费，远远超出其应该的水准；或公司支付股东租赁费，其数额超出市场价格等。

对于上述现象，公司和股东是否应确认分红的实现，案例法提供了参考和指导原则。

（五）视同分配

顾名思义，股份公司以某种形式和股东交易，交易本身不涉及现金或股票分红，但会产生某些特定的结果，那么这些交易被认作“视同分配”，税务结果和上述现金或股票分红处理结果一致。

被认作视同分配的总体原则是交易本身使某个或某些股东获得对公司更多的权益[37]。比如在下面的情形中，很可能产生视同分配的问题：

1. 不同股票之间转换比率变化；
2. 股票赎回价格变化，或与发行价格不同；
3. 再资本化交易等。

视同分配的分析必须基于对交易本身的实质结果有准确的掌握。如果视同分配成立，那么相当于股份公司对某些股东增发了股票，从而配合其对公司增加的权益。

【例8-14】 假如三英公司2019年发行的200万股优先股有年5%的可累计优先分红权，每股12美分。2019年三英公司没有对优先股分红。2020年三英公司进行再资本化交易，即允许优先股股东将其持有的优先股和未分配利息以1∶1.05的比率转换成B类普通股，但仍保持公司清算时享有的优先权。假设再资本化完成后，B类普通股的股价是13美分。

分析：对于此次公司再资本化，由于原优先股股东获得对公司高于原有的权益，即普通股的投票权和股票数额增加，且转换后B类普通股的价值高于转化前的优先股发行价，所以该交易符合视同分配的原则，高出原优先股发行价值的部分是公司股息分红（以增发股票的形式完成）。

五、股份有限公司计算应纳税所得额的特殊规定

下面介绍的4项特殊规定，前3项来自2017年颁布实施的《减税与就业法案》。

（一）税基侵蚀和反滥用税

税基侵蚀和反滥用税（Base Erosion and Anti-Abuse Tax，BEAT）是《减税与就业法案》的重要增加部分，目的是防止巨型跨国公司通过向外国关联方公司大肆支付费用，降低美国应纳税所得额和税负，英文简称BEAT（字面意思是“抽打、鞭打”，故此隐义是惩罚性税种）。自2017年12月法典颁布以来，引起业界和纳税人的极大关注。由于最终的法典解释2019年12月才出台，所以纳税人对于2018年的申报仅依赖于法典解释拟案，不足之处需要在下一年度继续更正。

税基侵蚀和反滥用税适用于本申报年度之前3年平均年总收入在5亿美元以上的“相关公司”（其税法特定含义参阅后文解释），从2017年12月31日起执行。法典通过调减税基侵蚀的支付成本，重新计算出一个较高的应税收入，并乘以税率10%，此数值结果和正常纳税税额相比较后的差额，就是额外的税基侵蚀和反滥用税。该项税种的税率仅在2018年调低为5%，而在2025年12月31日之后的年度将调增为12.5%[38]。

配合此新税种的实施，法典定义了数个新名词，或略加修改地沿用其他旧的定义。“相关公司”就是其中最重要的新概念名词，定义为同时符合下列条件的公司[39]：

1）一个或多个以美国股份有限公司形式纳税的经营实体，但不包括受监管投资公司、受监管不动产投资信托基金或小型股份公司；

2）符合聚合体原则（如下解释），且在此原则下，一个或多个股份公司总体的、本申报年度前3年的平均年总收入至少5亿美元；

3）税基侵蚀率达到3%或以上。

符合上述三个条件的一个或聚合体原则下的多个美国股份有限公司就是“相关公司”，其必须在本纳税年度内计算并缴纳（如有）税基侵蚀和反滥用税。

上述“2)”中的聚合体原则是指参与计算总收入的一个或多个公司具有至少80%的控股关系，即母公司对子公司持股至少80%，或几个同时被相同股东（5个或以下）持股80%以上的公司。所有符合这个控股关系的公司都应包含在“相关公司”的范围之内，它们的年收入的总和至少5亿美元。各公司如果财年结束时间不同，还需要做相应调整。如果“相关公司”群体里有外国公司，仅计算该外国公司在美国的应纳税所得额[40]。

上述“3)”中的税基侵蚀率是用该年度税基侵蚀抵减获益项总和除以该年度总体的税务扣除项。税基侵蚀抵减获益项大体上是支付给外国的关联方公司的税务扣除项（暂忽略其他特定调整），其中最重要的不属于税基侵蚀抵减获益项的成本扣除是销货成本，即公司购买或分配到库存的成本。

【例8－15】　假设三英公司2019年被一家中国大陆C公司全资收购。C公司在美国还有其他众多业务。在分析2019年C公司和三英公司是否产生税基侵蚀和反滥用税时，财务数据统计显示C公司全资或80%以上控股子公司在美国总体收入为6.6亿美元，全部税务扣除项总和6亿美元，其中支付给美国境外关联方公司总计2亿美元，包括1.6亿美元购买库存，4 000万美元其他各类费用。三英公司2019年应纳税净收入为零，其税务扣除项中有20万美元费用支付给C公司。

分析：根据法规，可以按照以下三个步骤分析三英公司是否应缴纳税基侵蚀和反滥用税。

（1）确定相关公司的范围。

根据聚合体原则，C公司在美国全资或80%控股子公司都纳入相关公司的范围。因为这些公司的2019年的总收入超过5亿美元（暂忽略3年平均计算），且总体税基侵蚀率为6.67%，所以这些公司都是相关公司，其中包括三英公司，都应进一步计算2019年的税基侵蚀和反滥用税税额。

总体税基侵蚀率：$\frac{4\ 000\text{万美元}}{6\text{亿美元}} \times 100\% = 6.67\%$。

1.6 亿美元购买库存款不是税基侵蚀抵减获益项，不纳入计算。

（2）针对税基侵蚀和反滥用税，确定三英公司调整后应纳税所得额。

经分析，三英公司支付给 C 公司的 20 万美元属于税基抵减获益项，所以三英公司 2019 年的调整后应纳税所得额为 20 万美元，即原零（应税）收入加上 20 万美元。

（3）计算三英公司税基侵蚀和反滥用税额。

税基侵蚀和反滥用税 = 20 × 10% = 2（万美元）

2019 年正常税款 = 0 × 21% = 0

三英公司 2019 年应缴纳税基侵蚀和反滥用税税款 = 2 - 0 = 2（万美元）

上述内容和示例仅以最简单的方式介绍了税基侵蚀和反滥用税的基本常识，法典对每一项新定义都有非常详细的解释，细微调整项名目繁多，在此无法一一详述。提醒读者特别注意的是，如果税基侵蚀抵减获益项的扣除中有利息成本，或者经营中有各种关联方的借贷存在，那么建议您务必寻求专业人员的意见。

税基侵蚀和反滥用税的计算需要通过对超高总收入公司征收税基侵蚀和反滥用税税表 8991（见表 8 - 8）来完成，在此提供 2020 年 12 月发布的表格样例。

表 8 - 8　对超高总收入公司征收税基侵蚀和反滥用税税表 8991

（现行，2020 年 12 月颁布）

Form 8991 (Rev. December 2020) Department of the Treasury Internal Revenue Service	Tax on Base Erosion Payments of Taxpayers With Substantial Gross Receipts For tax year beginning ____, 20 __, and ending ____, 20 __ ▶Go to *www. irs. gov/Form*8991 for instructions and the latest information. ▶See instructions.	OMB No. 1545 - 0123

填报目的：披露相关信息并计算 C 类股份有限公司应承担的税基侵蚀和反滥用税。

填报人：符合上述条件的相关 C 类股份有限公司。

（二）全球无形资产低征税收入（GILTI）

全球无形资产低征税收入是《减税与就业法案》引入的又一个新概念，

是美国国际税法的范畴。由于美国一直以来执行的是全球收入征税制度，所以法典有大量对境外子公司收入是否当期纳税的规定，此新规定是为了适应当前的税法改革、平衡财政收入而出台。

概括地讲，法典规定持有受控外国子公司10%或以上股权的“美国税务责任人”（U. S. Person）应将其全球无形资产低征税收入纳入其纳税年度的总收入之中[41]。（作者注：美国税务责任人并不限于是美国股份有限公司。）

“美国税务责任人”加上引号是因为其特殊的定义，即直接持有或视同持有10%或以上外国公司股票投票权，或10%或以上外国公司股票市值的美国税务责任人[42]。该股东可以是美国境内股份公司、个人、合伙企业、信托或遗产纳税体[43]。

受控外国子公司也有其特殊定义，即在其特定纳税年度内的任何时点，该外国公司的至少50%的股票投票权或至少50%的股票市值由“美国税务责任人”持有[44]。

【例8－16】 假设2019年6月30日，美国三英公司、美国公民史密斯先生和另外一家加拿大X公司共同出资，在印度成立了InX公司。三方各出资三分之一，分别持有33.3%、33.3%和33.4%的普通股投票权。基于这些事实，InX公司是受控外国子公司，因为66.6%的股票投票权和市值被两个美国税务责任人持有，即三英公司和史密斯先生，他们也应将其份内的全球无形资产低征税收入（如有）纳入其当年总收入。

【例8－17】 接上例8－16，假设史密斯先生只出资10%，另外56.7%由加拿大X公司持有。那么，InX公司不是受控外国子公司，因为两位美国税务责任人仅持有43.3%的股票投票权和市值。

【例8－18】 接上例8－16，再假设三英公司、史密斯先生和另外一家加拿大X公司出资持股的比率分别是45%、6%和49%。那么，InX公司也不是受控外国子公司，因为史密斯先生仅持有6%，不能算作“美国税务责任人”，所以他的持股份额不能和三英公司的45%加起来计算“美国税务责任人”持有的股票份额。

虽然全球无形资产低征税收入被纳入法典“F子部分收入”（Subpart F Income），但其计算原则和方法完全不同于“F子部分收入”，是一个极其复杂的过程，且有更多的法典定义需要解释，在此无法详述。如果纳税人产生了全球无形资产低征税收入，则应通过全球无形资产低征税收入表8992（见表8－9，以下简称表8992）来申报其必要的细节。表8992属于美国C类股份有限公司所得税申报表1120或美国个人所得税申报表1040的附表，应与所得税申报表一起申报[45]。

表8－9　全球无形资产低征税收入表8992（现行，2021年12月颁布）

Form 8992 (Rev. December 2021) Department of the Treasury Internal Revenue Service	U. S. Shareholder Calculation of Global Intangible Low－Taxed Income (GILTI) ▶Go to *www. irs. gov/Form8992* for instructions and the latest information	OMB No. 1545－0123 Attachment Sequence No. 992

填报目的：披露全球无形资产低征税收入并将其纳入当期应纳税所得额。
填报人：符合上述条件的美国税务责任人。

（三）境外无形资产收入扣除和全球无形资产低征税收入扣除

为了避免美国的全球征税，降低公司所得税税款，一些美国跨国公司充分地，甚至过度地使用关于延迟境外收入当期确认的法则。他们通过把实质经营的业务挪到境外低税国家，放在受控外国子公司内完成的做法，避免当期的净收入成为美国应纳税所得额的一部分。这种延迟的累计结果就是这部分收益可能会永久地留在境外，因为如果子公司通过分红将利润返回美国，那么母公司就要对这部分分红纳税。

《减税与就业法案》对分红股息返回美国减少征税的一个新政策就是上述“3)”提及的股息扣除，对美国母公司持股10%或以上的外国公司分配的股息不予征税。与此同时，《减税与就业法案》出台将全球无形资产低征税收入纳入当期应纳税所得额［参阅本节“（二）全球无形资产低征税收入(GILTI)”内容］，用以避免相当一部分美国公司的海外经营性收入零征税的问题。但是，由此产生的新问题是，如何减少全球无形资产低征税收入给美国公司造成的新负担，以及如何平衡没有在海外设立子公司但有海外收入的美国公司在《减税与就业法案》下的利益。

境外无形资产收入扣除和全球无形资产低征税收入扣除就是为了解决这两个问题而设计的新法规，使得美国公司无论是选择以本土公司经营，还是通过设立海外子公司经营，其因无形资产（如知识产权、特许经营权、专门技术或渠道等）而获得的源于境外的收益在税收处理上趋同一致。

法典规定，只有美国C类股份有限公司（非个人）可以享受境外无形资产收入扣除和全球无形资产低征税收入扣除，两者均属于特殊扣除项以减少其年度应纳税所得额。对于个人或合伙企业里的股份公司类型合伙人是否可以享受扣除，仍在探讨之中。该扣除从2017年12月31日起执行，额度分别是37.5%的境外无形资产收入和50%的全球无形资产低征税收入。扣除限额比率在2025年12月31日之后分别降为21.875%和37.5%[46]。

计算境外无形资产收入扣除也是一个非常复杂的过程，同样涉及名目繁多的定义和计算方法。简述之，就是美国公司应根据法典规定，将利用本土的资源（有形的和无形的）而产生的源于境外的收入分离出来，然后用相应的百分比进行特殊扣除。

【例8－19】 假设2019年6月30日，三英公司、史密斯先生和另外一家加拿大X公司共同出资，在印度成立了InX公司。三方各出资三分之一，分别持有33.3%、33.3%和33.4%的普通股投票权。未考虑全球无形资产低征税收入和特殊扣除项之前，经测算三英公司2019年应纳税所得额是100万美元，来自InX子公司的全球无形资产低征税收入为20万美元，境外无形资产收入扣除为10万美元。那么计算三英公司2019年应付联邦所得税如下。

如例8－16分析，三英公司是符合享受扣除的美国股份有限公司，它应将其是受控外国子公司InX公司的全球无形资产低征税收入纳入扣除（见表8－10）。

表8－10　　应纳税所得额及税率

2019年应纳税所得额	100万美元
加：全球无形资产低征税收入	20万美元
减：全球无形资产低征税收入扣除	10万美元（20×50%）
减：境外无形资产收入扣除	3.75万美元（10×37.5%）
2019年应纳税所得额总和	106.25万美元
2019年所得税税率	21%
2019年所得税税额	22.31万美元

相比较而言，在同等条件下，《减税与就业法案》实施之前三英公司2019年的应纳税额是34万美元，而如果《减税与就业法案》没有设计全球

无形资产低征税收入扣除和特殊扣除的条款，那么三英公司的税款则为21万美元。由此可见《减税与就业法案》促使境外收入当期纳入应纳税所得额，并在一定扣除后适当征税。

境外无形资产收入扣除条款还间接地起到激励美国出口的作用。境外无形资产收入扣除项，需在境外无形资产收入抵扣和全球无形资产低征税收入抵扣表8993（见表8－11）中详细计算，属于特殊扣除项以减少年度应纳税所得额。该扣除从2017年12月31日起执行。

表8－11　境外无形资产收入抵扣和全球无形资产低征税收入抵扣表8993
（现行，2021年12月颁布）

Form 8993 (Rev. December 2021) Department of the Treasury Internal Revenue Service	Section 250 Deduction for Foreign－Derived Intangible Income（FDII） and Global Intangible Low－Taxed Income（GILTI） ▶Go to *www. irs. gov/Form8993* for instructions and the latest information	OMB No. 1545－0123 Attachment Sequence No. 993

填报目的：分步计算境外无形资产收入抵扣和全球无形资产低征税收入扣除额度。
填报人：符合条件的美国C类股份有限公司。

（四）累计未分配盈余税

因为高净值人群的个人所得税税率高于股份有限公司的所得税税率，所以一些高净值个人试图把净利润留藏在公司层面，以减少税款。累计未分配盈余税（Accumulated Earnings Tax），就是针对这样的企图而设立的一种惩罚性税种，其对不适当分红的公司起到警醒和督促的作用。

累计未分配盈余税税率是20%，以累计应纳税所得额为基数征收[47]。该税种广泛适用于各类股份公司，包括上市或非上市的，美国境内或境外的股份公司，甚至不考虑股东的个数，但不包括：

1. 少数股东控股公司（参阅本章第一节）；
2. 法定免除纳税的公司；
3. 被动型外国投资公司[48]。

累计应纳税所得额是在当期的应纳税所得额上调整计算而来，所以是按纳税年度逐年计算的。它等于应纳税所得额减去股息支付扣除（公司已支付或宣布要支付的股息）、累计未分配盈余税抵免额，再加上或减去其他规定的调整项。

调整项包括应支付的所得税、慈善捐款、累计税务亏损、资本利得或亏损等，其调整目的是从现金流的角度测量公司是否有分配股息的能力。而抵免额的计算中有一个非常重要的环节，就是确定公司对未分配盈余合理的商业需求。如果该需求大于累计未分配盈余，则不会产生累计未分配盈余税。

如何确定公司对未分配盈余合理的商业需求，法典和法典解释并没有一个绝对的解释。实际操作中，国内收入局规定商业需求的合理性可以对比公司上市或已发行股票的假定清算日市值[49]，细节包括：

①具体的、可执行且合理的商业拓展对累计盈余的需求；

②回购已过世股东的股票所需。

简单概括地讲，如果公司满足上述“①”，且有实际行动支持业务的拓展，那么可以认为公司对累计盈余的留存具有合理性。对于多数股份公司而言，累计未分配盈余税抵免额最低额度是 25 万美元，而对于提供专业服务（如财务、精算、建筑设计、咨询、工程服务、法律、医疗健康服务、表演艺术等）的公司来说，额度为 15 万美元。

法典解释进一步说明，如果出现下列情况之一，公司留存累计盈余的合理性将受到质疑和挑战[50]：

1. 向股东借款，或向股东提供非商务性的开支；

2. 向股东的亲友提供非以公司经营为目的或具备商业行为的借款；

3. 向股东持有的其他控股公司提供非以本公司经营为目的或具备本公司商业行为的借款；

4. 投资和本公司商业目的、行为无关的房地产、固定资产或各类债券证券；

5. 为不切实际的灾难留存盈余。

综上所述，股份公司应十分留意此惩罚性税种，掌握基本常识并对公司的商业计划积极备案，以避免累计未分配盈余税的产生。

（五）股份公司替代性最低税

《2022 年降低通胀法案》制定了股份公司替代性最低税的新规定，要求符合条件的股份公司（Applicable Corporation）按照两套程序计算联邦所得税，即按已有的规定计算正常应纳税额，或依照股份公司替代性最低税的新规计算试算最低税（Tentative Minimum Tax），并按两者中较高的计算结果缴纳当年的应纳税额[51]。试算最低税超过正常应纳税额的部分就是股份公司替代性最低税。简言之，试算最低税等于调整后的财务净利润（以下简称 AFSI）的15%减去按替代性最低税新规计算的外国税收抵免[52]。业界普遍认为美国股份公司替代性最低税的出台受到 20 国集团和经合组织推进的全球最低税制度（参阅第十六章第二节）的影响，但两者是完全不同的两个概念。

股份公司替代性最低税自 2023 年 1 月 1 日起生效。符合条件的股份公司是指在本纳税年度之前的且纳税年度截止日在 2022 年 12 月 31 日之后的一个或多个纳税年度中满足年平均 AFSI 测试的股份公司。判断时需分为两个类型：

1. 当股份公司是美国境内母公司控股集团（US - Parented Group）中的一员时，如果其本纳税年度前连续 3 年的平均 AFSI 超过 10 亿美元（以下简称 10 亿美元 AFSI 测试），那么该公司就受到股份公司替代性最低税条款的制约[53]。做此测试时，该股份公司的 AFSI 包括在同一个雇主控制下的所有公司的经过特定调整的经营结果[54]。

法典对同一个雇主控制下的所有公司作出定义，即包括共同控制下的美国境内股份公司、获得与美国境内经营活动有效相关收入的境外股份公司，以及所有共同控制下的从事的美国境内经营活动的股份公司或非股份公司[55]。此规定下的共同控制可以分两种情形，一种是母公司（可以是股份公司、合伙企业、遗产纳税体、信托或独资企业）持有子公司 50% 以上的投票权或市值（控股公司形式）；另一种是 5 个或 5 个以下自然人（可以是个人、遗产纳税体或信托）以同样的股权或其他权益形式持有 50% 以上两个或多个股份公司或非股份公司（兄弟公司形式）。

2. 当股份公司是美国境外母公司跨国集团（Foreign - Parented Multi - National Group）中的一员时，符合条件的公司应同时满足以下两个条件[56]：

（1）其所在的同一境外母公司下所有公司的、本纳税年度前连续 3 年的年均 AFSI 超过 10 亿美元（简称“境外集团 10 亿美元 AFSI 测试”）。

（2）该同一境外母公司控制下的、本纳税年度前连续 3 年的年均美国境内 AFSI 不低于 1 亿美元（简称“1 亿美元 AFSI 测试”）。所有美国境内 AFSI 来源于美国股份公司（包括美国股份公司的 100% 控股子公司及其持有的合伙企业下有效相关收入）、受控外国子公司的 AFSI 以及该集团内境外公司产生的美国境内有效相关收入。

境外母公司跨国集团指由两个或两个以上经营实体组成的集团，应同时满足以下条件[57]：

（1）包括至少一个美国境内股份公司和至少一个境外股份公司。

（2）该集团中所有实体的经营结果体现在一份适用的财务报表（Applicable Financial Statement，AFS）[58]之中。如果纳税人的经营结果反映在合并报表中，那么该合并报表体现的结果被视为该纳税人的 AFS。

（3）母公司是一家境外股份公司，或者在没有共同母公司的情形下，可视同所有实体共有一个以股份公司形式存在的境外母公司。

如果该集团中的某境外公司在美国直接从事经营活动，该经营活动视同隶属一家单独的美国股份公司，并由该境外公司 100% 控股。法典规定 S 类小型股份有限公司、受监管投资公司和不动产投资信托基金等不属于符合条件的公司[59]，不必计算股份公司替代性最低税。

从上述规定不难看出，AFSI 不仅是计算股份公司替代性最低税的计税基础，还是决定股份公司替代性最低税是否适用于某公司的重要指标。AFSI 指经以下特定调整（仅列示重点项目）[60]后的 AFS 净利润：

（1）如果 AFS 的跨期与纳税年度不相符，应按纳税年度的跨期对净利润做相应调整。

（2）在合并报表的情形下，AFSI 包括集团的 AFS 中应合理分配给需计算股份公司替代性最低税的各成员公司的收支项。

（3）纳税人的 AFSI 应包括收取的股息分红，即便分红公司不是控股集团的一员。

（4）纳税人的 AFSI 应包括其受控外国子公司的按持有比例计算的 AFSI（但仅限于净收入，净亏损则结转下年）。

（5）如果纳税人是合伙企业的合伙人，那么纳税人的 AFSI 仅包括按权益比例分摊的净利润。

（6）纳税人的 AFSI 应包括其下 100% 持有的、所有的子公司的净利润（特别是当财务报表未囊括所有的子公司净利润时，应做此调整）。

（7）境外公司确认 AFSI 时，仅包括美国境内有效相关收入。

（8）美国联邦所得税和境外所得税应从纳税人 AFSI 中剔除（前提是纳税人使用境外税抵免额）。

（9）对涉及员工福利计划的财务收支做适当调整。

（10）纳税人可以用较高的税务折旧而不是财务折旧。如果纳税人持有符合条件的无线传输系统无形资产，那么其 AFSI 应包括该无形资产的税务摊销（而不是财务摊销）等。

除了 AFSI 调整项之外，新规定允许在计算股份公司替代性最低税时可以从 AFSI 中扣除 2019 年 12 月 31 日之后产生的财务亏损[61]。但是，某纳税年度可使用的财务亏损限于下面两个计算结果中的较小值：

（1）结转到该年的全部可扣除的财务亏损；

（2）扣除财务亏损前的 80% 的 AFSI。

然而，在进行上述 10 亿美元 AFSI 测试时，某些 AFSI 的调整项和财务亏损被排除在外，如养老金调整项（属于员工福利）、合伙人按比例获得的收益、受控外国子公司的按持有比例计算的 AFSI 以及境外公司的 AFSI 中仅包括美国境内有效相关收入等。

六、合并纳税

合并纳税是指两个或数个股份公司通过商议决定用一份联邦所得税表 1120 反映合并后的应纳税所得额和税款的纳税行为。美国法典允许同时具备下列条件的公司进行合并纳税[62]：

1. “可合并纳税的一组公司”必须包括一个共同的母公司以及一个或多个直接或间接被该母公司持股的、可纳入合并纳税的子公司。该母公司必须直接持有至少一个可纳入合并纳税的子公司。

2. 可纳入合并纳税的子公司指其必须被母公司或另一家可纳入合并纳税的子公司直接持股至少 80%，该股权必须能代表至少 80% 的投票权和至少 80% 的股票市值。

3. 该母公司和所有可纳入合并纳税的子公司必须明确书面表示同意进行合并纳税。

合并纳税如图 8－1 和图 8－2 所示（假设股权持有率代表投票权和市值）：

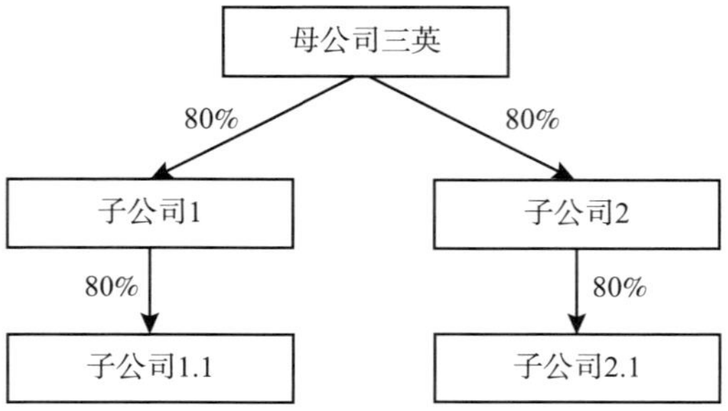

图 8－1　合并纳税示意图 1

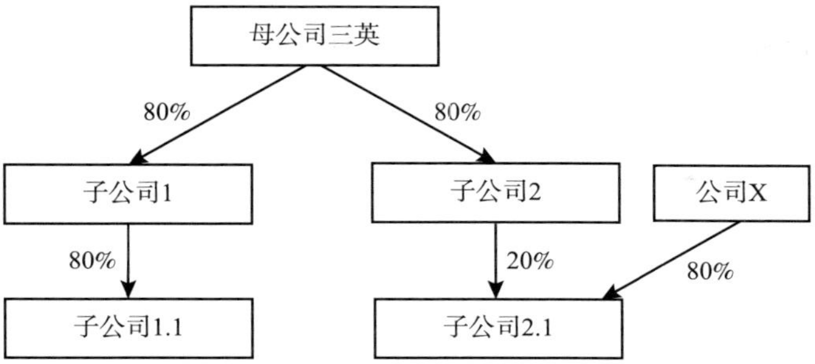

图 8－2　合并纳税示意图 2

图 8－1 中，母公司三英，子公司 1、子公司 2、子公司 1.1 和子公司 2.1 都是纳入合并纳税的公司，它们相互之间的股权持有关系符合合并纳税的要求。这五家公司合起来可以称为“可合并纳税的一组公司”。

图 8－2 中，母公司三英，子公司 1、子公司 2 和子公司 1.1 都是纳入合并纳税的公司，合起来称为“可合并纳税的一组公司”。而子公司 2.1 和公司 X 不属于可合并的范围，因为它们均没有被另一家可纳入合并纳税的公司（子公司 2 或其他）持有至少 80% 的股权。

纳入合并纳税的公司必须是股份有限公司，且不能包括以下五种[63]：

1. 依法免税的公司；
2. 一些特定的保险公司；
3. 外国公司；
4. 受监管投资公司和受监管不动产投资信托基金；
5. S 类小型股份有限公司。

如果所有可合并纳税的公司都书面同意进行合并纳税，那么它们中的一个公司将是合并纳税的主体，需遵守法典关于合并纳税的规定来进行纳税。合并纳税的规定可以和分别纳税的规定相差甚远[64]。法典解释用几百页的篇幅解释合并纳税的规则，足见其对美国跨国公司的影响程度。如果某个可合并纳税的公司决定不参与合并纳税，那么该公司将在未来 60 个月内不允许包括在合并纳税之内。

合并纳税的所得税申报仍然在表 1120 中完成，但纳税主体需要提交可合并纳税公司列表 851（见表 8－12），列示包含在该合并范围内的所有可合并纳税的一组公司，以及提交被合并纳税公司书面同意书表 1122（见表 8－13），即各被包含的公司的合并纳税书面同意书。

表 8－12　可合并纳税公司列表 851（现行，2016 年 10 月颁布）

Form 851 (Rev. October 2016) Department of the Treasury Internal Revenue Service	Affiliations Schedule For tax year ending ____, __ ▶File with each consolidated income tax return. ▶Go to *www. irs. gov/Form851* for instructions and the latest information.	OMB No. 1545－0123

填报目的：披露所有被合并纳税的公司信息。
填报人：合并纳税的主体（某 C 类股份有限公司）。

表 8－13　被合并纳税公司书面同意书表 1122（现行，2003 年颁布）

Form 1122 (Rev. December 2003) Department of the Treasury Internal Revenue Service	Authorization and Consent of Subsidiary Corporation To Be Included in a Consolidated Income Tax Return ▶Attach to the consolidated income tax return

填报目的：获得被合并纳税的公司的书面确认。
填报人：同意合并纳税的公司（某 C 类股份有限公司）。

跨国公司和业界普遍认为，合并纳税的益处主要体现在以下五个方面[65]：

1. 最大的益处是可合并纳税的成员公司的（累计）税务亏损可以交互使用，抵消盈利公司的应纳税所得额；

2. 可合并纳税的成员公司的资本性亏损也可以用于抵消其他成员公司的资本利得；

3. 成员公司之间的分红全部免除税款；

4. 成员公司之间的某些应税交易可以有延迟纳税的可能；

5. 某成员公司的由外国税收抵免可以被其他成员公司使用等。

合并纳税也有其不利的方面，如该做法会影响到各公司停止合并纳税后的年度申报；大量额外的备案需要，以记录所有成员公司间延迟纳税的交易等。

本章参考文献

[1] Treas. Reg. § 301. 7701－2，301. 7701－3.

[2] Tax Policy Center，*Percentage of Revenue by Source* （1934 *to* 2025），February 2020.

[3] IRC § 351; Treas. Reg. § 1.351 – 1.

[4] U. S. Department of the Treasury, Internal Revenue Service, Rev. Proc. 77 – 37.

[5] IRC § 188 (a); Treas. Reg. § 1.188 – 1.

[6] IRC § 362 (a).

[7] Bittker & Eustice, "Corporation's Capital Structure: Debt vs. Equity," *Thomson Reuters Tax and Accounting*, November 2019.

[8] *Gilbert v. Commissioner*, 248 F2d 399, 402 (2d Cir.) (1957).

[9] IRC § 385 (c).

[10] IRC § 385 (b).

[11] *PepsiCo P. R., Inc. v. Commissioner*, 104 T. C. M. (CCH) 322 (2012).

[12] Treas. Reg. § 1.385 – 3.

[13] IRC § 441 (i).

[14] IRC § 269A; Treas. Reg. § 1.269A – 1.

[15] IRC § 542; Treas. Reg. § 1.542 – 1 to 1.542 – 3.

[16] Article 5. United States – The People's Republic of China Income Tax Convention. January 1, 1987.

[17] IRC § 11.

[18] IRC § 6012 (a) (2), 6072; Treas. Reg. § 1.6012 – 2 to § 1.6072 – 2T.

[19] IRC § 6081; Treas. Reg. § 1.6081 – 3.

[20] Treas. Reg. § 1.6081 – 3 (b).

[21] IRC § 6655 (g); Treas. Reg. § 1.6655 – 1 (g).

[22] IRC § 6655 (c), (d).

[23] IRC § 6655 (e); Treas. Reg. § 1.6655 – 2.

[24] IRC § 6655 (e); Treas. Reg. § 1.6655 – 3.

[25] IRC § 316; Treas. Reg. § 1.316 – 1.

[26] Burke, *Federal Income Taxation of Corporations and Stockholders*, West Academic Publishing, 2019. Treas. Reg. § 1.316 – 2 (b). Rev. Rul. 74 – 164.

[27] IRC § 305.

[28] IRC § 307; Treas. Reg. § 1.307 – 1.

[29] IRC § 1223 (4).

[30] IRC § 312 (a) (2).

[31] IRC § 311 (b).

[32] *Id.*

[33] IRC § 312 (b), (c).

[34] IRC § 243 (a), (c).

[35] IRC § 245A.

[36] IRC § 246A.

[37] IRC § 305 (c); Treas. Reg. § 1.305 -7.

[38] IRC § 59A (b).

[39] IRC § 59A (e).

[40] Treas. Reg. § 1.59A -1 (b) (1).

[41] IRC § 951A (a); Treas. Reg. § 1.951A -1 (b).

[42] IRC § 951 (b).

[43] IRC § 7701 (a) (30).

[44] IRC § 957 (a).

[45] Treas. Reg. § 1.6038 -5.

[46] IRC § 250 (a); Proposed Treas. Reg. § 1.250 (a) -1.

[47] IRC § 531; Treas. Reg. § 1.531 -1.

[48] IRC § 532; Treas. Reg. § 1.532 -1.

[49] U. S. Department of the Treasury, Internal Revenue Service, *Publication* 542 *Corporations*, Cat. No. 15072O (Washington DC: 2019).

[50] Treas. Reg. § 1.537 -2 (c).

[51] IRC § 55 (b) (2) (A).

[52] IRC § 55 (b) (2) (A) (i).

[53] IRC § 59 (k) (1) (B) (i).

[54] IRC § 59 (k) (1) (D) (i).

[55] IRC § 52 (a) and (b).

[56] IRC § 59 (k) (1) (B) (ii).

[57] IRC § 59 (k) (2).

[58] IRC § 451 (b) (3).

[59] IRC § 59 (k) (1) (A).

[60] IRC § 56A (c).

[61] IRC § 56A (d).

[62] IRC § 1501, 1504 (a).

[63] IRC § 1504 (b).

[64] IRC § 1504 (b).

[65] CCH Publication, *U. S. Master Tax Guide* (*Special Edition*), Wolters Kluwer, March 2021.

第九章

股份有限公司的税法条款和税务处理（二）

股票赎回和公司清算是股份有限公司生命周期中的重要事项。本章重点阐述两者对股份有限公司及其股东的税务影响。

另外，本章还着重介绍推定所有权（Constructive Ownership）的概念和税法规定。推定所有权是确定纳税人是否为关联方的重要税法依据，法典中多处章节都必须引用和遵守。

第一节　股票赎回

股份有限公司在某些特定的情况下需要赎回或回购已经发行的股票。股票回购是指股份有限公司以市场价格将股票从股东手中再买回来，而股票赎回则是指按照发行时的约定将可赎回股以约定好的赎回价格从股东手中交换回来。股票赎回的机制通常在股份有限公司的成立章程里有明确规定，某类股票一旦属于可赎回股票，那么该赎回则具有强制性。股票赎回的时点可以事先约定为一个固定日期，也可以依据某些可能发生的事件，或可根据股份有限公司或股东的主动选择而实现。

可赎回股通常不会是普通股，而绝大部分优先股都被要求在一定条件下可赎回。从法律意义上讲，可赎回股大致可以分为四个类型：开放型投资公司（open-end investment company）发行的可赎回普通股、股份有限公司有权优先换回的普通股（以限制其自由转让）、可赎回优先股和强制性可赎回优先股[1]。从美国税法上讲，股票赎回可能产生两种结果，其一是股份有限公司以某种资产换回了股东手里的公司股票，其二是股份有限公司对股东进行了分红。

一、交换或分红性质的股票赎回

税法规定股票赎回需要满足一定的条件才可以被确认为是交换性质的赎回，不能满足这些条件的则为分红性质的赎回。两种认定方式会对股份有限公司和股东产生不同的收入和税务影响，交换性质的赎回通常给股东带来资本利得，而分红性质的赎回给股东带来（非股票）分红。

股票赎回必须满足以下一个或多个条件，才能具备交换性质：

1）显著不成比例的赎回，即股东的持股比例被显著降低。运用显著不成比例的赎回条款本身还有一个前提条件，即股票赎回后该股东持有的投票权低于50%。在此前提下，显著不成比例的赎回之衡量标准为同时满足下列两种情形：

(1) 股票赎回后股东持有的具有投票权的普通股比例占赎回前比例的80%以下;

(2) 股票赎回后股东持有的普通股比例占赎回前比例的80%以下[2]。

如果股份有限公司只发行了一种有投票权的普通股，那么上述(1)点和(2)点中的80%测量比例实际上成为一个标准；如果股份有限公司发行了具有投票权和不具有投票权的普通股，那么在测算上述(2)点中的普通股比例时，应将具有投票权和不具有投票权的普通股综合在一起来测算，而不应分类测算[3]。在测算股东的持股比例时，必须考虑推定所有权（参阅本节“二、推定所有权”内容）。

【例9-1】 三英公司发行了400股有投票权的普通股，分别由A、B、C和D股东持有，每人持有100股，不存在推定所有权的持股情况。三英公司在2018年从股东A、B和C分别赎回55股、25股和20股股票。

分析：各位股东在股票赎回前和赎回后的持股和持股比例见表9-1。

表9-1　各位股东在股票赎回前和赎回后的持股和持股比例

	股东A	股东B	股东C	股东D	股票总数
赎回前持股	100	100	100	100	400
赎回前持股比例	25%	25%	25%	25%	100%
赎回股份数	(55)	(25)	(20)	—	(100)
赎回后持股	45	75	80	100	300
赎回后持股比例	15%	25%	26.67%	33.33%	100%
是否低于赎回前比例的80%?	是	不是	不是	不是	

四位股东赎回前持股比例是25%，其80%则等于20%，满足各股东持有的投票权低于50%的前提条件。所以，赎回后持股比例低于20%的股东才属于符合显著不成比例的赎回的测算要求。只有股东A符合条件，对其股票的赎回属于交换性质的赎回，而对其他股东B、C和D的赎回则属于分红性质的赎回。

【例9-2】 三英公司发行了400股有投票权的普通股，分别由A、B、C和D股东持有，每人持有100股。三英公司还发行了200股无投票权的普通股，分别由A、B、C和D股东持有，每人持有50股。所有股东都不存在推定所有权的持股情况，每股市值等同。三英公司在2018年从股东A、B、C和D分别赎回了有投票权的普通股和没有投票权的普通股，具体数据见表9－2。

分析：各位股东的股票赎回数额以及在股票赎回前和赎回后的持股和持股比例见表9－2。

表9－2　各位股东的股票赎回数额以及在股票赎回前和赎回后的持股和持股比例

	股东A	股东B	股东C	股东D	股票总数
赎回前有投票权普通股持股数	100	100	100	100	400
赎回前有投票权普通股持股比例	25%	25%	25%	25%	100%
赎回有投票权普通股数额	(70)	(70)	(60)	—	(200)
赎回后有投票权普通股持股	30	30	40	100	200
赎回后有投票权普通股持股比例	15%	15%	20%	50%	100%
赎回前无投票权普通股持股数	50	50	50	50	200
赎回前所有普通股持股数	150	150	150	150	600
赎回前所有普通股持股比例	25%	25%	25%	25%	100%
赎回无投票权普通股数额	(35)	(35)	—	(30)	(100)
赎回后无投票权普通股持股数	15	15	50	20	100
赎回后所有普通股持股数	45	45	90	120	300
赎回后所有普通股持股比例	15%	15%	30%	40%	100%
是否低于赎回前比例的80%？	是	是	不是	不是	

赎回前，四位股东持有的有投票权普通股的比例是25%，赎回后股东A、B和C符合投票权低于50%的要求。赎回前四位股东持有的所有普通股比例都是25%，其80%则等于20%。赎回后股东A和B所持的普通股比例低于20%。所以，股东A和B符合显著不成比例的赎回的测算要求。股东C满足投票权低于50%的要求，但不满足赎回后持有普通股比例占赎回前80%以下的要求。股东D则两个要求均不满足。因此，股东A和B符合条件，对其股票的赎回属于交换性质的赎回，而对股东C和D的赎回则属于分红性质的赎回。

如果股东仅持有无投票权的普通股或优先股，那么该股东永远无法同时满足上述测算要求。也就是说，投票权比例的测算是绝对的必要条件。相反，如果股东持有的普通股赎回满足了上述测算要求，符合显著不成比例的赎回，那么其持有的无投票权优先股的赎回则自动视为符合显著不成比例的赎回[4]。

从上面的两个例子可以看出，由于赎回股票是股份有限公司对多个股东的集体事件，单个股东的持股比例不仅受到其自身的股票赎回数量的影响，还受到其他股东的股票赎回数量的影响。另外，如果赎回分阶段、分步式进行，测算时应整合所有阶段的、所有步骤的赎回情况来统一计算，防止得到片面的错误结果，或陷入不见森林的误区。

2）赎回某股东的全部股票（推定所有权不适用，参阅本节“二、推定所有权”内容），需遵守以下约定[5]：

（1）赎回后股东在该股份有限公司没有任何权益或利益，包括任公司高管、董事会成员或雇员，以公司债权人保留的利益除外；

（2）赎回后股东在未来10年内（从赎回日算起）不能再次购买该公司股票（赠与或遗赠除外）；

（3）股东向国内收入局提交一份书面声明，如实陈述赎回事项及其承诺满足“（2）”下的要求，并依法保存该声明备案备查。

3）在股份有限公司部分清算时从非股份有限公司股东手中赎回股票[6]。部分清算指股份有限公司在当年或次年需执行某清算计划，其用于赎回股票的现金或其他财产在过去5年内被用于日常的经营活动，而且该赎回不具备分红的特征。

4）某些受监管投资公司应股东要求而赎回其股票[7]，此类公司只发行一种应股东要求即可赎回的股票。

5）不等同于分红的、用于赎回股票的财产交换[8]。此判断最为主观或困难，其核心在于如何测算某股东对股份有限公司的所有权实现了“实质意义的减少”的标准并不是刚性的。

在判断股票赎回的交易性质中，上述“1）”和“2）”提出了具体的测算数据或衡量标准，相对容易把控，常常被称为“安全港”条款。股份有限公司和股东在策划股票赎回的交易时，也尽量去满足这两个安全港条款。

二、推定所有权

推定所有权（Constructive Ownership）是普遍被接受的中文翻译，基本的核心含义是指某个体（个人或组织实体）对股份有限公司的所有权受到该个体某些相关方的影响，其实质意义上的所有权在一定的推定原则下包括其相关方对股份有限公司的所有权。推定所有权是美国联邦税法中的一个非常重要的概念，在众多法条中得以运用。

所有权的认定在下列推定原则中得以实现：

1. 家庭成员的推定原则：计算个人持有的股份有限公司股权时，其配偶（未法定分居）、子女（包括法定收养子女）、孙子女及父母所持有的该股份有限公司的股权视同该个人持有。兄弟姐妹的持股权不在推定原则下计算，祖父母和孙子女的股权也不能相互包含[9]。

【例9－3】 三英股份有限公司由乔先生、其配偶乔妻、儿子乔子和他的孙子乔孙共同持股，每人持股25%。

分析： 根据家庭成员的推定原则，乔先生、乔妻和乔子都视同持有100%的股权，而乔孙则持有50%的股权，因为乔孙只能把自己持有的及其父亲乔子持有的股权计算在内。

2. 实体到受益人的推定原则：由合伙企业、遗产纳税体或信托持有的股份有限公司股权，视同按同样的比例由其合伙人或受益人持有；计算股东对股份有限公司的股权持有时，只有在持股权等于或高于50%的情况下，该股权才能视同按比例被其股东持有。小于50%的持股权不参与推定原则下的计算[10]。

【例9－4】 乔先生直接持有三英股份有限公司50%的股权，另外50%的股权由合伙企业H持有。乔先生又持有合伙企业H 50%的权益。

分析： 根据实体到受益人的推定原则，乔先生通过H持有三英公司25%的股权，加上他直接持有的50%，总共持有75%三英公司的股权。

3. 受益人到实体的推定原则：合伙人或受益人持有的股份有限公司股权，视同按同样的比例由其所在的合伙企业、遗产纳税体或信托持有；计算股份有限公司对其他权益的持有时，只有在持股权等于或高于50%的情况下，股东持有的其他权益才能视同按比例被该股份有限公司持有（但是不能循环计算导致股份有限公司自持自己发行的股票）。小于50%的持股权不参与推定原则下的计算[11]。

【例9-5】 乔先生直接持有三英股份有限公司50%的股权，另外50%的股权由合伙企业H持有。乔先生又持有合伙企业H 50%的权益。

分析：根据受益人到实体的推定原则，乔先生直接持有的50%三英公司股权视同合伙企业H所持有，加上H自己持有的50%，合伙企业H总共持有100%三英公司的股权。

【例9-6】 乔先生和莉雅女士分别持有三英公司70%和30%的股权。三英公司持有H股份有限公司50%的股权，乔先生持有H股份有限公司另外50%的股权。

分析：莉雅女士仅持有三英公司30%的股权，所以不在推定所有权的适用范畴内。根据实体到受益人的推定原则，乔先生通过三英公司间接持有H股份有限公司35%的股权，加上他自己直接持有的50%，总共持有H股份有限公司85%的股权。又根据受益人到实体的推定原则，乔先生直接持有的H股份有限公司50%的股权视同由三英公司持有，加上其自己持有的50%，三英公司总共持有H股份有限公司100%的股权。

4. 股票期权的推定原则：任何个体持有的股票期权都视同持有实际的股权[12]。

【例9-7】 乔先生和莉雅女士是非关联方，分别持有三英公司50%的股权。乔先生在股票期权条款下，可以分两次购买莉雅女士所持有的三英公司的股权。

分析：根据股票期权的推定原则，乔先生视同持有100%三英公司的股权。

5. 限制再次推定的规定：根据上述推定原则下所实现的推定所有权被视为实际所有权。但是，为了防止推定原则的重复或交叉运用，税法规定家庭成员相互间的推定原则只能使用一次，即一位家庭成员持有的股权只能在推定原则下给另外一位家庭成员计算，不能再给第三位家庭成员再次计算。受益人到实体的推定原则被使用和计算后，不能再将此推定所有权再次通过实体到受益人的推定原则被另一位受益人来使用和计算。

【例9-8】 乔先生和他的儿子、女儿分别各持有三英股份有限公司30%的股权，另外10%的股权由信托持有。乔先生的儿子和女儿分别持有信托50%的权益。

分析：根据家庭成员的推定原则，乔先生持有的股权比例来源于他自己持有的30%，儿子持有的35%（5%来自信托），以及女儿持有的35%（5%来自信托），共计100%；信托持有的三英公司股权比例来源于自行持有的10%，受益人儿子持有的30%，受益人女儿持有的30%，及乔先生持有的30%（通过儿子或女儿的关联），共计100%；儿子持有的股权比例来源于他自己持有的30%，乔先生持有的30%，以及通过信托持有的5%，共计65%；女儿的持股情况和儿子相同。

三、关联方交易下的股票赎回

关联方所进行的买卖公司股份的交易在特定情形下不能按照表面上的交易来处理，而应重新定义为某种形式的股票赎回，从而应遵循股票赎回的税法规定。税法中设立这些条款的原因是防止关联方用表面上的买卖交易来获得资本利得，而实质上是变相地抽走了股份有限公司的税后净收益，避开公司分红的处理方式和结果。当然，目前由于资本利得和分红股息在征税税率上接近一致，所以重新定义后的税款影响并不十分显著。

涉及股权买卖的关联方交易通常以两种方式进行，下面逐一分析交易的结构、税法对其的定性标准和要求等。

1. 兄妹关系（Brother - Sister Relationship）方式下的关联交易。两家股份有限公司被同一个或多个同一股东持有50%以上的选举权或市值（推定所有权规则适用，且关于股份有限公司所有权50%的推定限制降到5%）[13]，但这两家股份有限公司并不直接或间接持有对方股份的股权。这种结构下，这两家股份有限公司就是具有兄妹关系的关联方。该股东将一家公司（发行公司）的股票卖给另一家公司（收购公司）并获得某种形式的财产收益时，此交易被重新定义为收购公司赎回其已发行的股份[14]。接下来再根据交易后股东对发行公司的实际持股比例（推定所有权规则不适用）分析该赎回是交换性或分红性的股票赎回[15]，如果是分红性股票赎回，确定股息额时应先考虑收购公司的税后净收益，再考虑发行公司的税后净收益[16]。

上述股权关系和交易结果如图9-1所示：

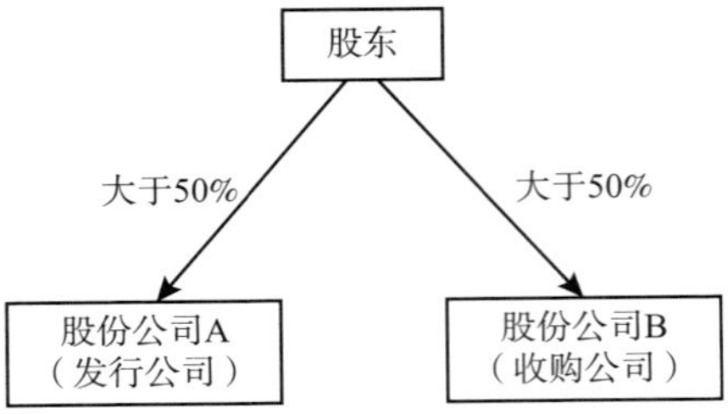

图9－1　交易前股权关系

交易后股权关系可能出现两种情况，（A）股东卖出所有发行公司的股权，或（B）股东卖出部分发行公司的股权，如图9－2所示：

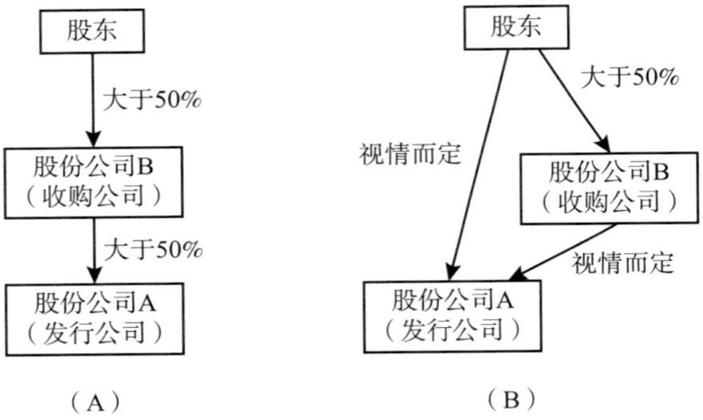

图9－2　交易后股权关系可能出现两种情况

【例9－9】 乔先生和莉雅女士没有任何亲戚关系，分别持有股份有限公司A和B的50%的股权。A和B均发行了200股有投票权的普通股。2019年6月30日，乔先生将其持有的30股A公司股票卖给B公司，获得5万美元现金。

分析： A和B属于兄妹关系方式下的关联方，因此该交易被重新定义为收购公司B赎回其已发行的股份。接下来，应根据乔先生对发行公司A的实际持股变化判断该赎回是交易性或分红性股票赎回。交易前乔先生对A的持股比例为50%，交易后对A直接持有70股，通过B间接持有15股，共计持有85股。85股占A公司股票总数的42.5%（85÷200×100%），高于交易前持股比例50%的80%，即40%。因此，该交易属于收购公司B的分红性股票赎回，即5万美元视为B公司对乔先生的股息分红。

2. 母子关系（Parent – Subsidiary Relationship）方式下的关联交易。某股份有限公司（母公司）持有另一家股份有限公司（子公司）50%以上的股权或市值（推定所有权规则适用，且关于股份有限公司所有权50%的推定限制降到5%），这两家股份有限公司就是具有母子关系的关联方。该股东将母公司（发行公司）的股票卖给子公司（收购公司）并获得某种形式的财产收益时，此交易被重新定义为母公司赎回其已发行的股份[17]。接下来再根据交易后股东对母公司（发行公司）的实际持股比例（推定所有权规则不适用）分析该赎回是交换性或分红性的股票赎回。如果是分红性股票赎回，确定股息额时应先考虑收购公司（子公司）的税后净收益，再考虑发行公司（母公司）的税后净收益。

上述股权关系和交易结果如图9–3所示：

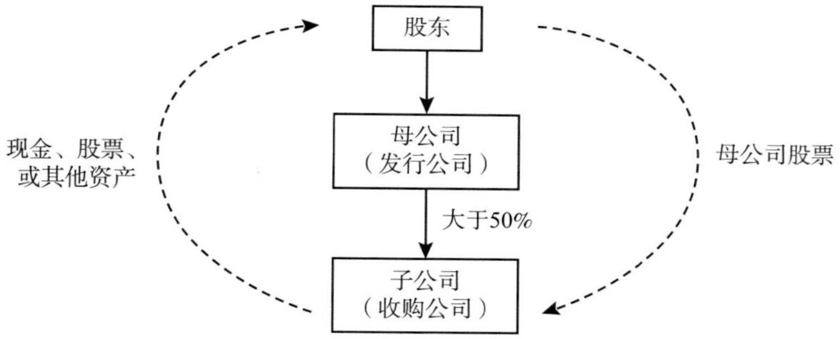

图9–3　股权关系和交易结果

四、股份有限公司和股东的收入确定

在股票赎回的交易中，如果股份有限公司用非现金资产换回其已发行的股份，那么不论是按照分红性赎回或交易性赎回处理，该股份有限公司都应首先确认该交换产生的资本利得，而不能确认该交换产生的资本亏损。其次，再按照分红性赎回或交易性赎回来相应减少税后净收益和资本金等。在交易性赎回中，赎回产生的资本利得税后净收益应完全包括在此赎回交易的分配中，同时该赎回所引起的累计税后净利润（不包括此次赎回的资本利得）的分配占比应等于赎回股票占总股份数额的比率[18]。

【例9-10】 2019年1月1日，三英公司通过给股东分配财产的方式赎回其50%的股份。赎回前，三英公司账面上有10万美元资本金，资产总值32万美元，累计税后净利润22万美元。当日三英公司资产的市值为50万美元。

分析： 由于资产市值高于账面价值，三英公司应先确认50%按市值分配的资产所产生的资本利得90万美元，同时增加累计税后净利润。表9-3帮助读者理解分配增值的资产对各个账户的影响。

表9-3　分配增值的资产对各个账户的影响　单位：美元

	账面价值	市场价值	50%市场价值
资产	320 000	500 000	250 000
资本金	100 000	100 000	50 000
资本利得（股票赎回时确认）	—	180 000	90 000
累计税后净利润	220 000	220 000	110 000

三英公司赎回时第一笔记账：

借：50%资产（升值）　90.000

　　贷：资本利得　90 000

　　（结转到累计税后净利润）

三英公司赎回时第二笔记账：

借：累计税后净利润　200 000

　　资本金　50 000

　　贷：资产（包括升值）　250 000

三英公司分配时所拥有的累计税后净利润等于资本利得18万美元加上原有22万美元，共计40万美元。所以50%的累计税后净利润为20万美元。

股东确认收入时根据股票赎回交易的性质确定收到的现金或非现金财产属于分红股息（参阅第八章第二节）还是卖出股票的总收入，再根据资产处置的原则计算资本利得或亏损（参阅第五章）。

第二节　公司清算

股份有限公司决定停止经营并召回所有已发行股票的行为就是公司清算。公司清算可以是股东主动进行的公司解散式清算，也可以是公司资不抵债的破产式清算。无论何种形式的清算，为保证股东和债权人的利益，公司都会制定相应的清算计划。

公司具备清算计划是税法规则下确认一组交易为公司清算的必要条件[19]。清算计划通常应说明何时停止经营并启动清算程序、如何处理债权人的债务、如何处置资产和分配、何时做最后的分配、何时召回所有股票并完成清算等。清算计划和程序中最重要的因素是停止本身业务的经营。如果某股东让一家公司停止经营，而把业务转给另一家同一股东持有的公司来继续经营，那么第一家公司的停业则不能作为清算来处理。

在清算计划下，公司进入清算程序后所进行的一次或连续的几次分配都可以视为在同一个清算计划中进行的。法律上的公司解散独立于税法认定的清算计划和程序，可以在最后的分配完成后执行。公司完成清算后保留的少许维持其收尾工作的现金或其他财产也不会影响税务上认定的清算过程[20]。

一、股东的税务事项

股份有限公司在合理的清算计划和程序下进行现金或资产分配，以召回股东持有的股权。当清算的目的是彻底停止经营活动时，公司和股东之间的交易属于买卖或交换的性质，即公司以现金或资产买回（换回）已发行的股票。股东应根据获得的现金或资产的价值，扣除其股票的持有成本，计算出长期或短期的资本利得或亏损[21]（参阅第五章）。

（一）应按股票持有期和购入成本分类计算资本利得或亏损

如果股东持有的股票是分期购入的，那么计算时应按分期购入的成本来分别核算资本利得或亏损。这样做的主要原因是资本利得或亏损分为长期或短期，并且需要区分核算。

【例9-11】 2015年三英股份有限公司成立时，乔先生用1万美元购入100股普通股。2018年12月1日，乔先生又花4万美元购入100股普通股。2019年6月30日，三英股份开始实施公司解散清算程序，次日按每股200美元的价格向乔先生进行了分配，并召回其持有的200股普通股。2019年乔先生其他的资产处置还实现了2万美元的短期资本利得。

分析： 乔先生退还三英公司的股票属于卖出清算公司股票。按照分期购入的股票分开计算的原则，2019年乔先生实现的总体盈亏见表9-4。

表9-4　　2019年乔先生实现的总体盈亏　　单位：美元

	2015年购入股（持有期大于1年）	2018年购入股（持有期小于1年）
三英公司股票持有成本（a）	10 000	40 000
三英公司股票卖出总收入（b）	20 000	20 000
股票长期资本利得或（亏损）（c=b-a）	10 000	—
股票短期资本利得或（亏损）（d=b-a）	—	（20 000）
其他短期资本利得（e）	—	20 000
长期净资本利得或亏损（f=c+e+d）	10 000	—

上述计算结果是乔先生有1万美元的长期净资本利得，其最高征税税率为20%。假如不考虑股票持有期，不做分期购入的股票分开计算，那么清算时乔先生的资本亏损为1万美元，与其另外获得的短期资本利得合并后，结果得到短期性资本利得收入1万美元，其最高征税税率可以达到39.6%（参阅第六章例6-6）。

（二）抵押贷款

如果股东获得公司财产的同时也接受了抵押贷款，那么该分配的总额（总市值）应相应降低等同于抵押贷款的额度。其他或有负债的金额有极大的不确定性，因此不能用于减少分配的总额。直到股东为处理或有负债发生费用时，股东才可将其作为经营成本对待。

【例9-12】 莉雅女士持有三英股份有限公司300股普通股，其持有成本3万美元。三英公司清算时将价值5万美元的土地分配给莉雅女士，并收回所有股票。三英公司以土地抵押所获得的贷款 1.5 万美元也同时转给了莉雅女士。

分析：以土地做抵押的贷款额 1.5 万美元应用来减少分配的总额 5 万美元，所以莉雅女士实际获得 3.5 万美元分配，减去股票持有成本 3 万美元后得到资本利得 5 000 美元。

（三）股份有限公司清算子公司

当被清算的股份有限公司的股东也是 C 类股份有限公司，即某 C 类股份有限公司清算其子公司时，清算对股东的税务影响会有所不同，分为以下四种情形：

1）少数权益股东，即持有被清算公司的股票投票权和市值都小于 20% 的股东，应根据获得的现金或资产的价值，并扣除其股票的持有成本，从而得出长期或短期的资本利得或亏损[22]。

2）股份有限公司股东获得受监管投资公司或受监管不动产投资信托基金的清算分配时，应先确认股息分红收入，数额等于该受监管投资公司或受监管不动产投资信托基金所认可的股息分红[23]（参阅第十三章）。

3）多数权益股东，即持有被清算公司的股票投票权和市值都等于或大于 80% 的股东，满足下面两个条件之一时，则不必确认资本利得或亏损[24]：

（1）被清算公司在 1 年（12 个月）内根据清算计划召回所有股票，并完成所有分配。清算计划启动的时点是股东通过清算决议[25]；

（2）被清算公司在三个纳税年度内（从第一次分配发生的纳税年度截止日起的 36 个月内）根据清算计划召回所有股票，并完成所有分配。在此期间，股东和被清算公司的股权关系仍必须满足多数股东权益。如果在此规定的时间段内清算分配没有完成，或者在此期间内 80% 控股权被破坏，那么不必确认资本利得或亏损的清算条件就不再成立，以往的所有分配都不能视为符合条件的分配[26]。

4）被清算公司的股东是美国境外的股份有限公司，而美国境内被清算的股份有限公司属于某些特定的控股公司。这种情形下的清算，应按股息分红处理[27]。

(四) 分配以收入分期实现制记账的资产

股东获得的清算资产可能是在收入分期实现制下的某项工程（不包括库存商品）的交付或某种借款的回收权利。由于股东所能获得的款项分次并跨期，且该交付项目的分期成本很难确定，所以税法允许收到现金付款才算是清算程序下的交换真正得以完成，并允许股东先收回持有成本，再确认资本利得或亏损[28]。如果清算分配的时间超过 1 年，那么在所有分配完成后股东还应该重新计算收入分期实现制下的资产的持有成本（参阅第二章第一节），以期更准确地确认此项交易下的资本利得或亏损。

(五) 股东获得清算财产的持有成本

股份有限公司彻底清算时，通过向股东分配现金或其他财产来召回所有已发行的股票。根据股东在清算过程中的税务处理方式，其所获得的清算财产成本计量也会有区别[29]：

1. 普遍的规则是，如果股东获得清算财产后需要确认资本利得或亏损，那么所获得的清算财产的持有成本应该是其市场价值。

2. 在清算子公司时，母公司获得清算财产后如果不确认资本利得，那么母公司对清算财产的持有成本应等同于其在子公司的持有成本。然而，如果子公司的持有成本高于该清算财产的市场价值（高出的部分被称为“嵌入亏损”，Built – In Loss），那么母公司对该清算资产的持有成本应为其市场价值，也就是说，嵌入亏损不能通过清算转移到母公司。

【例 9 – 13】 莉雅女士和乔先生各持有三英股份有限公司 300 股普通股，其持有成本分别为 3 万美元和 4 万美元。三英公司清算时将价值 5 万美元的土地分配给莉雅女士，并将以土地抵押所获得的贷款 1.5 万美元也同时转给了莉雅女士，收回莉雅女士持有的股票。三英公司将价值 3 万美元的生产设备和 8 000 美元现金分配给乔先生，收回其持有的股票。

分析：以土地做抵押的贷款额 1.5 万美元应用来减少分配的总额 5 万美元，所以莉雅女士实际获得 3.5 万美元分配，减去股票持有成本 3 万美元后得到资本利得 5 000 美元。莉雅女士手中的土地成本为其市值 5 万美元。

乔先生获得的分配总额为 3.8 万美元，而其股票持有成本是 4 万美元，所以该交易对乔先生产生的资本亏损为 2 000 美元。乔先生手中的生产设备成本为其市值3万美元。

【例9-14】 假设三英公司的股东不是个人，而是另外一家C类股份有限公司X，并且X公司持有80%以上的股票价值和投票权。三英公司彻底清算时一次性将所剩现金和资产分配给X公司。三英公司持有土地的成本为4.5万美元，持有生产设备的成本为4.2万美元。

分析： 由于X公司符合要求，是多数权益股东，所以因为子公司（三英公司）的分配而产生的、潜在的资本利得或亏损不被确认。同时，X公司"继承"三英公司对土地和生产设备的持有成本，分别为4.5万美元和4.2万美元。

（六）申报时的披露要求

税法要求"重要的股东"应在纳税申报时披露其获得的股份有限公司清算时分配的财产，包括现金、现金等价物和其他财产，并披露其股票的持有成本和市值[30]。"重要的股东"指持有上市公司5%以上股票（投票权和市值）的股东，或非上市公司1%以上股票（投票权和市值）的股东。

如果股东所获得的分配是股份有限公司清算分配的一部分，并且该清算在一年内全部完成，那么股东不需要对上述内容进行申报披露。

二、被清算的股份有限公司的税务事项

股份有限公司在合理的清算计划和程序下进行现金或资产分配，以召回股东持有的股权。当清算的目的是彻底停止经营活动时，公司和股东之间的交易属于买卖或交换的性质。这个买卖或交换的性质体现在股东和被清算公司两个层面。对股东而言，被清算的股份有限公司以现金或资产买回（换回）已发行的股票；对被清算的股份有限公司而言，税法认为该股份有限公司将清算资产按照市场价值卖给了股东，因此该股份有限公司应确认资本利得或亏损[31]（有限制性条款）。

需要注意的是，如果现金或资产分配属于股份有限公司重组过程的一部分，那么该公司可以不确认资本利得或亏损[32]（参阅第十章）。

（一）对资本亏损确认的限制

第五章阐述的内容解释了资产处置时如何计算资本利得或亏损。简单地

说，当投资人的持有成本大于资产处置时所获得的收益时，投资人就会产生资本亏损。从另一个角度看，如果投资人有权利决定某些被处置的资产和收益的匹配，那么该投资人实际上就有空间任意决定资产处置的利得或亏损，而且总是会以对自己最有利的方式进行匹配。为限制某些不合理的匹配的发生，税法通过以下两种方式限制公司清算时资本亏损的确认：

1）某些对关联方的清算资产分配所产生的资本亏损不予以确认。并非所有对关联方的清算资产分配都归入此范围，而是有两个要求：首先，关联方是指直接或间接持有被清算股份有限公司50%以上股权市值的个人或经营实体[33]。其次，清算时的分配不是按股权比例进行，或者清算时分配给关联方的资产属于“不合格资产”。不合格资产指某股东在清算分配前5年内（截止到清算分配日）投入被清算股份有限公司，用于换取股权或增加投资的资产。

【例9－15】 2008年，莉雅女士和史密斯先生共同成立了三英股份有限公司，分别投入了现金、土地和设备。莉雅女士持有75%的股权，史密斯先生持有25%的股权。2019年，两位股东决定解散并清算三英股份有限公司。清算计划启动时，三英公司持有土地的成本为30万美元，市值为100万美元；持有的机器设备成本为50万美元，市值为20万美元。三英公司考虑用以下两种分配方式之一来进行清算分配（见表9－5）。

表9－5　　清算分配方法　　单位：美元

	土地市值	机器设备市值	总市值
方法一：			
莉雅女士获得市值	750 000	150 000	900 000
史密斯先生获得市值	250 000	50 000	300 000
总数	1 000 000	200 000	1 200 000
方法二：			
莉雅女士获得市值	700 000	200 000	900 000
史密斯先生获得市值	300 000	—	300 000
总数	1 000 000	200 000	1 200 000

分析： 清算计划启动是在2019年，届时三英公司持有土地和机器设备超

过5年，因此土地和机器设备不再是“不合格资产”。方法一中的数额体现了土地和机器设备的分配都是按照两位股东的股权比例进行的，符合按照比例分配的条件。因此，三英公司在清算分配完成后应该确认出售土地的资本利得70万美元，出售机器设备的资本亏损30万美元。

方法二中的数额体现了土地的分配比例为70%归莉雅女士，30%归史密斯先生，机器设备全部分配给莉雅女士，而且此例中莉雅女士是三英公司的关联方。显而易见，方法二下的清算分配没有按照两位股东的股权比例进行，因此三英公司分配给关联方的机器设备所产生的资本亏损30万美元不予确认，只能确认清算分配土地的资本利得70万美元。

【例9-16】 接上例9-15，假如土地和机器设备是两位股东于2016年增加的资本投入，其他各条件或情形不变。

分析： 由于清算分配时三英公司持有土地和机器设备的时间少于5年，并且两项资产均为股东的增资投入（非直接购买所得），所以两项资产都属于“不合格资产”。故此，无论采用方法一还是方法二，三英公司都必须确认清算分配土地的资本利得70万美元，而不能确认对莉雅女士清算分配机器设备所产生的资本亏损，方法一下该金额为22.5万美元（75%×50-15），方法二下为30万美元。

2）某些清算资产的持有成本应被调整，以限制嵌入亏损在清算时得以实现。如果股东将具有嵌入亏损（其持有成本高于市值）的资产出资投入股份有限公司，且该资产投入在该股份有限公司清算计划实施前2年发生并具有明显的避税目的，那么该资产作为清算资产分配时，被清算的股份有限公司对其的持有成本应以当时的市值为起点[34]。如果该嵌入亏损的资产在清算程序发生的前1年被出售，并产生资本亏损，那么税法赋予财政部（国内收入局）追回限制嵌入亏损的权力，即在下一个纳税年度以等同于该亏损的一笔应税收入入账，从而夺回该公司在上年度因亏损而获得的利益[35]。

【例9-17】 2018年7月1日，莉雅女士和史密斯先生共同成立了三英股份有限公司。莉雅女士投入市值为40万美元的土地和市值为35万美元的设备，持有75%的股权。莉雅女士对土地和设备的持有成本分别为40万美元和50万美元。史密斯先生投入现金25万美元，持有25%的股权。2019年8月31日，两位股东决定解散并清算三英股份有限公司，清算计划是将剩余的现金、土地和设备按照股权比例分配给两位股东。假设土地和设备的市值没有变化。

分析：根据上述税法规定可以确定莉雅女士投入的设备属于具有嵌入亏损的资产，嵌入亏损额为15万美元。而且，由于设备是在清算程序发生前2年内投入三英公司的，所以它在三英公司手中的持有成本以当时投入的市值35万美元来计量。因此，分配时设备的成本等于其投入时的市值，嵌入的亏损不能确认。

【例9－18】 接上例9－17，所有事实情况相同，但假设在清算分配时，土地的市值为60万美元，而设备的市值为25万美元。

分析：根据上述税法规定，可以确定莉雅女士是三英公司的关联方（持有股权高于50%），其投入的设备属于具有嵌入亏损的资产，嵌入亏损额为15万美元。而且，由于土地和设备都是在清算程序发生前2年内投入三英公司的，所以都属于清算时的“不合格资产”。

其次，根据例9－17分析得到结论是三英公司对设备的持有成本为35万美元。在此基础上，进一步分析三英公司清算分配时应该确认的资本利得或亏损见表9－6。

表9－6　　三英公司清算分配时应该确认的资本利得或亏损　　单位：美元

	清算分配时的市值分摊（A）	清算分配时的成本分摊（B）	清算分配时产生的利得（或亏损）（A－B）	三英公司可以确认的利得（或亏损）
三英公司持有的土地：				
莉雅女士获得分摊	450 000	300 000	150 000	150 000
史密斯先生获得分摊	150 000	100 000	50 000	50 000
总数	600 000	400 000	200 000	200 000
三英公司持有的设备：				
莉雅女士获得分摊	187 500	262 500	(75 000)	—
史密斯先生获得分摊	62 500	87 500	(25 000)	(25 000)
总数	250 000	350 000	(100 000)	(25 000)

根据上述“1)”的条款规定，三英公司持有的“不合格资产”设备在分

配时所产生的、分配给关联方的亏损7.5万美元不能确认为三英公司的资本亏损。

（二）负债高于持有成本

如果某清算资产仍有抵押贷款在身，或者股东接手承担了被清算股份有限公司的债务，那么股东所获得的、被清算公司应确认的清算资产的市值不应低于股东接手并承担的负债额[36]。

【例9-19】 2016年，三英股份有限公司贷款50万美元购入生产设备，并采用加速折旧法进行折旧。截至2018年12月31日，设备贷款本金加利息的余额为41万美元，设备折旧35万美元。2019年1月1日，三英公司将该生产设备及其抵押贷款按照公司清算计划分配给乔先生。

分析：2019年1月1日，三英公司对生产设备的持有成本为15万美元，即购买价值50万美元减去折旧35万美元，可见持有成本低于抵押贷款41万美元。因此，乔先生所获得的生产设备的市值（和持有成本）应按照抵押贷款41万来定价，三英公司相当于分配了价值41万美元的清算资产，所以应该确认资本利得26万美元，即市值41万美元减去持有成本15万美元。

（三）被清算的子公司

上述“一、股东的税务事项”中阐述了C类股份有限公司清算其子公司时的税务事项，此处解释的是被清算子公司的税务处理。被清算子公司将有价资产分配给直接持股至少80%的股东（又称“80%被分配方”，80-Percent Distributee）时，该股东不应确认针对该有价资产的资本利得或亏损[37]。如果被清算子公司的股东有一位是直接持股至少80%的C类股份有限公司，那么子公司分配清算资产时可能产生的所有潜在的资本亏损都不能确认，但应确认分配给少数股东所产生的资本利得。其他少数股东应对所分配资产确认资本利得或亏损[38]。

【例9-20】 三英股份有限公司和莉雅女士是X公司（C类股份有限公司）的两位股东，三英公司持有股权80%，股份持有成本为64万美元，莉雅女士持有股权20%，股份持有成本为16万美元。2019年3月1日，X公司决定执行清算分配计划，将市值为80万美元的资产A分配给三英公司，市值为20万美元的资产B分配给莉雅女士。X公司持有资产A的成本为72万美元，持有资产 B 的成本为 25 万美元。

分析： 由于 X 公司此次的分配中涉及持股 80% 的 C 类股份有限公司股东，所以 X 公司在分配中产生的所有潜在的资本利得和亏损都不能得以确认，具体来讲就是资产 A 中的资本利得 8 万美元（80 – 72），以及资产 B 中的资本亏损 5 万美元（20 – 25），都不得予以确认。

根据股东的税务处理规则，三英公司获得资产 A 时也不应确认资本利得，而应将 X 公司持有资产 A 的成本 72 万美元转成为自己的持有成本。莉雅女士不是多数控股股东，她获得资产 B 时，应确认资本利得 4 万美元（20 – 16）。

【例 9 – 21】 接上例 9 – 20，假设 X 公司持有资产 B 的成本为 10 万美元，其他所有条件不变。

分析： X 公司将资产 B 分配给少数持股股东莉雅女士，该分配如果对 X 公司来说产生资本利得，则必须确认。此例中资产 B 的持有成本为 10 万美元，市值为 20 万美元，分配时产生的资本利得为 10 万美元。X 公司应确认来自此分配的 10 万美元的资本利得。

（四）分期交付责任下的资产分配

股份有限公司分配的清算资产可能是在分期交付责任下的某项工程（不包括库存商品）的交付或某种借款的回收权利。对股份有限公司来说，这种资产的分配相当于将资产出售给股东，因此股份有限公司应确认“分配”或“出售”时产生的盈利或亏损[39]。当然，如果此分配的对象是持股 80% 或以上的股份有限公司股东，那么则回到上述“（三）被清算的子公司”的规则内，即股份有限公司不确认盈利或亏损[40]。

（五）清算费用

现行税法的基本原则是将清算视为一项买卖交易，因此其中由被清算的股份有限公司承担的清算费用也允许被确认为股份有限公司当期发生的费用，可以抵减其应税收入。

（六）申报

被清算的股份有限公司承担将清算事项和分配金额通报国内收入局及所有股东的责任。在公司的清算决定或计划完成后的 30 天内，股份有限公司应通过提交股份有限公司解散或清算表966（见表9－7）将清算信息提供给国内收入局[41]。

表9－7　　股份有限公司解散或清算表966（现行，2016年10月颁布）

Form 966 (Rev. October 2016) Department of the Treasury Internal Revenue Service	Corporate Dissolution or Liquidation (Required under section 6043 (a) of the Internal Revenue Code) ▶Information about Form 966 and its instruction is at *www. irs. gov/Form966*.	OMB No. 1545－0233

填报目的：提交被清算公司的基本信息及解散或清算日。
填报人：被清算的股份有限公司。

此外，股份有限公司还应向国内收入局提交股息分红和清算分配表1099－DIV（见表9－8）第一联，向相关州的税务部门（或财政部门）提交股息分红和清算分配表1099－DIV第二联，并将该表第三联递送给各位股东。该表反映被清算股份有限公司和股东的基本信息，以及清算分配金额和代扣代缴所得税的金额。

表9－8　　股息分红和清算分配表1099－DIV（2022纳税年度）

OMB No. 1545－0110 2022 Form 1099－DIV	Dividends and Distribution

填报目的：披露分红和清算分配金额等信息。
填报人：被清算的股份有限公司。

本章参考文献

[1] Merrick Dodd, Jr., "Purchase and Redemption by a Corporation of Its Own Shares: The Substantive Law," *University of Pennsylvania Law Review* 89, no. 6 (1941): 719－734.

[2] IRC § 302 (b) (2); Treas. Reg. § 1. 302－3.

[3] U. S. Department of the Treasury, Internal Revenue Service, *Revenue Ruling* 87－88.

[4] Treas. Reg. § 1.302 – 3 (a).

[5] IRC § 302 (b) (3); Treas. Reg. § 1.302 – 4.

[6] IRC § 302 (b) (4).

[7] IRC § 302 (b) (5).

[8] IRC § 302 (b) (1); Treas. Reg. § 1.302 – 2.

[9] IRC § 318 (a) (1); Treas. Reg. § 1.318 – 1.

[10] IRC § 318 (a) (2); Treas. Reg. § 1.318 – 1.

[11] IRC § 318 (a) (3); Treas. Reg. § 1.318 – 1.

[12] IRC § 318 (a) (4).

[13] IRC § 304 (c).

[14] IRC § 304 (a) (1); Treas. Reg. § 1.304 – 2.

[15] IRC § 304 (b) (1).

[16] IRC § 304 (b) (2).

[17] IRC § 304 (a) (2); Treas. Reg. § 1.304 – 3.

[18] IRC § 312 (n) (7).

[19] IRC § 346 (a).

[20] Treas. Reg. § 1.332 – 2 (c).

[21] IRC § 331, § 1001, § 1221; Treas. Reg. § 1.331 – 1.

[22] Treas. Reg. § 1.332 – 5.

[23] IRC § 332 (c).

[24] IRC § 332 (a); Treas. Reg. § 1.332 – 1.

[25] IRC § 332 (b) (2); Treas. Reg. § 1.332 – 3.

[26] IRC § 332 (b) (3); Treas. Reg. § 1.332 – 4.

[27] IRC § 332 (d).

[28] IRC § 453 (h); Treas. Reg. § 1.453 – 11.

[29] IRC § 334; Treas. Reg. § 1.334 – 1.

[30] Treas. Reg. § 1.331 – 1 (d).

[31] IRC § 336 (a).

[32] IRC § 336 (c).

[33] IRC § 336 (d) (1); § 267 (b).

[34] IRC § 336 (d) (2) (A), (d) (2) (B).

[35] IRC § 336 (d) (2) (C).

[36] IRC § 336 (b).

[37] IRC § 337 (a); Treas. Reg. § 1.337－1.

[38] IRC § 336 (d) (3).

[39] IRC § 453B (a).

[40] IRC § 453B (d).

[41] IRC § 6043 (a); Treas. Reg. § 1.6043－1, 1.6043－2.

第十章

股份有限公司的税法条款和税务处理（三）

我们在日常经济活动中使用的兼并和收购（Mergers and Acquisitions）一词有着很广泛的含义，泛指某个实体或个人将其他一个或数个权益或资产纳入麾下。然而，该名词在法律及税法下却有各自严格的定义和实际操作的流程。在美国，股份有限公司的兼并和收购行为受到联邦和各州立法、行政部门的管辖，而法典对其又有独立的一套规则。

本章阐述美国税法关于股份有限公司收购、兼并等事项所制定的重点条款。

第一节 公司收购及税务属性的承接

收购股份有限公司通常有两种方式，一是收购其资产，二是收购其股权。运用哪种方式进行交易取决于买方和卖方的实际需求和互动结果。概括而言，资产收购发生在买方仅对卖方的某一部分资产有兴趣，或者卖方仅愿意出售部分资产之时。资产收购的结果就是卖方将部分或全部资产按市值卖给买方，所以买方对购入资产的持有成本就是其购买价格。

股权收购不会稀释收购方的股权结构，如果被收购股份有限公司是上市公司，那么收购价格相对比较容易确定。但是，股权收购通常也会将被收购股份有限公司（又称“标的公司”）的负债一起“买”过来，而且收购方获得股权的成本（又称“外部持有成本”）多数情况下都不等于被收购方持有自有资产的成本（又称“内部持有成本”），从而产生外部和内部持有成本的差异。

一、资产收购

当被收购的股份有限公司的股东人数不多并且希望卖出其全部股权时，买卖双方可以将交易设计成为对股份有限公司的资产进行收购。资产收购的最大好处是买方对被收购资产的持有成本等于其市场价值，而在股权收购的框架下，标的公司的资产成本不能立即被“提升”到整体收购的市场价格水平。

将交易设计成为对股份有限公司的资产收购要求在该收购发生前或发生后立即将被收购的股份有限公司进行清算并将所有资产分配给股东。可见，资产收购是结合公司清算的税法规则来实现的。

【例 10－1】 莉雅女士于 2000 年投资 10 万美元成立了股份有限公司 A，并且一直是它的唯一股东。经过十几年的经营，A 公司成为拥有 200 万美元地产的公司（假设地产是该公司的全部资产）。A 公司对地产的持有成本为 120 万美元。2019 年 1 月 1 日，史密斯先生用 200 万美元收购 A 公司的所有地产，收购生效后莉雅女士立即将A公司清算并做清算分配。

分析：假设莉雅女士和A公司的应缴所得税税率分别为35%（其资本利得税率20%）和21%。史密斯先生收购A公司地产时，A公司获得资本利得80万美元，等于200万美元市值减去持有成本120万美元，A公司对其资本利得应缴所得税16.8万美元，等于80万美元乘以21%的税率。

此时A公司的资产为现金200万美元，清算时全部分配给莉雅女士，莉雅女士获得资本利得190万美元，等于200万现金分配减去股票持有成本10万美元。莉雅女士为此资本利得应缴所得税38万美元，等于190万美元乘以20%税率。

【例10－2】 接上例10－1，交易前所有事实背景相同。2019年1月1日，莉雅女士将A公司清算并做清算分配，然后立即将分配所得的地产卖给史密斯先生。

分析：莉雅女士将A公司清算时，A公司和莉雅女士所发生的税务结果完全同上例10－1。两例的区别在于税务结果产生的程序，因为莉雅女士获得的分配对象是市值为200万美元的地产，而不是现金，所以在清算的步骤下莉雅女士确认了资本利得，其对地产的持有成本提升到200万美元。她将地产卖给史密斯先生时，则不再产生收益或亏损。

如果被收购的公司资产不只一个种类，如有价证券、库存、固定资产、无形资产或商誉等，那么应将收购价格按照一定比率分摊到各类资产上（如可根据各类资产的市值和总收购价的比率分摊，参阅第五章）。

二、股权收购

上述两个举例中，如果A公司不被清算，莉雅女士将100%的股权卖给史密斯先生，那么交易后史密斯先生对A公司持股100%，持有成本（“外部持有成本”）为200万美元。而A公司对其内部的地产持有成本（“内部持有成本”）仍保持120万美元，内外持有成本的差异就是A公司地产的增值部分。可见，资产收购的好处是所有人对资产的持有成本被资产增值的部分“提升”，致使资产的折旧基数就此增高，每年的折旧额也相应增加，而股权收购则没有这项优势。如果史密斯先生获得A公司股票后立即将A公司解散清算，那么A公司应确认资本利得80万美元，A公司的地产价值因此被提升到200

万美元，并以此市值被分配给史密斯先生，实现“内部持有成本”和“外部持有成本”的一致。

股权收购完成后收购方立即执行对标的公司的解散清算，可以使股权收购的结果和资产收购的结果保持一致。

然而，实践中并非所有的标的公司都应该或可以被解散清算。为了使符合条件的股权收购可以获得同等的其资产持有成本被增值部分“提升”的待遇，税法给予某些收购方一个选择的权利，将股权收购视同资产收购，并将资产持有成本“提升”到其市场价值。该选择权的实现有以下两个前提条件：

> 1）收购方必须是股份有限公司。个人可以通过建立一个新的股份有限公司来满足此要求。
>
> 2）收购必须是符合条件的股权收购，即在 12 个月的收购期内，收购方完成一次或数次收购并获得标的公司至少 80% 的投票权和股票市值[1]。收购起始日为第一次收购交易发生的当日[2]，股权收购必须排除在推定所有权下已经被确定为己有的股权，就是已经直接或间接持有的股权不能再以“被收购的股权”对待[3]。此外，股权收购不能被确认为资本投入的一部分，或公司重组的一部分[4]。

【例 10－3】 2018 年 1 月 1 日，莉雅股份有限公司购买了股份有限公司 A75% 的股权，当时 A 公司持有三英股份有限公司 4% 的股权。同年 6 月 1 日，A 公司又购买了三英公司 16% 的股权。同年 12 月 1 日，莉雅股份有限公司从另外第三方收购了三英公司 70% 的股权，并从 A 公司收购了三英公司 12% 的股权。

分析：莉雅公司是股份有限公司，符合收购方必须是股份有限公司的要求。本例中三个时点的交易，都在 12 个月内完成。所有交易完成后，莉雅公司持有 A 公司 75% 的股权，A 公司持有三英公司 20% 的股权，都没有达到 80% 以上的持有率，因此这两次收购都不是符合条件的股权收购。

另外，所有交易完成后，莉雅公司直接或间接（按推定所有权规定）持有三英公司 88% 的股权，其获得股权的步骤如下：

2018 年 1 月 1 日，按照推定所有权的规定，获得三英公司 3%（75% × 4%）的股权。

2018 年 6 月 1 日，按照推定所有权的规定，再次获得三英公司 12%

(75% ×16%) 的股权。

2018 年 12 月 1 日，从 A 公司直接收购三英公司 12% 的股权，因此直接持有三英公司 12% 的股权，并通过 A 公司间接持有三英公司 6% ［75% ×(20% -12%)］ 的股权。由于在 12 月 1 日前已经间接持有三英公司的股权，莉雅公司从 A 公司收购的三英公司 12% 的股权，不算作首次收购和持有。

最后，加上莉雅公司从第三方收购的三英公司 70% 的股权，总计在 12 个月内完成收购三英公司 88% 的股权，等于直接持有的 82% 和间接持有的 6%。

因此，莉雅公司对三英公司的收购是符合条件的股权收购。

在符合条件的股权收购开始后（收购本月不计）的第 9 个公历月的第 15 日之前，收购方股份有限公司可通过书面的形式做出“视同资产收购的选择”，以期实现特定的税务结果，即标的公司视同将其所有的资产以市值一次性出售，并且标的公司（“原公司”）视同以一家新的股份有限公司身份（“新公司”）一次性购入所有该资产[5]，尽管“原公司”和“新公司”法律上就是一家公司。税法细则还特别规定“原公司”和“新公司”之间不存在关联交易[6]。

由于上述选择和视同“一买一卖”的规定，“原公司”就应对资产增值的部分确认资本利得，“新公司”持有资产的成本就可等于其视同“购买”的资产市值，当然该持有成本会因某些负债或其他因素而做相应的调整。该选择不是强制性的，如果收购公司不做书面申报选择，那么选择所产生的特定税务结果也就不成立。收购公司做出选择的最重要目的是将标的公司的“内部持有成本”提升到和收购公司收购股权成本一致的水平，并且增加往后各年的折旧或摊销成本。

由于符合条件的股权收购可以分次从不同的股东手中收购，所以“原公司”需确定“视同交易的整体售价”（Aggregate Deemed Sales Price，ADSP）以计算该交易产生的资本利得或亏损；“新公司”需确定“调整后的总资产成本”（Adjusted Grossed-up Basis，AGUB）以计算未来各年的折旧或摊销。两者如何分摊到各类被收购资产上也不可忽视。视同交易的总体售价包括收购方支付的现金及其他有价财产、承接的“原公司”的债务，再扣除卖方公司的交易费用[7]。调整后的总资产成本包括收购方公司 12 个月内收购的股权成本、12 个月以前收购的股权成本以及“新公司”本身的债务[8]。

如果对标的公司的符合条件的股权收购中还涉及对标的公司的控股子公

司（持有至少80%的股票市值和投票权，并且合并纳税）的连带收购，比如标的公司的所有资产就是另一家股份有限公司的股权，那么收购方公司对标的公司及其控股子公司均做出视同资产收购的选择后，标的公司不需对其控股子公司的出售确认资本利得或亏损，其控股子公司视同将其所有的资产以市值一次性从“原公司”出售给“新公司”，并确认资本利得[9]。

【例10－4】 莉雅女士从史密斯等几位股东手中购买了超过80%的T公司的股权，数次交易的结果确定是符合条件的股权收购。T公司的所有资产是持有T1公司100%的股权，其持有成本为50万美元，市值为150万美元。T1公司的资产原始成本为50万美元，市值为150万美元。莉雅女士在规定的时间内对T公司和T1公司股权收购都做了视同资产收购的选择。

分析：T1公司是标的公司T公司的控股子公司。由于莉雅女士对T公司和T1公司都做出视同资产收购的选择，即该交易视同T1公司将其所有资产以市值150万美元从“原公司”卖给“新公司”，“原T1公司”确认资本利得100万美元，等于市值150万美元减去原始成本50万美元，“新T1公司”对资产的持有成本提升到150万美元。T公司则不必再确认出售T1公司股权而产生的潜在资本利得。

【例10－5】 接上例10－4，假设莉雅女士没有对T1公司做视同资产收购的选择，其余所有事实背景相同。

分析：由于莉雅女士仅对T公司做了视同资产收购的选择，所以T公司应确认出售其资产的资本利得100万美元，等于市值150万美元减去持有成本50万美元。T1公司不会再确认资本利得，其资产仍保持原始成本50万美元，不能因T公司确认的资本利得而提升到150万美元。

符合条件的股权收购还可以是从某个参与合并纳税的卖方股份有限公司（参阅第八章）手中，一次性将其持有的、至少80%的子公司（标的公司）的股权购买过来。在此类更为特殊的交易下，标的公司在交易前是合并纳税的组成部分，交易后收购方和卖方共同做出“视同资产收购的选择”［又称338（h）（10）选择］后，原标的公司视同一次性将其持有的资产全部分配给卖方，并确认资本利得，然后在资产分配当日被解散清算[10]，卖方则不再确认股权出售的资本利得。

【例10－6】 莉雅股份有限公司持有T公司所有的股权，T公司分别持有

T1 公司和 T2 公司的所有股权。莉雅股份有限公司是合并纳税的母公司，合并纳税的组成部分包括 T 公司、T1 公司和 T2 公司。三英股份有限公司从莉雅股份有限公司收购 T 公司所有股权，该交易是符合条件的股权收购。交易完成后莉雅股份有限公司和三英股份有限公司共同对 T 公司和 T1 公司做了视同资产收购的 338（h）（10）选择，该选择不包括 T2 公司。

分析： 由于 338（h）（10）选择包括 T 公司和 T1 公司，所以卖方莉雅公司不需确认出售 T 公司股权的收益，T 公司不需确认出售 T1 公司股权的收益。该选择将对 T1 的收购视同对其资产的收购，T1 公司可确认其资产出售的资本利得（如有）。因为 T2 公司不在选择所包含的范围，所以 T 公司应对 T2 公司的股权出售确认资本利得或亏损。

收购方自身的或与卖方共同做出的书面选择需通过填写并提交做符合条件的股权收购的股份有限公司根据税法条款 338 的选择申报表 8023（见表 10－1）来完成，该表披露收购方、卖方和被收购方公司的纳税信息，收购过程中是否确认资本利得，以及该选择适用的具体税法条款等。该表必须在收购开始后第 9 个公历月的第 15 日之前提交给国内收入局，该选择一经生效就不可撤回[11]。

表 10－1　做符合条件的股权收购的股份有限公司根据税法条款 338 的选择申报表 8023（现行，2016 年 11 月颁布）

Form 8023 (Rev. November 2016) Department of the Treasury Internal Revenue Service	Elections Under Section 338 for Corporations Making Qualified Stock Purchases ▶See separate instructions. ▶Information about Form 8023 and its separate instructions is at *www.irs.gov/Form8023*.	OMB No. 1545－0123

填报目的：在符合条件的股权收购中完成税法第 338 条所规定的选择。
填报人：收购方股份有限公司。

三、收购交易费用的处理

无论是资产收购还是股权收购（或兼并、重组等），其目的都是有助于收购方的长远发展和经营效益，因此收购本身对企业具有长期性的影响。鉴于此，在收购交易中发生的促成交易的成本和费用，如律师费、咨询费、评估费、佣金和特殊人员遣散费等原则上都属于资本性支出，就是必须先资本化再分期扣除，除非税法或案例法明确地将某些支出排除在资本化范围之外。显然，纳税人更希望交易费用能在当期或尽快被用来抵减应税收入，以降低税款成本。

2019 年 5 月，国内收入局大型公司和国际税务司再次对公司收购、兼并或重组中发生的交易成本的税务稽查做出更新的指导意见，足见税务稽查对大额交易成本处理方式的重视。

税法细则列举了十项交易过程中所发生的相关费用应予以资本化。这十项交易是指[12]：

1. 资产收购中买方或卖方发生的费用；
2. 买方收购股份有限公司 50% 以上股权或合伙企业 50% 以上权益时发生的费用；
3. 卖方出售股权或权益时发生的费用（不包括股票赎回的情况）；
4. 公司重组或再资本化时发生的费用；
5. 公司或合伙企业初始投资或再投资时发生的费用；
6. （税务上）被忽略体的组建设立费用；
7. 获取资本时发生的费用；
8. 股票发行时产生的费用；
9. 把借款转化成资本投入时产生的费用；
10. 设立股票期权时发生的费用。

税法细则还对“促成交易”的行为做出解释，即为推进上述十项交易而进行的调研、调查和评估等活动。为促成上述十项交易而发生的费用应先资本化，即附着在交易的标的上，日后通过资产折旧或其他方式实现成本扣除。交易费用不包括为交易标的本身而支付的现金或其他等价物[13]。

税法细则也规定了排除在资本化范围之外的特殊交易费用，如和资产收购交易无关的资产被另行处置所发生的费用、进入破产重组程序后发生的交易费用、法庭强制令要求进行股票分配时发生的费用、交易后进入整合期而发生的业务整合费用或维持股权记录发生的注册及簿记费等。

四、税务属性的承接

税务属性是英文“Tax Attributes”的翻译，指股份有限公司作为纳税人历年来积累起来的、本身特有的税务特征或计量结果，如累计净经营亏损、累计税后净利润、(暂不可抵扣的)资本亏损、税务记账法、库存记账法、资产折旧方法、债券溢价或折价的摊销方法、往年未扣除捐赠以及各类税务减免额度等20余种[14]。当然，不是每家公司都会积累每一项所列举的税务属性，而是如果股份有限公司本身具有某个或某些规定的税务属性，那么在规定的条件下，这些税务属性应由收购方来承接。税务属性的承接具有强制性，这意味着收购方必须慎重考虑承接、沿用税务属性的影响。

实现税务属性的承接首先要求交易前存在的、带有特定税务属性的股份有限公司在无税款产生的交易中被彻底清算或重组，具体来说就是80%以上控股母公司对子公司的清算，或A、C、D、F或G类公司重组[15]（参阅本章第二节)。其次，收购方（或理解为清算方或重组方）没有对股权交易做出“视同资产收购的选择”，因为该选择的结果是交易前原存在的股份有限公司视同消失了，其税务属性的载体也不复存在。由此可见，如果税务属性的承接对收购方无利可言，那么收购方可以采取把收购交易变成资产收购的方式，打破税务属性承接的强制性结果。

每一项税务属性的形成及其计量结果都带有被清算或被重组公司的历史烙印，一部分可以降低收购公司未来的税款，如累计净经营亏损、资本亏损或各类税款减免额度等；另一部分是原来公司历史采用的记账方法，其影响是中性的，就是对收购公司的好或坏的影响都可能出现。

由于累计净经营亏损能够带来的税收利益最直接，而且是累计了原有公司长期的经营活动的结果，有时数额会非常大，也有被蓄意滥用的可能。所以税法对累计净经营亏损的承接和使用做出了非常严格的规定，大大增加了收购公司对其分析和判断的难度。这项课题在业界属于高风险的专业咨询意见。

第二节　公司重组

C类股份有限公司的收入（或所得）具有双重纳税的特征，即公司本身对其所有应税净收入缴纳所得税，之后其对股东的分红（实质仍然是公司的收入）还要在股东的层面再次缴纳股东的个人所得税。在公司与公司之间、股东与公司之间的频繁股票交换或以股权收购经营实体的情形下，这个普遍的规定就变得不合理。因此，税法规定符合条件的公司重组可以使公司或股东不必确认在重组的交易范围内所产生的资本利得或亏损。

公司重组在税法中的定义首次出现在《1921 年税收法案》之中，具体解释为"此段中'公司重组'的概念包括公司兼并、合并（包括一家公司收购另一家公司的大部分普通股和大部分其他类别的股票，或者收购绝大部分的资产）、资本结构的改变，或仅仅对原公司的身份认定、形式或经营地点的改变"[16]。此后国会通过数次立法对该定义做出细化的解释、修正和完善，形成现行的关于公司重组的税法规范体系。

公司重组大致可以分为三种类型：其一是收购型重组，即一家公司收购另一家公司的资产或股票，被收购公司（或标的公司）的原股东获得收购公司的股票；其二是分拆型重组，即一家公司将自有的业务线或子公司划分到新的股份有限公司中；其三是非收购、非分拆型重组，即公司调整自有的股权结构和股东持股方式。虽然公司重组的方式千变万化，但是税法的各种规定体现了国会对此事项关注的焦点是，公司重组能否导致被重组公司的业务或利益得以延续。从本质上来看，被重组公司业务或利益的延续将特定意义的公司重组区别于其他类型的资产收购或股权收购，使不确认交易中产生的资本利得或亏损这一特殊做法更具公允性。

一、被重组公司业务或利益的延续

由于判断被重组公司业务或利益是否延续难免带有主观性，税法细则提供了一些具体的判断标准，并用众多举例来分析说明判断的依据。公司业务的延续要求收购方公司必须延续标的公司的历史经营业务，或在经营活动中运用标的公司的大部分资产[17]。如果标的公司以前有数条业务线，那么收购方公司只需延续其中的一条业务线就可以满足要求，但不能是仅为公司重组而建立的业务线。对于标的公司的资产使用的衡量，先确定资产可以包括所有有形和无形的资产，"大部分"的定义可以从资产的重要性考虑，同时也需要考虑资产的市值比重。另外判断资产的使用程度时，收购方公司的控股子公司（至少 80% 的持股比例）所使用的标的公司的资产都可以整合在一起来计算资产的使用比例。

【例 10-7】 三英股份有限公司经营三条业务线：生产合成树脂、生产纺织业需要的化学品以及分销各类化学品。2018 年，三英公司将生产合成树脂业务线和分销化学品业务线出售，获得现金和有价证券等。2019 年 1 月 1 日，三英公司将化学品生产线的全部资产转给莉雅股份有限公司，换得莉雅股份有限公司的股票。莉雅公司继续使用该资产生产化学品。

分析：尽管三英公司只将原有的一条生产线转给莉雅公司，但是这不影响对公司业务的延续的判断。莉雅公司将三英公司的全部资产都用于化学品的继续生产，符合标的公司业务的延续的要求。

【例 10－8】 莉雅股份有限公司主要经营汽车配件的分销。三英股份有限公司持有 HC 股份有限公司 80% 的股权。HC 公司下设有 10 家子公司，分别持有这 10 家子公司 80% 的股权。这 10 家子公司各自经营加油站业务。在 2018 年的重组计划中，莉雅公司将被三英公司兼并，莉雅公司的股东获得三英股份有限公司的股票。兼并后莉雅公司的资产被分配到 HC 公司下属的 10 家子公司中使用。

分析：10 家子公司各自所获得的资产相对于原莉雅公司的总资产来说都不会满足“大部分资产”的要求，然而，因为 10 家子公司和三英公司之间满足控股权的要求，所以税法允许将 10 家子公司所获得的资产加总来判断是否满足“大部分资产”的要求。显然全部原莉雅公司的资产都被用于三英公司控股子公司的日常经营，因此该重组安排符合标的公司业务延续的要求。

【例 10－9】 接上例 10－8，假如 2018 年莉雅公司将所有资产变卖，获得现金和有价证券。然后莉雅公司被三英公司兼并，莉雅公司股东获得三英公司的股票。

分析：莉雅公司被兼并时，其原有的业务线已经不存在，三英公司有权使用其现有资产（现金和有价证券等）不能满足标的公司业务延续的要求。

被重组公司利益的延续是指标的公司的原股东的重要利益获得保护和延续，其最主要的硬性判定标准是标的公司的原股东所获得的收购公司的股权价值总和应不低于标的公司原市值的 40%[18]。这个市值的估算时点为重组交易合同生效日的前一天[19]。收购公司的股权可以是任何一种类型的股票，如有投票权普通股、无投票权普通股、优先股或其他类型的股票。另外，众多案例证实如果标的公司的原股东获得现金或其他非股权等价物（如债权），那么该重组很可能会产生应税的资本利得，而不再是无税款重组。

被重组业务的延续或者利益的延续仅适用于 A、B 和 C 类型公司重组[20]。

【例 10－10】 三英股份有限公司有意收购莉雅股份有限公司的全部股权，莉雅女士是莉雅公司的唯一股东。2019 年 1 月 3 日，三英公司和莉雅公司签署兼并重组协议，三英公司以 6 万美元和 4 万股有投票权普通股股权的价格收购莉雅女士持有的 100% 的莉雅公司股权，兼并重组于 2019 年 6 月 1 日正式生效。2019 年 1 月 2 日，三英公司的股票每股价值 1 美元，三英公司仅发行普通股股票。

分析：莉雅公司是被收购股份有限公司，在兼并协议生效的前一天，即 2019 年 1 月 2 日，其被收购总价值体现为 10 万美元，其中 40% 是收购公司的有投票权普通股股权。所以莉雅女士获得的三英公司的股权不低于莉雅公司 40% 的市值，莉雅公司的利益得以延续（该兼并交易属于 A 类型公司重组）。

【例 10－11】 接上例 10－10，假设三英公司以 8 万美元和 2 万股有投票权普通股股权的价格收购莉雅女士持有的 100% 的莉雅公司股权，其余情形不变。

分析：莉雅公司是被收购股份有限公司，在兼并协议生效的前一天，即 2019 年 1 月 2 日，其被收购总价值体现为 10 万美元，其中 20% 是收购方公司的有投票权普通股股权。所以莉雅女士获得的三英公司的股权低于莉雅公司 40% 的市值，莉雅公司的利益不能得以延续。

【例 10－12】 接上例 10－10，假设兼并重组协议规定，2 万份三英公司的有投票权普通股股票必须存放在托管账户内，如果莉雅公司违反兼并协议条款，三英公司有权收回这 2 万股有投票权普通股股权。后来由于莉雅公司的违规，2 万股有投票权普通股股权被三英公司收回，其余情形不变。

分析：莉雅公司是被收购股份有限公司，在兼并协议生效的前一天，即 2019 年 1 月 2 日，其被收购总价值体现为 10 万美元，其中 40% 是收购方公司的有投票权普通股股权。但是，由于 20% 的股权被三英公司收回，莉雅女士最终获得的三英公司的股权为 2 万股，仅为莉雅公司 25%（莉雅公司的收购总价实际为 8 万美元）的市值，莉雅公司的利益不能得以延续。

二、A 类型公司重组

A 类型公司重组是指法定兼并或合并，就是一家股份有限公司收购另一家股份有限公司的全部资产（已处置的资产除外），且收购完成后被收购方公司（标的公司）清算解散，其原股东获得现金、其他等价物及收购方公司的股权[21]，且需满足被重组公司（标的公司）业务的延续或利益的延续。

如果标的公司仅用部分资产换取现金或收购方公司的股权，而自身继续存在，那么此类交易则不是法定兼并或合并。

法定兼并的税务理解可以分为两步：第一步是收购方公司以现金和股票换取标的公司的全部资产和负债；第二步是标的公司解散清算，将其获得的收购方公司现金和股票分配给股东，并注销自身的股票。A 类型公司重组如图 10－1 所示：

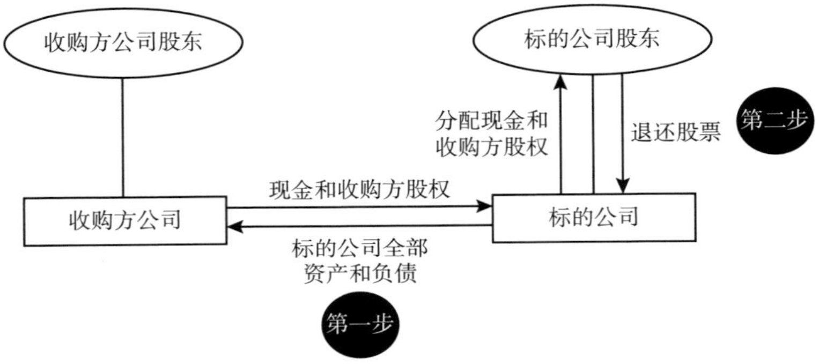

图 10－1　A 类型公司重组

收购方公司可以通过其 100% 控股的下属企业（非 C 类股份有限公司），即法律上的有限责任公司而税务上属于被忽略体（参阅第二章）的企业来实施收购[22]。然而，如果被收购方是税务被忽略体（非 C 类股份有限公司），而收购完成后其 100% 持股的股份有限公司股东仍然续存，那么这样的收购兼并不属于法定兼并或合并[23]，而属于资产收购。

【例 10－13】 三英股份有限公司有意收购莉雅股份有限公司的全部股权，莉雅女士是莉雅公司的唯一股东。三英公司下设有一家有限责任公司 B，三英公司全资持有其股权，B 公司是税务被忽略体。2019 年 1 月 3 日，B 公司获得莉雅公司的全部资产和负债，莉雅公司获得三英公司的股票并分配给莉雅女士。莉雅公司全部股票当天注销。

分析： B 公司是收购方三英公司 100% 控股的下属企业，其收购莉雅公司的行为视同三英公司的收购行为。收购完成后莉雅公司清算解散，其股东利益的延续体现在莉雅女士获得三英公司的股权。此交易属于 A 类型公司重组。

【例 10－14】 三英股份有限公司有意收购莉雅股份有限公司的全部资产，莉雅女士是莉雅公司的唯一股东。莉雅公司下设有一家有限责任公司 L，L 公司是税务被忽略体，拥有经营所需的全部资产。2019 年 1 月 3 日，三英公司用其股票收购了 L 公司的全部股权。收购完成后莉雅公司继续存在并持有三英公司股票。

分析： L 公司是税务被忽略体，由于莉雅公司在收购后并未清算，即标的公司没有消失，所以 L 公司的股权被三英公司收购的交易视同一次资产收购。此交易不属于 A 类型公司重组。

三、B 类型公司重组

B 类型公司重组是以股权换股权的收购行为，即一家股份有限公司以自身的有投票权普通股股权或其母公司的有投票权普通股股权（只能选其一）为对价，来收购另一家股份有限公司的股权。收购交易完成后，收购方股份有限公司应实现对标的公司的实际控制[24]。实际控制指持有至少 80% 的全部投票权以及至少 80% 的其他所有无投票权的股票[25]。

B 类型公司重组如图 10－2 所示：

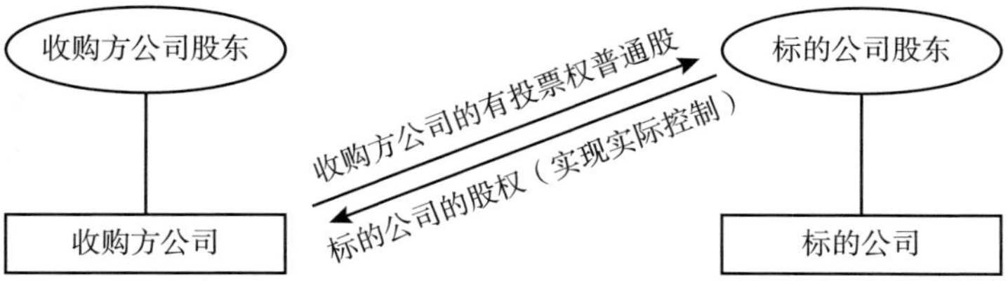

图 10－2　B 类型公司重组

收购方公司在公司重组前是否已经持有部分标的公司的股票对判断“实际控制”没有影响。也就是说，收购方公司可以在已持有部分标的公司的股权的情形下，继续实现 B 类型公司重组。再者，如果股权交换不是一次性发生，而是分次进行的，那么在 12 个月内发生的股权交换可以视同一次交易[26]。

【例 10－15】 三英股份有限公司和莉雅股份有限公司是两家非关联方公司，均只发行普通股股票。2018 年 10 月 18 日之前，三英公司曾以现金收购莉雅公司 30% 的普通股股票。2019 年 1 月 1 日，三英公司向莉雅公司提出要约，以自己的股票收购莉雅公司所有的剩余股权。截至 2019 年 6 月 1 日，三英公司又成功收购了莉雅公司 60% 的股权。

分析： 在 6 个月内，三英公司完成了对莉雅公司 60% 股权的收购，并且实现了"实际控制"（包括 2019 年 1 月 1 日已经持有的 30% 的股权）。所以这 6 个月内一系列的收购行为可以视同一次 B 类型公司重组。

四、C 类型公司重组

C 类型公司重组是以股权换资产的收购行为，即一家股份有限公司以自身的有投票权普通股股权或其母公司的有投票权普通股股权（只能选其一）为对价，来收购另一家股份有限公司的"绝大部分资产"。收购交易完成后，标的公司解散清算，将其所剩的资产和收购方公司的有投票权普通股股权进行清算分配。收购方公司在 C 类型公司重组交易前是否已经持有标的公司的股权不会影响上述判断标准[27]。

C 类型公司重组如图 10－3 所示：

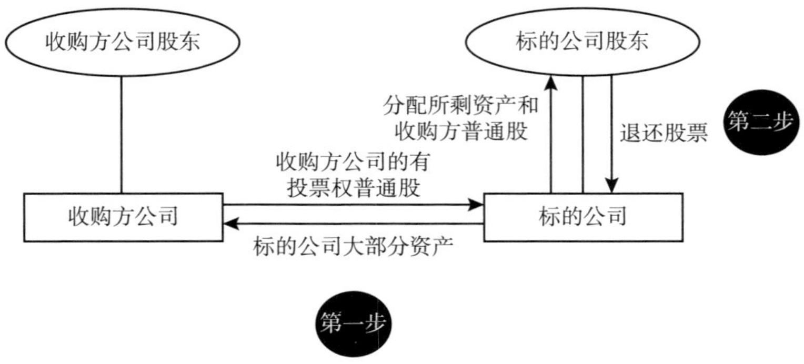

图 10－3 C 类型公司重组

法典和税法细则中都没有明确规定标的公司"绝大部分资产"的衡量标准，而 1977 年颁布的税收执行程序将"绝大部分资产"定义为它能同时满足交易前至少 90% 的净资产且至少 70% 的总资产两个衡量标准（均以市值测算）[28]。

关于收购方公司只能以其自身的有投票权普通股或其母公司的有投票权普通股作为交换的规定，法典给予了小尺度的变通，即作为交换的有投票权普通股，价值不能低于支付给标的公司总价的80%。由于收购方公司所承接的标的公司的抵押贷款属于支付给标的公司的“现金或其他有价财产”，所以收购方公司不能从标的公司承接高于交易总价20%的负债[29]。

【例10－16】 三英股份有限公司和莉雅股份有限公司是两家非关联方公司，分别持有SL股份有限公司60%和40%的股权。SL公司拥有的总资产市值为110万美元，持有的负债为10万美元。2019年4月1日，SL公司将全部资产转给三英公司，同时获得价值30万美元的三英公司的有投票权普通股和10万美元现金，并且三英公司承接SL公司的负债10万美元。交易完成后－SL公司立即做解散清算，将三英公司股权和10万美元现金分配给莉雅公司。

分析： 在上述重组交易中，三英公司承接SL公司的负债视同于支付给莉雅公司10万美元的现金，所以三英公司“支付”的总现金为20万美元，小于总资产110万美元的20%。因此该重组交易中三英公司相当于支付给SL公司超过其资产市值80%的三英公司股权，该重组交易属于C类型公司重组。

五、三角型公司重组

上述B类型和C类型的公司重组定义明确表示了标的公司的股东可以获得收购方公司母公司的股权，但不能同时获得收购方公司本身的股权以及其母公司的股权。让标的公司获得收购方公司母公司的股权也可以出现在A类型公司重组中，以这种方式实现的重组安排被形象地统称为“三角型公司重组”。

以A类型公司重组为基准的三角型公司重组又可以细分为以下两个类型：

1）正向三角型兼并（Forward Triangular Merger），又可称为“子公司续存式兼并”（Forward Subsidiary Merger），指在A类型公司重组的方式下，标的公司出售其所有资产，其股东获得收购方公司母公司的股权，而不能获得收购方公司本身的股权[30]。因此，这种重组安排下的实际收购方是母公司，其子公司为兼并方，重组后标的公司清算解散，兼并方子公司续存，标的公司业务的延续或利益的延续必须在重组后实现。正向三角型兼并如图 10 -4 所示：

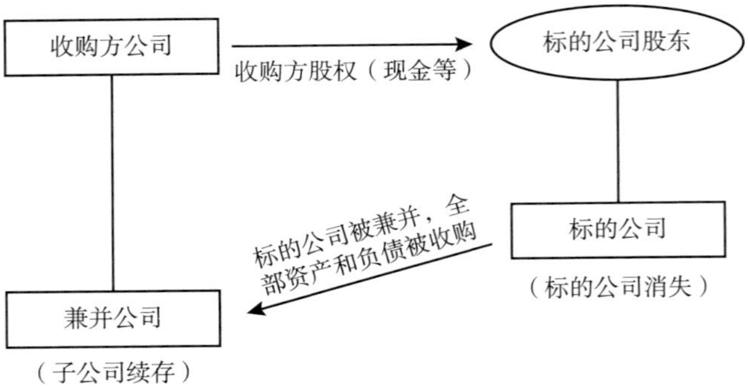

图 10 -4　正向三角型兼并

2）反向三角型兼并（Reverse Triangular Merger），又可称为“子公司消失式兼并”（Reverse Subsidiary Merger 的意译），指在 A 类型公司重组的方式下，收购方子公司（兼并公司）被标的公司兼并，标的公司股东以标的公司的股权换取收购方公司的普通股等股权[31]。反向三角型兼并如图 10 -5 所示：

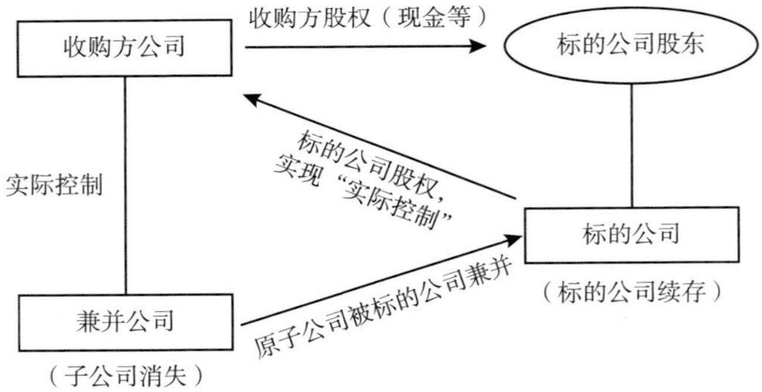

图 10 -5　反向三角型兼并

反向三角型兼并要求收购方公司对其原子公司具有实际控制，其所获得的标的公司的股权后也实现对标的公司的实际控制。交易完成后，标的公司应持有其本身以及兼并公司的“绝大部分的资产”。“绝大部分资产”的定义如前所述，即交易前至少 90% 的净资产且至少70%的总资产。反向三角型兼并是上市公司（收购方）实现对标的公司重组上市的常用方式。

上述两种以A类型公司重组为基准的三角型公司重组方式在20世纪六七十年代由国会立法通过，至今已经实施了半个世纪。这样的重组方式招来各种批评，包括有些细节要求形式高于实质，某些针对现实中具体情况而订立的特别规定仍缺乏界定效力，征税效果难以实现财政收支平衡等。但是，在国会通过新的立法之前，纳税人仍需遵守上述三角型公司重组的要求以获得递延纳税的优待。

六、D类型公司重组

D类型公司重组在形式上和A、C类型公司重组极其相似，指一家股份有限公司（受让方，实为收购方）以股权或其他资产换取另一家股份有限公司（转让方，实为标的公司）的全部或大部分资产，且交易完成后转让方公司清算解散，其原股东获得现金、其他等价物及受让方公司的股权。不同之处首先在于，在D类型公司重组下转让方公司股东所获得的受让方公司的股权必须体现控制，即代表高于50%的投票权或者高于所有股票50%的市值[32]。D类型公司重组如图10－6所示：

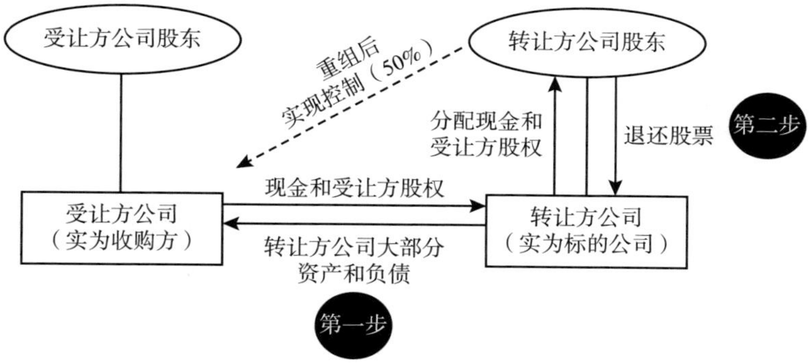

图10－6　D类型公司重组

其次，D类型公司重组可以分为分拆型公司重组和非分拆型公司重组，这里阐述的是非分拆型D类型公司重组。分拆型重组请参阅本节“十、公司分拆”。最后是D类型公司重组可以有很多形式上的变化，比如受让方公司的股东和转让方公司的股东可以是同一个或数个股东，在测算股权持有的比率时应采用推定所有权的规定（参阅第九章第一节）。

D类型公司重组要求转让方公司将“绝大部分资产”转入受让方公司，这里“绝大部分资产”的定义和上述C类型公司重组中的一样，为交易前至少90%的净资产且至少70%的总资产。D类型公司重组还要求转让方公司清算解散，将全部剩余资产和受让方股权分配给股东。有一种特殊情形是，当转让方股东和受让方股东分别、同时且按照对等的比例（可以允许极小范围的不对等比例）持有转让方公司和受让方公司的股权时，受让方只需要将现金或等价物（而非更多的股权）转给转让方就可以使D类型公司重组成立[33]，税法视同受让方给予转让方一份名义股权。

税法规定如果某重组既符合C类型公司重组的要求，也符合D类型公司重组的要求，那么应将其视为D类型公司重组[34]。

【例10－17】 三英股份有限公司的资产市值为200万美元，于2019年6月1日成立了一家全资子公司S股份有限公司。同日，三英公司将100万美元的资产转入S股份有限公司，并获得S公司发行的价值150万美元全部股票和50万美元的公司债券，然后三英公司解散清算，将价值150万美元的S公司股票和50万美元的S公司债券分配给其股东。

分析：上述交易中，三英公司是转让方，将全部资产转给受让方S公司。交易后三英公司仍具有控制权（100%）的S公司股票，并且清算解散。所有D类型公司重组的要求都满足。

【例10－18】 甲、乙、丙三位股东分别持有三英股份有限公司33%、33%和34%的股权，分别持有莉雅股份有限公司33%、33%和33%的股权，股东丁持有1%莉雅公司的股权。三英公司的股票市值1 000万美元。2019年3月30日，三英公司将全部资产卖给莉雅公司，获得1 000万美元现金，并立即解散清算。

分析：上述交易中，三英公司是转让方，莉雅公司是受让方。在判断股东甲、乙和丙持有三英公司和莉雅公司的股权是否对等时，股东丁持有的1%的莉雅公司股权可以忽略（属于可忽略范围）。所以三英公司实际获得1 000万美元现金和一份莉雅公司的名义股权，并将它们尽数按比例分配给其股东。交易后原三英公司股东的身份得以续存，而且他们按对等的股权比例持有转让方三英公司和受让方莉雅公司。该交易满足D类型公司重组的要求。

D类型公司重组的方式十分常见，特别是在美国境外的股份有限公司重组中，该方式可结合纳税实体选择（参阅第一章）来使用。

七、E类型公司重组

E类型公司重组主要指公司本身资本结构调整，不涉及兼并或合并，所以被重组公司业务延续或利益延续的要求也就不适用。美国最高法院在1942年西南联合公司的案例判决中明确提出，公司资本结构调整就是“在现有的公司框架下改组原有的股权结构”[35]，主要有以下四种方式：

1. 以新发股票取代现有债务。股份有限公司原本持有对其股东的借款（债券或其他债务形式），与其直接用现金偿还借款，倒不如股份有限公司以给股东发行新股的方式来偿还借款[36]。原借款所产生的利息费用如同时被解除支付，或发行的新股市值小于借款，那么股份有限公司应对被解除的利息费用或新股市值低于借款的部分确认当期收入[37]（参阅第三章）。如果发行的新股市值等于借款加利息，那么股东和股份有限公司都不会产生收入或亏损。

2. 以新发债券取代现有债券。股份有限公司原本持有对其股东的某类债券，于其到期时（或因其他原因）直接兑现该债券，股份有限公司以向股东发行新债券的方式延续借款。此种方式下，两种债券在市值和条款上的差异可能会导致股份有限公司确认部分当期应税收入。

3. 以新发股票取代现有股票。普遍适用的税法规定是如果股份有限公司以新发股票取代已有的同类股票，比如普通股取代普通股或优先股取代优先股，那么股份有限公司不会产生应税收入或亏损[38]。在公司重组的计划下，即便是不同类的股票相互取代，只要不涉及不合格优先股（Nonqualified Preferred Stock，NQPS），多数情形下股份有限公司也不会产生应税收入或亏损[39]。税法规定不合格优先股不能算作一种股票，主要原因是该股权给予发行人或其关联方相对自由的股票收回权，以及不同于其他股票的分红权利[40]。

4. 新发债券取代现有股票。此类资本结构调整被认为是变相抽走资金的行为，因此多项税法条款不允许将其归入免税重组的范围。新发债券多数情形下被视为是一种分红的行为，所以相应产生对分红的征税[41]。

八、F 类型公司重组

F 类型公司重组是对“公司身份、形式或经营地点等方面纯粹微小的调整”[42]，所以被重组公司业务延续或利益延续的要求也同样不适用（因为不是严格意义上的“被重组”）。如果一系列的交易最终产生的结果符合“微小的调整”之要求，那么这一系列交易可以视同一次 F 类型公司重组[43]。

九、重组对所涉及的公司及股东的影响

公司重组涉及的参与方非常复杂，对各自的影响也不尽相同。这些影响主要体现在以下三个方面。

（一）被重组公司股东应遵守的税法规定

从上面的阐述中可以看出，被重组公司在不同的法条下可以有不同的称谓，如标的公司或转让方公司。它们在重组完成后都清算解散，同时将获得的股权、现金或其他等价物分配给股东。股东则需要判断和确定重组交易对自身而言是否产生盈利或亏损。重组对股东的税务影响主要取决于股东所获得的对价。

在前面所述的各类重组中，如果股东仅获得股权，那么重组对股东不产生盈利或亏损[44]。

如果股东获得有价证券，那么要分三种情形：

1）股东获得的有价证券本金等于或小于被重组公司所转让的（或放弃的）有价证券本金，重组对股东不产生盈利或亏损；

2）股东获得的有价证券本金高于被重组公司所转让的（或放弃的）有价证券本金，高出部分的市值视同“现金”[45]；

3）股东获得某种有价证券，而被重组公司没有转让（或放弃）任何有价证券，获得的有价证券市值视同“现金”[46]。

如果股东获得现金、现金等价物或其他有价资产，那么股东应用所有这些有价财产的市值来计算并确认重组所产生的盈利。盈利的计算遵循资产置换的规则（参阅第五章），其当期确认的金额则受限于所获得的现金、现金等

价物或有价资产的市值。亏损通常不被确认，除非股东没有获得任何股权[47]。

【例 10－19】 A、B、C 分别是三英股份有限公司的个人股东。在三英股份有限公司和莉雅股份有限公司的重组中，三英公司被清算，A、B、C 分别获得价值 150 万美元的莉雅公司股票和 80 万美元现金。A、B、C 持有三英公司股票的成本分别为 100 万美元、200 万美元和 300 万美元。此例假设三英公司没有累计税后净利润。

分析： 三位个人股东所应当期或延期确认的资本利得计算见表 10－2。

表 10－2　　当期或延期确认的资本利得计算　　单位：美元

	股东 A	股东 B	股东 C
获得莉雅公司股票市值（a）	1 500 000	1 500 000	1 500 000
获得现金（b）	800 000	800 000	800 000
获得有价财产的总价值（c＝a＋b）	2 300 000	2 300 000	2 300 000
放弃的三英股票持有成本（d）	1 000 000	2 000 000	3 000 000
实现的资本利得（亏损）（e＝c－d）	1 300 000	300 000	（700 000）
当期确认的资本利得（亏损）	800 000	300 000	—
延期确认的资本利得（亏损）	500 000	—	—

因为股东获得的现金为 80 万美元，所以当期能确认的资本利得最高为 80 万美元（股东 A），而低于此数额的资本利得应全部确认（股东 B）。股东 C 获得了莉雅公司股票，所以亏损 70 万美元不能确认。

如果股东在重组中放弃了数类股权（及有价证券），并且获得收购方的股权和现金、现金等价物或其他有价资产，那么在计算并确认重组所产生的盈利时就需要合理地将非股权的有价资产价值分摊到所放弃的数类股权上。当重组条件约定了分摊的方式时，就按照约定办理；当重组条件没有约定分摊方式时，则按照股东放弃的数类股权（及有价证券）的市值比例来分摊[48]。

【例 10－20】 乔先生 2012 年以每股 3 美元收购了三英股份有限公司 1 万股 A 类股权，2013 年又以每股 9 美元收购了该公司 1 万股 B 类股权。2018 年，莉雅股份有限公司兼并三英公司，以 1 万股莉雅公司股权和 10 万美元现金置换了三英公司的全部资产，三英公司解散清算并将莉雅公司股权和现金分配给乔先生。交易当日三英公司的A类股票和B类股票的市值均为每股10美元。该交易符合A类型公司重组。此例假设三英公司没有累计税后净利润。

分析：在该A类型公司重组中，乔先生不仅获得了莉雅公司股票，还获得了现金，因此乔先生需要判断重组是否会产生盈利或亏损。由于重组条件中没有明确规定现金和三英公司股权的对应分摊方式，应按交易当日的三英公司股权市值比例来分摊。计算资本利得的过程见表10－3。

表10－3　计算资本利得的过程　单位：美元

	A类股票	B类股票
交易日三英公司股票市值比例（a）	1/2	1/2
获得莉雅公司股票和现金分摊（b = a × 200 000）	100 000	100 000
三英公司股票持有成本（c）	30 000	90 000
实现的资本利得（d = b － c）	70 000	10 000
当期确认的资本利得	70 000	10 000

乔先生从两类股票中所获得的盈利总和为8万美元，低于获得现金总额10万美元，所以8万美元的盈利全部应确认为当期收益。股票属于资本性资产，因此盈利属于资本利得。

例10－19和例10－20中均假设三英公司没有累计税后净利润的原因是税法要求还要判断盈利中是否有一部分属于公司分红。股东所获得的收购方的股票，实际相当于标的公司首先获得、然后再行分配给股东的一项财产。所以标的公司的累计税后净利润就决定了分配中属于分红的部分[49]（参阅第八章）。

最后，股东还需要确定其获得的收购方公司股权的持有成本。如果股东只获得股权，没有获得现金或其他有价物，那么其获得的收购方公司股权的成本等于其放弃的股权，也就是常说的沿用“替代的（或结转的）成本基数”。如果股东获得现金或其他有价物，那么则按照下列公式计算所获得股权的成本[50]：

放弃的原有标的公司的某类股权持有成本总额

减：

1）获得的有价物的市值

2）所收到的现金

3）可以确认的损失

加：

1）重组中确认的分红

2）重组中确认的资本利得

上述计算结果是与某类放弃的股权相关的新股权总获得成本。如果股东放弃了不同类型的股票，其所获得的股票成本也应分类体现其放弃的股票成本。最好的做法是在交易合同中规定新股票和旧股票的置换关系，如果没有特别明确的规定，则需根据旧股票的市值比例将所获得的新股票、现金和有价物等分摊到各类旧股票上，然后按照上述计算公式算出所对应的新股票的持有成本[51]。

（二）标的公司或转让方应遵守的税法规定

概括地讲，在公司的重组计划所进行的资产和股权的置换中，参与重组的各方通常都不会确认盈利或亏损[52]。亏损是绝对不能确认的[53]，盈利的确认可能出现在两种情形下：

1）标的公司（或转让方）没有将获得的非股权有价物全部清算分配给其股东[54]；

2）标的公司（或转让方）做清算分配时，非股权类有价物的市值超过了其持有价值[55]（清算是公司和股东之间的资产置换行为，参阅第九章）。

【例 10－21】 三英股份有限公司和莉雅股份有限公司进行重组时，三英公司以 85% 的资产换得莉雅公司的全部股权，继而将所剩的 15% 资产和莉雅公司股权全部清算分配给股东。三英公司保留的 15% 资产的持有成本为 150 万美元，其市值为 285 万美元。

分析： 上述交易是一次成功的 C 类型公司重组，三英公司用于置换莉雅公司股权的 85% 资产部分不会产生盈利，但是其保留的 15% 资产部分是升值的资产，所以清算分配时三英公司应确认 135 万美元的资本利得。

（三）收购方公司或承让方应遵守的税法规定

收购方公司或承让方在重组中是否会产生盈利或亏损，取决于其以何种方式置换标的公司的资产：

1）收购方公司仅以股票来置换，则没有盈利或亏损产生[56]。

2）收购方公司以股权加债券来置换，也没有盈利或亏损产生，因为债权的运用相当于公司以借款的方式收购了资产。

3）除了股权和债券，收购方公司还用部分有价物（资产）来置换。这种情形下，收购方公司应确认有价物交换所产生的盈利或亏损，但是确认的盈利不能计入所获得资产的持有成本中。

收购方公司在重组中获得资产或股权，它们的持有成本是标的公司的持有成本（“结转的成本基数”）加上标的公司（非收购方公司，如上所述）在重组中确认的盈利[57]。如果收购方公司获得境外的资产且资产市值低于标的公司的持有成本，那么收购方公司应以市值确认其持有成本[58]。

最后，税法要求参与公司重组的各公司必须在重组当年的纳税申报中以纳税人陈述的形式如实反映重组日期、标的公司的资产或股权及其持有成本、重组是否产生盈利或亏损、是否有跨境重组交易等，以及其他与纳税人相关的信息。重组所涉及的重要股东也应在其重组当年的纳税申报中以纳税人陈述的形式如实反映和重组相关的全部信息。与重组相关的合同、持有成本核算过程、资产市值、债权债务关系等信息，重组各方必须妥善保存以备国内收入局核查[59]。

十、公司分拆

从广义上讲，股份有限公司的分拆（Division）是公司重组的表现形式，公司分拆又因不同的过程和结果具体体现为资产剥离（Divestiture）、公司分立（Spin off）、公司分离（Split off）和部分剥离（Carve out）等。股东和股份有限公司如果希望实现无税款公司分拆，则需要按照税法规范下的分拆的程序和要求来进行[60]。

本章参考文献

[1] IRC § 338 (d) (3); Treas. Reg. § 1.338 -3 (b) (1).

[2] IRC § 338 (h) (2).

[3] IRC § 338 (h) (3) (A) (iii); Treas. Reg. § 1.338 -3 (b) (3).

[4] IRC § 338 (h) (3) (A) (ii).

[5] IRC § 338 (a).

[6] Treas. Reg. § 1.338 – 1 (a) (1).

[7] Treas. Reg. § 1.338 – 4.

[8] Treas. Reg. § 1.338 – 5.

[9] Treas. Reg. § 1.338 – 4 (h).

[10] IRC § 338 (h) (10).

[11] IRC § 338 (g); Treas. Reg. § 1.338 – 2 (c) (14), 1.338 – 2 (c) (15).

[12] Treas. Reg. § 1.263 (a) – 5 (a).

[13] Treas. Reg. § 1.263 (a) – 5 (b).

[14] IRC § 381 (c).

[15] IRC § 381 (a).

[16] Revenue Act of 1921, ch. 136, § 202 (c) (2).

[17] Treas. Reg. § 1.368 – 1 (d).

[18] Treas. Reg. § 1.368 – 1 (e) (2) (v).

[19] Treas. Reg. § 1.368 – 1 (e) (2) (i).

[20] Treas. Reg. § 1.368 – 1 (b).

[21] IRC § 368 (a) (1) (A); Treas. Reg. § 1.368 – 2 (b) (1) (ii).

[22] Treas. Reg. § 1.368 – 2 (b) (1) (i).

[23] Treas. Reg. § 1.368 – 2 (b) (1) (iii).

[24] IRC § 368 (a) (1) (B); Treas. Reg. § 1.368 – 2 (c).

[25] IRC § 368 (c).

[26] Treas. Reg. § 1.368 – 2 (c).

[27] IRC § 368 (a) (1) (C); Treas. Reg. § 1.368 – 2 (d) (4) (i).

[28] U. S. Department of the Treasury, Internal Revenue Service, Rev. Proc. 77 – 37.

[29] IRC § 368 (a) (2) (B).

[30] IRC § 368 (a) (2) (D).

[31] IRC § 368 (a) (2) (E).

[32] IRC § 368 (a) (1) (D); Treas. Reg. § 1.368 – 2 (l) (1).

[33] Treas. Reg. § 1.368 – 2 (l) (2).

[34] IRC § 368 (a) (2) (A).

[35] *Helvering vs. Southwest Consolidated Corp*, 315 U. S. 194 (1942).

[36] Treas. Reg. § 1. 368 – 2 (e) (1).

[37] IRC § 108 (a).

[38] IRC § 1036 (a).

[39] IRC § 354 (a).

[40] IRC § 351 (g).

[41] IRC § 354 (a) (2), 356 (a) (2).

[42] IRC § 368 (a) (1) (F); Treas. Reg. § 1. 368 – 2 (m) (1), 1. 368 – 2 (m) (2).

[43] Treas. Reg. § 1. 368 – 2 (m) (1) (3).

[44] IRC § 354 (a) (1).

[45] IRC § 356 (d); Treas. Reg. § 1. 356 – 3 (a).

[46] IRC § 354 (a) (2) (A).

[47] IRC § 356 (c); Treas. Reg. § 1. 356 – 1 (a) (2).

[48] Treas. Reg. § 1. 356 – 1 (b).

[49] IRC § 356 (a) (2); Treas. Reg. § 1. 356 – 1 (c).

[50] IRC § 358 (a) (1).

[51] IRC § 358 (b) (1); Treas. Reg. § 1. 358 – 2 (a).

[52] IRC § 361 (a).

[53] IRC § 361 (b) (2).

[54] IRC § 361 (b) (1) (B).

[55] IRC § 361 (c) (2) (A).

[56] IRC § 1032 (a).

[57] IRC § 362 (b).

[58] IRC § 362 (e) (1).

[59] Treas. Reg. § 1. 368 – 3.

[60] IRC § 355 (a) to (h); Treas. Reg. § 1. 355 – 1 to 1. 355 – 8.

第十一章

S类小型股份有限公司的税法条款和税务处理

"S类小型股份有限公司"是业内俗称的直译，它有别于前面三章所讲的"C类股份有限公司"，是税法允许的一种特殊形式的股份有限公司。股份有限公司在税务领域分别被称为C类或S类，是因为法典对它们的规定分别在子章C或子章S下面。

关于S类小型股份有限公司的税法法规在1958年引入法典，其后经历了数次税法改革或更新，包括2017年《减税与就业法案》，也对其有重要的影响。本章分三节从S类小型股份有限公司设立、公司和股东的税务处理等方面阐述其现行的重要法规。

第一节 S 类小型股份有限公司的成立和终止

S 类小型股份有限公司的税务组织形式可以理解为是由 C 类股份有限公司派生出来的，又结合了税负穿透体的某些税务特征。所以法律实体是有限责任公司时，可以先将其选择为 C 类股份有限公司（参阅第一章第二节），进而该 C 类股份有限公司经全体股东同意后再次选择为 S 类股份有限公司。

一、S 类小型股份有限公司的定义

如果股份有限公司同时符合下列所有要求，可以选择成为 S 类小型股份有限公司[1]：

1. 股东不多于 100 个；
2. 股东都是个人、信托、遗产纳税体或符合要求的免税体，没有金融类或保险类（有极特殊情况例外）等；
3. 没有境外股东；
4. 发行的流通股股票需等权，可视为同一类股票。

对于股东不多于 100 个的硬性限制，法典进一步规定，所有“同一家庭成员”可视为一个股东。同一家庭成员是指[2]：

1. 他们有一位共同的直系祖先，该祖先应为从最年轻的一代往上数 6 代，就是 7 代以内直系亲属；
2. 他们的配偶或前配偶；
3. 他们的直系子女或前配偶的直系子女，以及依法收养的子女；
4. 他们的遗产纳税体。

S 类小型股份有限公司的股东不能是合伙企业或 C 类股份有限公司，对信托和符合要求的免税体也有相应的要求。S 类小型股份有限公司可以是其他股份有限公司的股东，但其本身不能是合并纳税的成员公司。如果其数个子公司符合合并纳税的要求，其子公司群可以组成一个合并纳税体。所以理论上讲，S 类小型股份有限公司可以持有合并纳税的 C 类股份有限公司的股权。

可见，小型股份有限公司并非指公司经营规模小，而是指对股东数量的限制。股份有限公司可以有数以亿计的收入，只要符合上述条件，仍可以选择S类小型股份有限公司作为其纳税形式。

如何确定发行的流通股股票等权并可视为同一类股票，法典的解释中有许多细化的规定，终极衡量标准仍然是判定股东持有的股票对分红、清算时的分配是否享有同等的权利[3]，而投票权的差异却可以存在。公司债务（必须有齐备的证明）不属于股票，对股票回购的限制性条款也不会使其被视为另类股票。对获得股东服务而发行的股票，如果该股东尚未将该股票确认收入，且该股票没有正式生效，那么这类股票不算做是流通股的一部分。相反，如果这类股票生效，那么则需判定其是否具备等同于其他股票的权利，决定其是否属于同一类流通股。

【例11－1】 乔先生和史密斯先生有意联合设立一家生产试剂盒的股份有限公司，取名三英股份。乔先生准备投入现金30万美元，史密斯先生准备投入其在纽约上州的工厂，价值70万美元。双方均约定公司发行1 000万普通股股票，每股10美分。乔先生获取300万股，投票权占比30%，史密斯先生获取700万股，投票权占比70%。

乔先生和史密斯先生考虑将三英股份有限公司选择成为S类小型股份有限公司。但是在三英公司成立的美国某州，州立法规定如果股东通过投资其现有固定资产而获取公司股票，那么其持有的股票在分红时享有的权利必须在以现金投入持股的股票之后。

也就是说，根据该州立法规定，在三英公司分红时，史密斯先生要排在乔先生之后，因为他手中的股票是通过投资固定资产获得的。在这种情形下，联邦税法认为三英公司发行了两种流通股股票[4]，因此三英公司不符合S类股份有限公司的要求。

【例11－2】 接上例11－1，假设该州没有关于分红的特殊规定，而三英公司自身内部约定，分红时需要考虑股东所在州的州税，即纳税人州税较高的话，其应获得较高的分红总值。在这种情形下，联邦税法同样认为三英公司发行了两种流通股股票[5]，因为不同的股东对分红享有的权利不对等。因此三英公司不符合S类股份有限公司的要求。

例11－1和例11－2提醒读者，确认股票权利是否对等，需要进行必要的细化分析，而不能只看表象字面的意思。

二、纳税选择的开始和终止

S 类小型股份有限公司的纳税形式必须经过法典规定的选择程序才可以成立。股份有限公司如果不做选择，那么就默认为是 C 类股份有限公司[6]。

（一）税务选择时点要求和实施起点

在某个纳税年度内，预选择成为 S 类小型股份有限公司的股份有限公司应该先获得所有股东书面认可，并在前一个纳税年度内，或本纳税年度的第 3 个月的第 15 日或之前完成选择申请[7]。一旦选择成立，新入股的股东则不必做其书面同意。税法规定 S 类小型股份有限公司必须以公历年为纳税年度，或者因有说服力的经营活动特性且经国内收入局批准而使用财政年为纳税年度[8]，即可以采用一个通过申请并经国内收入局批复许可的、带有特定条件的其他纳税年度[9]（参阅第二章）。

选择 S 类小型股份有限公司的纳税形式应通过递交 S 类小型股份有限公司的纳税形式选择表 2553（见表 11 －1，以下简称表 2553）完成，各股东书面同意需作为该表附件一并递交。

表 11 －1　　S 类小型股份有限公司的纳税形式选择表 2553
（现行，2017 年 12 月颁布）

Form 2553 (Rev. December 2017) Department of the Treasury Internal Revenue Service	Election by a Small Business Corporation (Under section 1362 of the Internal Revenue Code) ▶You can fax this form to the IRS. See separate instructions. ▶Go to *www. irs. gov/Form*2553 for instructions and the latest information.	OMB No. 1545 －0123

填报目的：提出按照 S 类小型股份有限公司为纳税形式的申请。
填报人：需提出申请的股份有限公司。

如果表 2553 在纳税年度的第 3 个月的第 15 日之后才递交，那么视同该表是为下一个纳税年度做出的选择，该表内容在本纳税年度无效，除非本纳税年度只有 2 个半月的时间跨度。

如果表 2553 的确在纳税年度的第 3 个月的第 15 日之前就递交了，但是公司或股东有下列情形之一的，仍视同该表是为下一个纳税年度做出的选择，该表内容在本纳税年度无效：

1. 在做出纳税选择前，该公司有部分时间不符合S类小型股份有限公司应有的条件；

2. 放弃股权的某股东不同意做出该选择。

【例11-3】 假设三英公司于2020年1月7日注册成立，符合成为S类小型股份有限公司的条件，且股东书面同意做出税务选择。三英公司的纳税年度是每年1月1日到12月31日。

分析：因为三英公司的首个纳税年度从1月7日才开始，所以其应该在2020年3月22日之前递交表2553，以期使其2020年的纳税申报满足S类小型股份有限公司的法规要求。如果三英公司在2020年3月22日之后才递交表2553，该选择视同2021年生效。2020年三英公司则用C类股份公司的身份做纳税申报。

【例11-4】 又假设三英公司于2020年1月7日注册成立，初始由乔先生、史密斯先生和另外一家私募基金（合伙企业）持股。三英公司的纳税年度是每年1月1日到12月31日。2020年1月31日，该私募基金宣布解散，三英公司股票按照程序分配给其5个个人股东。2020年2月28日，7位三英公司个人股东书面同意将三英公司选择成为S类小型股份有限公司，三英公司于2021年3月2日递交了表2553。

分析：在上述情形下，三英公司确实在公司的2021年纳税年度的第3个月的第15日前提交了选择申请，但是申请提交前有段时间，即1月7日到1月31日，因有合伙制私募基金持股三英公司不符合S类小型股份有限公司的条件。所以，3月2日提交的申请不能在2021年这个纳税年度生效，而只能视同2022年做出的纳税选择。

（二）对税务选择迟交的规定

法典对确实有缘由的迟交申请给予适当宽容，规定如果关于S类小型股份有限公司的选择申请在意图选择日起3年零75天的时间内提交，经国内收入局批复后可以生效[10]。做迟交申请时，股份有限公司需要准备好表2553、股东书面确认同意申请、申请迟交的原因陈述，以及申报年度、过往年度的纳税申报表1120-S（参阅本章第二节）。

国内收入局对迟交申请的批准需要综合考虑各项因素，以及申请迟交的原因。如果国内收入局对申请不予批准，那么股份有限公司还必须以默认 C 类股份有限公司的形式纳税。

（三）税务选择终止

S 类小型股份有限公司的税务选择可以有三种终止方式[11]：

1. 技术性终止，即股份有限公司不再满足 S 类小型股份有限公司的条件，税务选择在不满足条件当日（非此日之前）自动失效。技术性终止可以是一定的商业目的或需求直接导致的，也可以由股东根据特定情况主动进行调整，从而产生技术性终止的条件。比如某个人股东可以把股票转让给某个 C 类股份有限公司，或合伙企业，从而打破了一个成为 S 类小型股份有限公司的必要条件。

2. 选择性终止，即股份有限公司通过向国内收入局递交终止函而将以 S 类小型股份有限公司的纳税形式终止，回到 C 类股份有限公司的形式。终止函必须明确表示持股多于 50% 的股东书面同意终止 S 类小型股份有限公司的选择。如果选择性终止在本纳税年度的第 3 个月的第 15 日或其之前完成，那么终止时间可以从本纳税年度第一天开始；如果在本纳税年度的第 3 个月的第 15 日之后完成，那么终止时间将从下一个纳税年度第一天开始。S 类小型股份有限公司还可以选择一个未来的固定时间开始放弃，但该时间点不能在申请放弃日之前。

3. 被动性投资收入超标导致的终止，即如果 S 类小型股份有限公司连续 3 个纳税年度都有累计税后净利润，且各年的总收入都有 25% 以上来源于被动性投资收入，那么在这 3 个纳税年度结束后的第一个纳税年度的第一天起，S 类小型股份有限公司的税务选择失效。被动性投资收入通常指版权收入、租金、股息分红、利息收入和其他形式的年金收入等（参阅第三章）。

【例 11-5】 假设三英公司以 S 类小型股份有限公司的身份纳税数年，其纳税年度起止日为 1 月 1 日和 12 月 31 日。经统计、分析和测算后，其税务数据见表 11-2。

表 11-2　　税务数据　　单位：美元

	2018 纳税年度	2019 纳税年度	2020 纳税年度	2021 纳税年度
1. 累计税后净利润	250 000	150 000	300 000	280 000
2. 从子公司获得股息分红	50 000	30 000	35 000	
3. 出售子公司股票利得	170 000			50 000

续表

	2018 纳税年度	2019 纳税年度	2020 纳税年度	2021 纳税年度
4. 贷款利息收入		30 000	30 000	30 000
5. 房地产出租租金收入		200 000	230 000	200 000
6. 日常生产销售收入	780 000	760 000	805 000	770 000
总收入（2～6 项之和）	1 000 000	1 020 000	1 100 000	1 050 000

根据上述"3"，三英公司收入来源的第 2～5 项属于被动性投资收入，它们的总和在各纳税年度的比率见表 11－3。

表 11－3　　收入总和及占比

	2018 纳税年度	2019 纳税年度	2020 纳税年度	2021 纳税年度
收入第 2～5 项之和/美元	220 000	260 000	295 000	280 000
总收入（2～6 项之和）/美元	1 000 000	1 020 000	1 100 000	1 050 000
被动性投资收入占比	22.00%	25.49%	26.82%	26.67%

计算表明，2019 纳税年度起连续 3 年，三英公司每年都有累计税后净利润，且被动性投资收入占比超过 25%。所以，从 2022 年 1 月 1 日起，三英公司不能再以 S 类小型股份有限公司的身份进行纳税申报。注意，2018 年不能被算作连续 3 年的起始之年，因为其被动性投资收入占比小于 25%。

假设 2021 年的被动性投资收入占比小于 25%，那么 3 年的计算起点应重新开始计算，从下一个占比超过 25% 且有累计税后净利润之年开始。

如果股份有限公司获得股东认可，选择放弃 S 类小型股份有限公司身份，那么该股份有限公司不能在放弃生效年后的第 5 个纳税年度结束前重新申请选择成为 S 类小型股份有限公司[12]。

如果由于管理层疏忽，使得 S 类小型股份有限公司的身份技术性终止，国内收入局也允许通过更正、解释和申请等程序获得国内收入局批准后延续 S 类小型股份有限公司的纳税身份。整个解决方案和过程需要全体股东同意，国内收入局批准后才能生效。

三、合格的 S 类小型股份有限公司全资子公司

S 类小型股份有限公司可以将其全资子公司选择为“合格的 S 类小型股份有限公司全资子公司”[13]（Qualified Subchapter S Subsidiaries，QSSS 或 QSub），在此用中文简称 S 类子公司。S 类子公司在公司兼并、整合的过程中能发挥非常有效的节税作用，所以业界仍对其合规性给予足够的重视。

S 类子公司需同时满足以下两个条件，才能被视为“合格”：

1）其股东必须是一家 S 类小型股份有限公司；

2）该股东根据法规做出选择申请。

股份有限公司如果被确认为是 S 类子公司，那么从联邦税法层面，其不再是独立于其母公司之外的实体，该 S 类子公司的所有资产和负债都视同母公司的资产和负债。

【例 11－6】 假设三英公司是 S 类小型股份有限公司，并持有 100% 三英 1 公司的股票。三英 1 公司持有 100% 三英 2 公司的股票。此种情形下，三英公司可以将三英 1 和三英 2 选择成为 S 类子公司。

【例 11－7】 接上例 11－6，但三英 1 公司持有 50% 三英 2 公司的股票，另外 50% 由三英公司持有。此种情形下，三英公司仍可以将三英 1 和三英 2 选择成为 S 类子公司，因为三英 1 公司被选择成 S 类子公司后就不再独立于其母公司三英公司之外，故而三英 2 公司仍视同被三英公司 100% 持有。

【例 11－8】 接上例 11－6，假如三英 1 公司没有被选择成为 S 类子公司，而继续默认为 C 类股份有限公司。那么三英 2 公司也无法被三英公司选择成为 S 类子公司，因为三英 2 公司的股东不是 S 类小型股份有限公司。

股东对 S 类子公司的选择通过提交合格的 S 类小型股份有限公司全资子公司选择申请表 8869（见表 11－4）完成。在申请表上股东 S 类母公司可以明确填写一个具体的 S 类子公司的生效日。生效日必须在一个固定区间之内，即从申请日前 2 个月零 15 天，到申请日后 12 个月。选择终止后，该 S 类子公司不能在放弃该身份后的第 5 个纳税年度结束前重新被选择为 S 类子公司。

表 11－4　合格的 S 类小型股份有限公司全资子公司选择申请表 8869
（现行，2020 年 12 月颁布）

Form 8869 (Rev. December 2020) Department of the Treasury Internal Revenue Service	Qualified Subchapter S Subsidiary Election (Under section 1361 (b) (3) of the Internal Revenue Code) ▶Go to *www. irs. gov/Form*8869 for instructions and the latest information.	OMB No. 1545－0123

填报目的：提出以 S 类小型股份有限公司全资子公司为纳税形式的申请。
填报人：需提出申请的 S 类小型股份有限公司（母公司）。

S 类子公司的纳税形式也可以通过向国内收入局递交终止函而终止，回到 C 类股份有限公司的形式。终止生效日也必须在一个固定区间之内，即从申请终止日前 2 个月零 15 天，到申请终止日后 12 个月。

第二节　S 类小型股份有限公司的税务处理

S 类小型股份有限公司既是税负穿透体，又具有 C 类股份有限公司的特征。因此，其税务处理的规定和执行程序具有特殊性。

一、S 类小型股份有限公司的所得税税表

S 类小型股份有限公司应按照其纳税年度提交 S 类小型股份有限公司所得税申报表 1120－S（见表 11－5，以下简称表 1120－S）。不论公司是否产生收入，S 类小型股份有限公司都应在其财年结束后第 3 个月的第 15 个工作日或之前进行该表的年度申报[14]。如果需要延期申报，应通过公司所得税、信息披露及其他申报的延期申请表 7004 通知国内收入局，以获得通常 6 个月的延期[15]。所以，对于纳税年度是 1 月 1 日到 12 月 31 日的公司来说，应在次年的 3 月 15 日或之前提交表 1120－S 或公司所得税、信息披露及其他申报的延期申请表 7004，借此将申报延期到 9 月 15 日。

表 11－5　　S 类小型股份有限公司所得税申报表 1120－S（2022 年）

Form 1120 – S Department of the Treasury Internal Revenue Service	U. S. Income Tax Return of an S Corporation ▶Do not file this form unless the corporation has filed or is attaching Form 2553 to elect to be an S corporation. ▶Go to *www. irs. gov/Form 1120S* for instructions and the latest information	OMB No. 1545 – 0123 2022

填报目的：申报应税总收入、资本利得、资本亏损、收入抵扣项及税款减免额，并通过表 K－1 给股东提供详细的纳税信息。

填报人：美国境内成立的 S 类小型股份有限公司（税务认定）。

S 类小型股份有限公司是税负穿透体，除非出现特殊情况，本身不需缴纳所得税。但是，S 类小型股份有限公司必须严格地将其所有收入和支出按照类别（常称为保持"收入的特征"，Character of Income）和股东持股比例分摊给每个股东，以此协助各股东分别计算各自的应纳税所得额。因此，法典规定 S 类小型股份有限公司应向国内收入局和各股东提供《税负穿透体收支明细表》，俗称 K－1 表[16]（见表 11－6）。税负穿透体收支明细应在表 1120－S 提交前或同时交给股东和国内收入局。

表 11－6　　S 类小型股份有限公司税负穿透体收支明细表 K－1（2021 年）

Schedule K – 1 (Form 1120 – S) Department of the Treasury Internal Revenue Service beginning [/　/2022]	2022 For calendar year 2022, or tax year ending [/　/2022]
Shareholder's Share of Income, Deductions, Credits, etc. ▶See back of form and separate instructions.	

填报目的：披露股东的各项应税收入和扣除信息。

填报人：S 类小型股份有限公司。

目前在美国，绝大部分公司都可以通过自购的网络报税软件系统或其税务师使用的报税软件系统进行表 1120－S 电子申报。但如果电子申报有困难或不成功，国内收入局也接受书面提交的表格。

二、对未申报的惩罚规定

S 类小型股份有限公司如果不按照法典要求提交其所得税申报表 1120－

S，将受到现金罚款。罚款的标准是每个股东每个月 220 美元（2022 年标准），最高可以计算 12 个月。如果该 S 类小型股份有限公司本身有税款，那么还应增加对欠税的罚款，每月按欠税额的 5% 计算，最高为欠税额的 25%[17]。

【例 11－9】 假设三英公司是一家有 5 个股东的小型股份有限公司，没有申报 2018 年的表 1120－S。经分析计算，公司本身应缴纳税款 1 万美元。

三英公司应承担的罚款总共可达 14 500 美元，计算如下：

未申报罚款（最高额）：5×12×205＝12 300（美元）。

欠税罚款（最高额）：10 000×25%＝2 500（美元）。

三、S 类小型股份有限公司层面的应税收入

由于 S 类小型股份有限公司是税负穿透体，所有符合要求的公司收入和支出都应按照规定如数上报给其股东，而其本身没有应纳税所得额，不需要缴纳税款。然而，如果出现以下任何三种情形，S 类小型股份有限公司则有缴纳税款的义务[18]：

1. 嵌入盈利（Built－In Gain）实现，成为公司应税收入的一部分，需按期缴税；

2. 公司用后进先出法计算库存而产生的应税收入；

3. 公司实现超额被动性投资收入，需当期缴税。

以上三种情形都涉及从 C 类股份有限公司转换成 S 类小型股份有限公司的过程，在此提醒读者注意。

（一）嵌入盈利应税收入

如前所述，嵌入盈利产生的原因通常是股东用已经升值的固定资产作为投资，该固定资产市值和股东持有的固定资产成本之间的差别就是“嵌入盈利”，就是股东把升值的部分嵌入固定资产中，转移给了公司。这部分利得在没有确认前被称为“未实现（或可实现）的嵌入资本利得”。

对于 S 类小型股份有限公司来说，嵌入盈利的确认应遵守以下规定：

1）嵌入盈利成为 S 类小型股份有限公司的应税收入，即公司卖出或转让具有嵌入盈利的资产时应确认资本利得。该应税收入产生

的另一个原因是该 S 类小型股份有限公司是由 C 类股份有限公司经过股东选择而生成。换句话说，如果股份有限公司从存在第一天起就是 S 类小型股份有限公司，那么通常其不会产生此种应税收入[19]。

2）在收入确认期间内，即从以 S 类小型股份有限公司形式纳税的第一个纳税年度第一天起的 5 个纳税年度内[20]，该 S 类小型股份有限公司产生了嵌入盈利净值。

3）该嵌入盈利净值在各年确认的数量之和不超过未实现的嵌入盈利总额[21]。

对嵌入盈利净值的确定非常重要，因为它是最终计算税额的基础。概括地说，在某个纳税年度内，应确认的嵌入盈利净值等于以下三项中的最小值：

1）本纳税年度内确认的嵌入盈利和嵌入亏损之和[22]，而且本年度资产处置后确认的资本利得不能超过该处置资产的嵌入盈利[23]；

2）本纳税年度内可以确认的应纳税所得额，其确认规则基本等同于 C 类股份有限公司的确认规则，略加细微调整[24]；

3）可实现（但还没有确认收入）的嵌入资本利得减去各年总共确认的嵌入盈利净值[25]。

本年“1)”减去“2)”的差额，应在下年作为已确认收入的嵌入盈利处理，从而提高下年的“1)”确认额。以此程序逐年滚动，直至可实现的资本利得最终得到全部确认[26]。

【例 11－10】 三英公司成立时是 C 类股份有限公司，后经全体股东同意，选择成为 S 类小型股份有限公司，于 2018 年 1 月 1 日生效。三英公司在成立时，史密斯先生用固定资产注资，该固定资产的持有成本是 60 万美元，到 2018 年 1 月 1 日，该固定资产市值为 75 万美元。分别在 2018 年 10 月和 2019 年 3 月，三英公司出售了一半的固定资产，除此以外没有其他资本利得或亏损。固定资产的出售价格和相关数据见表 11－7（此例中忽略折旧）。

表 11－7　　固定资产的出售价格和相关数据　　单位：美元

	2018 纳税年度	2019 纳税年度	总额
固定资产出售价值	380 000	290 000	670 000
固定资产持有成本	300 000	300 000	600 000
该纳税年度应纳税所得额	60 000	—	60 000

分析：根据上面的数据和背景，三英公司2018年和2019年应按如下步骤确认嵌入盈利净值（见表11－8）。

表11－8　　嵌入盈利净值的确认　　单位：美元

	2018纳税年度	2019纳税年度	总额
固定资产市值－2018年1月1日	375 000	375 000	750 000
减：固定资产持有成本	300 000	300 000	600 000
可实现的资本利得或亏损（a）	75 000	75 000	150 000
固定资产出售价值	380 000	290 000	670 000
减：固定资产持有成本	300 000	300 000	600 000
本年度资产处置利得或（亏损）（b）	80 000	（10 000）	70 000
往年结转的未确认资本利得（c＝上年h）	—	15 000	15 000
本年度可确认的资本利得（d＝b＋c，受限于a）	75 000	5 000	不计算
对比该纳税年度应纳税收入总额（e）	60 000	—	60 000
对比可实现的嵌入资本利得余额（f＝a）	75 000	75 000	150 000
本年度应确认的嵌入盈利净值（g＝d、e或f三者的最小值）	60 000	—	60 000
结转下年的未确认资本利得（h＝d－g）	15 000	5 000	不计算

如上分析数据显示，各年度的应确认的嵌入盈利净值应该取d、e、f三个数值的最小值。2019年未确认的资本利得d项下的5 000美元应结转到2020年。从总额来看，两年资产处置的实际资本净利得是b项下的7万美元，应确认的部分在g项下6万美元。没有确认的1万美元中，5 000美元结转到2020年，还有5 000美元是在2018年d项的确认时被上限额度给排除了。可见税法中的这些规定采用了相对合理的方式对嵌入盈利进行征税。

在对嵌入盈利净值进行征税时，法典规定该净值具备应纳税所得额的性质，所以允许原C类股份有限公司里的累计净经营亏损（如有）或部分和经营相关的税务抵免（如有）可以被用来抵减嵌入盈利净值。抵减后的余额乘以C类公司的最高税率（现行21%）就是本纳税年度S类小型股份有限公司的应纳税额[27]。

【例11－11】　假设上例11－10中三英公司有C类公司下的累计净经营

亏损3万美元。那么其2018年应纳税额为：(60 000 - 30 000) × 21% = 6 300(美元)。

(二) 用后进先出法计算库存而产生的应税收入

如果S类小型股份有限公司是由C类股份有限公司的全体股东同意后选择生成，而且该C类股份有限公司的库存方法是先进后出法[28]，那么将产生如下税务结果：

> 1) 该股份有限公司应在其C类股份有限公司的最后一个纳税年度确认由先进后出法产生的收入，该收入的性质是对已享受税收利益的夺回(LIFO Recapture)。
>
> 2) 针对该收入的纳税额分4年支付：首付年度为C类股份有限公司的最后纳税年度，其余3次支付由S类小型股份有限公司分别在其前3个纳税年度截止日前完成，不计利息。
>
> 3) 由先进后出法产生的对已享受税收利益的夺回收入等于用先进先出法计算的库存量减去用后进先出法计算的库存量。

【例11-12】 假设三英公司成立时是C类股份有限公司，后经全体股东同意，选择成为S类小型股份有限公司，于2018年1月1日生效。三英公司成立以来一直用后进先出法计算库存，到2017年12月31日其库存额为60万美元。如果用先进先出法计算库存，为85万美元。

分析：由先进后出法产生的对已享受税收利益的夺回收入为25万美元(85 - 60)，其联邦税款 = 250 000 × 21% = 52 500(美元)。

这笔税款应分4次支付，即三英公司以C类公司身份，在2018年4月15日前支付13 125美元，另外3次以S类小型股份有限公司身份，在2019年、2020年和2021年4月15日之前分别各支付13 125美元。

(三) 公司实现超额被动性投资收入

在本章第一节里读者了解到，如果S类小型股份有限公司连续3年的被动性投资收入超过标准，那么该公司的S类小型股份有限公司纳税方式自动失效，其必须回到以C类股份有限公司纳税的形式。

但是，如果S类小型股份有限公司没有连续3年违反前述要求，而是在某些非连续年度违规，法典对这类情形实施超额收入当年纳税的规定。

如果S类小型股份有限公司在某个纳税年度均有累计税后净利润，且该年的总收入有25%以上来源于被动性投资收入，那么该S类小型股份有限公司应对超额被动收入净值支付21%的税款[29]。

超额被动收入净值计算方式如下：

$$超额被动收入净值=被动收入净值\times\frac{被动性投资收入-25\%的总收入}{被动性投资收入}$$

$$被动收入净值=被动性投资收入-产生这些收入的成本$$

往年的累计税务亏损或绝大部分税款抵免额度都不可以用来抵减这部分税款[30]。

【例11-13】 假设三英公司以S类小型股份有限公司的身份纳税数年，其纳税年度起止日为1月1日和12月31日。经统计、分析和测算后，其税务数据见表11-9。

表11-9 **税务数据** 单位：美元

	2018纳税年度	2019纳税年度	2020纳税年度	2021纳税年度
1. 累计税后净利润（亏损）	250 000	150 000	(10 000)	280 000
2. 从子公司获得股息分红	50 000	30 000	35 000	50 000
3. 出售子公司股票利得	170 000	—	—	—
4. 贷款利息收入		30 000	30 000	30 000
5. 房地产出租租金收入		200 000	230 000	200 000
6. 日常生产销售收入	780 000	760 000	805 000	720 000
总收入（2~6项之和）	1 000 000	1 020 000	1 100 000	1 000 000
被动收入净值（减去成本）	150 000	50 000	70 000	50 000

三英公司收入来源的第2~5项属于被动性投资收入，它们和各年总收入的25%之差额见表11-10。

表11-10 **收入及差额** 单位：美元

	2018纳税年度	2019纳税年度	2020纳税年度	2021纳税年度
被动性收入第2~5项之和（a）	220 000	260 000	295 000	280 000
25%总收入（b=25%第2~6项之和）	250 000	255 000	275 000	250 000
差额（c=a-b）	(30 000)	5 000	20 000	30 000

可见，2018 年的总收入中来源于被动性投资收入的比例没有超过 25%，2020 年的累计税后净利润为负值，所以这两年不会产生超额被动性投资收入。公司的收入结构也没有破坏 S 类小型股份有限公司的纳税形式。

但是，三英公司在 2019 年和 2021 年产生了超额被动性投资收入，计算见表 11－11。

表 11－11　　超额被动性投资收入

	2019 纳税年度	2021 纳税年度
差额/美元	5 000	30 000
被动性收入第 2～5 项之和/美元	260 000	280 000
超额比率	1.92%	10.71%

2019 年：50 000×16.17%＝962（美元）。

2021 年：50 000×10.71%＝5 357（美元）。

三英公司在两年相应的联邦税款为：

2019 年：962×21%＝202（美元）。

2021 年：5 357×21%＝1 125（美元）。

四、S 类小型股份有限公司的分配

S 类小型股份有限公司可以说是从 C 类股份有限公司派生出来的、具有税负穿透体特征的一种特殊税务实体形式，因此在公司实物分配（如现金、股票和有价物等）的处理上遵循 C 类股份有限公司分配的基本原则（参阅第八章），但又有一些适应税负穿透体的变化[31]。分配日是 S 类小型股份有限公司做出分配决定的当天，而不是按股东是否实际收到分配来决定[32]。

尽管每年按照税负穿透体的规则将全部收入和成本费用都按比例分摊给其股东，S 类小型股份有限公司每年仍然应核算其税后净利润。这个累计的税后净利润将会决定 S 类小型股份有限公司部分实物分配的性质或归类。

（一）S 类小型股份有限公司没有累计税后净利润

如果 S 类小型股份有限公司根本没有累计税后净利润，那么分配的收入属性分两步确定：

1）首先，根据股票的持有成本（参阅本章第三节），确认该等额分配为股东的资本返还或投资收回；

2）其次，分配物市值超过资本返还的部分确认为资产处置的利得或亏损[33]。

（二）S类小型股份有限公司有累计税后净利润

如果S类小型股份有限公司有累计税后净利润，那么分配的收入属性分三步确定：

1）首先根据累计调整账户（定义见后）的余额，按照上述“（一）S类小型股份有限公司设有累计税后净利润”的方式确认该等额分配为股东的资本返还；

2）其次根据累计税后净利润的余额，确认该等额分配为公司分红；

3）最后分配物市值超过“1）”和“2）”总和的部分，再按照上述“（一）S类小型股份有限公司设有累计税后净利润”的方式确认该等额分配为股东的资本返还或资产处置的利得或亏损[34]。

如果所有获得分配的股东一致同意，税法允许这些股东选择实物分配先从分配公司的累计税后净利润开始，所以分配可以先确认为公司分红[35]。

累计税后净利润是适用于C类股份有限公司的概念，但是S类小型股份有限公司往往会“继承”并持续跟踪记录累计税后净利润，比如S类小型股份有限公司的前身是C类股份有限公司，或在某些公司重组中“继承”了其他C类股份有限公司的累计税后净利润等。

S类小型股份有限公司的累计调整账户是在公司层面单独核算的项目，其重要性在于，这个账户的余额会决定S类小型股份有限公司分配的性质和特征。累计调整账户的实质是S类小型股份有限公司未分配的累计税后净利润，但又不包括公司获得的免税收入或与免税收入相关的扣除项，税法规定的具体计算方法如下[36]：

累计调整账户起点：零

加上：

1）当年S类小型股份有限公司的应税总收入（不包括免征税收入）：需分类分摊给股东的部分。

2）当年S类小型股份有限公司的应税总收入：不需分类分摊给股东的部分。

3）当年某资产的折耗摊销超过该资产净成本的部分（石油天然气资产除外）。

减去：

1）当年S类小型股份有限公司的可税前扣除的费用（不包括为获得免税收入而发生的费用）：可以分类分摊给股东的部分。

2）当年S类小型股份有限公司的可税前扣除的费用：不可分类分摊给股东的部分。

3）当年S类小型股份有限公司发生的其他费用（不可税前扣除的费用、联邦所得税税款除外）。

4）当年石油天然气资产的税务折耗（参阅第十四章）。

5）当年S类小型股份有限公司的分配（不能将累计调整账户余额变为负值）。

S类小型股份有限公司必须严格按照上述所列项目的先后顺序，逐年计算累计调整账户余额。另外还需注意的一个顺序是，在扣除S类小型股份有限公司分配前如果某年的调整账户余额计算下来为负值，那么应先将该年的账户调整额视为零，然后进行分配的核算，最后再将该年调整额为负值的部分结转到下年的累计调整账户。

【例11－14】 乔先生是三英股份有限公司的唯一股东，持股成本为7.5万美元。三英公司在选择成为S类小型股份有限公司前有1万美元的累计税后净利润。三英公司于2018年成为S类小型股份有限公司，到2019年12月31日其累计调整账户余额为5万美元。该日，三英公司宣布向乔先生分配现金10.5万美元。

分析： 三英公司有累计税后净利润，因此该分配对乔先生及三英公司产生的税务影响见表11－12。

表 11－12　税务影响　单位：美元

	累计调整账户	累计税务净收益	股票持有成本	资本利得	公司分配的分摊
项目分配前总额	50 000	10 000	75 000	—	—
1. 减少累计调整账户	(50 000)	—	(50 000)	—	50 000
2. 减少累计税后净利润	—	(10 000)	—	—	10 000
3. 减少股票持有成本	—	—	(25 000)	—	25 000
4. 计算资本利得	—	—	—	20 000	20 000
项目分配后余额	—	—	—	20 000	105 000

第 1 项的分配基于累计调整账户的余额，并且相应减少股票持有成本；第 2 项的分配是由于三英公司有累计税后净利润，这个 1 万美元的分配是乔先生应确认的公司分红。分配总额 10.5 万美元减去前三项之和就是资本利得的部分，即 2 万美元。

例 11－14 是一个极为简化的案例，主要用于概括性说明 S 类小型股份有限公司分配的税务结果。当 S 类小型股份有限公司有累计税后净利润时，累计调整账户余额的计算比较烦琐，且 S 类小型股份有限公司参与免税重组的情形下，S 类小型股份有限公司的分配定性和计算可能会变得非常复杂。

第三节　S 类小型股份有限公司股东的税务处理

S 类小型股份有限公司作为一种经营实体，通常情况下本身不用计算或缴纳所得税（例外情况参阅本章第二节），而是把经营收入或支出按照税务分类的要求，按比例逐条“传递”（Pass Through）给其股东。股东收到 S 类小型股份有限公司的收入和支出等财务数据后，再将其纳入各自的纳税申报中[37]。在这个 S 类小型股份有限公司和股东互动的纳税申报过程中，股东需要分析如何使用所获得的数据，并且要跟踪核算其持有的 S 类小型股份有限公司股票的持有成本。

一、逐项获得 S 类小型股份有限公司的收入及成本费用

S 类小型股份有限公司有责任将某些对其股东纳税影响不尽相同的收入、亏损、扣除或税款免除额度等分门别类地按比例分配给股东，本章第二节提到的 S 类小型股份有限公司所得税申报表 1120 – S 和税负穿透体收支明细表 K – 1 都是用来辅助 S 类小型股份有限公司对此进行详细的核算和记录。税法要求 S 类小型股份有限公司必须分类申报本纳税年度的下列项目[38]：

1. 资本利得或亏损以及它们的长短期性质（参阅第五章）；
2. 1231 资产处置利得或亏损（参阅第五章）；
3. 支付的捐赠款；
4. 向其他国家或美国托管地支付的所得税税款；
5. 某些税款免除额度；
6. 某些特殊的扣除项，如和资产折旧相关的 179 条款选择扣除（参阅第三章）、医疗或牙医费用或水资源保护费等；
7. 投资组合收入或与被动性活动相关的亏损、费用等（参阅第三章）；
8. 免税收入，如赠与的财产、某些地方政府债券利息收入等（参阅第三章）；
9. 和替代性最低税相关的税收优惠项（参阅第七章）；
10. 其他国内收入局规定的分类项等。

上述各项的分类列示其实保持了它们在 S 类小型股份有限公司内核算时的分类特征[39]，按照股东股权比例分别呈现给股东时也应保持同样的分类特征，而不应考虑股东层面可能产生的特征改变。比如 S 类小型股份有限公司因处置某些资产而产生资本利得，那么在 S 类小型股份有限公司的申报中都会体现资本利得这一特征，而不管它的股东可能是一位以资产买卖为职业的经纪人（或经销商）。

除了上述需要分类列示的项目外，其余的收入和成本费用可以合并后统一体现，如公司的日常经营所得[40]。S 类小型股份有限公司还应将公司纳税年度的总收入（扣除成本费用前）按照股东的持股权比例分别呈现给股东，以协助他们纳税计算[41]。

S 类小型股份有限公司分摊给股东的所有亏损和扣除项总额受到以下两项之和的限制，即某纳税年度所有亏损和扣除项总额不能高于以下两项之和[42]：

1）所有股东的调整后的股权持有成本基数［参阅下述“2)”］。

2）所有股东共同分摊的S类小型股份有限公司的债务成本基数。债务必须是S类小型股份有限公司承担的真实债务，而且股东必须承担债务偿还责任。如果某股东仅承诺保证承担偿还风险，而没有实际出资的责任，那么该股东则不能获得相应的债务成本基数[43]。

亏损和扣除项超过上述两项之和的部分可以无限期往下年结转[44]，当股权成本或债务成本增加后，按以下方式计算出的各年可扣除比率，再将该比率应用于总的增加额[45]：

$$各年可抵扣比率=\frac{各纳税年度亏损和扣除总额}{全部亏损和扣除总额（含各年结转额）}\times 100\%$$

S类小型股份有限公司给各股东“传递”的亏损和扣除项都是绝对的“独立个性化”结果，也就是说这些亏损和扣除项只能被获得它们的股东来使用，不能转给他人。只有一种例外的情况，就是2004年12月31日之后股东将S类小型股份有限公司的股权转移给其配偶，或在离婚协议中转给其前配偶时，该股东还没有使用的亏损或扣除可以转移给其（前）配偶，包括以往各年未使用的余额[46]。当年的亏损或扣除分摊应考虑分摊的时点，往年的分摊则根据持股比例。

【例11－15】 史密斯先生是三英股份有限公司的唯一股东，其持有三英公司股权的成本为零，三英公司是S类小型股份有限公司。2019年，三英公司产生10万美元亏损。2020年6月30日，在离婚协议中史密斯先生将50%的股权转给其前妻A，三英公司2020年的全年亏损为8万美元。三英公司没有借债。

分析：根据上述税法规定，三英公司的亏损在史密斯先生和他的前妻A之间的分配见表11－13。

表11－13　　亏损分配　　单位：美元

	三英公司	史密斯先生	A女士
股票持有成本	—	—	—
2019年公司亏损及分摊	(100 000)	(100 000)	—
2019年可抵扣亏损及分摊	—	—	—

续表

	三英公司	史密斯先生	A女士
2019年亏损结转到下年	(100 000)	(100 000)	—
2020年公司亏损及分摊（考虑分摊时点）	(80 000)	(60 000)	(20 000)
2020年可抵扣亏损及分摊	—	—	—
2020年亏损结转到下年（a）	(80 000)	(60 000)	(20 000)
重新分配2019年亏损（b）	(100 000)	(50 000)	(50 000)
2008年1月1日的亏损分配（a+b）	(180 000)	(110 000)	(70 000)

上述计算体现出2020年的分配考虑了当年两位股东持股的时间因素，A女士不能获得下半年50%的亏损2万美元。再者，对往年（2019年）结转来的亏损被重新按照股东的持股比例分配。

【例11－16】 接上例11－15，假设所有条件不变，而史密斯先生在2020年的持股成本增加了1万美元。

分析：根据上述税法规定，三英公司的亏损在史密斯先生和他的前妻A之间的分配见表11－14。

表11－14　　亏损分配　　单位：美元

	三英公司	史密斯先生	A女士
股票持有成本	—	—	—
2019年公司亏损及分摊	(100 000)	(100 000)	—
2019年可抵扣亏损及分摊	—	—	—
2019年亏损结转到下年（A）	(100 000)	(100 000)	—
2020年股票持有成本增加	—	10 000	—
2020年公司亏损及分摊（考虑分摊时点）（B）	(80 000)	(60 000)	(20 000)
2020年可抵扣亏损及分摊	10 000	10 000	—
其中：可抵扣2019年部分（a）	6 250	6 250	—
可抵扣2020年部分（b）	3 750	3 750	—
2019年亏损结转到下年（c=A－a）	(93 750)	(93 750)	—
2020年亏损结转到下年（d=B－b）	(76 250)	(56 250)	(20 000)

续表

	三英公司	史密斯先生	A女士
重新分配2019年亏损（e = c/2）	(93 750)	(46 875)	(46 875)
2008年1月1日的亏损分配（d + e）	(170 000)	(103 125)	(66 875)

上面两个计算方式值得注意：

首先是2020年可扣除份额被分摊到2019年和2020年的亏损上，分摊的比率是：

2019年的比率 = 100 ÷ (100 + 60) = 0.625

2020年的比率 = 60 ÷ (100 + 60) = 0.375

其次是到2020年底，以往没有按照股权比率分摊的亏损都应重新分摊，因此史密斯先生和A女士的2019年分摊的亏损额度发生变化，重新按各自50%比率计算。2020年的分摊已经按照这个比率并考虑了持股时间的因素，所以不必重新分摊。

S类小型股份有限公司股东获得逐项分摊下来的收入、成本费用及亏损之后，再按照各自的纳税身份和税法规定进行纳税申报。如果股东为个人，那么该股东应将其S类小型股份有限公司的各项收入和成本费用等收录在个人所得税申报表1040的附表E中（参阅第六章），再以个人的身份统筹计算当年的应纳税所得额。如果股东为信托或遗产纳税体，则按照信托或遗产纳税体的要求进行纳税申报。

二、对股票持有成本的调整与核算

S类小型股份有限公司股东持有股票的成本是决定亏损抵扣以及资产处置时计算资本利得或亏损的重要依据，所以密切跟踪股票成本调整，核算出准确的各股东的持有成本非常重要。

股票的初始成本取决于股东获得股权时的投入，如现金投入或有价资产的投入等。由于S类小型股份有限公司设立时先默认为是C类股份有限公司，所以其成立时应遵守C类股份有限公司的规定（参阅第八章）。C类股份有限公司被全体股东选择成为S类小型股份有限公司后，股东对股票的持有成本就根据下列项目增加或减少[47]：

1）增加股东持有成本（按股东持股比例）的项目：

（1）分类分摊所得的当年 S 类小型股份有限公司的应税总收入（包括免征税收入）；

（2）未分类分摊所得的当年 S 类小型股份有限公司的应税总收入；

（3）分摊所得的当年某资产的折耗摊销超过该资产净成本的部分。

2）减少股东持有成本（按股东持股比例）的项目：

（1）分摊所得的 S 类小型股份有限公司的分配，该分配不能被股东确认为当期的收入，只能是资本返还的部分；

（2）分类分摊所得的当年 S 类小型股份有限公司的亏损或扣除额；

（3）未分类分摊所得的当年 S 类小型股份有限公司的亏损或扣除额；

（4）分摊所得的税法不允许扣除的成本费用；

（5）分摊所得的石油天然气资产的折耗摊销，不能超过该股东对该资产的持有成本（参阅第十四章）。

税法细则进一步规定减少股东持有成本的项目应按如下顺序（1998 年 8 月 18 日起适用）进行[48]：

第一步：上述属于“2）”中“（1）”的部分。

第二步：上述属于“2）”中“（1）”和“（5）”的部分。

第三步：上述属于“2）”中“（2）”和“（3）”的部分。

这个减少股权持有成本的顺序使得股东可以最大限度地获得免税的资本返还的额度，但同时减少了当期可以抵扣的亏损。税法细则还给予了股东不按照上述顺序减少其股权持有成本的选择权。

股东的持有成本理论上是按照每股每天的标准来分摊核算的[49]，可见 S 类小型股份有限公司需要妥善收集并处理计算所需的各类文件或事实情况。

【例 11－17】　三英公司是 S 类小型股份有限公司，2021 年 12 月 31 日乔先生已持有 500 股（A 组）三英公司股票，每股 60 美元。当天，乔先生又以每股 80 美元购入 500 股（B 组）。2023 年，乔先生获得三英公司分摊的总收入 3 万美元，亏损和扣除项总和 2.5 万美元，税法不允许扣除的费用 2 万美元，以及现金分配 1 万美元。三英公司没有借债。

分析：乔先生在2022年全年持有1 000股三英公司股票，他的股票持有成本应按每股每天分别核算，所以他在2022年12月31日的持股成本计算见表11－15。

表11－15　　持股成本计算　　单位：美元

	A组	B组
每股购入成本	60	80
加：每股代表的总收入	30	30
减：每股代表的现金分配	(10)	(10)
每股代表的税法不允许扣除费用	(20)	(20)
每股代表的亏损和扣除	(25)	(25)
2022年12月31日每股持有成本	35	55

三、对分摊的债务成本基数的调整与核算

S类小型股份有限公司的债务总额也应按照股权比例分摊给各股东，成为股东的债务成本基数。当股东的股票持有成本因上述各项（资本返还部分除外）减少到零时，其所获得的亏损类的分摊则继续减少他的债务成本基数。等到增加股票持有成本的项目金额超过减少股票持有成本的项目金额（净值大于零）时，股东应首先恢复其被减少的债务成本基数，然后再增加股票的持有成本[50]。如前所述，债务成本基数可以决定S类小型股份有限公司分配给股东的亏损或扣除项金额。

债务成本基数的调整通常在纳税年度的最后一天生效。对于在年内退出S类小型股份有限公司的股东，其债务成本基数的分摊调整以其退出日前一天为有效日[51]。

如果S类小型股份有限公司有多种债务成本分摊给股东，那么股东在因亏损或扣除而减少债务成本基数时应按各债务成本的比率分别减少各项债务的成本基数。但是，在下一个纳税年度恢复被减少的债务成本基数时，应先恢复当年清偿的债务成本基数[52]。

【例11－18】 乔先生是三英股份有限公司的唯一股东，三英公司是S类小型股份有限公司。乔先生持有三英公司的股票成本是零，并于2019年以借款的形式注资三英公司1万美元（债务1）和5万美元（债务2），三英公司

和乔先生签署了借贷合同。到2020年底，债务1的成本基数减少到零，债务2的成本基数减少到1万美元。2021年1月1日，乔先生再次以借款形式注资4万美元（债务3），三英公司当年的总亏损为4万美元。

分析：乔先生对三英公司有三份债权，所以三英公司2021年的亏损应按比率分摊到各个债务成本上。乔先生在三英公司的债务成本基数调整与核算见表11-16。

表11-16　　债务成本基数调整与核算　　单位：美元

	债务1	债务2	债务3	总额
2020年1月1日债务成本基数	10 000	50 000	—	60 000
2020年债务成本调整额	(10 000)	(40 000)	—	(50 000)
2020年12月31日债务成本基数	—	10 000	—	10 000
2021年1月1日增加债务成本基数	—	—	40 000	40 000
按2021年债务成本基数比率分摊亏损	—	(8 000)	(32 000)	(40 000)
2021年12月31日债务成本基数	—	2 000	8 000	10 000

分摊当年亏损4万美元时，乔先生应该用2021年1月1日债务2和债务3的债务成本基数比率，计算如下：

债务2的分摊比率为：$10\ 000 \div (10\ 000 + 40\ 000) \times 100\% = 20\%$。

债务3的分摊比率为：$40\ 000 \div (10\ 000 + 40\ 000) \times 100\% = 80\%$。

【例11-19】　接上例11-18，2022年7月1日三英公司对债务3全部还款，2022年三英公司共计净收入为52 000美元。

分析：由于债务3被全部偿还，所以净收入应先用于恢复债务3的成本基数。剩余的部分再按比率恢复债务1和债务2的成本基数，具体基数见表11-17。

表11-17　　恢复债务的成本基数　　单位：美元

	债务1	债务2	债务3	总额
净收入恢复已还债务的成本基数			32 000	32 000
2020年1月1日债务成本基数	10 000	50 000	已还款	不计算

续表

	债务 1	债务 2	债务 3	总额
债务成本调整总额	(10 000)	(48 000)	已还款	不计算
恢复前债务成本基数	—	2 000	已还款	2 000
按债务成本基数调整总额比率分摊剩余净收入	3 448	16 552	已还款	20 000
2022 年 12 月 31 日债务成本基数	3 448	18 552	32 000	54 000

债务 1 的分摊比率为：10 000 ÷ (10 000 + 48 000) × 100% = 17.24%。

债务 2 的分摊比率为：48 000 ÷ (10 000 + 48 000) × 100% = 82.76%。

S 类小型股份有限公司与其股东产生债权债务关系时最好保持正式的书面记录，明确债权债务的条款。否则 S 类小型股份有限公司在税务记账的处理中还会出现细微的变化，就是还要建立一个“开放式债务账户”来归集一定金额的借款[53]。

本章参考文献

[1] IRC § 1362 (b).

[2] IRC § 1361 (c).

[3] Treas. Reg. § 1.1361 – 1 (l).

[4] Treas. Reg. § 1.1361 – 1 (l) (2) (vi), Example (1) and (6).

[5] Treas. Reg. § 1.1361 – 1 (l) (2) (vi), Example (1) and (6).

[6] IRC § 1362 (a).

[7] IRC § 1362 (a), (b); Treas. Reg. § 1.1362 – 6.

[8] IRC § 1378.

[9] IRC § 441 (f) (3).

[10] IRC § 1362 (b) (5). U. S. Department of the Treasury, Internal Revenue Service, Rev. Proc. 2013 – 30.

[11] IRC § 1362 (d); Treas. Reg. § 1.1362 – 2.

[12] IRC § 1362 (g); Treas. Reg. § 1.1362 – 5.

[13] IRC § 1361 (b) (3); Treas. Reg. § 1.1361 – 2.

[14] IRC § 6072 (b); Treas. Reg. § 1.6012 – 2 (h).

[15] Treas. Reg. § 1.6081 – 3T (a).

[16] IRC § 6037 (b).

[17] IRC § 6699. U. S. Department of the Treasury, Internal Revenue Service, *Instructions for Form* 1120 – *S* (2022).

[18] IRC § 6655 (g) (4).

[19] IRC § 1374 (c) (1).

[20] IRC § 1374 (d) (7).

[21] IRC § 1374 (a); Treas. Reg. § 1. 1374 – 1A.

[22] IRC § 1374 (d) (2) (A) (i).

[23] IRC § 1374 (d) (3).

[24] IRC § 1374 (d) (2) (A) (ii).

[25] IRC § 1374 (c) (2).

[26] IRC § 1374 (d) (2) (B); Treas. Reg. § 1. 1374 – 2 (c).

[27] IRC § 1374 (b); Treas. Reg. § 1. 1374 – 5.

[28] IRC § 1363 (d); Treas. Reg. § 1. 1363 – 2.

[29] IRC § 1375 (a), (b); Treas. Reg. § 1. 1363 – 2.

[30] IRC § 1375 (c).

[31] IRC § 1368 (a).

[32] Treas. Reg. § 1. 1368 – 1 (b).

[33] IRC § 1368 (b); Treas. Reg. § 1. 1368 – 1 (c).

[34] IRC § 1368 (c); Treas. Reg. § 1. 1368 – 1 (d).

[35] IRC § 1368 (e) (3); Treas. Reg. § 1. 1368 – 1 (f).

[36] IRC § 1368 (e) (1); Treas. Reg. § 1. 1368 – 2.

[37] IRC § 1366 (a) (1); Treas. Reg. § 1. 1366 – 1 (a) (1).

[38] Treas. Reg. § 1. 1366 – 1 (a) (2).

[39] IRC § 1366 (b); Treas. Reg. § 1. 1366 – 1 (b).

[40] IRC § 1366 (a) (1) (B); Treas. Reg. § 1. 1366 – 1 (a) (3).

[41] IRC § 1366 (c); Treas. Reg. § 1. 1366 – 1 (c).

[42] IRC § 1366 (d) (1); Treas. Reg. § 1. 1366 – 2 (a) (1).

[43] Treas. Reg. § 1. 1366 – 2 (a) (2).

[44] IRC § 1366 (d) (2); Treas. Reg. § 1. 1366 – 2 (a) (3).

[45] Treas. Reg. § 1. 1366 – 2 (a) (5).

[46] Treas. Reg. § 1. 1366 – 2 (a) (6).

[47] IRC § 1367 (a); Treas. Reg. § 1.1367 – 1.

[48] Treas. Reg. § 1.1367 – 1 (f).

[49] IRC § 1377 (a) (1).

[50] IRC § 1367 (b) (2); Treas. Reg. § 1.1367 – 2 (b) (1), 1.1367 – 2 (c) (1).

[51] Treas. Reg. § 1.1367 – 2 (d) (1).

[52] Treas. Reg. § 1.1367 – 2 (b) (3), 1.1367 – 2 (c) (2).

[53] Treas. Reg. § 1.1367 – 2 (a) (2).

第十二章

合伙企业的税法条款和税务处理

Partnership，本书译为“合伙企业”，在美国是十分常见的一种合作经营模式。尽管在联邦制度下宪法不能给予联邦立法机构最高权利来建立一套统一的合伙企业法律条规，国会两院却有权制定在全国统一执行的合伙企业税法条款。合伙企业税法条款是联邦法典的重要组成部分，根据《税收统计公报》（Statistics of Income Bulletin，SOI）的统计，2020 年美国境内有 420 万左右大大小小的合伙企业，代表了 32 万亿美元的资产总额和 6 万亿美元的总收入。它们都必须依照联邦税法的要求进行纳税合规申报。

合伙企业的组织形式广泛运用在各种行业。在经济形式多变且不确定性增加的现实情形下，合伙企业因其灵活性和不产生双重纳税的优势更受青睐。合伙企业在社会经济中的作用毫不逊色于股份有限公司。本章从合伙企业的税务处理及合伙人的资本账户这两个维度出发阐述税法的重要规定。

第一节　合伙企业运营期的税务处理

合伙企业，甚至合伙共事本身都具有极大的灵活性，主要体现在是否有正式的法律注册，参与者的投入、参与程度、所获得的收支分摊及其特征，以及参与者（合伙人，可以是非个人）与合伙企业之间的特殊安排或交换等。有学者认为合伙企业税法关注的最主要问题是“制定税法规范合伙企业与合伙人之间的交易行为，包括合伙企业对经营结果的分配”[1]。

一、合伙企业的形成和终止

法典对合伙企业的定义为“在所得税税法条目下，合伙企业包括联合团体、群组、资金池联营、合资或其他非股份制的组织形式、非信托或非遗产纳税体，形成该组织的目的是从事日常经营活动、融资活动，或者更加具有冒险意义的活动”[2]。合伙企业必须有两个或两个以上的所有人（合伙人）。

如第一章所阐述，联邦税法下所认定的合伙企业包括多种法律实体，如普通合伙（General Partnership）、有限合伙（Limited Partnership）、有限责任合伙（Limited Liability Partnership，LLP）等，还可以包括通过“纳税实体选择”而成为合伙企业的有限责任公司（Limited Liability Company，LLC）。然而，并非所有看似具有“合作”性质的营利组织都必须完全按照合伙企业来处理其税务问题。对于通常没有日常经营业务，只从事投资、合作开采或共用某些资产等，而在销售环节各自独立，不统一出售服务或共同的产出的营利组织来说[3]，为了完全不受合伙企业税法规范的束缚，可以明确做出不按照合伙企业对待的选择[4]。

某经营实体被确认为税法下的合伙企业后，就应严格遵守本章所阐述的各项与合伙企业相关的规定。

（一）合伙人注资

合伙人对合伙企业的注资可以是在合伙企业成立时，或者在运营期内任何需要资金或资产的时点。税法规定的基本原则是，无论合伙人的注资在任何时点，或是否属于新加入某合伙企业的合伙人，合伙人注资合伙企业以获得合伙权益时，合伙人和合伙企业双方都不必确认应税收入或亏损[5]。注资甚至可以包括债权人将某合伙企业的负债转换成该合伙企业的权益[6]，以及以约定的现金或有价物来兑换期权合同（非服务报酬性质）下的合伙企业权益[7]。但是，如果出现下列情形之一，双方应重新考量如何确认应税收入或亏损：

1）如果合伙人的注资行为并非出于实际履行“合伙人”的职能，而是与合伙企业之间变相的交易[8]（参阅本节“四、合伙企业与合伙人之间的交易”内容）；或合伙人以实物注资，除了获得合伙企业权益之外还得到现金或现金等价物，那么该注资行为是一笔实物置换现金加上权益的交易，合伙人应为此确认盈亏。

2）如果某个或部分合伙人注资后并同意放弃未来回收该资本的权利，而将投入资本用于支付其他合伙人提供服务的报酬，那么获得报酬的合伙人应将其确认为薪酬类收入[9]，此类报酬支付也就是通常所说的“保证的（合伙人）报酬”。

3）债权人用合伙企业的负债置换权益时，如果负债中包含所欠的租金、矿区使用费或版税以及利息等，那么这些租金、矿区使用费或版税以及利息等应确认为债权人的应税收入[10]。

4）以有价物交换合伙企业权益的期权合同（非服务报酬性质）不属于合伙人注资行为[11]，所以该交换应按资产处置规则处理（参阅第五章）。

【例 12－1】 2018 年初，乔先生和史密斯先生分别出资 5 万美元建立了三英合伙企业，分别持有 50% 的权益。三英合伙购置了价值 10 万美元的土地。同年，三英合伙和莉雅女士签署了该合伙企业权益购入的期权合同，合同规定莉雅女士需支付 1 万美元现金或等价物来获得该期权，并于 2021 年 12 月 31 日前以 5 万美元现金或等价物换取三英合伙 33% 的权益。莉雅女士用一处市值 1 万美元的邻近地块换得该期权，土地持有成本为 6 000 美元。2021 年 12 月 1 日，莉雅女士用市值 5 万美元的厂房换取了三英合伙 33% 的权益。莉雅女士持有厂房的成本为 3 万美元。

分析： 依据税法规定，莉雅女士以地块换得期权的行为不属于注资，而属于资产置换。莉雅女士须为此确认 4 000 美元的应税收入，等于市值 1 万美元减去持有成本6 000美元。莉雅女士在第二次交易中按照期权合同的约定行权，获得三英合伙权益，该交易不对莉雅女士产生应税收入。

（二）同时具备合伙人集合体和经营实体的税务特征

本部分下的内容根据艾略特·曼宁（Elloitt Manning）撰写的《合伙企业税法概要》[12]整理而成，其观点精辟并切中要害。

尽管税负穿透体不限于合伙企业这一种形式，但是合伙企业的“穿透性”可以说最为彻底。S类小型股份有限公司也是税负穿透体，但它们只能将应税收入和扣除分摊给股东，而不能分摊公司的负债义务。如果S类小型股份有限公司曾经是C类股份有限公司，那么还可能承担其他税款（参阅第十一章）。信托和遗产纳税体也是税负穿透体，但它们如果留有未分配的应税收入则需要被征税。（受监管）不动产投资信托也可以是税负穿透体，但不符合税法规定的收入仍然会导致它们被征税（参阅第十三章）。相反，合伙企业在任何情形下都不会被征税，所有的税收负担都在合伙人层面完成[13]，合伙企业本身将所有的收入、扣除、亏损及负债等项目分门别类地全数按合约分摊给合伙人。

完全区分合伙企业所具有的合伙人集合体和经营实体的两类税务特征几乎不大可能，但是税法规定下的特殊条款能够使某一种特征更为凸显。

合伙人集合体的税务特征体现在以下三点：

1）合伙企业是税负穿透体，在合伙经营期间起到归集、汇总，再按合约分摊各类收入、扣除、盈亏的作用。企业经营活动所赋予的收支特性保持不变，合伙人应获得的部分在合约中明确规定，而且分摊的比率并不完全一致，具有很大的灵活性。

2）合伙人与合伙企业之间的交易通常采取独立处理的方式，区别于其他共同经营的结果分摊，从而最大限度地保护其他合伙人的利益。

3）限制合伙人利用合伙企业模式将日常经营收入转化为资本利得，以获得较低的征税税率。

合伙经营实体的税务特征体现在以下五点：

1）合伙企业决定自身的税务记账方法和收支的时点及特性，并以经营实体的身份进行纳税申报。税务稽查的对象是合伙企业，而不是合伙人。

2）合伙人拥有合伙企业权益，简称合伙权益（Partnership Interest），而不是直接拥有资产。合伙权益属于资本性资产，代表合伙人可获得营收分摊和清算分配的权利，可以转让。合伙人持有合伙权益的税务成本称为“外部持有成本”（Outside basis），合伙企业持有其有形或无形资产的税务成本称为“内部持有成本”（Inside basis），二者会因种种原因产生差异。

3）合伙人的注资和分配可以是现金，也可以是其他现金等价物或资产。以非现金方式注资或分配常常要求合伙企业分别计算非现金物的注资或分配所产生的税务影响。

4）合伙权益的处置属于资产处置，但是由于合伙企业的穿透性，合伙权益的处置收入可能被划分成不同的收入类别。

5）合伙人撤资退出合伙企业一般不会导致合伙企业的消失（除非留在合伙企业的合伙人仅剩一位）。

本章阐述的内容围绕着合伙企业的集合体或经营实体的税务特征。数个典型的法庭案例都证明合伙企业与合伙人之间的利益有冲突，没有一个完美的解决方案能让两者都受益，或都认可某个记账方法、分摊方式或收入性质的判定等。因此，建立一套税法体系来规范合伙企业的税务处理方法和程序，能让利益冲突方有法可依，减少有失公允的情况出现。

（三）合伙企业终止

当合伙企业停止任何经营活动、财务往来，以及其合伙人也停止任何与原经营相关的活动时，该合伙企业即视为终止[14]。2017 年《减税与就业法案》对合伙企业的终止做出一项调整，取消了原有的所谓“技术性终止”的条款。该条款在 2018 年 1 月 1 日前适用，指如果合伙企业的权益在 12 个月内被置换或买卖达到 50% 或以上的比例，那么原合伙企业视同被终止，新的合伙企业开始。

《减税与就业法案》下，合伙企业的终止出于以下五种原因：

1）两家或多家合伙企业相互兼并或合并时，如果其中一家合伙企业的合伙人持有新的合伙规则下 50% 以上资本权益和分配权益，那么该合伙企业就代表新的合伙规则继续经营，其他合伙企业终止；

如果多家合伙企业的合伙人都持有新的合伙规则下50%以上资本权益和分配权益（如因某合伙人持有多个合伙企业的权益），那么净资产市值最大的合伙企业将留存并代表新的合伙规则继续经营，其他合伙企业终止；如果没有一家合伙企业的合伙人持有新的合伙规则下50%以上资本权益和分配权益，所有原合伙企业都终止，新的合伙企业产生[15]。兼并或合并的方式可根据原合伙企业是否主动进行终止性分配而分成两种：一种情形是原合伙企业主动进行终止性分配，其合伙人将分得的资产再投入新的合伙企业中，这是资产上交式兼并（Asset－Up Form）；另一种情形是原合伙企业没有主动进行终止性分配，而只是通过新合约和税法规定而兼并，这是资产移交式兼并（Asset－Over Form）[16]。

【例12－2】 乔先生和史密斯先生分别持有三英合伙企业50%的合伙权益，莉雅女士和约翰先生分别持有莉雅合伙企业50%的合伙权益。两家企业都按公历年进行纳税。2020年9月30日，三英合伙企业和莉雅合伙企业签约合并成三雅合伙企业，其中乔先生和史密斯先生各持有30%的权益，莉雅女士和约翰先生各持有20%的权益。

分析：由于乔先生和史密斯先生持有三雅合伙企业的权益高于50%，所以三雅合伙企业视同三英合伙企业的延续，纳税年度为整个公历年。而莉雅合伙企业在2020年9月30日终止。

2）一家合伙企业分拆成两家或数家合伙企业时，合伙权益被原合伙人持有大于50%的新合伙企业视为是原合伙企业的延续。根据合伙企业资产被分配或转移的先后顺序，合伙企业分拆也分为上交式和移交式两种，分拆后原合伙企业终止。

3）通过纳税实体选择程序将合伙企业转为C类股份有限公司（参阅第一章），此类转换不需要进行任何法律程序上的变更或注册，完全是一种税务行为。这种转换在税务上属于资产移交式转换。

4）合伙人处置其合伙权益使得合伙企业只剩下一位“合伙人”，该合伙企业终止，该实体变成（税务上）被忽略体（参阅第一章）。

5）合伙企业通过州内的法律程序终止其存在。

二、合伙企业层面的应税收入及合规申报

每位合伙人（而不是合伙企业）应该为其应纳税所得额缴纳所得税。合伙企业作为一个独立的经营实体，有义务为其合伙人归集、整理、核算、申报及通报各项收入、扣除、资本利得或亏损以及所有对合伙人的税额计算或信息披露有影响的事项。尽管合伙企业不需要缴纳税款，但是需要严格按税法要求进行应税信息的披露性纳税申报[17]。

由于美国税法仍然实行全球征税的原则，所以合伙企业必须对其全球范围的应税（甚至非应税）收支进行分类核算（参阅第四章）。

（一）核算应税收入

合伙企业核算应税收入时应按照个人的纳税规定来进行[18]，即应分类核算以下项目[19]，并在披露时保持各项收支的经营活动属性，如利息收支或出租性收支等：

1. 短期资本利得或亏损（参阅第五章）；
2. 长期资本利得或亏损（参阅第五章）；
3. 1231 资产处置的利得或亏损（参阅第五章）；
4. 合伙企业本身的慈善捐赠；
5. 投资获得的股息红利（参阅第八章）；
6. 在境外或美国托管地区缴纳的所得税；
7. 其他应分类核算的收入或支出；
8. 其他应分类核算的应纳税所得额等。

但是，合伙企业毕竟不是个人，所以以下与个人纳税直接相关的扣除项目不在合伙企业层面扣除：

1. 个人免税额（参阅第六章）；
2. 在境外或美国托管地区缴纳的所得税；
3. 代表某合伙人的慈善捐赠；
4. 股份公司或个人的（累计）净经营亏损；
5. 个人纳税所允许的分类扣除项（参阅第六章）；
6. 石油天然气购置和开发成本的摊销（参阅第十四章）。

合伙企业计算应税收支时常常能以经营实体的身份决定税务记账事宜，如

纳税年度起止、记账方法以及收支分摊方式等。但是，有些税务处理应该由合伙人、而非合伙企业来做出选择，比如某些债务解除时产生的应税收入、矿产勘探成本的摊销方式以及如何处理在境外或美国托管地区缴纳的所得税等[20]。

（二）确定纳税申报年度起止时点

本书第二章阐述了税务会计概要，其中包括纳税人的纳税年度通常为12个月，可以是公历年或财政年。合伙企业应以独立纳税人的身份确定自身的纳税年度，但应结合其合伙人的纳税年度来决定起止时间[21]，此结合体现在以下三个方面[22]：

1）首先，应和持多数权益的合伙人的纳税年度保持一致，即采用“多数权益人的纳税年度”。多数权益人指持有合伙企业50%以上的资本账户权益以及净收益的分配权益[23]的合伙人。以此决定的纳税年度内的每一天都应有超过50%的权益被该合伙人持有。

2）其次，如果遵从上述“1)”无法决定，那么纳税年度应和主要合伙人的纳税年度保持一致。主要合伙人指持有5%或以上的资本账户权益或者净收益的分配权益[24]的合伙人。

3）最后，如果遵从上述“1)”和“2)”仍无法决定纳税年度，则根据最少整体收入递延的原则确定纳税年度起止时点。整体收入递延的量化计算等于各合伙人持有的权益比率乘以其收入得以递延的月份数的乘积相加而成。获得整体收入递延效果最少的纳税年度即为合伙企业的纳税年度。如果据此原则得出的纳税年度不同于合伙企业以前的纳税年度起止日，那么合伙企业应照此结果进行更改。可以不做更改的唯一例外是最少整体收入递延的量化结果和以现有纳税年度计算的递延量化结果比较后的差值小于0.5[25]。更改后的纳税年度应延用3年（含改动年）才可以再次更新[26]。

【例12－3】 2018年2月1日，莉雅合伙企业改组后共有4位合伙人A、B、C和D，持有权益的比例分别是6%、50%、4%和40%，他们的个人纳税年度（12个月）截止日期分别是6月30日、7月31日、6月30日和4月30日。莉雅合伙企业的现用纳税年度是按财年6月30日为截止日。

分析：只有合伙人A和C的财年截止日相同，但是他们共同持有的合伙权益只有10%，达不到多数权益人要求的50%标准。主要合伙人是A、B和

D，但他们的纳税截止日各不相同。所以无论按照多数权益人还是主要合伙人的纳税年度来衡量，都不能获得一个符合要求的纳税年度截止日。因此，需要测量最少整体收入递延，计算见表12-1至表12-3。

表12-1　　7月31日测算的整体递延量化值

测算日 7月31日	纳税年度截止日	合伙权益率 (a)	递延月份 (b)	量化值 (a×b)
合伙人A	6月30日	6%	11	0.66
合伙人B	7月31日	50%	0	0
合伙人C	6月30日	4%	11	0.44
合伙人D	4月30日	40%	9	3.6
整体递延值				4.70

表12-2　　6月30日测算的整体递延量化值

测算日 6月30日	纳税年度截止日	合伙权益率 (a)	递延月份 (b)	量化值 (a×b)
合伙人A	6月30日	6%	0	0
合伙人B	7月31日	50%	1	0.5
合伙人C	6月30日	4%	0	0
合伙人D	4月30日	40%	10	4.0
整体递延值				4.50

表12-3　　4月30日测算的整体递延量化值

测算日 4月30日	纳税年度截止日	合伙权益率 (a)	递延月份 (b)	量化值 (a×b)
合伙人A	6月30日	6%	2	0.12
合伙人B	7月31日	50%	3	1.5
合伙人C	6月30日	4%	2	0.08
合伙人D	4月30日	40%	0	0
整体递延值				1.70

测算结果显示，以4月30日为截止日的整体递延量化值最小，所以莉雅

合伙企业应考虑更改纳税年度截止日。最后，由于以测算日4月30日或6月30日为截止日的纳税年度所计算的整体递延量化值的差额为2.8，大于0.5，所以莉雅合伙企业应将其纳税年度更改为以4月30日为截止日。

从以上阐述可以看出，合伙企业的纳税年度与合伙人的纳税年度不仅是两个概念，而且它们的时间跨度不尽相同。合伙企业本身只要存在，其纳税年度一般不因合伙人的加入、退出或出售其合伙权益等具体事件而改变。如果在某个时点合伙人出售其全部合伙权益，那么该合伙人在该合伙企业应获得的分配在该时点结束，该时点就是合伙企业对于该合伙人的纳税年度结束时间。如果在某个时点合伙人出售其部分合伙权益，那么该时点就不是合伙企业对于该合伙人的纳税年度结束时间，其纳税年度结束时间仍按照合伙企业本身的纳税年度结束时间执行[27]。

可见在同一个纳税年度内合伙人的合伙权益比率是可能变化的。因此税法进一步规定了出现这种比率变化的情况时，应如何分摊合伙企业的各项收支。总的原则是分摊应该采用国内收入局认为合理的方法[28]。针对某些记账方法，需遵守以下规定：

1）以收付实现制入账的收支项目，应按照该现金收支项目所涉及的时间段将该收支分摊到每一天，再按照合伙权益比率分摊到每个合伙人，然后再根据合伙人持有权益的天数来决定其总的分摊。此类收支项目包括：利息收支、税金、出租收入、服务收入、往年递延的关联方之间的收支项目以及其他应该按照此方法分摊的收支项目。比如合伙企业因出售资产等交易产生资本利得或亏损，这个结果的分摊应按交割日合伙人持有的权益比率进行。如果分摊的项目属于该纳税年度之前或之后应获得的收支，那么视为该纳税年度第一天或最后一天的收支，并按当时的合伙人权益比率分摊[29]。

2）涉及从其他底层合伙企业分摊而来的收支项目，都应将它们分摊到该纳税年度的每一天，再按照合伙权益比率分摊到每个合伙人，然后再根据合伙人持有权益的天数来决定其总的分摊[30]。

【例12-4】 莉雅合伙企业的纳税年度截止日为12月31日，采用收付实现制的核算方法。2017年1月1日，三位合伙人A、B、C各持有三分之一的合伙权益。2017年7月1日，A将所有合伙权益卖给D。同年12月15日，莉雅合伙企业支付了当年12万美元的利息费用。

分析：由于莉雅合伙企业采用收付实现制，因此12万美元的利息费用应分摊到全年365天的每一天，再分别根据合伙人的权益比率和持有天数分摊给每个合伙人，具体分摊见表12－4。

表12－4　　分摊额

	合伙权益	持有天数	利息分摊额/美元
合伙人A	1/3	181	19 836
合伙人B	1/3	365	40 000
合伙人C	1/3	365	40 000
合伙人D	1/3	184	20 164

合伙人A和D一起获得4万美元的利息，分摊的比率按照持有权益的天数比率，A的持有天数从2017年1月1日到6月30日为181天，比率为181/365；D的持有天数从7月1日到12月31日为184天，比率为184/365。

（三）合伙企业的纳税申报

税法规定每个合伙企业（包括有源自美国境内的收入的境外合伙企业[31]）必须按照其纳税年度提交美国合伙企业收入表1065[32]（见表12－5，以下简称表1065）。应由合伙企业在财年结束后第3个月的第15个工作日或之前（2016年1月1日后执行）进行该表的年度申报[33]。如果合伙企业财年以12月31日截止，那么年度表1065就应该在下一年的3月15日或之前完成申报。如果需要延期申报，应通过公司所得税、信息披露及其他申报的延期申请表7004（参阅第八章）通知国内收入局，以获得通常为6个月的延期[34]。目前在美国，绝大部分合伙企业都可以通过自购的网络报税软件系统或其税务师使用的报税软件系统进行表1065的电子申报。但如果电子申报有困难或不成功，国内收入局也接受书面提交的表格。

合伙企业是完全税负穿透体，必须严格地将其所有收入和支出按照类别，即常说的保持“收入的特征”（Character of Income）和权益比例分摊给合伙人，以此协助各合伙人分别计算各自的应纳税额。因此，法典规定合伙企业应向国内收入局和各合伙人提供税负穿透体收支明细，俗称合伙企业税负穿透体收支明细表K－1[35]（见表12－6）。税负穿透体收支明细应在表1065提交前或同时交给合伙人和国内收入局。

表 12－5 美国合伙企业收入表 1065（2022 年）

Form 1065 Department of the Treasury Internal Revenue Service	U. S. Return of Partnership Income For calendar year 2022 or tax year beginning ____, ending ____ ▶Go to *www. irs. gov/Form*1065 for instructions and the latest information.	OMB No. 1545－0123 2022

填报目的：申报各项收入、资本利得、资本亏损、扣除项及税款减免额等。
填报人：美国境内或境外成立的合伙企业（税务认定）。

表 12－6 合伙企业税负穿透体收支明细表 K－1（2022 纳税年度）

Schedule K－1 (Form 1065) Department of the Treasury Internal Revenue Service beginning [/ /2022]	2022 For calendar year 2022, or tax year ending [/ /2022]
Shareholder's Share of Income, Deductions, Credits, etc. ▶See back of form and separate instructions.	

填报目的：披露合伙人的各项应税收入和扣除信息。
填报人：合伙企业。

如果合伙企业不按照法典要求提交表 1065，那么将受到现金罚款。罚款的额度是每个合伙人每个月 220 美元（2022 年标准），最高可以计算 12 个月[36]。

国内收入局为了加大对合伙企业境外投资信息的分类管理，在 2021 年正式推出了一项新措施，要求合伙企业从 2021 年起开始填报合伙企业境外项目分摊明细表 K－2（Schedule K－2，Partners' Distributive Share Items－International），以及合伙人境外收支和税款抵免额明细表 K－3（Schedule K－3，Partners' Distributive Share Items－International Partner's Share of Income，Deduction and Credits，etc.）。这两份表格根据法典的规定，要求合伙企业更加细致地归纳、分类并核算其境外经营活动或投资活动的税务结果，并且逐项分摊给每一位合伙人。毫无疑问，合伙企业必须极大地加强对其境外活动的分析力度才可以完成这两份表格的申报。

三、合伙企业核算资产的持有成本

合伙企业核算出的资产持有成本被俗称为“内部持有成本”。合伙企业用自有的现金购买有形或无形资产时，所花费的现金即构成该资产的初始持有成本。此后持有成本随着折旧或摊销的增加而逐年降低，或其他事件的发生而增加（参阅第五章）。

合伙人用有价物（资产）换得合伙权益时，合伙企业持有该资产的初始成本等于该合伙人投入该资产时的持有成本加上该合伙人投入时确认的资本利得[37]。但是，多数情况下合伙人投入资产时不会确认资本利得，所以合伙人持有该资产的成本就被合伙企业承接。合伙企业使用该资产期间，其持有资产的成本增减和第五章讲述的情况一致。

用于换取合伙权益的有价资产是下列类型时，合伙企业还应遵守一些相应的特殊规定[38]：

1）有价资产为应收账款，那么合伙企业无论是收到应收账款还是将它处置变卖，所确认的盈利或亏损都属于日常经营活动收入或亏损，不属于资本利得或亏损。

2）有价资产为库存商品，那么合伙企业在获得该库存商品后5年内进行处置的收入或亏损都属于日常经营活动收入或亏损，不属于资本利得或亏损。

3）有价资产为持有成本高于市值的资本性资产，那么合伙企业在获得该资产后5年内进行处置确认的亏损属于资本亏损。即便该资产用于经营活动，也不能适用1231资产处置的规定。

最后，合伙企业以有价资产等进行非清算分配时，合伙企业持有该资产的成本转移给收到该资产的合伙人，但是不能超过合伙人持有合伙权益的成本减去同一个交易下获得的现金[39]。合伙企业以有价资产等进行清算分配时，合伙人对该资产的持有成本等于合伙人持有合伙权益的成本减去同一个交易下获得的现金[40]。

【例12－5】 乔先生是莉雅合伙企业的合伙人之一，他持有合伙权益的成本（参阅本章第二节）是10万美元。2018年，乔先生获得合伙企业的现金分配4万美元和一幅艺术品价值8万美元。莉雅合伙企业持有该艺术品的成本为 5 万美元。2018 年的分配不是清算分配。

分析：乔先生的合伙权益的持有成本 10 万美元减去所获得的现金 4 万美元的数值大于莉雅合伙企业对该艺术品的持有成本 5 万美元，因此 5 万美元就转移给乔先生，成为他持有该艺术品的成本。

【例 12－6】 接上例 12－5，假如莉雅合伙企业持有该艺术品的成本也是 8 万美元，其余条件不变。

分析：乔先生的合伙权益的持有成本 10 万美元减去所获得的现金 4 万美元的数值为 6 万美元，小于莉雅合伙企业对该艺术品的持有成本 8 万美元，因此乔先生持有该艺术品的成本受限于 6 万美元这个最高值。

【例 12－7】 再接上例 12－5，假如该分配为清算分配，其余条件不变。

分析：由于分配是清算分配，所以乔先生持有该艺术品的成本等于其合伙权益持有成本 10 万美元减去收到的现金 4 万美元，即 6 万美元。

当合伙人处置其合伙权益时（参阅本章第二节），新合伙人购买该权益的成本（俗称“外部持有成本”）与合伙权益所代表的内部持有成本往往是不一致的。出现此类情形时，合伙企业一般不对内部持有成本做出调整[41]，除非出现两种情况：

1）经该合伙人同意后由合伙企业做出调增或调减合伙企业内部持有成本的选择申报[42]，又称“754 选择”。调增或调减的部分被分摊到固定资产或无形资产上，并且始终只对该合伙人的净收入分摊产生影响[43]。

2）合伙企业的内部持有成本高出其资产的市值超过 25 万美元，就是发生了“显著的嵌入亏损”，合伙企业应强制做出内部持有成本的调整[44]。

四、合伙企业与合伙人之间的交易

合伙人与合伙企业之间常常会发生一些主动的或被动的交易，比如合伙人为合伙企业提供服务而获得报酬，或者发生主动的资产买卖或等价物交换等。有些情况下，双方之间甚至没有意识到已经发生了税法规定下的合伙企业与合伙人之间的交易。税法对这些交易的处理规定大体分为以下 4 种情况：

（一）合伙人与被控合伙企业之间的资产交换

持有合伙权益超过50%的合伙人将某资产卖给该合伙企业，如果该交易对该合伙人产生亏损，那么亏损不予确认，即该合伙人不能认定该交易对自己产生了亏损。持有合伙权益超过80%的合伙人将某资产卖给该合伙企业，如果该资产在合伙企业手中不是资本性资产，比如属于存货或用于经营活动的资产，那么该合伙人所获得的盈利应该属于日常经营性活动的收入，而非资本利得，亏损不予确认[45]。在此规定下，合伙人本身也可以是一家合伙企业，推定所有权的规则（参阅第九章第一节）适用于权益比率的计算。

（二）保证的（合伙人）报酬

合伙企业因使用了合伙人的服务或资产而支付给合伙人的酬劳是“保证的报酬”（Guaranteed Payment），这种情况下合伙人身份视同不存在。但从另一方面讲，只有合伙人获得的这种特殊服务报酬才能被称为“保证的报酬”，它由合伙企业支付给合伙人之后，就不再成为合伙企业净收入（亏损）分摊的一部分。收到保证的报酬的合伙人应将其确认为经营活动收入[46]。

【例12-8】 乔先生是莉雅合伙企业的合伙人之一，根据合伙协议乔先生每年应获得为莉雅合伙企业提供服务的酬劳15万美元，从合伙企业获得10%的净收入或亏损。2018年，莉雅合伙企业全年应分摊给合伙人的净收入为35万美元，未扣除应分配给乔先生的15万美元。

分析：乔先生从莉雅合伙企业获得的酬劳15万美元属于“保证的报酬”，合伙企业将其扣除后剩余20万美元净收入，再按合伙权益比率分配给合伙人，乔先生应获得2万美元（10%）。因此，乔先生2018年从莉雅合伙企业获得的经营活动收入总共为17万美元。

（三）合伙人给合伙企业转移非现金资产

合伙人转移非现金资产给合伙企业并获得现金或其他等价物的回报。如果这两个事件前后发生的时间在两年之内，即合伙人在转移非现金资产两年内获得现金等回报，那么这两个事件被视同一次资产买卖交易，俗称为“伪装的出售（Disguised Sale）”。“伪装”的用义是要说明资产售出被掩藏在其他某种交换事件之下，因为这种交换原本可以作为两个不会直接产生应税收入的事件处理，第一步是合伙人对合伙企业注资，第二步是合伙企业对合伙人的分配。为了防止双方利用合伙企业的灵活性变相地将一些非现金资产转移到合伙企业中去，并使合伙人获得某些好处，税法做出上述规定，把两个事件视为是一个会直接产生应税收入的资产买卖交易。当然，如果合伙企业的现金等分配确实与合伙人转移非现金资产无关（需满足一系列证明条件），那么也可以不按照“伪装的出售”来处理[47]。最典型的例外是合伙企业对合伙人的支付行为可以被确定为是“偿还加入合伙企业前的资本性支出”。如果合伙人以实物资产或无形资产作为对合伙企业的投入，那么合伙企业可以用现金的方式偿还同时符合以下要求的成本[48]：

1）合伙人的资本性支出发生在合伙人将该资产投入合伙企业前的两年时间之内。

2）合伙人的资本性支出属于下述两种情形之一：

（1）该合伙企业的组织设立费或者辛迪加成本（参阅本节“五、组织设立费和辛迪加成本”内容）。

（2）该合伙企业以现金方式偿还的资本性支出不超过投入资产市值的20%（俗称“20%衡量要求”）。如果合伙人投入该资产时其市值小于该合伙人持有该资产成本的120%（俗称“120%衡量要求”），那么“20%衡量要求”不适用。这两种衡量要求都应该按照一项项资产分别测试。

【例12-9】 2019年1月1日，乔先生将其三英公司的全部资产投入莉雅合伙企业，获得51%的合伙企业权益。乔先生投入的资产可分为有形资产和商誉，其中有形资产的市值为55万美元，商誉的市值为10万美元。乔先生对此两类资产的持有成本分别为45万美元和零美元。此前在2017年10月，乔先生为提升有形资产的使用效力支付了13万美元的维护费，该维护费资本化后构成有形资产持有成本的一部分，乔先生希望为此获得部分现金。

分析： 资本化的13万美元维护费发生在乔先生投入莉雅合伙企业前两年之内，因此符合上述“1)”的要求。再看上述“2)”下的第“（2)”的要求，有形资产市值55万美元，高于持有成本45万美元的120%，即54万美元，所以“20%衡量要求”的前提条件满足。也就是说，如果莉雅合伙企业支付给乔先生的现金不超过11万美元（即市值55万美元的20%），那么该现金支付就不会致使乔先生的整个投入变成一次资产出售的交易。

（四）合伙企业给合伙人转移非现金资产

合伙企业转移非现金资产给合伙人并获得现金或其他等价物的回报。这是和“三、合伙人给合伙企业转移非现金资产”反方向的两个事件，判定其是否为“伪装的出售”和“三、合伙人给合伙企业转移非现金资产”相同。

合伙人与合伙企业之间的交易方式远不止上述几点所涵盖的内容，法典细则也相应做出很多定义、解释和规定。如果合伙人是信托或遗产纳税体，那么对以上这些交易情形的分析会因需要考虑信托或遗产纳税体的特殊性而变得更为复杂。

五、组织设立费和辛迪加成本

组织设立费是指为成立合伙企业而发生的、应先资本化再可分摊到所有经营期间的费用，属于应在合伙企业层面核算的费用[49]。合伙企业可以选择分摊或不分摊资本化的组织设立费，选择通常应在设立费发生后的第一份纳税申报表中体现。如果合伙企业选择分摊组织设立费，那么其组织设立费应按下面的方式抵扣[50]：

1. 如果组织设立费不到 5 000 美元，首年度将其一次性税前扣除；如果组织设立费高于 5 000 美元，可以立即抵扣 5 000 美元或 5 000 美元减去组织设立费高于 5 万美元的部分。

2. 剩余的部分再分摊到从合伙企业开始经营当月起的 180 个月中。

3. 如果合伙企业在不到 180 月的时间里就解散清算，那么未分摊完的组织设立费可以在解散清算当年全部税前扣除。

【例 12－10】 莉雅合伙企业成立时发生了 54 500 美元的组织设立费，经营业务从 2018 年 7 月 1 日开始。

分析：由于组织设立费高于 5 000 美元，所以分步计算。

立即扣除的部分：5 000－(54 500－50 000)＝500（美元）。

按月分摊的部分：(54 500－500)÷180×6＝1 800（美元）。

2018 年可以扣除的总额：500＋1 800＝2 300（美元）。

从本例可以看出，如果组织设立费高于 55 000 美元，那么首年度可立即扣除的部分为零，全部费用都分摊到从 2018 年 7 月开始计算的 180 个月里。

辛迪加成本是英文 Syndication Expenses 的直译[51]，指发行和营销合伙企业权益的费用，如合伙企业权益形成和售出的过程中发生的经纪费、注册费、承保人的律师费以及为准备发行合伙企业权益备忘录（和股票发行类似）而发生的各类费用。与组织设立费不同，辛迪加成本资本化后不能摊销，只能构成合伙企业的（税务）内部持有成本基数。

第二节　合伙人的资本账户

合伙人的资本账户毫无疑问地体现了合伙企业税法的全部精髓，它不仅记录了合伙企业本身的经营活动结果，而且完整、集中地总结了合伙人与合伙企业之间的、存在于整个合伙经营生命周期内的投入和分配关系。不懂得合伙人的资本账户，就无法真正掌握合伙企业税法规则的精髓所在。如果将股份有限公司的所有者权益账户比喻为意大利浓汤，所有的经营成果均集中体现为未分配利润，那么合伙人的资本账户就好比是精美的日本寿司，每笔投入、收支分摊和利益分配都分别计算，一目了然。

从前面各章的阐述中读者可以感受到美国税法体系下的记账结果和标准会计准则体系下的记账结果不尽相同，二者的差别是通常所说的“税会差异”（Book to Tax Difference），或“纳税调整”（Tax Adjustment）。因计算应纳税所得额的需要，纳税人通常仅注重损益表下的税会差异，而不跟踪计算资产负债表下的税会差异。合伙人的资本账户是税法体系下反映市场价值的资本账户统计结果，其最突出的特征就是将税务成本和市值调整完美地结合在一起，来反映合伙人持有合伙企业权益的公平合理性。可见，合伙人的资本账户是独立于财务成本和税务成本的一套记账结果，这无疑增加了合伙企业合规要求的复杂程度。

一、合伙人的资本账户构成

合伙企业必须严格遵守税法规定，逐项记录每个合伙人的资本账户，如何维护合伙人资本账户也通常必须在合伙企业的合伙协议中明确规定。合伙人资本账户包括以下七个方面的内容[52]（见表 12－7）。

表 12－7　　合伙人资本账户

资本账户增值项	（1）合伙人投入合伙企业的现金； （2）合伙人投入合伙企业的实物资产的市值（如该实物资产附有贷款，不包括转嫁给合伙企业的负债部分）； （3）合伙人应获得的全部收入、盈利或资本利得；
资本账户减值项	（4）合伙人从合伙企业获得的现金分配； （5）合伙人从合伙企业获得的实物资产分配的市值（如该实物资产附有贷款，不包括转嫁给合伙人的负债部分）； （6）合伙人应承担的、不能抵减合伙企业核算的应税收入的经营成本； （7）合伙人应分摊的可抵减应税收入的成本、费用或资本亏损

由上述七项内容可见，合伙人的资本账户是一个带有市值调整特征的税务核算记录，所以它既不是纯粹的财务基数计算结果，也不是纯粹的税务基数计算结果，而是准确反映合伙人在合伙企业的实际经济利益（体现在按市值计算的资产投入和资产分配）的核算结果。即使在一段时期内合伙企业的资本账户总额可能和企业的财务或税务资本账户总额一致，分摊到每位合伙人的资本账户也不一定完全按照合伙权益的比率进行。再加上不同时期不同税务调整的叠加作用，合伙人的资本账户就会体现出其独有的核算规则所产生的结果。

合伙人的资本账户仅体现其对净资产的所有权，不包括应分摊的合伙企业的负债。合伙企业负债的分摊影响合伙人的外部持有成本（参阅本节“五、合伙人处置合伙企业权益”内容）。为配合资本账户的要求，合伙企业往往要维持一套特有的资产负债表，即业界常说的“704（b）账户”［704（b）Book Account］。

【例 12－11】 莉雅女士和乔先生共同出资组建莉雅合伙企业。莉雅女士投入价值 10 万美元的土地获得 50% 的合伙权益，其持有土地的成本为 6 万美元。乔先生投入现金 2 万美元和价值 8 万美元的土地获得剩余 50% 的合伙权益，其持有该土地的成本为 9 万美元。

分析： 获得合伙人的资产投入后，莉雅合伙企业的资产负债表和资本账户见表 12－8。

表 12-8　　莉雅合伙企业的资产负债表和资本账户　　单位：美元

账户名称	税务成本基数	704（b）成本基数
资产账户		
现金	20 000	20 000
土地-莉雅女士	60 000	100 000
土地-乔先生	90 000	80 000
资产账户总额	170 000	200 000
负债账户	—	—
资本账户		
莉雅女士（50%权益）	60 000	100 000
乔先生（50%权益）	110 000	100 000
负债和资本账户总额	170 000	200 000

二、合伙人的资本性投入

合伙人成立或入股合伙企业时应进行首笔投入以获得合伙企业权益，该投入构成该合伙人持有该合伙企业权益的“外部持有成本”，增加该合伙人资本账户额度。合伙人进行初始投入时，其合伙权益外部持有成本等于合伙人投入的现金、有价物的持有成本以及合伙人进行该笔投入时确认的收入[53]（参阅本章第一节）。

如果合伙人投入的实物资产带有债务负担，且债务负担由合伙企业承担并随后分摊给所有合伙人，那么投入实物资产的合伙人的外部持有成本应相应减少分摊给其他合伙人的债务额（参阅本节“四、债务分摊及其外部持有成本的影响”内容），由合伙企业承担的债务不计入资本账户。

【例 12-12】 莉雅女士向三英合伙企业投入土地并获得20%合伙权益。土地市值为10万美元，莉雅女士持有土地的成本为4万美元，以土地为抵押物的贷款2万美元转移给三英合伙企业。

分析： 莉雅女士持有合伙权益的成本计算见表 12-9。

表 12 - 9 合伙权益的成本计算 单位：美元

莉雅女士持有土地的成本	40 000
减：由其他合伙人承担的抵押贷款额（2 万美元的 80%）	(16 000)
莉雅女士对三英合伙企业权益的外部持有成本	24 000
其中：资本账户余额（土地市值减去贷款额度）	20 000
分摊的合伙企业债务余额（2 万美元的 20%）	4 000

合伙企业承担 2 万美元抵押贷款后，还会将其分摊给每个合伙人，所以莉雅女士仍将承担 20% 的抵押贷款。

三、合伙人分摊盈亏或分配 704（c）资产

英文 Partner's Distributive Share 既可以指合伙人获得的合伙企业的账面盈亏或债务负担（Allocation of Income，Loss or Liabilities），也可以指合伙人获得的实际财物的分割和配给。合伙企业必须适时（不仅按年度，还根据需要）将盈亏或债务分摊给合伙人，但不一定每年都进行现金或实物资产的分配。为区别两者，本书将根据合伙企业的合约进行账面上的计算和划分译为"分摊"，而将实际财物的分割和配给译为"分配"。

法典对合伙人的分摊或分配规定不过千字，而法典解释的条文细则却长达百页，足可见合伙企业分摊或分配的复杂性和重要性。合伙企业的分摊或分配直接影响到合伙人的资本账户余额以及合伙人的外部持有成本基数，从而影响合伙人处置合伙权益时应确认的资本利得或亏损。

（一）遵守实质性的经济利益分摊的原则

合伙企业对其经营结果的分摊具有极大的灵活性，加上合伙企业与合伙人之间还可以产生各种各样的交易，因此合伙企业曾经被用来隐藏实际经济利益的转移，是偷税漏税的途径之一。1976 年，美国国会正式将遵守"实质性的经济利益"（Substantial Economic Effect）的分摊原则写入法典，以杜绝纳税人通过合伙企业转移收入，或变更收入的性质，达到降低税款的目的。

现行的法典明确规定合伙企业应按照合伙协议的规定来分摊经营活动的结果。如果合伙协议没有明确规定分摊的方式，或者规定的方式不符合实质

性的经济利益的合理分摊，那么国内收入局有权利重新确认分摊[54]，迫使纳税人按照新的分摊确认应纳税所得额。

实质性的经济利益分摊由两个判定过程组成，即经济利益是否存在以及其分摊是否具有实质性。如果合伙企业确实将企业的经营收益或经营风险合理地分摊给合伙人，那么分摊就符合经济利益原则。具体做法应同时体现在三个方面[55]：

1）合伙协议规定在整个经营生命周期内，合伙企业都应准确核算并维持合伙人的资本账户。

2）合伙人退出或合伙企业清算时，分配应根据合伙人的资本账户的正数余额来进行。

3）如果合伙人获得清算分配后其资本账户为赤字余额，那么该合伙人有无条件地填平资本账户赤字的义务（Deficit Restoration Obligation），即通过退还部分分配或立即增加资本投入将其资本账户余额恢复为零。其退还的现金或资产应用于支付债权人的贷款或者分配给其他合伙人。

假如分摊并没有按照严格的经济利益原则进行，但是其结果和假设的合伙企业清算分配结果一致，那么该分摊视同符合经济利益的原则。

如果出于各种原因合伙协议中没有规定上述“3）”，法典也允许用另外一种替代的方式满足分摊的经济利益原则，就是合伙协议规定用合格收入弥补资本账户赤字（Qualified Income Offset）。这一做法的主要步骤是当合伙人的资本账户出现赤字时，应该将合伙企业的总收入按合伙权益比率分摊给账户赤字合伙人，同时相应减少对其费用和亏损部分的分摊，从而尽快弥补或填平其资本账户的赤字[56]。

【例 12－13】 莉雅女士和乔先生共同出资组建莉雅合伙企业，两人分别投入现金 4 万美元，各获得 50% 的合伙权益。合伙协议规定平分合伙企业经营收入、成本费用（除折旧）或亏损，而固定资产折旧全部分摊给莉雅女士。合伙协议还规定应保持合伙人的资本账户记录，但是企业清算解散时两人仍然各获得 50% 的分配。

分析：合伙企业的分摊，特别是清算时的最终分配，明确莉雅女士和乔先生对合伙企业的经济利益是对等的，各自承担 50% 的利益或风险。因此，合伙协议对固定资产折旧的分摊不符合经济利益的原则，应按合伙权益比率分摊给两位合伙人。

【例 12－14】 接上例 12－13，假如合伙协议规定清算解散时的分配遵照资本账户的余额进行，分配给资本账户有正数余额的合伙人。合伙协议还规定采用以合格收入弥补资本账户赤字的做法来保证合伙人的资本账户不出现赤字。莉雅合伙企业采购了固定资产，其第一年的折旧为 2 万美元。假设合伙企业第一年没有其他收支。

分析：莉雅合伙企业的分摊和清算分配表明，尽管两位合伙人持有同等的合伙权益，但是他们在合伙企业中所获得的收益和承担的风险有所不同，合伙协议明确规定了分摊的结构，并且有相应条款支持经济利益的所有要求。因此，合伙企业对收入、成本费用，包括折旧的分摊都是合理的。第一年结束时资本账户的结构和余额见表 12－10。

表 12－10　　第一年结束时资本账户的结构和余额　　单位：美元

	莉雅女士	乔先生
成立时资本投入	40 000	40 000
减：首年度折旧	(20 000)	—
首年度资本账户余额	20 000	40 000

【例 12－15】 接上例 12－13 和例 12－14，假设合伙企业第二年的折旧为 2.5 万美元，仍没有其他收支。

分析：按照合伙协议的规定，折旧全部分摊给莉雅女士，所以第二年结束时资本账户的结构和余额见表 12－11。

表 12－11　　第二年结束时资本账户的结构和余额　　单位：美元

	莉雅女士	乔先生
成立时资本投入	40 000	40 000
减：首年度折旧	(20 000)	—
首年度资本账户余额	20 000	40 000
减：第二年折旧	(25 000)	—
第二年资本账户余额	(5 000)	40 000

然而，假如此时合伙企业清算并做分配，只有乔先生可以获得分配，因为只有他的资本账户余额为正数。而且他只能获得合伙企业所剩的3.5万美元的分配，可见乔先生承担了5 000美元的亏损风险。因此，第二年5 000美元的折旧应分摊给乔先生。重新分摊后的资本账户结构和余额见表12－12。

表12－12　重新分摊后的资本账户结构和余额　单位：美元

	莉雅女士	乔先生
成立时资本投入	40 000	40 000
减：首年度折旧	(20 000)	—
首年度资本账户余额	20 000	40 000
减：第二年折旧	(20 000)	(5 000)
第二年资本账户余额	—	35 000

再者，经济利益的分摊是否具有实质性体现在分摊是否转嫁税款，是否构成暂时的移过性分摊[57]。如果合伙协议中制定的某项分摊条款，其有无不会对合伙人的资本账户产生影响，却会导致所有合伙人的整体纳税额度减少；或者某项分摊条款的作用会被其后进行的其他分摊条款所抹杀，致使所有分摊条款的规定不会对合伙人的资本账户产生影响，却会导致所有合伙人的整体纳税额度减少，那么此类分摊就不具有实质性。

【例12－16】　莉雅女士和乔先生共同出资组建莉雅合伙企业，各持有50%的合伙权益。莉雅合伙企业生产消耗性医用针管，纳税年度以12月31日截止。合伙协议规定维持合伙人资本账户记录，清算解散时的分配遵照资本账户的余额进行，分配给资本账户有正数余额的合伙人。合伙协议还规定，采用以合格收入弥补资本账户赤字的做法来保证合伙人的资本账户不出现赤字。合伙企业经营两年后，为提升企业的借贷信誉，莉雅女士和乔先生决定增加资本投入，并将增资的部分用于投资国债（利息免税）和上市公司股票。两位合伙人决定用同等金额的现金购买国债和股票，并持有最少3年时间。莉雅女士每年分摊90%的国债利息收入或国债处置的利得或亏损，乔先生获得剩余10%的分摊。乔先生每年则分摊90%的股息收入或股票处置的利得或亏损，莉雅女士获得剩余10%的分摊。作为个人纳税人，莉雅女士的最高边际税率高于乔先生的最高边际税率。

分析：因为合伙协议的各项规定十分到位，两位合伙人对国债和股票投资的盈亏分摊符合经济利益的原则。但是，进一步分析经济利益是否具有实质性时，国债和股票投资的盈亏需分两个层面进行。首先分析国债和股票的处置收益或亏损。两位合伙人3年后出售国债或股票所获得的资本利得或亏损几乎可以肯定是不同的，而且因为两者的出售都产生资本性盈亏，所以对两位合伙人而言是同样性质的盈亏，税率也相同。因此，按照90%和10%的比率分摊利得或亏损不会毫无疑问地致使两位合伙人应缴纳的税款减少，可见资本利得或亏损的分摊具有实质性。再分析利息和股息收入。经测算国债和股票在3年内产生的利息或股息大致相同，但是国债利息是免税收入，而股息是应税收入，因此按照90%和10%的分摊比率安排，边际税率较高的莉雅女士将获得更多的免税利息，从而致使该分摊安排下两位合伙人应缴纳的税款低于按照合伙权益50%的比率分摊安排下两位合伙人应缴纳的税款，出现合伙人整体纳税金额减少的情况。所以，利息和股息的分摊安排不具有实质性，应改为按照50%的同等比率分摊。

（二）合伙人的资本账户必须调整为按照市值计算的结果

上述“一、合伙人的资本账户构成”中已经提到合伙人的资本账户既不是纯粹的财务基数计算结果，也不是纯粹的税务基数计算结果，而是一个带有市值调整特征的税务核算记录。

在某些特殊的情形下，比如某合伙人以实物资产投资或合伙企业以实物资产进行分配时，合伙企业需要对实物资产（包括无形资产）重新估值。此时合伙人的资本账户也必须做相应调整来反映市值变化对资本账户的影响，具体体现在五个方面[58]：

1. 调整应在市值变化的当日进行。确定实物资产的市值应遵守非关联方交易、真实的市场定价原则，而且如实反映某些期权交易的市场定价[59]；

2. 分摊未实现的收入、扣除、亏损、资本利得或亏损时，可以假设该收入、扣除、亏损、资本利得或亏损已经实现；

3. 合伙协议规定分摊资产的折旧、折耗或摊销时，应考虑该实物资产是否属于某个合伙人的资本投入及其对分摊的影响[60]［参阅本节“（四）实物资产投入后的相应分摊调整”］；

4. 合伙协议规定分摊资产的折旧、折耗或摊销时，应考虑基于资产的税务成本和市值成本所产生的不等额的资产折旧、折耗或摊销［参阅本节

“（四）实物资产投入后的相应分摊调整”]；

5. 所做的必要调整完全出于合伙人应获得的实际经济利益，而不是以协助其避税为目的。

（三）754 选择对资本账户的影响

本章第一节提到新合伙人从现有合伙人手中购买合伙权益时，新合伙人为此付出的成本构成合伙权益的“外部持有成本”，它和它所代表的合伙企业的资产税务成本（“内部持有成本”）份额往往并不一致，合伙企业可以通过提出 754 选择来消除两者的差异。

合伙企业做出 754 选择后，也必须相应在合伙人的资本账户中体现其影响，产生这些影响的实质根源是合伙企业的有形或无形资产的税务成本基数被相应调整[61]。

（四）实物资产投入后的相应分摊调整

为了防止纳税人利用合伙企业的灵活性进行实物资产（有形或无形）的转让并获得减少税款的好处，税法对以实物资产投资后所产生的收益分摊做出一系列的详细规定，有效地减少甚至杜绝了纳税人逃税的可能性。

合伙人以实物资产投资时，实物资产的市值和合伙人的（税务）持有成本多数情形下都有差异，这个差异导致两个结果，即合伙人投入了“嵌入盈利的资产”（Built-in Gain Property），或合伙人投入了“嵌入亏损的资产”（Built-in Loss Property）[62]。嵌入盈利的资产指资产的市值高于合伙人的持有成本，嵌入亏损的资产则是资产的市值低于合伙人的持有成本。由于税法第 704（c）条做出这样的规定，因此这些资产被统称为“704（c）资产”[63]。

合伙人投入 704（c）资产后，合伙企业通常会承接合伙人的持有成本，因此合伙企业对 704（c）资产的持有成本和资产市值也是不同的。税法规定，在收支分摊时合伙企业必须考虑这个差异[64]，并采取合理和一致的方法尽快减少差异给合伙人带来的影响。对 704（c）资产所产生的收支差异分析必须按照单个资产来进行，不能将两个或两个以上的 704（c）资产加总后再进行分析[65]。对于以下 3 种分摊方法，法典细则中有详细说明，合伙企业可以选择其中一个合适的方法对某项 704（c）资产进行收支分摊，该方法一经选用，应该在该类型的其他 704（c）资产的收支分摊时保持一致。这 3 种分摊方法的共同目的是尽快减少合伙人的 704（b）资本账户余额和税务持有成本资本账户余额的差异，并以此遵循实质性的经济利益分摊原则。

1. 传统方法[66]（Traditional Method）。为避免税款转移或减少，传统方法规定如果合伙企业处置704（c）资产时产生盈利或亏损，那么应将嵌入的盈利或亏损先分摊给投入该704（c）资产的合伙人。如果704（c）资产是可折旧、折耗或摊销的资产，那么分摊折旧、折耗或摊销时应考虑获得该资产时持有成本和市值间的差异。没有投入该704（c）资产的合伙人应该获得的税务成本分摊应至少等于按市值［即704（b）账户数额］进行折旧、折耗或摊销的成本分摊。然而，其获得的税务分摊不能高于合伙企业按持有成本计算的总体折旧、折耗或摊销。这一规定又被称为"天花板规则"。

【例12－17】 2020年1月1日，莉雅女士和乔先生共同出资组建三英合伙企业，莉雅女士投入现金1万美元，乔先生投入市值1万美元的可折旧固定资产，各获得50%的合伙权益。乔先生持有可折旧固定资产的税务成本为4 000美元。假设2020年三英合伙企业没有借款，除折旧外的其他各项收支相抵为零，固定资产采用10年直线折旧法，残值为零。

分析：乔先生投入的固定资产市值和持有成本存在差异，所以该资产是704（c）资产，而且是嵌入盈利的资产。在上述传统方法的规定下，三英合伙企业计算704（b）账户下的折旧为1 000美元，税务成本下的折旧为400美元。将1 000美元704（b）账户下的折旧分摊给两位合伙人，每人获得500美元分摊。但是，三英合伙企业全部的税务成本折旧仅为400美元，"天花板规则"适用后，没有投入该704（c）资产的合伙人莉雅女士获得全部税务折旧400美元。在传统方法下，三英合伙企业的税务和704（b）账户下的资产负债表及合伙人资本账户简要核算见表12－13。

表12－13　资产负债表及合伙人资本账户简要核算　　单位：美元

	三英合伙 税务成本 A = a1 + a2	三英合伙 704（b） 账户 B = b1 + b2	乔先生 税务成本 a1	乔先生 704（b） 账户 b1	莉雅女士 税务成本 a2	莉雅女士 704（b） 账户 b2
现金	10 000	10 000	—	—	10 000	10 000
固定资产	4 000	10 000	4 000	10 000	—	—
（2020折旧）	（400）	（1 000）	—	（500）	（400）	（500）
资产总额	13 600	19 000	4 000	9 500	9 600	9 500

续表

	三英合伙 税务成本 A = a1 + a2	三英合伙 704（b） 账户 B = b1 + b2	乔先生 税务成本 a1	乔先生 704（b） 账户 b1	莉雅女士 税务成本 a2	莉雅女士 704（b） 账户 b2
负债	—	—	—	—	—	—
资本账户						
首次投入	14 000	20 000	4 000	10 000	10 000	10 000
2020 年折旧	(400)	(1 000)	—	(500)	(400)	(500)
资本账户余额	13 600	19 000	4 000	9 500	9 600	9 500
负债 + 资本账户总额	13 600	19 000	4 000	9 500	9 600	9 500

依据上述传统方法分摊后，乔先生的 704（b）资本账户余额和按税务持有成本记账余额的差异从首次投入时的 6 000 美元（b1 – a1，也就是嵌入盈利）减少到 2020 年底的 5 500 美元，而且折旧分摊遵循了实质性的经济利益分摊原则，就是将更多的收入或更少的成本分摊给乔先生，迫使乔先生尽快确认其在固定资产中嵌入的盈利。由于 400 美元的折旧全部分摊给莉雅女士，等同于乔先生实现了盈利 400 美元。而三英合伙企业所承接的嵌入盈利减少到 5 400 美元，即固定资产 704（b）账户净值 9 000 美元减去税务持有成本 3 600 美元。

【例 12 – 18】 接上例 12 – 17，假如三英合伙企业 2021 年 1 月 1 日以 1 万美元卖掉固定资产。

分析：2021 年 1 月 1 日固定资产的持有成本为 3 600 美元，即投入时的税务成本 4 000 美元减去 2020 年的折旧 400 美元，因此固定资产处置的盈利为 6 400 美元，即处置收入 1 万美元减去持有成本 3 600 美元。由于三英合伙企业仍有 5 400 美元的嵌入盈利，所以这部分应分摊给投入固定资产的乔先生，剩余的 1 000 美元分摊给莉雅女士。

三英合伙企业处置固定资产的记账分录如下（单位：美元）：

税务持有成本

借：现金	10 000	
贷：固定资产净值		3 600
处置收益		6 400

704（b）账户

借：现金　　10 000

　　贷：固定资产净值　　9 000

　　　　处置收益　　1 000

把记账分录过渡到资产负债表后的结果见表12－14。

表12－14　　记账分录过渡到资产负债表后的结果　　单位：美元

	三英合伙税务成本 A = a1 + a2	三英合伙 704（b）账户 B = b1 + b2	乔先生税务成本 a1	乔先生 704（b）账户 b1	莉雅女士税务成本 a2	莉雅女士 704（b）账户 b2
现金	20 000	20 000	9 400	10 000	10 600	10 000
资产总额	20 000	20 000	9 400	10 000	10 600	10 000
负债	—	—	—	—	—	—
资本账户						
首次投入	14 000	20 000	4 000	10 000	10 000	10 000
2020年折旧	(400)	(1 000)	—	(500)	(400)	(500)
2021年盈利	6 400	1 000	5 400	500	1 000	500
资本账户余额	20 000	20 000	9 400	10 000	10 600	10 000
负债＋资本账户总额	20 000	20 000	9 400	10 000	10 600	10 000

2. 传统方法结合修正性分摊（Traditional Method with Curative Allocation）。对于没有投入704（c）资产的合伙人来说，传统方法下的“天花板规则”时常会导致其税务持有成本和704（b）账户持有成本出现差异，如例12－17中的结果显示，莉雅女士持有三英合伙企业的税务成本为9 600美元，而704（b）账户持有成本为9 500美元。这种差异对没有投入704（c）资产的合伙人而言有失经济利益的公允，因此税法规定可以用合理的其他项目的分摊来修正这个结果，达到消除这个差异的目的[67]。合理的修正性分摊额度不应该超过由于“天花板规则”产生的当期差异，而且用于修正性分摊的收支应该对每个合伙人的纳税效应不产生本质的变化，即收支性质或特征应与“天花板规则”所限制的分摊相同或大幅度相似。比如当该差异来源于某项704（c）资产折旧分摊的“天花板规则”时，用利息或股息来做修正性分摊项目就不合理，因为利息或股息的收入特征和折旧所抵扣的日常经营收入特征不同，

所适用的税率往往也因合伙人的收入总额和结构而变化。相反，用其他非704（c）资产的折旧来做修正性分摊就很合理。

【例12－19】 接上例12－17，三英合伙企业在2020年生产并销售了所有库存商品，其成本为1万美元，销售收入700美元。其余情况不变。

分析： 从例12－17可知“天花板规则”限制了折旧的税务分摊额度，导致莉雅女士税务持有成本和704（b）账户持有成本的差异100美元。如果将销售收入平分给两位合伙人，即每人350美元，这个差异不会被修正。销售收入是日常经营收入，和折旧费用同属于日常经营活动的收支范畴，因此可以作为修正性分摊项目。三英合伙企业采用给莉雅女士少分摊100美元销售收入的做法符合传统方法结合修正性分摊的规定，分摊后结果见表12－15。

表12－15　分摊结果　　单位：美元

	三英合伙税务成本 A = a1 + a2	三英合伙704（b）账户 B = b1 + b2	乔先生税务成本 a1	乔先生704（b）账户 b1	莉雅女士税务成本 a2	莉雅女士704（b）账户 b2
现金	10 700	10 700	450	350	10 250	10 350
固定资产	4 000	10 000	4 000	10 000	—	—
（2020折旧）	（400）	（1 000）	—	（500）	（400）	（500）
资产总额	14 300	19 700	4 450	9 850	9 850	9 850
负债	—	—	—	—	—	—
资本账户						
首次投入	14 000	20 000	4 000	10 000	10 000	10 000
2020年折旧	（400）	（1 000）	—	（500）	（400）	（500）
销售收入	700	700	450	350	250	350
资本账户余额	14 300	19 700	4 450	9 850	9 850	9 850
负债＋资本账户总额	14 300	19 700	4 450	9 850	9 850	9 850

按照传统方法结合修正性分摊的结果是莉雅女士税务持有成本和704（b）账户持有成本的差异消失了，两者都为9 850美元。

3. 补救性分摊方法（Remedial Allocation Method）。该方法的使用目的仍然是消除传统方法下“天花板规则”导致的税务持有成本和704（b）账户持有成本之间的差异。与传统方法结合修正性分摊的不同之处在于，补救性分摊允许合伙企业自生出一个名义上的税务补救性收支项目，在差异产生的同时就立即将其消除[68]，而不必等到有真实的收支项目产生时再做分摊调整。这个自生出的名义收支项目必须和导致差异的项目具有同样的税务特征，如经营活动收支（包括折旧、折耗和摊销）、租赁活动收支或者资本利得或亏损等。这个名义上的补救性收支项目不会影响合伙企业的整体收支，但对于每个合伙人而言，它应被视同实际产生的收支项目，同样起到增减合伙人资本账户余额的效果。

【例 12－20】 接上例 12－17，假设所有条件不变，而三英合伙企业采用补救性分摊方法。

分析： 由于“天花板规则”导致税务折旧低于704（b）账户折旧，使莉雅女士的税务持有成本高于704（b）账户持有成本。补救性分摊允许三英合伙企业自生出一个名义上的税务折旧抵扣并分摊给莉雅女士，以消除其持有成本的差异，同时用名义上的经营收入分摊给乔先生。补救性分摊使用后的各账户结果见表 12－16。

表 12－16　补救性分摊使用后的各账户结果　单位：美元

	三英合伙税务成本 A = a1 + a2	三英合伙704（b）账户 B = b1 + b2	乔先生税务成本 a1	乔先生704（b）账户 b1	莉雅女士税务成本 a2	莉雅女士704（b）账户 b2
现金	10 000	10 000	—	—	10 000	10 000
固定资产	4 000	10 000	4 100	10 000	—	—
（2020 折旧）	（400）	（1 000）	—	（500）	（500）	（500）
资产总额	13 600	19 000	4 100	9 500	9 500	9 500
负债	—	—	—	—	—	—
资本账户						
首次投入	14 000	20 000	4 000	10 000	10 000	10 000
2020 年折旧	（400）	（1 000）	—	（500）	（400）	（500）
补救性分摊项目	—	—	100	—	（100）	—
资本账户余额	13 600	19 000	4 100	9 500	9 500	9 500
负债＋资本账户总额	13 600	19 000	4 100	9 500	9 500	9 500

上面介绍的三种方法都表明，704（b）账户下核算的持有成本基数和资本账户余额最能反映实质性的经济利益及其分摊，所以三种方法都是以704（b）账户的持有成本为基础来对税务持有成本进行增减调整。

（五）分配704（c）资产

合伙企业可以将以资本投入形式获得的704（c）资产分配给其他的合伙人。一般情形下，合伙企业以实物资产进行分配时，合伙企业与合伙人都不必确认盈亏，实物资产的持有成本从合伙企业转给合伙人。然而，如果704（c）资产分配发生在合伙企业获得该资产的7个完整年度（含资产投入日）之内，那么：

> 1）该704（c）资产视为被按照市值出售，投入该704（c）资产的合伙人［而不是获得该704（c）资产的合伙人］应该根据资产市值和持有成本的差异确认盈利或亏损；
>
> 2）盈利或亏损的性质（即是否可以确认为资本利得或亏损）取决于该合伙企业对该704（c）资产使用的方式以及持有时间的长短（参阅第五章）；
>
> 3）合伙企业应该对投入该704（c）资产的合伙人的合伙权益持有成本，以及该704（c）资产本身的持有成本做相应的调整。

【例12－21】 三英合伙企业于2015年1月1日组建，采用补救性分摊方法，三位合伙人A、B、C各持有三分之一的合伙权益。合伙人A投入两块土地P1和P2，市值均为1万美元。合伙人A持有P1的成本是5 000美元，持有P2的成本是1万美元。合伙人B和C分别投入现金2万美元。2018年12月31日，三英合伙企业将P1分配给合伙人C，当日土地P1的市值为7 000美元，同时向合伙人A和B分配现金各7 000美元。土地是三英合伙企业的经营活动资产。

分析：由于市值和持有成本的差异，土地P1是负载着嵌入盈利的704（c）资产，并且土地P1在三英合伙企业持有4年后就分配了，所以该分配视同三英合伙企业将土地P1出售，资产处置所得应依照补救性分摊方法分摊给每位合伙人，结果见表12－17。

表 12-17　　分摊结果　　单位：美元

	三英合伙税务成本 A = a1 + a2 + a3	三英合伙 704（b）账户 B = b1 + b2 + b3	合伙人 A 税务成本 a1	合伙人 A 704（b）账户 b1	合伙人 B 税务成本 a2	合伙人 B 704（b）账户 b2	合伙人 C 税务成本 a3	合伙人 C 704（b）账户 b3
现金	40 000	40 000			20 000	20 000	20 000	20 000
土地 P1－有嵌入盈利	5 000	10 000	5 000	10 000				
土地 P1－盈利分摊	2 000	（3 000）	4 000	（1 000）	（1 000）	（1 000）	（1 000）	（1 000）
土地 P1 分配	（7 000）	（7 000）	—	—	—	—	（7 000）	（7 000）
现金分配	（14 000）	（14 000）	（7 000）	（7 000）	（7 000）	（7 000）		
土地 P2	10 000	10 000	10 000	10 000	—	—	—	—
资产总额	36 000	36 000	12 000	12 000	12 000	12 000	12 000	12 000
负债	—	—	—	—	—	—	—	—
资本账户								
首次投入	55 000	60 000	15 000	20 000	20 000	20 000	20 000	20 000
2018 年盈利	2 000	（3 000）	2 000	（1 000）	—	（1 000）	—	（1 000）
补救性分摊项目	—	—	2 000	—	（1 000）	—	（1 000）	—
土地 P1 分配	（7 000）	（7 000）	—	—	—	—	（7 000）	（7 000）
现金分配	（14 000）	（14 000）	（7 000）	（7 000）	（7 000）	（7 000）		
资本账户余额	36 000	36 000	12 000	12 000	12 000	12 000	12 000	12 000
负债＋资本账户总额	36 000	36 000	12 000	12 000	12 000	12 000	12 000	12 000

在税务成本和 704（b）账户成本下，上表中资本账户余额都完美地实现了每位合伙人拥有三分之一的合伙权益。这个结果是通过对 2018 年分配时盈利的分摊和自生出一个补救性分摊项目而实现的。首先，土地 P1 产生的税务盈利 2 000 美元（等于市值 7 000 美元减去持有成本 5 000 美元）应完全分配给该土地的投入合伙人 A。接下来，要考虑 704（b）账户下产生的亏损 3 000 美元（7 000－10 000）。由于这个 3 000 美元的亏损由三位合伙人平均承担，没有投入该土地的合伙人 B 和 C 就看到各自的两个资本账户出现差异 1 000 美元，而这个差异不符合实际经济利益的原则。因此，三英合伙企业就应该遵守补救性分摊的规定，自生出一个税务项目，将 B 和 C 的资本账户税务成

本各自降低1 000美元，相应地增加A的税务盈利分配。如此分配的合理性能得到进一步的证明，就是A通过704（c）资产土地P1将嵌入盈利5 000美元转到三英合伙企业，那么土地P1被出售时，A获得4 000美元的盈利分配并没有超过其嵌入盈利，而如果将部分盈利分摊给B和C反而不合理，这等同于A将盈利通过合伙企业转嫁给了B和C。

由于三英合伙企业将土地用于经营活动，并持有超过1年，因此该4 000美元的盈利属于资本利得。

可见，税法通过设立的704（b）账户来反映、核算并记录合伙人与合伙企业的实际经济利益分配关系，并由此建立了一整套的分摊和分配规则，指导纳税人遵照实际经济利益实现盈亏和分配。由于税法具有强制性，不符合规定的分摊和分配可被国内收入局视为无效。704（b）账户的设置以及704（c）资产的投入和分配原则无疑是合伙企业税法条款的精髓所在，完美地实现了合伙企业分摊和分配的公平性和合理性。

（六）亏损分摊的限制

合伙企业分摊其当期的亏损时，需考虑合伙人“外部持有成本”（参阅本节“四、债务分摊及其对外部持有成本的影响”内容）的余额。合伙人获得的当期亏损分摊不应导致其当期“外部持有成本”小于零，多余的亏损可以结转至下一个纳税年度再行分摊[69]。

四、债务分摊及其对外部持有成本的影响

把合伙企业的债务负担分摊给合伙人，或合伙人承接某项合伙企业的债务负担，等同于合伙人向合伙企业注入现金；合伙人分摊的债务额度减少，或合伙人的债务由合伙企业来承接，等同于合伙企业向合伙人分配现金；合伙企业的实物资产上所带有的债务负担，在实物资产以市值认定价值的情况下，视同由实物资产的所有者承担。可见，虽然合伙企业债务不构成合伙人资本账户（属于权益范畴）的一部分，但却构成合伙人持有成本的一部分。同理，合伙人仅处置自己的合伙权益时，其所承接的合伙企业债务不被考虑[70]。

合伙人持有合伙权益的成本加上所承担的合伙企业的债务负担共同构成

其"外部持有成本"。如果合伙权益不是从其他合伙人处购买所得，那么其"外部持有成本"通常等于合伙企业分摊给该合伙人的"内部持有成本"。决定合伙人"外部持有成本"的因素和决定其资本账户的因素之间的最主要区别就是合伙人承担的债务[71]。"外部持有成本"的增减因素归纳见表 12－18[72]。

表 12－18　"外部持有成本"的增减因素

外部持有成本增值项	（1）合伙人投入合伙企业的现金或购买合伙权益的投资额； （2）合伙人投入合伙企业的实物资产的持有成本加所确认的盈利（如有）； （3）合伙人应获得的全部收入、盈利或资本利得（包括免税的收入或利得）； （4）应承担的合伙企业的债务负担增加额。
外部持有成本减值项	（5）合伙人从合伙企业获得的现金分配[73]； （6）合伙人从合伙企业获得的实物资产分配的持有成本（非清算分配）[74]； （7）合伙人应承担的、不能抵减合伙企业核算的应税收入的经营成本； （8）合伙人应分摊的可抵减应税收入的成本、费用或资本亏损； （9）应承担的合伙企业的债务负担减少额。

税法将合伙企业的负债（或债务负担）分为两类[75]：

1. 有追索权负债（Recourse Liability），即合伙人或其关联方（需按相互持有的比率分析，通常指持有权益高于 50% 的情况）必须以各自的身份承担借款的偿还责任，并且负有真正的经济利益损失风险。2019 年 10 月国内收入局进一步修订了如何确定偿还责任，并且特别强调有偿还义务的债务人还必须有商业上的偿还能力[76]。到底谁能获得有追索权借款的分摊需要以大量的事实情况为依据，并结合各个契约合同才能确定。

2. 无追索权负债（Non－Recourse Liability），即合伙人或其关联方不必承担经济利益损失风险，所有风险控制在合伙企业层面。无追索权负债应按照合伙人分摊净利润的比率来分摊给各位合伙人，并确定合伙人可以获得的最高分摊额度。如果出现以下两种情况，它们将占用合伙人分摊的无追索权负债的额度，也就是说合伙人应先确定以下两种情况的数额，两项之和与无追索权负债的差额部分才确定为无追索权负债[77]：

（1）合伙企业最小盈利（Partnership Minimum Gain）。这是一个针对合伙企业的特殊税法概念，简单地讲就是当某项资产的持有成本低于其抵押贷款时，合伙企业就相对于产生的一个税务最小盈利[78]。这个盈利应按合伙权益比例分摊给合伙人。

（2）假设所有资产被处置，该合伙人应获得的 704（c）资产的全部盈利。

可见，合伙企业的债务分摊对合伙人的"外部持有成本"有直接的影响。不仅如此，"外部持有成本"还是合伙人获得亏损分摊的重要匡算标准，以及确定合伙人的现金分配是否免于纳税的重要指标。因此，充分理解合伙企业的负债、贷款内容细节规定以及各负债或贷款对各合伙人的影响和分摊就非常重要。

五、合伙人处置合伙企业权益

合伙企业权益原则上属于资本性资产（参阅第五章），而不是用于日常经营活动的资产。但是，合伙企业权益也可能代表对应收账款或库存商品等的所有权，而这些类别的资产不属于资本性资产[79]。因此，合伙人处置合伙权益时必须将它们另行处理。

合伙人处置合伙企业权益时，应根据合伙人外部持有成本和所获得总收益的差额来确认盈利或亏损。代表应收账款或库存商品等所有权的合伙权益部分被处置后，应产生日常经营活动的盈亏；其余合伙权益的处置应产生资本利得或资本亏损[80]。

购买合伙权益的个人或实体成为合伙企业的（新）合伙人，他们合伙权益的外部持有成本起始于支付的收购成本[81]。当这个外部持有成本高于或低于合伙权益所代表的合伙企业的内部持有成本时，合伙企业可以通过754选择来调增或调减合伙企业的内部持有成本。

【例12－22】 三英合伙企业于2015年1月1日组建，三位合伙人A、B、C各持有三分之一的合伙权益。2018年5月30日，合伙人B首次将他的合伙权益按照市场价值出售给莉雅女士，交易时三英合伙企业的资产负债见表12－19。

表12－19　　三英合伙企业的资产负债表　　单位：美元

	内部持有成本	市场价值
现金	100 000	100 000
应收账款	50 000	50 000

续表

	内部持有成本	市场价值
库存商品	180 000	150 000
固定资产净值	270 000	600 000
资产总额	600 000	900 000
借款	300 000	300 000
资本账户		
合伙人 A	100 000	200 000
合伙人 B	100 000	200 000
合伙人 C	100 000	200 000
资本账户余额	300 000	600 000
负债 + 资本账户总额	600 000	900 000

分析：合伙人 B 出售其合伙权益时，该合伙权益市值为 20 万美元，持有成本为 10 万美元，因此合伙人 B 应该确认 10 万美元的总收益。其中，部分合伙权益代表应收账款和库存商品的价值，因此对比此类资产的持有成本和市值可知它们的出售产生了 1 万美元的经营活动亏损，等于库存商品价差 3 万美元的三分之一。另外，固定资产持有成本和市值的差异产生了 33 万美元的资本利得，三分之一分摊给合伙人 B 就是 11 万美元的资本利得。所以，合伙人 B 应确认 1 万美元经营活动亏损，11 万美元资本利得，共 10 万美元总收益。

再者，莉雅女士获得三分之一合伙权益的成本为 20 万美元，是她的“外部持有成本”。而这三分之一权益所代表的内部持有成本却是 10 万美元，两者产生了差异。为了消除这个差异，三英合伙企业可以进行 754 选择，将其内部持有成本提升 10 万美元，以对应莉雅女士的外部持有成本。754 选择后的资产负债见表 12 – 20。

表 12 – 20　　资产负债表　　单位：美元

	内部持有成本	754 选择影响	754 选择后的内部持有成本
现金	100 000	—	100 000
应收账款	50 000	—	50 000

续表

	内部持有成本	754 选择影响	754 选择后的内部持有成本
库存商品	180 000	(10 000)	170 000
固定资产净值	270 000	110 000	380 000
资产总额	600 000	100 000	700 000
借款	300 000		300 000
资本账户			
合伙人 A	100 000	—	100 000
合伙人 B	100 000	100 000	200 000
合伙人 C	100 000	—	100 000
资本账户余额	300 000	100 000	400 000
负债 + 资本账户总额	600 000	100 000	700 000

754 选择的影响所造成的资产项目内部持有成本的增减，都应分摊给合伙人 B。

六、合伙人获得分配及其分配后对资产的处置

合伙企业以现金或有价物分配给合伙人时，合伙人的外部持有成本和资本账户余额都将随之降低，并且通常不会马上确认收入或亏损。然而如果出现以下两种情况，合伙人应为此分配确认盈亏，其性质等同于买卖合伙权益[82]：

（1）如果合伙人获得的分配中的现金部分高于此分配前该合伙权益的外部持有成本，那么高出的部分应确认为资本利得。合伙人从合伙企业中的现金提取或其他资产的占用，相当于该合伙人在本纳税年度的最后一天所获得的分配[83]。此处现金的范畴包括在市场频繁交易的金融产品。

（2）合伙人获得非清算分配时，不能确认亏损。在清算分配时，如果合伙人仅获得现金、应收账款或者库存商品，那么其外部持有成本高于其获得的分配价值的部分为该合伙人的亏损[84]。

无论是清算分配或非清算分配，以及分配中是否包括现金，合伙企业本身绝大多数情况下都不确认盈亏，除非分配中包括应收账款或者库存商品，

这部分资产视同处置完成，应确认盈亏[85]。

【例 12－23】 莉雅女士是三英合伙企业的合伙人之一，她的合伙权益外部持有成本为 10 万美元。莉雅女士 2019 年决定退出三英合伙企业，为此她获得的分配包括 5 万美元现金和库存商品 2 万美元（莉雅女士认定的成本）。

分析： 此次分配对于莉雅女士来说是清算分配，而且她仅获得现金和库存商品，所以她可以确认亏损 3 万美元。

【例 12－24】 接上例 12－23，假设莉雅女士获得的分配包括 4 万美元现金、2 万美元的固定资产（内部持有成本）以及应收账款 3 万美元。

分析： 此次分配对于莉雅女士来说是清算分配，而且她获得的分配总价值（非市场价值）低于她的外部持有成本，但是莉雅女士不能确认亏损，因为她获得的分配包括固定资产。结合本章第一节，合伙企业以有价资产等进行清算分配时，合伙人对该资产的持有成本等于合伙人持有合伙权益的成本减去同一个交易下获得的现金。因此，莉雅女士对固定资产的持有成本为 3 万美元，等于外部持有成本 10 万美元减去现金 4 万美元和应收账款 3 万美元。

上述合伙企业的分配规定并不能适用于以下四种特殊的情形，相应的其他规定应受关注：

（1）（专营）投资类合伙企业分配其金融产品[86]；

（2）分配的对象是退休的合伙人或者已故合伙人的继承人[87]；

（3）分配的实质构成了合伙人与合伙企业之间的交易（参阅本章第一节）；

（4）合伙人带有对某项资产的“投入前净收益”[88]。

当合伙企业的分配迫使合伙人确认盈亏时，合伙企业本身也需要考虑相应的税务处理。合伙企业分配时，一般情况下其不应对未分配的资产持有成本进行调整。然而，如果分配迫使合伙人确认了盈亏（同时合伙企业做出了 754 选择），或者分配迫使合伙人确认了高于 25 万美元的累计亏损（合伙企业无须做 754 选择，此为强制性调整），那么合伙企业就应该对未分配的资产持有成本进行相应的增减调整[89]。

【例 12－25】 莉雅女士持有三英合伙企业三分之一的合伙权益，其持有成本为 10 万美元。2019 年 12 月 31 日，莉雅女士收到 11 万美元现金，完全退出了合伙企业。三英合伙企业做出此分配时的资产负债表见表 12－21。

表 12－21　　资产负债表　　单位：美元

	内部持有成本	市场价值
现金	110 000	110 000
固定资产净值	190 000	220 000
资产总额	300 000	330 000
借款	—	—
资本账户		
莉雅女士	100 000	110 000
合伙人 B	100 000	110 000
合伙人 C	100 000	110 000
资本账户余额	300 000	330 000
负债＋资本账户总额	300 000	330 000

分析：莉雅女士获得的现金是清算分配，她应为此确认 1 万美元的资本利得。如果三英合伙企业做出 754 选择，那么未分配的固定资产持有成本应该相应地调增 1 万美元。

【例 12－26】　接上例 12－25，假如莉雅女士获得的分配是固定资产 A，三英合伙企业做出此分配时的资产负债表见表 12－22。

表 12－22　　资产负债表　　单位：美元

	内部持有成本	市场价值
现金	40 000	40 000
固定资产 A 净值	110 000	90 000
固定资产 B 净值	150 000	200 000
资产总额	300 000	330 000
借款	—	—
资本账户		
莉雅女士	100 000	110 000

续表

	内部持有成本	市场价值
合伙人 B	100 000	110 000
合伙人 C	100 000	110 000
资本账户余额	300 000	330 000
负债 + 资本账户总额	300 000	330 000

分析： 莉雅女士在清算分配中仅获得固定资产 A，因此她不能马上确认亏损 1 万美元，而应将固定资产成本调整为其合伙权益的外部持有成本 10 万美元。同时，如果三英合伙企业做出 754 选择，它的固定资产 B 的内部持有成本则相应调增 1 万美元。从资产负债表的角度看，因为三英合伙企业把一个附有亏损的固定资产 A 分配给了莉雅女士，而它不能将此亏损马上分摊给其他合伙人，所以只能通过调整其他固定资产持有成本的方式将亏损推迟认定。

合伙人将从合伙企业分配所得的资产再次出售时，其盈亏的性质有三种[90]：

1）获得的应收账款被处置，其盈亏属于日常经营活动盈亏。

2）获得的库存商品在 5 年内（从分配日起计算）被处置，其盈亏属于日常经营活动盈亏。

3）不属于前两种情形的资产被处置，其盈亏属于资本利得或亏损。合伙人对所获得的资产的持有期包括合伙企业持有该资产的时间。

合伙企业作为一种非股份有限公司的经营形式，能够适用《减税与就业法案》下新增的 199A 条款，即合格经营收入扣除（参阅第四章），这无疑增加了合伙企业作为一种经营活动实体的吸引力。

本章参考文献

[1] Elloitt Manning, 710 – 3rd T. M., *Partnerships – Conceptual Overview.*

[2] IRC § 761 (a).

[3] Treas. Reg. § 1. 761 – 2 (a).

[4] Treas. Reg. § 1.761 – 2 (b).

[5] IRC § 721 (a); Treas. Reg. § 1.721 – 1 (a).

[6] Treas. Reg. § 1.721 – 1 (d) (1).

[7] Treas. Reg. § 1.721 – 2 (a) (1).

[8] Treas. Reg. § 1.721 – 1 (a).

[9] Treas. Reg. § 1.721 – 1 (b).

[10] Treas. Reg. § 1.721 – 1 (d) (2).

[11] Treas. Reg. § 1.721 – 2 (b).

[12] Elloitt Manning, 710 – 3rd T. M., *Partnerships – Conceptual Overview.*

[13] IRC § 701.

[14] IRC § 708 (b) (1).

[15] IRC § 708 (b) (2) (A); Treas. Reg. § 1.708 – 1 (c) (1).

[16] Treas. Reg. § 1.708 – 1 (c) (3).

[17] Treas. Reg. § 1.701 – 1.

[18] IRC § 703 (a); Treas. Reg. § 1.703 – 1 (a) (1).

[19] IRC § 702 (a); Treas. Reg. § 1.702 – 1.

[20] IRC § 703 (b); Treas. Reg. § 1.703 – 1 (b).

[21] IRC § 706 (b) (1) (A); Treas. Reg. § 1.706 – 1 (b) (1).

[22] IRC § 706 (b) (1) (B); Treas. Reg. § 1.706 – 1 (b) (2).

[23] IRC § 706 (b) (4).

[24] IRC § 706 (b) (3).

[25] Treas. Reg. § 1.706 – 1 (b) (3).

[26] IRC § 706 (b) (4) (B).

[27] IRC § 706 (c); Treas. Reg. § 1.706 – 1 (c).

[28] IRC § 706 (d) (1).

[29] IRC § 706 (d) (2); Prop. Reg. § 1.706 – 2 (a).

[30] IRC § 706 (d) (3); Prop. Reg. § 1.706 – 3.

[31] IRC § 6031 (e).

[32] IRC § 6031 (a).

[33] IRC § 6072 (b).

[34] IRC § 6081; Temp. Reg. § 1.6081 – 2T.

[35] IRC § 6031 (b).

[36] IRC § 6698. U. S. Department of the Treasury, Internal Revenue Service, *Instructions for Form* 1065 (2021).

[37] IRC § 723; Treas. Reg. § 1.723 – 1.

[38] IRC § 724.

[39] IRC § 732 (a); Treas. Reg. § 1.732 – 1 (a).

[40] IRC § 732 (b); Treas. Reg. § 1.732 – 1 (b).

[41] IRC § 743 (a); Treas. Reg. § 1.743 – 1 (a).

[42] IRC § 754.

[43] IRC § 743 (b); Treas. Reg. § 1.743 – 1 (b).

[44] IRC § 743 (d); Prop. Reg. § 1.743 – 1 (a).

[45] IRC § 707 (b); Treas. Reg. § 1.707 – 1 (b).

[46] IRC § 707 (c); Treas. Reg. § 1.707 – 1 (c).

[47] IRC § 707 (a) (2) (B); Treas. Reg. § 1.707 – 3.

[48] Treas. Reg. § 1.707 – 4 (d).

[49] IRC § 709 (b) (3); Treas. Reg. § 1.709 – 2 (a).

[50] IRC § 709 (b) (1); Treas. Reg. § 1.709 – 1 (b).

[51] Treas. Reg. § 1.709 – 2 (b).

[52] Treas. Reg. § 1.704 – 1 (b) (2) (iv) (b).

[53] IRC § 722; Treas. Reg. § 1.722 – 1.

[54] IRC § 704 (a), (b); Treas. Reg. § 1.704 – 1 (a), 1.704 – 1 (b) (1) (i).

[55] Treas. Reg. § 1.704 – 1 (b) (2) (ii).

[56] Treas. Reg. § 1.704 – 1 (b) (2) (ii) (d).

[57] Treas. Reg. § 1.704 – 1 (b) (2) (iii).

[58] Treas. Reg. § 1.704 – 1 (b) (2) (iv) (f).

[59] Treas. Reg. § 1.704 – 1 (b) (2) (iv) (h).

[60] Treas. Reg. § 1.704 – 1 (b) (2) (iv) (g).

[61] Treas. Reg. § 1.704 – 1 (b) (2) (iv) (m).

[62] Treas. Reg. § 1.704 – 3 (a) (3) (ii).

[63] Treas. Reg. § 1.704 – 3 (a) (3) (i).

[64] IRC § 704 (c) (1) (A); Treas. Reg. § 1.704 – 3 (a) (1).

[65] Treas. Reg. § 1.704 – 3 (a) (2).

[66] Treas. Reg. § 1. 704 – 3 (b).

[67] Treas. Reg. § 1. 704 – 3 (c).

[68] Treas. Reg. § 1. 704 – 3 (d).

[69] IRC § 704 (d); Treas. Reg. § 1. 704 – 1 (d).

[70] IRC § 752; Treas. Reg. § 1. 752 – 1.

[71] Treas. Reg. § 1. 722 – 1, 1. 752 – 1.

[72] IRC § 705 (a); Treas. Reg. § 1. 705 – 1.

[73] IRC § 733 (1).

[74] IRC § 733 (2).

[75] Treas. Reg. § 1. 752 – 1 (a).

[76] U. S. Department of the Treasury, Internal Revenue Service, TD 9877, 84 Fed. Reg. 54022, Oct. 9, 2019.

[77] Treas. Reg. § 1. 752 – 3 (a).

[78] Treas. Reg. § 1. 704 – 2 (d).

[79] IRC § 751 (a); Treas. Reg. § 1. 751 – 1 (a).

[80] IRC § 741; Treas. Reg. § 1. 741 – 1.

[81] IRC § 742; Treas. Reg. § 1. 742 – 1.

[82] Treas. Reg. § 1. 731 – 1 (a) (3).

[83] IRC § 731 (a) (1); Treas. Reg. § 1. 731 – 1 (a) (1).

[84] IRC § 731 (a) (2); Treas. Reg. § 1. 731 – 1 (a) (2).

[85] IRC § 731 (b); Treas. Reg. § 1. 731 – 1 (b).

[86] IRC § 731 (c); Treas. Reg. § 1. 731 – 2.

[87] IRC § 736.

[88] IRC § 737.

[89] IRC § 734.

[90] IRC § 735; Treas. Reg. § 1. 735 – 1.

第十三章

不动产投资信托基金和《外国投资美国不动产税法法案》

不动产投资信托基金（The Real Estate Investment Trust，REIT）在美国正式开始于1960年艾森豪威尔总统执政期内签署通过的国会立法，旨在让普通大众也可以投资各类商业地产，并从中获益。（作者注：网络用词“REITs”表示多家不动产投资信托基金。）

《1980年外国投资美国不动产税法法案》（The Foreign Investment in Real Property Tax Act of 1980，FIRPTA）于1980年12月通过生效，目的是制止从投资美国不动产中获益的外国人免缴所得税的现象。该税法法案无疑增加了美国的财政收入。

对于投资美国不动产的外国人而言，REIT和FIRPTA的税法规定几乎是必修课。本章分别对两者的重要税法规定予以阐述。

第一节　美国不动产投资信托基金

2021 年，美国 REIT 的总市值达到约 1.7 万亿美元，是全世界最大的 REIT 市场。REIT 的前身是在 19 世纪末期出现的投资不动产的信托业务，其蓬勃发展归功于联邦税法的优惠政策。按照持有资产的种类，REIT 可以分为权益型 REIT、抵押型 REIT 和混合型 REIT。权益型 REIT 投资各类不动产，主要收入来源是租金；抵押型 REIT 投资以不动产为抵押的债权，或直接放贷，主要收入来源是利息；混合型 REIT 则兼有权益型和抵押型两种投资模式。按照是否公开上市，REIT 可以分为公开交易型 REIT 和私有（私募）型 REIT。按照交易和资产所有权结构来看，REIT 可以分为伞式合伙型 REIT（Umbrella Partnership REIT，UPREIT）和直投合伙型 REIT（DownREIT）。UPREIT 是指某家 REIT 通过一个合伙企业来收购、持有和管理所有资产的方式，REIT 通常是普通合伙人，其他投资人为有限合伙人，共同持有合伙企业的权益。DownREIT 则是指某家 REIT 通过多个合伙企业分别来收购、持有和管理各项资产的方式，REIT 通常仍是每个合伙企业的普通合伙人，其他投资人为有限合伙人。

无论上述哪一种 REIT 都必须遵守联邦税法的规定，其中最基本的原则是 REIT 每年必须将至少 90% 的应纳税所得额分配给它的股东，绝大部分收入必须来源于长期投资不动产或不动产抵押债权，以及 REIT 应由多个股东广泛持有。

（作者注：英文 Real Estate 可以译为“房地产”或“不动产”，本书根据特定语境或专业词汇的需要来选择合适的译文。）

一、REIT 的组织结构和经营管理概况

正如其名所示，REIT 是在美国境内以信托、C 类股份有限公司或合作组织形式设立的、投资于不动产或各类不动产债权的经营实体。目前，绝大多数 REIT 的法律形式都是境内 C 类股份有限公司。境外设立的 C 类股份有限公司不能成为美国的 REIT。REIT 不仅让普通大众可以投资昂贵的商业地产，而

且在满足税法规定的条件下具有税负穿透体的特性，即 REIT 本身不缴纳所得税，而是把应纳税所得额的绝大部分都分配给其股东，由股东进行纳税，这种税负穿透的特征和优越性在于 REIT 可以避免双重征税。但是，与其他税负穿透体（如合伙企业）所不同的是，REIT 不能将亏损“分配”给股东，因此 REIT 又具有 C 类股份有限公司的特性。实际上，当不能满足税法规定的条件时，REIT 就被归类为 C 类股份有限公司，并按此税务实体形式纳税[1]。

税法规定 REIT 的组织结构和经营管理需要同时满足以下所有要求[2]：

1）在整个纳税年度内 REIT 必须由多个受托人或董事进行管理，受托人和董事由股东选举产生。

2）在整个纳税年度内 REIT 的股票或受益凭证必须可以自由转让。

3）在整个纳税年度内如果 REIT 条件未满足，该类实体则以境内 C 类股份有限公司的身份缴纳所得税。

4）在整个纳税年度内 REIT 不属于金融机构或保险公司。

5）在整个纳税年度内的 335 天中（或如果纳税年度跨期少于 12 个月，则按比例计算天数），REIT 的股东或受益人不能少于 100 人。如果 C 类股份有限公司选择成为 REIT，那么此条款不适用于该 REIT 的第一个纳税年度[3]。

6）在某纳税年度的下半年，50% 的 REIT 普通股股票（按市值计算，有投票权和分红权）不能被 5 个或 5 个以下的个人持有（此处个人包括某些特殊的公益基金或信托），俗称“5 人原则”[4]。如果 C 类股份有限公司选择成为 REIT，那么此条款也不适用于该 REIT 的第一个纳税年度。

7）在整个纳税年度内 REIT 必须通过收入测试、资产测试和分配测试。

在实际操作过程中，上述“5）”和“6）”很可能被有意或无意破坏，比如敌意收购或股东之间发生股权转换，造成股东或受益人少于 100 人或者持股比例违背了“5 人原则”。因此，国内收入局允许 REIT 制定各自的“超额股权规定（Excess Share Provisions，ESPs）”，最大限度避免不必要的违规发生。超额股权规定的主要运作方式是将违反规定的超额股东持股数视同由 REIT 本身代持，不享有普通股的投票权和分红权，属于另类已发行股票，以此来避免股东持股违反上述规定。

二、REIT 的总收入测试

每家 REIT 针对每个纳税年度都必须做两次年度收入测试，分别测试 75% 和 95% 的总收入来源。如果 REIT 的收入来源不符合两次测试的要求，那么 REIT 在这个纳税年度就不能享受 REIT 的税务身份，而属于 C 类股份有限公司。

（一）75% 总收入测试

在每个纳税年度内，75% 以上的 REIT 总收入必须来源于以下一类或数类项目[5]：

1）出租不动产所获得的租金收入。不动产指土地，以及和土地永久不可分割的改良部分，如房屋建筑或其他建立在土地和房屋建筑结构内的组成部分，包括输电塔、游泳池、车库、管道、电话电视信号站（塔）和数据中心[6]等。

2）不动产贷款的利息收入，或因持有不动产权益而获得的收入。不动产权益指对土地或土地改良部分的所有权、收购土地或改良收购土地的期权、获取土地租赁或改良租赁土地的期权或自然资源的不动产产权等，但不包括金属、石油和天然气等矿产资源开发时产生的矿区使用费收入（参阅第十四章第一节）[7]。

3）处置不以库存商品入账的不动产、不动产权益和不动产抵押贷款等所获得的净收入（净亏损排除在测试之外[8]）。

4）其他合规 REIT 的分红，或处置合规 REIT 的股票所获得的净收入（净亏损排除在测试之外）。

5）不动产税的退税或减免额。

6）进入法定拍卖程序的不动产所产生的收入或处置所得的净收入。

7）在某些特定交易中获得的收入，如公开交易型 REIT 发行债券，或在发放抵押贷款、收购或租赁不动产的过程中获得的激励性收入（这些收入不能按比例绑定任何其他经营实体或个人的收入）。

8）处置其他不动产类资产所获得的净收入（净亏损排除在测试

之外)，此类交易不能是税法定义的“违禁交易”（Prohibited Transactions)。不动产类资产指不动产权益、不动产抵押贷款、不动产权益抵押贷款、其他合规 REIT 的股票、公开交易型 REIT 发行的合规债券和新获资本的其他短期（不超过 REIT 成立后 1 年）股权或债权投资[9]。

9）暂时性合规投资收益，指将新获资本用于股票或债券投资的短期投资收益。这里的短期指 REIT 成立后 1 年以内的时间。新获资本包括股东投资和因公开发行债券（到期日 5 年以上）而获得的资金[10]。

（二）95%总收入测试

在每个纳税年度内，95%以上的 REIT 总收入必须来源于以下一类或数类项目[11]：

1. 上述构成 75%总收入的 9 类收入来源；
2. 任何股息分红；
3. 任何利息收入；
4. 处置公开交易型 REIT 发行的各类债券的收入；
5. 在首个纳税年度内，经营或投资林木开采的 REIT 获得的开采区使用费收入。

【例 13－1】 莉雅公司成功地确认为 REIT 后直接投资不动产并持有一些三英股份有限公司的股票。2018 年，莉雅 REIT 再次向三英公司发放贷款 1 000 万美元用于建造住宅，贷款以在建住宅项目做抵押。莉雅 REIT 获得佣金收入和贷款利息，其 2018 年的总收入见表 13－1。

表 13－1　2018 年的总收入　单位：美元

收入来源	数额
租金收入	300 000
不动产处置收入	250 000
不动产税退税	150 000
抵押贷款佣金	200 000
三英公司股息	350 000
收入总额	1 250 000

分析：莉雅 REIT 必须按照规定测试其 2018 年收入的来源，在满足 75% 和 95% 收入测试后才能保持其 REIT 的身份。由于三英公司只是一家 C 类股份有限公司，它支付的股息不符合 75% 收入测试的要求，但符合 95% 收入测试的要求。所以莉雅 REIT 只有 72% 的收入属于 75% 收入测试的项目，即前四项收入之和 90 万美元除以收入总额 125 万美元。

从上述内容可以看出，税法对 REIT 收入的规定非常细致严谨，纳税人应准确地理解每项规定所包含的特殊定义。概括而言，REIT 本身不能获得因建造或管理不动产而产生的“主动的”经营活动收入，只能获得“被动的”通过出租不动产或不动产抵押贷款而产生的收入。现实生活中界定这些活动的定义往往不是非黑即白，当法典或法典细则无法提供明确的规定时，纳税人往往通过获得国内收入局的个别回复意见（参阅第一章）来进行特殊处理。

三、REIT 的资产测试

REIT 的资产测试按季度进行，就是每 3 个月 REIT 都必须对其资产负债表上的总资产做以下各项合规测试[12]：

1）至少 75% 的 REIT 资产市值属于不动产类资产、现金、现金等价物（如应收账款）或政府类有价证券（股权或债权）。

2）不超过 25% 的 REIT 资产市值属于股权或债权，不包括不动产权益或不动产类资产[13]。

3）不超过 20% 的 REIT 资产市值代表对“应纳税 REIT 子公司”（Taxable REIT Subsidiary，TRS）的股权。

4）不超过 25% 的 REIT 资产市值代表对公开交易型 REIT 发行的不合规债券的投资。

5）除政府类有价证券和应纳税 REIT 子公司的股权之外，REIT 持有的其他有价证券（股权或债权）应同时满足下列三个条件：

（1）由一个发行人发行的有价证券市值不能超过 REIT 总资产市值的 5%；

（2）REIT 不能持有代表任何发行人 10% 以上投票权的股权；

（3）REIT 不能持有代表任何发行人 10% 以上市值的股权。

上文中提到的应纳税 REIT 子公司是指由 REIT 直接或间接持股的、与 REIT 共同通过选择程序建立的 C 类股份有限公司[14]。顾名思义，应纳税 REIT 子公司必须按照 C 类股份有限公司的税务实体形式缴纳所得税，它们的作用是将 REIT 不能从事的地产管理或经营业务归集到应纳税 REIT 子公司中来，由它来经营管理，而 REIT 本身只持有不动产或不动产抵押债权，获得租金或利息收入。应纳税 REIT 子公司区别于全资 REIT 子公司（Qualified REIT Subsidiary，QRS）之处在于，首先，前者应按照 C 类股份有限公司的规定缴纳所得税，资产、负债和盈亏完全独立于 REIT，而且一旦选择成立不能随意更改。而后者由 REIT 全资持有，其本身所持有的资产、负债及所产生的收入和支出视同由 REIT 直接持有或产生，直接参与到 REIT 的收入测试和资产测试当中。其次，因为被 REIT 全资持有，全资 REIT 子公司的纳税申报往往和 REIT 合并进行。即便如此，全资 REIT 子公司仍然是独立的纳税实体，应承担其本身的所得税税款和其他纳税义务[15]。所以全资 REIT 子公司和应纳税 REIT 子公司是两个完全独立的概念。

和 REIT 的收入测试一样，REIT 的资产测试要求同样非常细致严谨。针对上述资产测试上述“5）”的要求，当 REIT 满足某个季度的此项资产测试后，其下一个季度资产市值的变化仅仅因为货币转换价值的波动而导致本季度此项资产测试失败，那么该 REIT 仍可以视为满足资产测试。然而，如果导致此项资产测试失败的原因是新的收购项目或其他资产结构的变化，那么 REIT 应立即采取行动予以解决。如果问题可以在该季度结束后 30 日之内解决，那么该 REIT 仍可以视为满足该季度的此项资产测试[16]。

【例 13－2】 本例分享美国最大的以医疗、养老类地产为投资对象的公开交易型不动产投资信托基金 Welltower 的资产构成情况。以下资产数据源于该 REIT 向美国证监会提交的 10－K 年度报告，反映的是 2019 年 12 月 31 日的资产构成情况（见表 13－2）。

表 13－2　　资产构成情况　　单位：百万美元

资产项目	数额
持有不动产	30 312
租赁不动产	536
不动产抵押贷款	270

续表

资产项目	数额
股权投资（不能合并报表）	583
商誉	68
现金	387
各类应收账款	1 224
资产总额	33 380

分析：上述所有资产中只有非合并报表的股权投资不能归为75%资产测试的范围，仅占总资产的1.75%。因此，Welltower持有符合规定的资产比率约为98%。但是，仅凭以上数据无法判断Welltower是否满足资产测试的上述“5）”的要求，所以大量细致的测试工作需要通过收集其他相关数据才可以完成。

四、REIT的分配测试

REIT应该每年将所获得的应纳税所得额（参阅本节“五、REIT的特殊纳税规定”内容）部分或全部分配给股东，实现股息分配扣除（Dividend Paid Deduction，DPD），以此避免REIT因违反强制分配的规定而被迫纳税。

税法对REIT年度分配股息的具体规定要同时满足两个要求[17]：

> 1）REIT可以用其每年分配给股东的股息来相应减少其应纳税所得额，即税法允许的股息分配扣除[18]。REIT每年的股息分配扣除（不含净资本利得股息）应该等于或高于：
>
> （1）除净资本利得以外的全部应纳税所得额的90%，加上从法定拍卖资产上获得的税后净所得（扣除所得税）的90%；再减去
>
> （2）超额非现金收入，即由一些特殊原因导致的非现金收入超过全部应纳税所得额（不含净资本利得）5%的部分。
>
> 2）在1986年2月28日之后成立的REIT从成立日起就具有REIT的税务认定，或者在非REIT的年度里没有累计税后净利润。

REIT在每年10月、11月或12月宣布即将派发的股息，只有在下年1月正式派发后才能被确认为是当年12月31日所正式完成的分配，股东也可以

同时确认股息收入[19]。

REIT 在某纳税年度后宣布派发和支付的股息，同时符合以下条件后也可以视为 REIT 在该纳税年度完成支付的股息[20]：

1）REIT 必须在纳税申报日（通常为 4 月 15 日，或延期后的 10 月 15 日）前宣布派发上年度的股息。

2）REIT 必须在其纳税申报中做书面选择，声明属于上年度的股息数额（最高额度受限于上年度 REIT 的税后净利润），该选择一旦提交，不可变更。

3）REIT 必须在本年按常规支付第一笔股息前完成上年度股息的支付，如无本年度股息派发和支付，那么则必须在上年度结束后 12 个月内完成支付。REIT 还必须在股息实际支付当年结束后 30 日内，将股息派发细节书面通知各位股东。

虽然 REIT 可以将上述符合条件的股息确认为上年度的分配，但 REIT 的股东应在实际收到股息的当年确认收入。

【例 13－3】 莉雅 REIT 经营状态良好，2018 年的税后净利润基本等于其应纳税所得额，为 100 万美元。在 2018 年内，莉雅 REIT 共派发股息 88 万美元。2019 年 4 月 10 日，莉雅 REIT 宣布派发股息 37 万美元，并在 4 月 20 日正式支付。2019 年 4 月 15 日，莉雅 REIT 提交纳税申报表 1120－REIT，其中陈述声明 2019 年宣布派发的第一笔股息 37 万美元应包括属于 2018 年的股息 12 万美元和属于 2019 年的常规发放股息 25 万美元。

分析：莉雅 REIT 在 2018 年内所进行的分配仅为其当年应纳税所得额的 88%，没有符合分配测试的要求。如果 2019 年莉雅 REIT 不做出相应的年后股息分配安排，那么它会按 C 类股份有限公司缴纳所得税，同时将面临各类惩罚性费用。但是，由于莉雅 REIT 根据税法要求做出了各项股息派发和支付的安排，它的 REIT 身份得以维持。虽然莉雅 REIT 可以将 12 万美元的股息分配算到 2018 年，但它的股东应把 12 万美元股息确认为 2019 年的收入。

最后值得一提的是“认同股息”（Consent Dividends）的概念。认同股息也是为了避免股息分配不到位而遭到惩罚，它是指股份有限公司（包括 RE-IT）给持有“认同股票”的股东发放的股息[21]。认同股票是指由股份有限公司指定的、有权获得固定的优先股息派发完成后所有剩余的税后净利润的股票[22]。认同股息最大特点是它必须经由股东书面同意，从而被视同 REIT 在指定的（上一个）纳税年度的最后一天派发了指定的认同股息，并且收到认同股息的股东立刻将所有认同股息作为增资投入 REIT 的股权中[23]。股东应将认同股息确认为指定纳税年度的股息收入。每位股东的书面同意应体现在股东确认收入认同书表 972（见表 13－3）上，和 REIT 的年度纳税申报表1120－REIT 同时提交。REIT 还应提交股份有限公司声明认同股息扣除表 973（见表 13－4）来声明其可以享受股息分配扣除[24]。

表 13－3　　股东确认收入认同书表 972（现行，2016 年 12 月颁布）

Form 972 (Rev. December 2016) Department of the Treasury Internal Revenue Service	Consent of Shareholder To Include Specific Amount in Gross Income (Under Section 565 of the Internal Revenue Code) ▶Information about Form 972 and its instruction is at *www. irs. gov/Form972*.	OMB No. 1545－0043

填报目的：股东书面同意 REIT 派发认同股息。
填报人：持有 REIT 认同股票的股东。

表 13－4　　股份有限公司声明认同股息扣除表 973
（现行，2016 年 11 月颁布）

Form 973 (Rev. November 2016) Department of the Treasury Internal Revenue Service	Corporation Claim for Deduction for Consent Dividends (Under Section 561 of the Internal Revenue Code) ▶Information about Form 973 and its instruction is at *www. irs. gov/Form973*. For tax year beginning　　, 20　　, and ending　　, 20　　.	OMB No. 1545－0123

填报目的：REIT 向国内收入局做书面声明要将认同股息纳入股息扣除的总额。
填报人：派发认同股息的 REIT。

五、REIT 的特殊纳税规定

联邦税法不仅对 REIT 的资产、收入和经营活动性质做出明确要求，而且针对 REIT 还制定了配套的一系列特殊纳税规定，特别是针对不同类型的收入或违规事项的（惩罚性）纳税规定。

（一）REIT 的税务选择和纳税申报

为了正式确定 REIT 的纳税身份，各信托、C 类股份有限公司或合作组织必须纳税申报，并通过在申报表中完成“税务选择”以表明成为 REIT 的意愿[25]。该“税务选择”行为也被视同完成“纳税实体选择”（参阅第一章第二节）。

1976 年 10 月 4 日以后成立的 REIT，必须采用公历年为纳税年度，选用其他财年体系的信托、C 类股份有限公司或合作组织不能“税务选择”成为 REIT[26]。

REIT 的纳税申报表是美国 REIT 所得税申报表 1120 - REIT（见表 13 - 5，以下简称表 1120 - REIT），全称为美国 REIT 所得税申报表，应该由 REIT 在财年结束后第 4 个月的第 15 个工作日或之前进行该表的年度申报。因为 REIT 财年通常以 12 月 31 日截止，所以它们的年度纳税申报表 1120 - REIT 就应该在下一年的 4 月 15 日或之前完成申报。例外的情况是，如果 1976 年 10 月 4 日前成立的 REIT，REIT 财年截止日是 6 月 30 日，那么申报日则是该财年结束后第 3 个月的第 15 个工作日或之前。如果 REIT 在财年结束前就先行解散清算，那么当年的申报应在解散清算日后第 4 个月的第 15 个工作日或之前完成[27]。

大多数 REIT 在财年结束后的 100 天左右内，无法将纳税申报材料完全准备好，因此需要延期申报。延期申报应通过公司所得税、信息披露及其他申报的延期申请表 7004（参阅第八章）通知国内收入局，以获得通常为 6 个月的延期[28]。

表 13 - 5　　美国 REIT 所得税申报表 1120 - REIT（2022 年）

Form 1120 - REIT Department of the Treasury Internal Revenue Service	U. S. Income Tax Return for Real Estate Investment Trusts For calendar year 2022 or tax year beginning ____, ending ____ ► Go to *www. irs. gov/Form*1120 - REIT for instructions and the latest information.	OMB No. 1545 - 0123 2022

填报目的：申报应税总收入、资本利得、资本亏损、收入扣除项及税款减免额，并计算当期（或因违规而产生的）各项税款。

填报人：美国境内成立的、选择成为 REIT 的 C 类股份有限公司、信托或合作组织。

（二）REIT 的应纳税所得额和应付的消费税

与其他 C 类股份有限公司一样，REIT 遵循同样的税法规定计算其各应纳税项目。但是由于 REIT 是一种特殊的纳税实体，其应税项目的税率有所不同，或者某些违规惩罚性税款可以成为特殊扣除项等，REIT 应纳税所得额的计算必须包括如下各调整项[29]：

1. 不允许股息扣除，所有收到的股息构成收入；

2. 允许股息分配扣除，所有分配的股息构成扣除项，但股息分配不包括下述“4”中的由法定拍卖程序处置的不动产所产生的净收入；

3. 不包含因税务会计年度截止日期的调整和特殊计算方法的运用而产生的收入差异；

4. 不包含由法定拍卖程序处置的不动产所产生的净收入；

5. 可以扣除某些违规惩罚性税款；

6. 不包含由所有违禁交易而产生的净收入（但可以包含净亏损）。

与 C 类股份有限公司相同，REIT 的累计净经营亏损可以用于抵减其应纳税所得额。绝大多数情况下，REIT 通过股息分配扣除将应纳税所得额降至零，以避免额外税款。如果 REIT 某纳税年度留有应纳税所得额，那么该应纳税所得额应以和 C 类股份有限公司一样的税率缴纳所得税，现行的税率为 21%[30]。

然而，如果 REIT 某年没有满足分配测试的要求，那么其本年度就只能以 C 类股份有限公司的方式计算和缴纳所得税[31]，这一年也成为一个“非合规 REIT”年度。国内收入局可以视情解除因分配测试违规而导致的这种不利结局，前提是 REIT 必须按照规定缴纳 4% 的消费税（Excise Tax），计算消费税的税基大体上是 REIT 应做的股息分配减去其已经分配的股息数额[32]（两者均包括 REIT 前一个纳税年度的数额）。REIT 必须通过提交美国 REIT 未分配收入消费税申报表 8612（见表 13－6）来申报和支付消费税。

表 13－6　　美国 REIT 未分配收入消费税申报表 8612
（现行，2016 年 11 月颁布）

Form 8612 (Rev. November 2016) Department of the Treasury Internal Revenue Service	Return of Excise Tax on Undistributed Income of Real Estate Investment Trusts For calendar year 20 ____ ▶ Information about Form 8612 and its instruction is at *www. irs. gov/Form*8612.	OMB No. 1545－1013

填报目的：因收入分配违规而申报、缴纳消费税。
填报人：美国 REIT。

（三）出租不动产所获得的租金收入

此类收入通常是 REIT 最重要的收入来源，因此税法对其做出非常细致的规定，使其定义更为精准，便于遵守。

合规租金收入应该包括：

1）因持有不动产资产或权益而获得的租金收入[33]。

2）为获得租金收入而向租户提供惯常的服务，并为此收取费用[34]。这些服务以及对出租资产的管理都应该由“独立承包商”（税法对其有特殊要求）来完成[35]。

3）和不动产一起出租的其他固定资产所产生的租金收入，但该固定资产租金收入不应超过该租约下该年度总租金的15%。计算此比率应用以下公式[36]：

$$\text{固定资产租金比率}=\frac{\text{固定资产年初和年末市值的平均值}}{\text{该租约下全部资产年初和年末市值的平均值}}$$

合规租金收入不应该包括：

1）基于租户的净收入或净利润而决定的租金。REIT所收取的租金应该是固定的，或是基于毛收入的固定比率而确定[37]。

2）从下面两种情形下收取的租金[38]：

（1）由C类股份有限公司（应纳税REIT子公司除外）支付，而该REIT（直接或间接）持有其股票代表10%或以上的投票权，或者10%或以上的市值；

（2）由非C类股份有限公司支付，而该REIT（直接或间接）持有其10%或以上的资产市值或净利润权益；

3）税法禁止的租户服务收入，指REIT自行直接提供的、原本应该由“独立的承包商”提供的租户服务或物业管理而取得的收入[39]。

【例13－4】 莉雅REIT将一处商业地产出租给乔先生，每年收取租金10万美元。乔先生又将此商业地产重新装修，分租给数家租户，其中包括三英合伙企业。乔先生每年共收取租金50万美元，其中三英合伙企业支付租金为5万美元。莉雅REIT持有三英合伙企业15%的合伙权益。

分析：因为莉雅REIT持有三英合伙企业15%的合伙权益，所以三英合伙企业支付的租金部分不属于合规租金收入。莉雅REIT应该统计的不合规租金收入为1万美元，计算如下：

$(50\,000 \div 500\,000) \times 100\,000 = 10\,000$（美元）

此1万美元就是莉雅REIT该年度收入测试中不符合规定的收入。

（四）进入法定拍卖程序的不动产

进入法定拍卖程序的不动产（Foreclosure Property，简称“法拍不动产”）所产生的出租收入或资产处置收入，经扣除各项费用之后，按照现行的21%税率缴纳所得税[40]。这部分收入和税款单独计算，在表1120－REIT中单项体现，不属于REIT的应纳税所得额。

鉴于法拍不动产纳税的特殊性，如何定义法拍不动产也就十分重要。法拍不动产，是指REIT经拍卖程序购入的因不动产租约违约或贷款违约而导致放弃的不动产、不动产权益以及附着在不动产上的某些少量固定资产。法拍不动产需要REIT的明确选择认定，用具体文字描述说明并和REIT纳税申报表1120－REIT一并提交[41]。

REIT持有法拍不动产的时间超过3年，该不动产就不再属于法拍不动产。计算持有期的起点从获得该法拍不动产之后（获得当年不计）的次年开始，直到第三个纳税年度的最后一天。法拍不动产如果被REIT用于一些特殊的经营活动，如被改建或作为部分库存商品出售，那么它们也会丧失法拍不动产的特性。

（五）违禁交易所得全额纳税

如果REIT因违禁交易获得净收入，那么该净收入按100%税率被征税[42]。此规定足可见税法对违规交易的严厉禁止程度，目的是防止REIT参与积极的地产开发或频繁买卖的活动。

违禁交易，又可以称为被禁止的交易，指REIT持有或交易的不动产或不动产抵押贷款属于“库存商品”类资产（不含法拍不动产），而REIT在改变其属性前就获得收益[43]。当然，税法的严格规定并不是刻意惩治REIT的违规，而是要严格界定REIT应该从事的经营活动范畴。

因此税法同时做出“安全港”规定，当REIT符合这些规定后就可以避免原本被看作违禁的交易[44]：

1）REIT持有此类资产的时间超过2年。

2）在持有该资产的2年时间里，REIT或其他REIT的合作伙伴发生在该资产上的资本性支出总和不能超过处置该资产净收益的30%。

3）满足以下任何条件之一：

（1）REIT 当年处置（出售）不动产（不含法拍不动产或强制改建的不动产）的交易最多为 7 次。

（2）所有当年被处置的不动产（不含法拍不动产或强制改建的不动产）的税务资产成本基数总和，不超过 REIT 拥有的全部不动产的税务资产成本基数的 10%，计算时点是该纳税年度的第一天。

（3）所有当年被处置的不动产（不含法拍不动产或强制改建的不动产）的市值总和，不超过 REIT 拥有的全部不动产市值的 10%，计算时点是该纳税年度的第一天。

（4）所有当年被处置的不动产（不含法拍不动产或强制改建的不动产）的税务资产成本基数总和，不超过 REIT 拥有的全部不动产的税务资产成本基数的 20%，计算时点是该纳税年度的第一天；并且 3 年平均出售资产税务基数比率（用 REIT 在以往 3 年里处置的全部资产的税务基数加总数，除以 3 年中每年第一天 REIT 拥有的全部资产的税务基数加总数[45]）不超过 10%。

（5）所有当年被处置的不动产（不含法拍不动产或强制改建的不动产）的市值总和，不超过 REIT 拥有的全部不动产市值的 10%，计算时点是该纳税年度的第一天；并且 3 年平均出售资产市值比率（用 REIT 在以往 3 年里处置的全部资产的市值加总数，除以 3 年中每年第一天 REIT 拥有的全部资产的市值加总数[46]）不超过 10%。

4）对于土地或土地改建类不动产（不含法拍不动产），REIT 应持有并获得租金收入超过 2 年。

5）如果不动产的开发、维护和营销活动绝大部分由独立承包商或应纳税 REIT 子公司来承担，那么 REIT 当年处置（出售）不动产（不含法拍不动产或强制改建的不动产）的交易可以超过 7 次。

REIT 所交易的资产为木材时，应遵守其他更为特殊的规定[47]。

（六）重新定夺的关联方之间的收支分摊

因维持 REIT 与其关联方之间的交易的公允性而产生的租金、成本费用或利息的重新分摊，无疑会造成 REIT、应纳税 REIT 子公司或其他关联方的应纳税所得额的变化。税法对此实施惩罚性征税，即 REIT 本身对所有的调整数额按 100% 的税率纳税[48]。

（七）REIT 总收入测试失败

REIT 不能通过 75% 或 95% 总收入测试时，会被惩罚性征税[49]。概括地讲，就是对不符合要求的收入按照一定的比率来缴税。由于这个比率的计算比较烦琐，此处从略。

除此以外，REIT 还必须对每一次测试的失败（非故意的，可接受的合理原因导致的）缴纳 5 万美元的罚金[50]。

（八）REIT 资产测试失败

REIT 的资产测试有 5 项内容，不满足其中任何一项都可以导致资产测试失败。如果出于非故意的、可接受的合理原因导致 REIT 不满足某一项或几项要求，并且 REIT 如实上报国内收入局，在测试违规的季度结束后 6 个月内处置掉违规资产，那么 REIT 按规定缴纳税款后可以继续保持其 REIT 的纳税身份[51]。REIT 应缴纳的税款（此税款属于消费税，而非所得税）为以下两者的较高额[52]：

1. 5 万美元；
2. 该违规资产在违规期间内（按日计算）产生的应纳税所得额的 21%。

除此以外，REIT 还必须对每一次测试的失败（非故意的，可接受的合理原因导致的）缴纳 5 万美元的罚金[53]。

税法给予资产测试的第 5 项要求一定的宽限幅度，即 REIT 持有的有价证券打破了规定，但是这部分违规持有的有价证券的市值不超过以下两者的较低额时，REIT 视同合规持有该有价证券[54]：

1. 本测试季度 REIT 全部资产市值的 1%；
2. 1 000 万美元。

以上 8 点内容基本涵盖了 REIT 特殊税务处理的要求、不合规时应受到的惩罚以及应立即采取的措施。读者也不难体会到，维持 REIT 合规运营的财务和税务成本（不考虑所得税税款）显然远高于其他 C 类股份有限公司。尽管如此，合规 REIT 能够避免双重纳税的特性仍然对股东具有极大的吸引力。

六、REIT 股东的收入确认

合规经营的 REIT 不需缴纳所得税或消费税，它们的税后净利润和资本利得分配给股东后，由股东来计算并缴纳所得税。如果 REIT 的股东是境外实体或个人，那么其纳税要求受到《外国投资美国不动产税法法案》的管辖，这部分在本章第二节讲述。

对于美国境内股东来说，获得 REIT 的股息分配时应从以下两个方面来确认收入的性质：

1. REIT 的股息分配源于除资本利得以外的税后净利润。由于 REIT 不对净收益纳税，股东应将这些股息确认为经营活动收入。例外的情形是，如果 REIT 本身已经对某些净收益缴纳过所得税，或者从其他公司获得已纳税的股息，而又将这部分收入分配给股东，那么源于这部分税后净利润的股息就是“合规股息”。合规股息是由 REIT 按年度确认的，并应在纳税年度结束后 60 天内书面通知各位股东[55]。对于个人纳税者来说，合规股息享受和资本利得一样的优惠税率，所以合规股息的量化对他们就非常重要。股东是 C 类股份有限公司时，则不能将收到的股息进行股息扣除，而应全额包括在其当年的应纳税所得额中[56]。

2. REIT 的股息分配源于资本利得。REIT 将处置资产获得的资本利得分配给股东后，股东应将这部分股息分配确认为长期资本利得[57]，此类股息被称作“资本利得股息”。资本利得股息的派发数额由 REIT 决定，并且必须在该纳税年度结束后的 30 日内书面通知各位股东[58]。因各种原因 REIT 可能会调整资本利得股息的数额，股东也应按比例做相应调整。如果股东持有 REIT 的股票不超过 6 个月就卖出并且产生亏损，那么该股东可以将等同于其该年获得的资本利得股息的部分确认为长期资本亏损。但是，如果股票的出售是 REIT 清算程序的一部分，股东则不能确认长期资本亏损[59]。

【例 13－5】 莉雅 REIT 于 2019 年 12 月 30 日书面通知其股东 2019 年的资本利得股息为 20 万美元，即每股 2 美元。但是，2020 年 1 月，莉雅 REIT 发现由于计算的错误导致资本利得股息应该减少到 15 万美元，并立即书面通知各股东。

分析： 股东收到新的通知后，应将各自 2019 年应该确认的资本利得股息调整为每股 1.5 美元。

七、《减税与就业法案》对 REIT 的影响

REIT 可以说是《减税与就业法案》颁布实施后的获利者，主要体现在 REIT 既可以享受新增的激励政策，又可以避免新增的限制政策。此两者更增添了 REIT 对投资人的吸引力。

《减税与就业法案》增加了合规经营（调整）收入抵扣的激励政策，即 199A 扣除或“税负穿透体扣除”，简单讲就是个人纳税者在计算本身的应纳税所得额时，可以自行扣除从税负穿透体获取的、税法特殊规定的合规经营收入的 20%（参阅第三章第二节）。而受监管 REIT 的合规股息恰恰属于税法特殊规定的合规经营收入[60]，因此个人纳税者只需要将 REIT 的股息分配的 80% 纳入其当年的应纳税所得额。

《减税与就业法案》还针对利息费用增加了限制条款，简单讲就是所有纳税人的当期利息费用扣除应不高于其调整后的应税收入的 30%（参阅第三章第二节）。然而，《减税与就业法案》条款还允许以经营不动产为主营业务的纳税人可以主动选择不受此限制，从而可以扣除当期 100% 的利息费用[61]。

对 REIT 而言，以上两项新法规可以说是双向驱动的利好，不仅让 REIT 免于利息费用受限的困扰和烦琐计算，大大增强其经营净收益的可预测性，而且 REIT 的股息仅在股东层面单层征税，同时个人股东还享受 20% 的合规股息扣除。

第二节 《外国投资美国不动产税法法案》

关于《外国投资美国不动产税法法案》（FIRPTA）出台的历史背景，丽萨·佩特昆（Lisa Petkun）律师的一篇论文做出了充分的总结。她的论文发表在宾夕法尼亚州立大学 1982 年的国际法期刊里[62]。论文指出，FIRPTA 出台以前，境外投资人出售美国不动产时，仅在一种情形下会被征收美国联邦所得税，即该外国投资人持有的美国不动产构成其在美国有效相关收入（参阅第四章第二节）。简单说就是这个外国人在美国境内生活 183 天以上的那一年

里卖出的美国不动产才会构成此人的有效相关收入，也才会被征税。这样一来，外国投资人可以利用种种税法允许的方式来规避“有效相关收入”，例如：

1）外国投资人用分期付款的方式出售美国境内不动产，等买方开始支付购买款项的时候，该外国投资人已经不在美国境内，因此不必纳税；

2）外国投资人通过股份有限公司（境内或境外）来持有美国境内不动产，退出投资时则卖掉股份有限公司的股票，FIRPTA 出台前出售此类股票不会触发征税；

3）外国投资人通过股份有限公司（境内或境外）来持有美国境内不动产，退出投资时则通过清算解散股份有限公司来完成，FIRPTA 出台前清算解散所产生的利得也不必在美国纳税；

4）外国投资人用美国境内不动产置换境外不动产，FIRPTA 出台前 1031 资产置换还允许此类置换；

5）外国投资人通过税负穿透体（如境内或境外的合伙企业）来持有美国境内不动产，退出投资时则卖掉税负穿透体的权益，FIRPTA 出台前出售此类权益所得不属于源自美国境内的收入，不必在美国纳税。

以上种种安排在 FIRPTA 出台前都是合理合法的，但显然这些处理方式对美国境内投资人就非常不公平。此外，有一种观念在 20 世纪 70 年代广泛流行，就是外国人要大举进军美国的房地产市场，特别是美国的农场对外国人极具吸引力。正是税法本身的疏漏和当时的社会现象迫使国会通过 FIRPTA。

FIRPTA 制定的新规恰恰针对上述所有的“合理避税”方式，致使投资美国不动产的外国人受到和美国纳税人一样的税法待遇。

一、处置美国不动产所有权所得构成有效相关收入

FIRPTA 法案规定，1980 年 6 月 18 日之后外国人或境外公司处置美国不动产所有权（United States real property interest，USRPI）所获得的收益完全属于与美国境内经营活动有效相关收入[63]。这条新规从税法理论上将所有处置美

国不动产所有权的纳税人一视同仁，因为源自美国境内有效相关收入一定是应税收入。

对于外国人（个人纳税人）来说，他们在处置美国不动产所有权的纳税年度里的应纳税所得额不得低于以下两者的较小值[64]：

1）该外国人应缴纳替代性最低税的调整收入（具体计算参阅第七章）；

2）该外国人处置美国不动产所有权的资本利得（具体计算参阅第五章）。

由于不动产处置收入被视为有效相关收入，境外个人纳税人可以使用累进税率来计算应缴税款。境外股份有限公司处置美国不动产所有权时，采用和境内股份有限公司相同的方法来计算资本利得或亏损，而且此项资本利得或亏损可以和该境外股份有限公司其他的源于美国境内的资本利得或亏损汇总相加，最后得出应纳税所得额，并以现行的21%税率纳税。

二、美国不动产所有权的定义

美国不动产所有权无疑是一个非常重要的概念，它直接关系到征税范围的大小和边界。现实生活中，分析境外纳税人是否持有并处置美国不动产所有权也是问题的重点和关键所在。美国不动产所有权可以从以下两个方面来理解。

（一）持有美国不动产构成持有美国不动产所有权

境外纳税人直接持有[65]，或通过税负穿透体（如合伙企业、信托或遗产纳税体）来间接持有[66]美国境内（包括维京群岛）不动产的情形下，就是该境外纳税人持有美国不动产所有权。

不动产包括土地，蕴藏在土地中的矿产资源，长在土地上的农作物和林场、房屋建筑等永久附着在土地或房屋上的结构，以及和这些不动产经营紧密相关的固定资产[67]。一旦地下的矿产被开采出来、农作物被收割或林木被砍伐，它们就不再属于不动产。

和不动产经营紧密相关的固定资产只能包括四类：

1. 采矿、农牧和林木砍伐中使用的工具、机器设备和牲畜等；

2. 更新土地、房屋建筑等需要的工具、机器设备等；

3. 酒店、住宿场所提供的屋内设施，如家具、冰箱、洗衣机等；

4. 出租写字楼里供承租人使用的办公家具等。

境外投资人持有以不动产做抵押的贷款时，情况会稍微复杂。如果该境外投资人的权利仅限于债权人应有的权利，那么其放贷活动本身不构成持有美国不动产。然而，如果该境外投资人的权利延伸到对不动产经营收益的获取（可以体现为各种方式），那么其放贷活动就不再单纯是债权债务的关系了，获取不动产经营收益导致整个贷款安排是持有美国不动产的行为[68]。

【例 13－6】 莉雅女士是美国公民，2012 年购置了一套公寓价值 80 万美元。莉雅支付了 20 万美元的首付，从她的姐姐那里借了 60 万美元用来支付所有房款。莉雅答应她姐姐每年支付给她 8% 的贷款利息，贷款期为 10 年，而且，10 年后还给姐姐公寓增值部分的 35% 作为酬谢。

分析： 因为莉雅的姐姐可以获得公寓增值的收益，所以她拥有的不仅是对贷款利息的权利，还有美国不动产产生的收入。这里莉雅的姐姐被认为持有美国不动产。

（二）持有美国不动产控股公司的股权构成持有美国不动产所有权

境外纳税人直接持有在美国境内成立的美国不动产控股公司（United States Real Property Holding Corporation，USRPHC）的股权时（任何比例），就构成持有美国不动产所有权[69]。从持有美国不动产控股公司股权之日起 5 年内，境外纳税人任何时候处置该股权所获得的收入都视为与美国境内经营活动有效相关收入，也就是应税收入。唯一例外的情形是，如果美国不动产控股公司在股票交易所挂牌交易，持股 5% 或以下的境外股东处置其股权时可免除缴纳美国所得税[70]。

美国不动产控股公司，又是个税法特殊定义的概念，指符合以下条件的美国境内股份有限公司：

1）该公司持有美国境内不动产所有权的市值等于或高于其持有的以下 3 类资产市值总和的 50%[71]（以下简称 50% 不动产测试）：

（1）美国境内不动产所有权；

（2）美国境外不动产所有权；

（3）其他用于经营活动的资产。

2）50%不动产测试必须在以下时点进行，一旦满足条件，该公司即成为美国不动产控股公司[72]：

（1）该公司纳税年度的最后一天；

（2）该公司收购美国境内不动产所有权的当日；

（3）该公司处置美国境外不动产所有权的当日，或者处置其他用于经营活动的资产的当日；

（4）该公司通过其他实体持有境内或境外不动产时，该其他实体进行上述“（2）”或“（3）”的交易日。

对美国境内公司进行50%不动产测试时，应全面考虑该公司持有美国境内或境外不动产所有权的各种方式，例如：

1）直接持有境内或境外不动产所有权[73]。

2）通过税负穿透体间接地按权益比例持有境内或境外不动产所有权[74]。

3）按任何比例持有的美国不动产控股公司的股权。需指出的是，纯粹以50%不动产测试为目的，当境外公司持有50%或以上美国境内不动产时，该境外公司也归为美国不动产控股公司，因为它持有的不动产在美国境内，它持有的美国境内或境外资产也应按股东持股比例往上穿透计入其股东的总资产中。但是，该境外公司的股权却不属于美国不动产所有权，因为该公司本身并不是美国境内公司，所以股东处置其股权时的收入不是有效相关收入[75]。

4）通过控股持有（按50%或以上股票市值）其他境内或境外股份有限公司而间接持有的不动产或其他经营活动资产[76]。这种情形下就会出现多层股份有限公司分级持股，甚至交叉持股的情形，每层公司既可以持有下一层公司的股权，也可以直接持有不动产。此时要判断某境内股份有限公司是否属于美国不动产控股公司，应按且只能按控股比例（非控股下层公司不予考虑）计算其持有的下层公司的美国境内或境外各类资产（其属性保持不变，如用于经营活动资产）的市值，而忽略股权比例所代表的价值。

【例13－7】 叶女士是新加坡公民，数年都没有在美国境内居留超过每年30天。2015年12月31日，叶女士持有一家非上市美国股份有限公司A的

100%股权。A公司又持有位于新加坡市中心的一栋价值400万美元的写字楼和另一家中国香港股份有限公司H的40%股权。H公司的唯一资产是美国纽约的一处物流仓储中心，价值1 250万美元。

分析： 判断A公司是否为美国不动产控股公司需要进行50%不动产测试。A公司直接持有境外不动产资产400万美元，通过H公司间接持有价值1 250万美元的境内不动产的40%。H公司虽然是中国香港公司，但它的全部资产都是美国境内资产，因此仅在做A公司50%不动产测试时，H公司也属于美国不动产控股公司，它持有的资产价值应按比例往上穿透到股东层面。所以A公司持有500万美元（1 250×40%）的美国境内资产，占全部资产的55.6%［500÷（400+500）×100%］。可见A公司是美国不动产控股公司，如果叶女士在2020年12月31日前出售A公司的全部或部分股权，其收入是有效相关收入，需要缴纳美国所得税。

【例13－8】 叶女士是新加坡公民，数年都没有在美国境内居留超过每年30天。2015年12月31日，叶女士持有一家美国股份有限公司A的100%股权。A公司资产包括美国纽约的一处物流仓储中心（价值1 250万美元）和美国股份有限公司B的25%股权。B公司是一家制造企业，厂房价值80万美元，机器设备和库存商品价值约200万美元。

分析： 显然B公司不是美国不动产控股公司，它的股权就不是美国不动产所有权，因此进行A公司50%不动产测试时，B公司的资产不需计算在内。那么A公司的全部资产就只是价值1 250万美元的美国境内不动产，所以A公司是美国不动产控股公司。如果叶女士在2020年12月31日前出售A公司股权，其收入是有效相关收入，需要缴纳美国所得税。

美国不动产控股公司可以在适当的时点自行进行50%不动产测试，并确定自己是否保持美国不动产控股公司的状态。如果50%不动产测试仅仅由于公司各项资产市值比率发生变化而未通过，那么该公司可以变为非美国不动产控股公司，而且可以在未来5年内保持这个状态，除非公司又进行了资产或股权的交易[77]。

当然，如果美国不动产控股公司将其此前5年内持有的（直接或间接）所有的美国不动产所有权都卖掉，那么该公司立即就不再是美国不动产控股公司。相反，如果该公司没有清光其美国不动产所有权，那么该公司还可能继续以美国不动产控股公司的身份存在，因为该身份应从确认的那天起5年内不得改变[78]。

三、境外公司持有美国不动产所有权

前文提到当境外公司处置其持有的美国不动产所有权时，取得的收入属于美国境内有效相关收入，是应税收入。

除此以外，对于境外公司而言，处置不仅代表出售，还包括公司清算时的分配或股票赎回（参阅第九章），也就是说，持有美国不动产所有权的境外公司做清算分配或股票赎回时，应针对美国不动产所有权确认资本利得，等于美国不动产所有权的市值减去其持有成本[79]。例外的情形是，如果境外公司的股东已承担因出售美国不动产所有权而产生的等额资本利得的境外国家纳税义务，那么该境外公司则不必再次纳税[80]。

这样一来，境外公司可能更愿意以美国境内公司的身份来处理税务事项。税法也确实给予了相关规定，即境外公司持有美国不动产所有权，并且在双边税收协定下可以享受最惠国待遇时，该境外公司可以通过书面选择成为税务上的“美国境内公司”[81]。

四、不动产投资信托基金的特殊规定

由于美国不动产投资信托基金（REIT）是 C 类股份有限公司的特殊形式，所以它也是美国不动产控股公司，它的境外股东也必须遵守上述同样的规定。但是，鉴于美国 REIT 的特殊性，税法给予它一些特殊的规定。

美国 REIT 向境外股东派发的资本利得股息全部来源于美国不动产所有权，是境外股东的美国境内有效相关收入[82]，也就是境外股东必须纳税的收入。然而，如果美国 REIT 在股票交易所挂牌交易，派息前 1 年内持股 10% 或以下的境外股东所获得的资本利得股息不视为来源于美国不动产所有权，仍为正常的股息分红[83]。美国 REIT 向境外股东派发的非资本利得股息仍按正常股息分红的规定处理。

如果美国 REIT 在股票交易所挂牌交易，持股 10% 或以下的境外股东处置其股权时不视为处置美国不动产所有权，可免除缴纳美国所得税[84]。

如果美国 REIT 的 50% 以上的股票市值由境内股东持有，那么该 REIT 就是境内股东控股（Domestically Controlled）的 REIT。境内股东控股的 REIT 可以是挂牌交易的 REIT，也可以是非公开交易的 REIT。境外股东处置任何比例的境内股东控股的 REIT 股权都不视为处置美国不动产所有权，可免除缴纳美国所得税[85]（涉嫌虚假交易 Wash Sale 的除外[86]）。此外，境内股东控股的 RE-IT 做清算分配或股票赎回时，该 REIT 应针对境外股东持有比例的美国不动产所有权确认资本利得，等于境外股东总体比例乘以美国不动产所有权的市值减去其持有成本后的数值[87]。

【例 13－9】 莉雅 REIT 是一家非公开交易的美国境内股东控股的 REIT。叶女士是新加坡公民，持有 12% 莉雅 REIT 的股权。2019 年 10 月，叶女士将 6% 的股权卖给一个中国香港公民。

分析：由于莉雅 REIT 是美国境内股东控股的 REIT，叶女士处置任何比例的股权都不会构成处置美国不动产所有权，也就不需要缴纳美国所得税。

【例 13－10】 接上例 13－9，假设莉雅 REIT 是一家公开交易的美国境外股东控股的 REIT。其他情形不变。

分析：首先莉雅 REIT 不是美国境内股东控股的 REIT，其次叶女士持股超过 10%，因此叶女士的股权构成了持有美国不动产所有权。她卖掉 6% 股权的收入属于美国境内有效相关收入，而且买方也是境外股东，所以叶女士此次交易产生的资本利得是应税收入。

五、1031 资产置换或公司重组时的特殊规定

为防止持有美国不动产所有权的境外股东通过 1031 资产置换或公司重组的方式来逃避所得税，税法特别规定参与 1031 资产置换的资产必须是美国不动产[88]。同样，如果公司重组导致境外股东的美国不动产所有权消失，那么此次重组交易对境外股东来说就是美国不动产所有权被卖出的交易[89]。

六、合规申报

尽管税法已经规定境外投资人持有美国不动产所有权时应该向国内收入局提供定期申报材料[90]，且规定了违规时的罚款要求[91]，但是国内收入局并未提供具体的操作方案来促成申报的完成。

另外，税法详细规定了境外投资人处置美国不动产所有权时应遵守的法

规，特别是通过代扣代缴所得税的方式将境外投资人的纳税义务锁定在交易过程中。

税法规定的总原则是，任何境外投资人（个人、股份有限公司或其他组织形式）直接出售美国不动产所有权时，买方应按交易金额的15%代扣代缴该境外投资人应缴纳的所得税[92]。代扣代缴所得税是买方应尽的义务，不能推脱，否则该所得税款项由买方完全承担[93]。

买方还必须在交易完成后20天内，通过向国内收入局提交境外投资人处置美国不动产所有权代扣代缴所得税表8288（见表13－7）和境外投资人处置美国不动产所有权代扣代缴所得税陈述声明表8288－A来完成申报程序并解缴税款[94]。如果卖方（境外投资人）在交易前向国内收入局提交了特别的扣缴税证书（参阅下文）有待批准，那么卖方应及时通知买方此情况，买方仍然应该按交易金额的15%预留所得税，但可以在收到国内收入局批复扣缴税证书后20天内再进行申报并解缴税款。

表13－7　境外投资人处置美国不动产所有权代扣代缴所得税表8288
（现行，2018年4月颁布）

Form 8288 (Rev. April 2018) Department of the Treasury Internal Revenue Service	U. S. Withholding Tax Return for Dispositions by Foreign Persons of U. S. Real Property Interests ▶Go to *www. irs. gov/Form*8288 for instructions and the latest information.	OMB No. 1545－0902

填报目的：提交美国不动产所有权的交易信息并代扣代缴境外投资人应承担的所得税。
填报人：购买美国不动产所有权的买方。

境外投资人处置美国不动产所有权代扣代缴所得税陈述声明表8288－A则是买方就代扣代缴义务完成而做的一份声明，其中体现买方和卖方的身份证明、地址、交易日期、金额和代扣代缴所得税金额等。该声明表一式三联，由国内收入局、卖方和买方分别留存。

当出现以下情形之一时，买方的代扣代缴义务即解除[95]：

1）卖方声明自己是美国境内投资人，提供纳税人识别号；

2）非公开交易的境内股份有限公司声明自己不是美国不动产控股公司；

3）买方收到合理合规的声明指出卖方已经与国内收入局就免税

或定额纳税达成一致，而且卖方已经完成缴纳；

4）买方购买的不动产为自住房屋并且交易金额不超过 30 万美元；

5）交易对象是公开交易的股票。

美国不动产所有权被境外投资人持有的方式多种多样，所以其交易的形式和境外投资人获益的方式也具有多样性，所涉及的代扣代缴所得税方式也随之变化。常见情形总结如下：

1）境内税负穿透体出售美国不动产所有权产生资本利得时，应对分摊给其境外投资人的部分做代扣代缴所得税；

2）境外股份有限公司出售美国不动产所有权并获得资本利得时，应按现行税率 21% 自行缴纳所得税；

3）美国不动产控股公司在清算或股票赎回程序中将美国不动产资产分配给境外投资人时，应按交易市值的 15% 代扣代缴所得税；

4）境内或境外税负穿透体将美国不动产所有权分配给境外合伙人（或受益人）时，应按该美国不动产所有权市值的 15% 代扣代缴所得税；

5）境外合伙人（或受益人）出售其税负穿透体权益并涉及美国不动产所有权，那么该权益的买方应按交易市值的 15% 代扣代缴所得税；

6）美国 REIT 派发资本利得股息时，应对分配给其境外投资人的部分代扣代缴所得税。

美国不动产投资信托基金和《外国投资美国不动产税法法案》是境外投资人涉足美国房地产或其他不动产投资时不可回避的课题，两者的结合使用也是投资税务筹划的必经之路。

本章参考文献

[1] IRC § 857 (b) (1).
[2] IRC § 856 (a), (b); Treas. Reg. § 1.856 -1 (b).
[3] IRC § 856 (h) (2).
[4] IRC § 856 (h) (1).
[5] IRC § 856 (c) (3).

[6] Treas. Reg. § 1. 856 – 10.

[7] IRC § 856 (c) (5) (C).

[8] Treas. Reg. § 1. 856 – 2 (c) (1).

[9] IRC § 856 (c) (5) (B).

[10] IRC § 856 (c) (5) (D).

[11] IRC § 856 (c) (2).

[12] IRC § 856 (c) (4).

[13] Treas. Reg. § 1. 856 – 3 (e).

[14] IRC § 856 (l) (1).

[15] IRC § 856 (i); Treas. Reg. § 1. 856 – 9.

[16] IRC § 856 (c) (4) (B) (iv).

[17] IRC § 857 (a); Treas. Reg. § 1. 857 – 1.

[18] IRC § 561; § 562 (c).

[19] IRC § 857 (b) (9).

[20] IRC § 858; Treas. Reg. § 1. 858 – 1.

[21] IRC § 565 (a); Treas. Reg. § 1. 565 – 1 (a).

[22] IRC § 565 (f); Treas. Reg. § 1. 565 – 6 (a).

[23] IRC § 565 (c); Treas. Reg. § 1. 565 – 3.

[24] Treas. Reg. § 1. 565 – 1 (b).

[25] IRC § 856 (c) (1).

[26] IRC § 859 (a) (1).

[27] U. S. Department of the Treasury, Internal Revenue Service, *Instructions for Form* 1120 – *REIT* (2021).

[28] IRC § 6081; Treas. Reg. § 1. 6081 – 3.

[29] IRC § 857 (b) (2).

[30] IRC § 857 (b) (1); Treas. Reg. § 1. 857 – 2.

[31] IRC § 857 (a); Treas. Reg. § 1. 857 – 1.

[32] IRC § 4981.

[33] IRC § 856 (d) (1) (A); Treas. Reg. § 1. 856 – 4 (a).

[34] IRC § 856 (d) (1) (B); Treas. Reg. § 1. 856 – 4 (b) (1).

[35] IRC § 856 (d) (3); Treas. Reg. § 1. 856 – 4 (b) (5).

[36] IRC § 856 (d) (1) (C); Treas. Reg. § 1. 856 – 4 (b) (2).

[37] IRC § 856 (d) (2) (A); Treas. Reg. § 1.856 – 4 (b) (3).

[38] IRC § 856 (d) (2) (B); Treas. Reg. § 1.856 – 4 (b) (4).

[39] IRC § 856 (d) (2) (C); § 856 (d) (7).

[40] IRC § 857 (b) (4); Treas. Reg. § 1.857 – 3.

[41] IRC § 856 (e); Treas. Reg. § 1.856 – 6.

[42] IRC § 857 (b) (6) (A); Treas. Reg. § 1.857 – 5 (a).

[43] IRC § 857 (b) (6) (B) (iii).

[44] IRC § 857 (b) (6) (C).

[45] IRC § 857 (b) (6) (G).

[46] IRC § 857 (b) (6) (H).

[47] IRC § 857 (b) (6) (D).

[48] IRC § 857 (b) (7).

[49] IRC § 857 (b) (5).

[50] IRC § 856 (g) (5).

[51] IRC § 856 (c) (7) (A).

[52] IRC § 856 (c) (7) (C).

[53] IRC § 856 (g) (5).

[54] IRC § 856 (c) (7) (B).

[55] IRC § 857 (c) (2); Treas. Reg. § 1.857 – 6 (a).

[56] IRC § 857 (c) (1); Treas. Reg. § 1.857 – 6 (d).

[57] IRC § 857 (b) (3) (A); Treas. Reg. § 1.857 – 6 (b).

[58] IRC § 857 (b) (3) (B); Treas. Reg. § 1.857 – 6 (f).

[59] IRC § 857 (b) (8).

[60] IRC § 199A (b) (1) (B).

[61] IRC § 163 (j) (7) (A) (ii); § 163 (j) (7) (B).

[62] Petkun, Lisa B. (1982) "The Foreign Investment in Real Property Act of 1980," *Penn State International Law Review*: Vol 1: No. 1, Article 2.

[63] IRC § 897 (a) (1); Treas. Reg. § 1.897 – 1 (a).

[64] IRC § 897 (a) (2).

[65] IRC § 897 (c) (1) (A) (i).

[66] IRC § 897 (g).

[67] IRC § 897 (c) (6) (B); Treas. Reg. § 1.897 – 1 (b).

[68] Treas. Reg. § 1. 897 –1 (d) (2).

[69] IRC § 897 (c) (1) (A) (ii).

[70] IRC § 897 (c) (3).

[71] IRC § 897 (c) (2); Treas. Reg. § 1. 897 –2 (b) (1).

[72] Treas. Reg. § 1. 897 –2 (c) (1).

[73] Treas. Reg. § 1. 897 –2 (d) (1), 2 (d) (2), 2 (d) (3).

[74] IRC § 897 (c) (4) (B); Treas. Reg. § 1. 897 –2 (d) (4).

[75] IRC § 897 (c) (4) (A); Treas. Reg. § 1. 897 –2 (e) (1).

[76] IRC § 897 (c) (5); Treas. Reg. § 1. 897 –2 (d) (5), 2 (e) (3).

[77] Treas. Reg. § 1. 897 –2 (f) (1).

[78] Treas. Reg. § 1. 897 –2 (f) (2).

[79] IRC § 897 (d) (1).

[80] IRC § 897 (d) (2).

[81] IRC § 897 (i); Treas. Reg. § 1. 897 –3.

[82] IRC § 897 (h) (1).

[83] IRC § 897 (k) (1) (B).

[84] IRC § 897 (k) (1) (A).

[85] IRC § 897 (h) (2).

[86] IRC § 897 (h) (5).

[87] IRC § 897 (h) (3).

[88] IRC § 897 (e) (1).

[89] IRC § 897 (e) (2).

[90] IRC § 6039C.

[91] IRC § 6652 (f).

[92] IRC § 1445 (a).

[93] Treas. Reg. § 1. 1445 –1 (e).

[94] Treas. Reg. § 1. 1445 –1 (c).

[95] IRC § 1445 (b); Treas. Reg. § 1. 1445 –2.

第十四章

石油天然气资源开采

石油和天然气资源属于自然资源的一部分，但其税法法规却特立独行。因为油气资源的勘探和开采不仅需要巨额的资本做后盾，而且对技术和生产要素的配置都有极高的要求，所以该行业的特殊性促使国会制定出专门针对油气资源开采的倾斜性的税法法规。

另外，美国油气资源的所有权也极具多样性。在世界多数国家，油气资源完全是国有资产。但是在美国，个人、机构或国家都可以拥有油气资源，与油气资源相关的其他生产要素的所有权也是多种多样。

本章阐述美国油气资源以及相关生产要素的资产权益划分、与资产权益相对应的收入确认以及油气资源开采的合作方式及其税务影响。

第一节　油气资源的所有权和收入种类

以石油和天然气资源为依托的产销过程包括开采、运输、精炼、石油化工和各类产品分销等环节，业界常常将其分为上游、中游和下游等三个工作活动阶段。上游工作活动（Upstream Activities）指油气资源的勘探、开采、资源收购和油田退役等活动，其结束点在开采出的油气被出售之时。下游工作活动（Downstream Activities）指精炼、石油化工及其产品分销（如加气站）等。介于上游和下游活动之间的工作环节，如原油或天然气运输等，就统称为中游工作活动（Midstream Activities）。专门为油气行业提供设备或产销服务的经营活动又单独被称为油服工作。从税务政策的角度出发，中游和下游工作活动和生产型企业的工作活动十分相似，油服工作则与其他服务型公司所从事的日常活动没有本质的差异，只有上游工作活动是油气行业独有的生产方式。

因此，本章重点介绍的是和上游工作活动相关的税法规定和特殊定义，以及油气行业特有的所有权结构。

一、美国油气资源的资产产权和开采权

美国油气资源以及相关资产的产权和开采权的划分通过各种契约或合同来完成，且有深远的法理基础，所以它更是法律范畴所涉及的内容。本书对产权和开采权稍作解释的原因在于，产权和开采权的划分和持有方式直接决定财税收入和成本的确认方法。理解这些资产权益的划分和持有方式是理解财税收入和成本确认的重要基础。以下简要阐述几种常见的产权和开采权的权益划分方式，以及同油气资源开采相关的重要财税概念。

在英美法系下，因为油气资源及其他矿产资源在开采前都蕴藏在土地之中，所以它们在开采前属于不动产（Real Property），而从地下开采出来之后才属于可动资产（Personal Property）。这种普遍的认可在众多的案例中得以体现和运用。

（一）不动产产权

在自然资源开采领域里，业界常常把对地表（即土地）和地下自然资源的所有权统称为不动产产权（Fee Interest）。在财产权法下，这个英文词的含义带有“永久性”地占有、拥有并世代相传的意思[1]。也就是说最初第一个购买一块从未被开发过的地块的人，他买下的是土地和地下资源所有的产权。而普通法系同时也认为，这个“全囊括”的不动产产权不仅可以被分割，而且可以被交换，所以“永久性拥有”被“长期性持有”替代。在油气行业的生产活动中，这个词汇也用于泛指对油气资源的各类权益。

（二）地表所有权

地表所有权（Surface Interest）指从整个不动产产权中分割出来的除了矿产所有权以外的所有权益，包括地表、各地层的产权和使用权，比如用于储存开采用水、利用地形地貌储存资源等权益。另外，矿产开采人获得开采权的同时也能获得地役权（Easement），即穿越或征用某块土地的权利，而地役权要优先于地表所有权。也就是说，从常理看开采权的实现必须有地役权做配合，否则开采权无法实现，所以地表所有权必须让位于地役权。实际操作中，购买矿产开采权的契约合同都会规定非常清晰明确的地役权，尽量避免和地表所有权的冲突。

（三）矿产所有权

矿产所有权（Mineral Interest）指对矿产的产权和地役权，就是在矿产所在地的土地上进行必要的开采活动以获得矿产的双重权益。如果只有矿产所有权而无地役权，那么矿产所有权就成为一纸空谈。

矿产所有权包括以下三层内容：

1. 矿产所有权包括享有收益的权利和支付费用的责任；

2. 矿产所有权包括出租该所有权下的油气资产或出售该所有权的权利；

3. 矿产所有权还包括出租该所有权下的油气资产或出售该所有权后所获得的收益[2]。

矿产所有权下的油气资产被出租时，立即产生另外两种权益：矿产开采权和矿区使用收费权。

（四）矿产开采权

矿产开采权（Leasehold Interest）指矿产开采人（承租方）通过与矿产所有权人（出租方）订立的租约，获得在一定租赁期内开采并出售矿产的权益。由于该权益必须通过租约获得，英文中使用了“租赁”一词。该权益的实质是承租方可以在矿区从事开采工作并从中获益，所以它又被称为“矿区工作权”（Working Interest）。

（五）矿区使用收费权

矿区使用收费权（Royalty Interest）指矿产所有权人把矿产开采权分割出来并出租给开采人时所应获得的收费权，它保证矿产所有权人从资源开采活动中应获得的利益。该收费权是一种非作业权益，就是没有参与开采决策或开采活动的权利。在油气行业，出租方可获得的矿区使用费（英文仍用同一个词汇 Royalty Interest）通常用油气产出量的百分比来核算，如1/8油气产出量是比较常见的矿区使用费标准。

美国的油气行业中还有一个概念称为“延伸的矿区使用费”（Overriding Royalty），是承租人从矿产开采权中分割出来的用于酬谢某些特定人群的费用，如油气开采租约促成人、地质勘探人、律师等参与并促成开采活动的各方。或者第一个承租人将矿产开采权转租给另一个承租人时，给自己留下的收取矿区使用费的权利。这些特殊人群获得的收费权是从矿区开采租赁协议下延伸出来的权益，因此它也会随着租赁协议的终止而终止。延伸的矿区使用费也用油气产出量的百分比来核算。

（六）净收益分配权

净收益分配权（Net Profit Interest）指矿产所有权人或其他专业人士能够获得的矿产开采后净收益分配的权利，它是开采人在租约中应允的收益分配方式。与矿区使用费不同的是，净收益分配权仅仅让获益方在开采人产生净收益的情形下才能获得分配，而不是从油气产出中按比例获得收益。可见如何计算净收益是租约各方都非常重视的问题。

（七）按产出支付

按产出支付（Production Payment）是矿权出租人等可获得的由开采人承

担支付责任的一种权益[3]。该支付责任通常按油气产出量来确定并设定产出价值上限，可以适用于多种交易安排，比如用于支付收购租约的价款或支付贷款利息和本金。由于油气的市场价格各地有所差异，此种付费方式下如何确定产出价值的上限就是核心问题。

（八）携带权益

携带权益（Carried Interest）指油气开采过程中约定由某一个或数个开采方承担超比例的开采成本的合作方式，该合作方式产生“携带权益”，由支付较少比例开采成本的参与方获得。参与方通常是开采人，但也可以是矿产所有权人。开采成本通常指下放油井套管之前所发生的打井成本，获得携带权益的参与方（“被携带人”）支付低于其开采租约权益比例的打井成本，但仍应按开采租约权益比例支付其他费用。在携带权益的协议下，不可获得携带权益的开采方（“携带人”）支付了超比例的“携带权益开采成本”，所以他们就可以先获得等于或高于该成本的收入，或同其他参与各方协商收入分配比例。

携带权益的实质是从油气资源开采租约中产生的一种成本和收入分摊方式，使某方获得特殊权益待遇，其他方则承担更多的打井付费责任。当然，更多责任承担方也就享有优先获利权。具有携带权益的契约充分体现了高风险高回报的投资规则。

二、获取经济效益权(Economic Interest)

在油气行业，获取经济效益权是一个极其重要的概念，且随处可见。这个概念首次出现于1933年最高法院的一个案例判决之中[4]，随后被正式引入法典细则，并多次在案例中运用，其定义和内涵得以不断完善。

获取经济效益权是油气开采活动的投资人所拥有的权益，它有三个必不可少的要素[5]：

1. 必须通过出资收购来获得指定矿区的某种权益。没有通过资本投入而获得的矿区生产分成仅仅是一种经济效益的短暂占有（Economic Advantage），并不代表获取经济效益权。

2. 具有获得矿区产出及其长期经济效益的权利。

3. 以寻求全部资本回收为目的。

油气生产各参与方签订的契约文件以及其法律效力范围决定各方是否具有获取经济效益权。当契约文件表述不清晰或开采活动出现新安排时，参与各方可能会对获取经济效益权的界定产生争议而对簿公堂。案例法确实为此提供了许多重要参考。

具备获取经济效益权是投资方或参与方可以进行投入成本折耗摊销的必要前提，绝对不能缺少。其次，在交易中是否保留获取经济效益权也是判断该交易人如何确定交易收入的指标。由于成本折耗对纳税人降低当期应纳税所得额十分重要，能否获得折耗摊销扣除常常成为争议的焦点。法庭通常从以下五个细分环节来判断获取经济效益权是否仍旧存在[6]：

1. 持有的从开采中获益的法律权限的深度或重要性；
2. 是否对矿产储量具有重大的控制力；
3. 在开采活动中的贡献和作用；
4. 承担开采活动失败风险的能力；
5. 与获得折耗摊销扣除相关的资源是否已经开采并出售等。

在本书后续章节对收入和成本扣除的阐述中，获取经济效益权会被频繁引用。

三、油气资源的单位矿储资产

联邦税法用 Property 这个英文词来表达投资人持有的处于独立地块（或租赁契约）下的独立矿产储藏的经济权益，可译为“矿储资产（权益）”。矿储资产（权益）的分割不仅取决于地块的独立性或矿产储藏的特质性，还取决于租赁契约所包含的不同内容和权益。矿储资产所有人具有获取经济效益权，体现在具有矿区工作权、矿区收费权（包括获取延伸的矿区使用费）、净收益分配权和获得按产出支付（非贷款性质）的权利。

比如在同一个契约下，或由同一个出租人在同一个时间点签订的不同契约下所转让的相连接的土地上的相同权益，可以看作是一个矿储资产。相反，不同出租人用不同契约转让的在相连接的土地上的地块权益，则被视为数个独立的矿储资产。当然，每个不同的契约权益又都对应一个独立的矿储资产。因此，实际操作中投资人往往将矿储资产再细分为“单位矿储资产”（Unit of Property），用来更加细致地将每单位资产对应到地块、储藏区以及租赁协议等要素上，简化矿储资产的区分过程[7]。单位矿储资产的区分在百分比折耗法的计算中尤为重要（参阅本章第二节）。

【例 14－1】 假设莉雅女士拥有一块土地和地下的油气资源。地质探测显示油气资源分处在 3 块不同的地层区域。

分析：在税法定义下，分处在 3 块不同的地层区域的油气资源属于 3 个独立的单位矿储资产。

【例 14－2】 假设莉雅女士在 A 处油气田地块自行打井开采，并通过租赁协议允许三英股份有限公司也在 A 处地块进行开采，租约为 15 年。莉雅女士可以从三英公司的开采中获得 1/8 的矿区使用费。

分析：在税法定义下，莉雅女士自行开采的井区构成一个单位矿储资产，三英公司开采的井区则构成另外一个单位矿储资产，其原因是参与方在两处矿储资产的权益结构是不一样的。

【例 14－3】 假设三英公司在同一块油田里打了 8 口井，但是这 8 口井的开采权是通过不同的租约协议获得的。

分析：在税法定义下，恰恰因为开采权是通过不同的租约协议获得，所以这 8 口井构成 8 个单位矿储资产。

【例 14－4】 假设莉雅女士在同一天从两个不同的所有权人那里收购了两个相邻的土地区块，获得全部不动产产权。探测表明两个区块下的油气资源属于同一个储藏区（油气层和质量都相同）。

分析：由于两个区块分别由不同的收购协议获得，即便是两者相邻且同属于一个油气储藏区，两者仍然是两个独立的单位矿储资产。

如此细分的单位矿储资产无疑会给收入和成本的核算带来大量复杂且重复的工作。为避免不必要的烦琐核算，税法规定了以下归集方式：

1. 在一整块土地区块上的因不同矿储资产而生成的不同矿区作业权，应该被自动归集为一个单位矿储资产下的权益，除非纳税人主动提出选择不同的归集方式[8]。矿区作业权（Operating Mineral Interests），其特定的税法定义是指能够让开采成本得以用百分比折耗法计算扣除的矿产开采权。广义地讲，拥有矿区作业权的纳税人还可以扣除其他生产期间发生的各类费用。前面提到的矿产开采权和矿区工作权，都属于矿区作业权，业界也时常将这些词汇互相替代使用。如果纳税人要对某些矿区作业权选择不同的归集方式（即构成不同的单位矿储资产），那么该纳税人必须在行使该矿区作业权且实施开采之后的第一次纳税申报时提出书面陈述，表明其选择的归集方式[9]。

2. 不同矿区非作业权（Non-operating Mineral Interests）的归集必须获得国内收入局的批准，批准的条件是纳税人不以逃避税款为目的。矿区非作业权一旦被批准归集，则不能随意取消该归集方式。在矿区收费权（包括收取延伸的矿区使用费）、净收益分配权和获得按产出支付（非贷款性质）等权利下，纳税人都不能使用百分比折耗法（参阅本章第二节），而且这些权益持有人也不承担其他油气生产费用，所以这些权益都是矿区非作业权。

3. 税法将各方对矿储资产的权益划分为矿区作业权和矿区非作业权，也是为了区分纳税人由此而产生的不同收入特性或应承担的不同税款种类。比如矿区作业权由承租人所有，税法规定它是用于经营活动的不动产[10]，所以交易矿区作业权就等于是买卖美国的不动产（参阅第十三章第二节）。再者，在矿区作业权下承租人支付雇员薪酬，因此也应负担雇用税。而矿区收费权虽然也是不动产[11]，但它不用于经营活动，其所有人也不承担包括薪酬在内的任何生产费用，所以它的所有人不必支付雇用税（或自雇税）[12]。

四、与油气资产权益挂钩的收入种类

油气资源上游开采是一项高风险、高投入和高回报的经营活动，参与方不能凭一己之力完成整条产业链的所有工作环节。因此，各方就依靠行规、契约和油气行业法规来聚集资金，促成开采活动的发生，并按契约规定分摊成本和收益。

毫无疑问，上游开采的收入最终都源于油气产出的总价值，也就是产出量和市场单位价值的乘积。这个总体收入通过不同的契约分到各参与方手中，从财务准则和税务法规的角度也就被划分为不同类别。

以下阐述的收入类别和记账方式是美国税法规定的内容，和财务准则会有一些差异。

（一）租约红利

租约红利（Lease Bonus）指承租人支付给矿产开采权出租人（也可以是签订首次租约的矿产所有权人）的用以获得矿产开采权的费用。租约红利也被称为预付矿区使用费（Advance Royalty），都是开采前支付。对于出租人来说，租约红利是获取经济效益权的体现，收取租约红利构成经营活动的应税收入。相应地，出租人可以对其获得租约的成本用成本折耗法来计算折耗[13]。收到租约红利时可以扣除的折耗按如下公式计算：

$$可扣除折耗=\frac{获得租约的成本（基数）}{（租约红利+全部预计矿区使用费）}\times 租约红利$$

【例 14－5】 假设乔先生以2.1万美元首次获得某块油田的开采权，随后他将开采权转租给莉雅公司，获得租约红利1万美元和1/8矿区使用费。根据测算，乔先生预计可获得总额为2万美元矿区使用费。

分析： 2.1万美元是获得租约的成本，乔先生获得租约红利时可以抵扣的折耗为7 000美元，计算如下。

$$\frac{21\ 000}{10\ 000+20\ 000}\times 10\ 000=7\ 000（美元）$$

支付租约红利的承租方应首先将其资本化，归入（矿产开采）租赁期成本，然后再计算折耗[14]。

（二）矿区使用费

矿区使用费是承租人（开采方）在油气成功开采并卖出获益后才支付给出租人的费用，所以它构成承租人的经营活动成本，而收取矿区使用费的出租人应将其确认为经营活动应税收入。相应地，出租人可以对其获得租约的成本进行折耗（主要用成本折耗法，少数情形可用百分比折耗法）。收取矿区使用费代表了出租人的获取经济效益权。

（三）按产出支付

按产出支付的方式主要用于两种交易结构下，交易双方在各交易结构下确认收入和成本的方式也有所不同：

1. 剥离出的按产出支付（Carved-out Production Payment）指矿产所有权人或开采人将未来的部分产出剥离出来，换取当下的资金需要。换句话说，就是未来油气产出的所有人为了获得眼前的资金，用一定比例的产出来回报资金提供者。由此可见，这种交易安排下的按产出支付实质上是支付一项贷款（油气产出量是贷款抵押物）的本金和利息。因此，剥离出的按产出支付不能代表获取经济效益权，资金提供者（贷款方）也就无权使用折耗方式来扣除其成本[15]。还应注意的是，如果开采方将获得的资金部分用于勘探和井区开发（而不是油气出产），那么这部分资金就不能是由油气产出量作为抵押的贷款，而应按照常规贷款处理[16]。

【例 14－6】 莉雅女士拥有在油气矿区 A 的开采权。2020 年，莉雅女士用矿区 A 的产量做抵押，从乔先生获得贷款资金 30 万美元，期限 3 年，用矿区 A 年产量的 50% 作担保偿还本金和利息，上限为 40 万美元。2021 年，矿区 A 总产出为价值 37.5 万美元的油气。

分析： 莉雅女士必须用产出的 50%，即 18.75 万美元来偿还利息和本金。假设当年利息为 4 万美元，那么本金即为 14.75 万美元。2021 年，莉雅女士应将 37.5 万美元确认为经营活动总收入，4 万美元确认为利息费用，并可以扣除其他和生产相关的费用。乔先生则应将 4 万美元确认为 2021 年的利息收入。

2. 保留权益的按产出支付（Retained Production Payment）又可以细分为两种情形：

（1）矿产所有权人或开采人（出租人）将开采权租赁给承租人，获得按产出支付的收益，并保留矿产所有权或开采权。此种交易方式下，出租人获得的按产出支付的收益属于租约红利，只不过是分期获得的[17]。

（2）矿产所有权人或开采人将开采权全部出售，获得按产出支付的（分期）收益，而矿产所有权或开采权由买方获得（保留）。由于卖方不再拥有所有权或开采权，按产出支付只是一种买卖交易后的支付方式，未支付的款项视同卖方给予买方的贷款[18]。

（四）延期租赁费

油气资源租赁协议中通常要规定开采起始的时间，如果开采人不能按时开采或需要将租约延期，就需要支付延期租赁费（Delay Rentals）。延期租赁费是收租人的经营活动收入，不能就其相应的费用进行折耗[19]。支付方则应先将其资本化，归集到租赁期成本之中再行折耗（参阅本章第二节），或选择直接费用化。

（五）上游开采销售收入

联邦税法对上游开采销售收入有非常严格的界定，就是开采出来的油气必须以井口价为计价标准立即销售或视同立即销售，并以此确定油气资源开采的销售收入。“上游开采销售收入”是英文 Gross Income from the Property 的意译，该英文词汇的直译是“从矿储资产中获取的总收入”，专指以井口价计量的油气产出价值。即便上游开采出的油气被运输到更远的地方才卖出，或经过其他精炼程序才最终出售，核算上游油气资源开采的销售收入仍需用井口价计量[20]。上游开采销售收入无疑代表着获取经济效益权，而它的概念对折耗的计算也非常重要（参阅本章第二节）。

（六）油气资产处置收入

广义的资产和资产处置收入已经在第五章予以阐述，油气资产处置收入的确定也遵循第五章阐述的总体规则。鉴于油气资产的勘探、开发等成本回收的特殊性，税法对部分特殊定义的油气资产的处置给予特殊规定。这部分内容在法典第 1254 条下，因此俗称“1254 油气资产”处置收入的确认。

税法狭义定义的 1254 油气资产是指 1986 年 12 月 31 日之后投入产出或使用的可适用于开采成本扣除、勘探开发成本摊销或折耗抵扣（各成本项的细述参阅本章第二节）的矿储资产及其所代表的权益[21]。更具体而言，狭义的 1254 油气资产就是指矿产开采权（又称矿区工作权）、矿区使用收费权以及开采使用的固定资产。

鉴于油气资产的使用权、开采权和获益权往往由各类契约来规定或分割，所以分析什么样的契约真正代表“处置”，即油气资产或资产权益的彻底出售或完全转移，就非常重要。税法规定以下交易或事件不能代表油气资产处置[22]：

1. 任何具有拆借性质的交易，比如直接用油气资产做抵押而贷款或剥离出的按产出支付的约定；

2. 放弃开采开发权（极少数情形除外）；

3. 出租或再次出租开采权；

4. 选择启动或终止 S 类小型股份有限公司（参阅第十一章）的纳税实体形式；

5. 任何以聚集资金为目的的安排（参阅本节“五、油气资源开采的特殊合作方式”内容）；

6. 按契约规定矿区作业权过期或重新恢复；

7. 按契约规定延伸的矿区使用收费权在一定的产出后转变成矿区作业权。

纳税人应参照上述七种交易或事件的特征，来决定 1254 油气资产处置是否真实发生。如果该处置确有发生，那么纳税人需计算 1254 油气资产处置应确认的日常经营活动收入和资本利得（具体计算方法和步骤参阅本章第二节）。

五、油气资源开采的特殊合作方式

油气资源开采是一个高投资、高风险和高回报的行业，参与方的最终目的都是从开采出的油气销售中获得期待的高收益。结合美国的财产私有制体制，由私人拥有的油气资源几乎不可能由某一个人或某一家企业独立实现开采。因此，油气上游开采业中就出现了各种合资开采、合资经营的方式，让各参与方都能聚合资金和技术，并获得各自应有的回报。

这一行业的特殊经营模式极大地推动了相关立法的发展，其中包括联邦和地方税法法规。下面简要介绍三个与合资经营模式直接相关的税法概念和规定。

（一）资本汇集

资本汇集也被形象地称为“资本池”（Pool of Capital）。这个概念最早起源于 1933 年最高法院对帕尔默案件的判决，并且奠定了针对油气开采合作经营方式的税法法理之核心[23]。国内收入局在 1941 年首席法律顾问办公室的一份内部备忘录中正式确认“资本池”的概念及其税务影响[24]。

在帕尔默案件中，最高法院分析了各参与方在油气开采生产中采用的共担责任的合作方式，最终指出：当各方以合作开发油气资产为目的且对该既定矿储资产持有获取经济效益权时，交易实质可以将该地下油气资产视作是各方资本投入的“蓄水池”。因此，当开采期内的各种权益被转手且权益转出人获得资金、设备或服务时，交易各方都不必立即确认应税收入。取而代之的税务结果是，各方都以不同的方式将资本投入共担风险、共担责任的开采活动之中，都获得应得的油气产出，都持有获取经济效益权。

在各种契约下的交易结果如被认定为是资本汇集，那么各参与方都可以将其投入视为资本投入，不必立即对任何所得确认为当期收入。应注意的是，国内收入局对以专业服务作为资本投入的做法做出更为严格的规定，因此分析此类交易也需要更严格把关。

（二）合资经营

合资经营是一种共同出资、共担责任的合作经营模式，可以在一个具体的法律实体下，如最常见的是以合伙企业为载体，也可以不在具体的法律实体下，而仅仅是靠契约把各参与方绑在一起组成一个联盟来完成某个项目。

但是从税法的角度出发，即使没有一个具体的法律实体存在，契约本身也可以是“税务认定的合伙企业”（Tax Partnership）。在税法原则下，一个合作联盟应按照一个独立的税务合伙企业来认定的重要原因就是参与各方以某个经营活动联合在一起，他们有共同的盈利目的，共担风险，而且共同的经营活动还可能使联合体产生新的价值。因此，分析联盟契约条款和实际经营活动的安排和结果就尤为重要。

如果契约本身造成税务认定的合伙企业得以存在，各参与方仍有权利选择“跳出”合伙企业的约束。选择的方式就是在第一份合伙企业的纳税申报中（表1065，参阅第十二章）明确声明各参与方都选择不按照合伙企业的形式存在，而且同意各方均各自核算经营活动产生的收益或亏损[25]。

（三）分享安排

当享有矿区作业权的承租人不能或不愿独立承担全部开采任务时，他们可以将全部或部分作业权用转租的形式“分享”给其他开采人，但留下矿区使用收费权或部分作业权。前面阐述的延伸的矿区使用收费权和携带权益都是在分享安排（Sharing Arrangement）下衍生出的权益和责任。

第二节　油气资源开采的成本回收

石油天然气在美国乃至全球的供求状况和能源消费结构，极大地影响了美国油气行业的税收政策。由美国核能源协会主导的一份跨期66年的调查报告显示，美国的税收优惠政策极大地刺激和促进了油气开发和生产，使油气开采和使用在能源生产和结构中占有极其重要的地位。美国石油和天然气的消费量占总能源消费量的比率从1920年的16%，增加到1970年的约71%，2016年该比率约为79%[26]。

除了直接的现金补贴和税款免除额度之外，美国联邦立法确定的最重要的税收优惠政策包括 3 项：钻井和开采期无形成本摊销、百分比折耗法以及生产商税务优惠抵免（此第 3 项已由 2017 年《减税与就业法案》取消）。本节重点阐述钻井和开采期无形成本摊销和百分比折耗法，以及油气开采阶段特殊的税务成本回收方式。

一、租赁期成本折耗

石油和天然气矿产是一种消耗能源，随着开采和使用会慢慢减少。油气开采则和其他生产型经营活动一样，以获得产出收入为目的。所不同的是，油气开采的生产过程中不仅要使用特殊的机器设备，而且要消耗特定的自然资源以换取收益。所以在油气开采行业，除设备折旧以外，资源折耗也是一项重要的成本回收方式。

只有对油气资源拥有获取经济效益权的纳税人才能够通过折耗来进行成本回收[27]。拥有获取经济效益权的纳税人如果通过合伙企业的方式进行投资和开发，折耗的计算应在合伙人（非合伙企业）的层面完成。如果 C 类股份有限公司拥有获取经济效益权，折耗的计算和扣除应在 C 类股份有限公司（非股东层面）完成。但是，如果纳税人通过某些契约完全出售了矿储资产及其开采权，而仍保留部分获取经济效益权时，该纳税人就不能再进行折耗[28]（现实中的情形实际上是该纳税人应该在出售矿储资产和开采权时已经收回所有成本，未来的收益是净收益）。

税法规定了两种折耗方法：成本折耗法和百分比折耗法。纳税人至少可以采用其中的一种方法计算折耗。如果税法允许纳税人采用任一个方法计算折耗，那么该纳税人可以采用两种方法下计算出的较高值作为当期的折耗[29]。税法对这两种计算折耗的方法给予了非常详细的规定和解释，并且限制了各方法的适用范围，如针对哪种自然资源或哪种权益所有人等。下面阐述的内容仅仅是关于油气资产上游开采作业中涉及的折耗计算和规定。

（一）成本折耗法

成本折耗法（Cost Depletion）也被形象地称为单位产出折耗（Unit Production Depletion）。该方法是用年度单位产出比率乘以可折耗的资产成本基数，计算出该年度的折耗值，计算公式为[30]：

$$\text{该年度成本折耗} = \frac{\text{可折耗的资产}}{\text{成本基数}} \times \frac{\text{该年度产出和销售量}}{\text{该年度年末储量} + \text{该年度产出和销售量}}$$

从计算公式可以看出，年度产出和销售量是最容易获得的数据，而准确地获得并使用资源总储量和可折耗的资产成本基数则需要遵循既定的规则，才能够使全行业中各纳税人的计算具有统一性和可比性，也才能够实现各纳税人计算的应纳税所得额具有公平公允的特性。

在成本折耗法中使用的储量值是探明储量（Proved Reserves）和概算储量（Probable Reserves）的合计，不包括可能开采的储量（Possible Reserves）。这个储量值在第一个纳税年度应予以合理的测算和确定[31]，在以后的年份里该数值不应随着油气资源市场评估价值的变化而变化[32]。然而，如果在以后的年份里探明储量或概算储量有实质性的变化，那么应该在确定变化的纳税年度内对储量进行增减调整。该储量调整会致使该年度（甚至以前年度的）成本折耗的计算结果与调整前结果不同，但纳税人不必因此而调整以前年份的成本折耗[33]。

业界和国内收入局对如何确定概算储量始终存在争议，为此国内收入局出台了一份税收执行程序，其条款规定在2004年3月8日之后截止的纳税年度内，纳税人可以选择使用一个“安全港”条款来避免概算储量，取而代之的是用探明储量的105%作为成本折耗法中使用的总储量[34]。

可折耗的资产成本基数的计量方法与第五章阐述的资产处置（出售）前的调整后持有成本基数的计量方法相同，即等于期初购置该资产的成本加上持有期应资本化的成本，再减去持有期的折耗[35]。

【例14-7】 三英股份有限公司2018年初购入油气田A区的开采权，支付现金20万美元，油气田A区的可开采储量为10万桶油气当量。三英公司立即进行开采作业，其油气开采和销售量如下计算表中所示。

分析： 假设该油气田A区的可开采储量保持不变，三英股份也未发生其他应资本化的费用，那么在2018年到2022年的成本折耗计算见表14-1。

表14-1　　2018年到2022年期间的成本折耗计算

年份	可折耗的资产成本基数（美元）（A=当期-D）	当年产出销售量（桶）（B）	期初储量（桶）（C=期初-B）	当年成本折耗（美元）（D=A×B÷C）
2018	200 000	13 500	100 000	27 000

续表

年份	可折耗的资产成本基数（美元）（A = 当期 - D）	当年产出销售量（桶）（B）	期初储量（桶）（C = 期初 - B）	当年成本折耗（美元）（D = A × B/C）
2019	173 000	8 000	86 500	16 000
2020	157 000	27 000	78 500	54 000
2021	103 000	24 500	51 500	49 000
2022	54 000	18 000	27 000	36 000

表 14 -1 中，C 列表示的是期初储量，等于期末储量加上当年的产出销售量。

如果在某个年份里发生了需要资本化的成本费用，那么 A 列中就应包含这部分成本；如果某年里储量有实质性变化，那么 C 列里的数值应做相应调整。

持有期内应资本化的成本全部统一归集为租赁期成本，可以在发生的年份里逐年逐项归集，增加可折耗的资产成本基数（上例 14 - 7 中 A 列的数值）。国内收入局规定以下各项费用应该先归集到租赁期成本科目，再逐年通过折耗进行摊销（所列费用仅为常见的重要项目）：

1. 对目标租赁区块的前期调研费用，包括地质研究费用和工程研究费用；
2. 收购开采区块前进行的地质勘探费用；
3. 从土地所有人那里获得租赁权所支付的租约红利和相当于租约红利的按产出支付；
4. 租赁契约签订和开采权转移所发生的律师费；
5. 获得矿区准入（地役权）而发生的律师费；
6. 购买已订立的租赁契约所发生的费用；
7. 为获取地质信息的钻井费用；
8. 通过采集地震数据获得油气储存或储藏量所发生的费用；
9. 各类合同撰写的律师费；
10. 为获得租赁契约而发生的差旅费；
11. 为获得租赁契约而发生的薪酬（仅包括和土地租赁相关的）；
12. 为确定矿区价值而发生的费用；
13. 延期租赁费；

14. 钻井和开采期无形成本（如不做特殊选择）。

在本章第一节租约红利的解释中，收取红利方也可以用成本折耗法计算其持有成本回收。需要注意的是，如果矿区尚未产出，开采租约就已经到期、被叫停或被取消，那么收取红利方应将已经计入折耗的部分重新以当期收入的形式入账，从而抵消了以往折耗对应纳税所得额的影响[36]。

（二）百分比折耗法

百分比折耗法（Percentage Depletion）与成本折耗法的最大区别是，前者不考虑租赁期成本，计算折耗时不依照可折耗的成本基数，而是按照油气产出销售收入的一定比率来计算折耗，并通过一系列的方式限制百分比折耗法的适用性或折耗上限。用百分比折耗法计算折耗的具体步骤详细而严格，纳税人对计算中使用的具体定义的理解应准确而透彻。

税法规定，从 1974 年 12 月 31 日之后开始的油气生产，独立油气生产商（Independent Producer）和矿区使用费收费人可以用百分比折耗法，而综合油气生产商则不能使用百分比折耗法。既从事开采又从事炼油生产（提炼厂每天平均提炼超过 7.5 万桶原油[37]）或油品零售（零售年总收入超过 500 万美元[38]）的纳税人，就是通常所说的综合油气生产商（Integrated Oil Company）。测算纳税人的炼油生产量或油品零售总额时，必须通盘考虑其关联方的产量和销售数据。此处的关联方指与纳税人有直接或间接持股（或被持）5% 或以上的参与方[39]，可见这个关联方衡量标准是非常容易达到的，也就是说可能有更多的参与方的生产或销售应该被囊括在测算中。

独立油气生产商和矿区使用费收费人可以用百分比折耗法，获得该纳税年度内油气产出销售收入 15% 的可扣除折耗[40]，但是实际扣除的折耗额还存在以下 3 个限制（虽然都是限制，但运用这些限制的计算顺序不能颠倒，其作用和影响后果亦有不同）：

1. 按单位矿储计算的油气产量限制。计算油气产出（单位矿储）销售收入时，境内原油（单位矿储）平均日产量不能超过可折耗原油量[41]；境内天然气（单位矿储）平均日产量不能超过平均日可折耗天然气量[42]。可见此项限制是从限制产量出发，从而对折耗额加以约束，而且要对原油和天然气单独进行核算。油气产出销售收入就是本章第一节里提到的上游开采销售收入，是以井口价为计价单位计算出的销售总收入。原油或天然气的平均日产量是指全年总产量平均分摊到当年的每一天，而如果纳税人仅持有部分获益权，则应再乘以其获益权的比率以获得平均日产量[43]。可折耗原油量（Depletable Oil Quantity）是一个特殊定义的词汇，指1 000桶（每桶等于42加仑[44]）原油产量减去当年平均日边际油气产量[45]。如果忽略平均日边际油气产量，可折耗原油量就是1 000桶，也就是说计算折耗时原油平均日产量不能超过1 000桶。平均日可折耗天然气量（Daily Depletable Natural Gas Quantity）指6 000立方英尺乘以该纳税人指定的可折耗原油量[46]。如果可折耗原油量为1 000桶，那么平均日可折耗天然气量就是600万立方英尺。

如果单位矿储平均日产量超过1 000桶可折耗量，则用下述公式计算受此限制的年折耗限额：

$$\frac{\text{受产量限制}}{\text{的年折耗额}} = \frac{\text{年油气产出}}{\text{销售收入的 }15\%} \times \frac{1\ 000\text{（桶）}}{\text{单位矿储平均日产量（桶）}}$$

上述公式中：

$$\text{年油气产出销售收入} = 365 \times \text{单位矿储平均日产量（桶）} \times \text{单价}$$

因此计算受产量限制的年折耗额度还可以转换为：

$$\text{受产量限制的年折耗额} = 365 \times 1\ 000\text{（桶）} \times \text{单价} \times 15\%$$

被产量限制住的额外的折耗部分不再进入下一步，即单位矿储应纳税所得额的限制的计算。

【例14－8】 莉雅女士是按公历年纳税申报。2020年，莉雅女士持有两块油气矿储资产的开采权，油田A当年产出10万桶，气田B当年产出12亿立方英尺天然气。

分析： 按照以下步骤的测算结果显示，莉雅女士的百分比折耗额度不受油气产量的限制。由于油田A和气田B是两块单位矿储资产，应分别测算。

第一步：油田A平均日产量为273.97桶（100 000÷365），小于1 000桶。

第二步：气田B的产量可换算为20万桶（120 000÷6 000），平均日产量为547.95桶，也小于1 000桶。

【例14－9】 莉雅女士是按公历年纳税申报。2020年，莉雅女士持有两块油田矿储资产的开采权。用百分比折耗法测算，油田A的折耗为10万美元，油田B的折耗为20万美元。莉雅女士2020年从两块油田获得的平均日产量总共为4 000桶。

分析： 已知两块油田平均日产量总共为4 000桶，所以应采用两块油田的加总日产上限额度2 000桶来计算限制折耗的比率。

油田 A 折耗上限为：100 000×2 000 ÷ 4 000 =50 000（美元）。

油田 B 折耗上限为：200 000×2 000 ÷ 4 000 =100 000（美元）。

【例 14 -10】 莉雅女士是按公历年纳税申报。2020 年，莉雅女士持有的气田产出 32.85 亿立方英尺天然气。

分析： 将年产量 32.85 亿立方英尺转换为按桶计量的平均日产量。

3 285 000 000 ÷6 000 ÷365 =1 500（桶）

由于平均日产量超过 1 000 桶，所以计算受产量限制的折耗为：

365 ×1 000 × 单价 ×15% =54 750 × 单价

2. 按单位矿储计算的应纳税所得额限制。单位矿储受产量限制的折耗继续和单位矿储的应纳税所得额进行比较，石油或天然气矿储的折耗不能超过各个矿储单位独立计算的应纳税所得额的 100%[47]。计算矿储单位独立的应纳税所得额时，可以包括各类合理的费用和亏损，但不应包括折耗扣除、资本化的税额以及未用现金实际支付的税额等。法庭案例和国内收入局的税收裁定表明，用于矿储资源投资的贷款利息、与生产相关的其他间接费用等应合理地分摊到各个矿储资产的生产活动当中，以期得到合理的单位矿储应纳税所得额。被应纳税所得额再次限制住的额外的折耗部分永久消失，被上述两个限制额度所限定的按各矿储资产计算的最高百分比折耗额也被称为“613A（c）折耗”。

【例 14 -11】 接上例 14 -9，假设 2020 年油田 A 和油田 B 的收入和支出项目汇总见表 14 -2。

表 14 -2　　油田 A 和油田 B 的收入和支出项目汇总　　单位：美元

	油田 A	油田 B
单位矿储净收入	88 000	193 000
分摊的利息费用	(20 000)	(30 000)
税额（现金支付）	—	(25 000)
税额（获州政府减免）	(10 000)	—
结转的累计净经营亏损	(15 000)	(48 000)
单位矿储应纳税所得额	53 000	90 000

分析：计算油田 A 的应纳税所得额时，获州政府减免的税额不应计算在内，油田 A 的应纳税所得额为 5.3 万美元，高于油田 A 的可计折耗上限 5 万美元。因此，油田 A 的 5 万美元折耗不再受到其应纳税所得额的限制。计算油田 B 的应纳税所得额时，所有费用和亏损项都可用于减少其应纳税所得额。油田 B 的应纳税所得额为 9 万美元，低于其可计折耗上限 10 万美元，因此油田 B 的折耗再次受到其应纳税所得额的限制，最终为 9 万美元。被限制住的 1 万美元折耗就永久消失了。

3. 纳税人应纳税所得额限制。各矿储资产的 613A（c）折耗总额还不能超过该纳税人该纳税年度内（经调整的）应纳税所得额的 65%（以下简称 65% 最高限额）。此处的应纳税所得额不包括折耗扣除、199A 合格经营收入扣除（参阅第三章第二节）、未来累计净经营亏损的结转回来（参阅第四章第一节）、未来累计资本亏损结转回来（参阅第五章第二节）等[48]。

（三）当期折耗二选一和结转不可扣除的折耗

按成本折耗法或百分比折耗法计算的折耗均按单位矿储资产进行，并且单位矿储可折耗的额度应取两者中的较高值，而 65% 最高限额针对的仅仅是 613A（c）折耗总额，不针对成本折耗，因此 65% 最高限额就需要重新分摊到受限的单位矿储资产中，超额折耗结转额也因此发生变化。

为了确定单位矿储可扣除的折耗，应先按各矿储资产的 613A（c）折耗占 613A（c）总折耗的比率，将 65% 最高限额分配到各矿储资产，得到各矿储资产 65% 最高限额下的 613A（c）折耗。然后对比各矿储资产 65% 最高限额下的 613A（c）折耗和该矿储资产成本折耗额，取两者中的较高值为当年的该矿储资产折耗。如果某矿储资产的成本折耗被采用，那么该矿储资产就不应参与对 65% 最高限额的重新分配。重新分配的比率按采用 613A（c）折耗额的矿储资产来计算。

各矿储资产的 613A（c）折耗减去其该纳税年度可扣除的折耗就是不可扣除的折耗。不可扣除的折耗可以结转到下一年，和下一年的 613A（c）折耗加总后再与应纳税所得额 65% 进行对比[49]。

【例 14 – 12】　莉雅女士 2020 年应纳税所得额（折耗扣除前）为 100 万美元，她从 3 块油田的开采活动中获得数据见表 14 – 3。

表 14－3　　折耗数据　　单位：万美元

	油田 A	油田 B	油田 C	总额
613A（c）折耗	60	90	50	200
成本折耗	40	—	10	50

分析：该年应纳税所得额为 100 万美元致使莉雅女士 2020 年可扣除的 613A（c）折耗不能超过65 万美元。莉雅女士应按以下步骤将这65 万美元分配到各矿储资产中（见表 14－4）。

表 14－4　　折耗分配

	油田 A	油田 B	油田 C	总额
第一步：				
各矿储资产 613A（c）折耗所占比率（a）	30%	45%	25%	100%
将 65% 最高限额分配到各矿储资产（b = a × 65）/万美元	19.5	29.25	16.25	65
对比成本折耗/万美元	40	—	10	50
油田 A 以成本折耗计量，不采用 613A（c）折耗				
第二步：				
油田 B 和油田 C 重新分配 65% 最高限额的比率	不参与	90/140	50/140	100%
油田 B 和油田 C 重新分配 65% 最高限额/万美元	不参与	41.79	23.21	65
各矿储资产 2020 年的可扣除折耗额（c）	40	41.79	23.21	105
第三步：				
对比 613A（c）折耗（d）/万美元	60	90	50	200
结转不可扣除的折耗额（e = d − c）/万美元	20	48.21	26.79	95

分配到各油田的不可扣除的折耗 95 万美元应归集到 2021 年的 613A（c）折耗中，和 2021 年当年的 613A（c）折耗加总后再进行测算。

二、资源勘探费

资源勘探费（Geological and Geophysical Costs）是矿区作业人采集地质和

地球物理数据并用以判断油气资源储量的费用。资源勘探费的影响和作用是长期的，因此税法规定资源勘探费应先资本化，再行摊销。从资源勘探费支出的那一天起，矿区作业人可以在24个月内将其摊销完毕。但因为计算摊销的方法要求从费用支付年的中间点开始计算摊销，所以某一笔资源勘探费实际上要在3个纳税年度内摊销完毕。如果在摊销期内某块矿区退役或被弃置，摊销应继续按常规进行，而不能将未摊销完的部分一次性立即费用化[50]。

对于大型综合石油生产商来说，2007年之后发生的资源勘探费应按7年来摊销。大型综合石油生产商指全世界每日原油平均产量高于50万桶，以2005年的任何一天为纳税年度截止日所核算的年度总收入超过10亿美元，且持有某炼油厂至少15%的股权[51]。

同一时期发生在整片土地或同一个项目上的资源勘探费，应该平均分摊到可开采的矿区上，还可以按面积再细分到每个可开采的矿储资产上[52]。将勘探费进行分摊的目的是更加准确地核算每项油气资产的持有成本和成本回收情况。

纳税人收购某矿区或矿储资产的作业权时，如果收购交易的价款中已经包含卖方发生的资源勘探费，那么买方纳税人不应将其从整个收购款中分离出来，而是应该将其留在租赁期成本当中再行折耗[53]。

【例14－13】 2020年上半年，三英股份有限公司的油气勘探团队对一片土地进行了油层地质勘探，发现3块有开采价值的油气田，共计发生费用9万美元。2020年下半年，三英公司签订了2份矿区开采租约，租约所跨地域均在第一块油气田内。租约A面积40英亩，三英公司获得25%开采权；租约B面积10英亩，三英公司获得50%开采权。三英公司计划下一年再决定是否租赁另外两块油气田的开采权。三英公司按公历年进行纳税申报。

分析：首先，9万美元的资源勘探费应平均分摊到3块有开采价值的油气田，每块3万美元。其次，由于第一块油气田中产生了两个租约，3万美元还可以再分摊到各个租约所代表的矿储资产上，可参照的分摊计算方法见表14－5。

表14－5　　资源勘探费的分摊计算方法

	总面积	开采权	净开采面积	分摊比率	分摊的勘探费/美元
租约A	40	25%	10	2/3	20 000
租约B	10	50%	5	1/3	10 000

三英公司的纳税年度是公历年，所以2020年发生的资源勘探费应从7月1日起摊销，当年摊销期为6个月，占整个摊销期的25%。因此，2020年租约A的勘探费摊销为5 000美元（20 000×25%），租约B的勘探费摊销为2 500美元（10 000×25%）。

三、钻井和开采期无形成本

具有矿区开采权（或工作权）的油气生产商在钻井和井区开发阶段投入的大量人力、物力统称为开发成本。开发成本可以分为两大类：

1. 可折旧的机器设备和让这些机器设备正常运转所不可或缺的人工费、燃料费或其他相关费用。纳税人不能选择这些费用的归集方式，它们属于固定资产的投入，通过折旧实现成本回收[54]，其折旧规则与第三章第二节所阐述的内容一致。

2. 钻井和开采期无形成本（Intangible Drilling and Development Costs）指在钻井和井区开发阶段发生的、没有剩余价值的投入[55]。纳税人应将钻井和开采期无形成本归集为两个类别：一类是资本化后通过折耗来进行成本回收，比如平整井区地面、建立排水系统、铺路、调研、评级、清理井口等[56]；另一类是资本化后通过折旧来进行成本回收，它们是和准备井区的机器设备相关的成本，如人工费、燃料费、修理费、吊装和备用小部件等[57]。这些投入即便通过和第三方签订承包合同而发生，拥有矿区工作权的纳税人仍然可以照此规则进行归集和成本回收[58]。

税法特别订立条款允许财政部和国内收入局制定特别的规则优待处理钻井和开采期无形成本（100%一次性费用化）[59]，因此它是税收优惠项[60]。关于钻井和开采期无形成本的优惠税务处理方式及其个别限制性规定如下：

> 1）拥有矿区工作权的纳税人可以在其首次纳税申报时将全部钻井和开采期无形成本一次性费用化，不需要进行其他任何选择申请或特殊书面说明[61]。但是，如果纳税人不对钻井和开采期无形成本作全部费用化处理，则视同该纳税人将其全部资本化，分别按照可折旧和可折耗的资产来处理。这个首次纳税申报的账务处理非常重要，因为它将影响到日后全部钻井和开采期无形成本的处理方式[62]。
>
> 2）拥有矿区工作权的纳税人在其首次纳税申报时将全部钻井和

开采期无形成本一次性费用化后，仍可以在日后各年度内选择将钻井和开采期无形成本部分资本化。即使纳税人选择了将全部或部分成本资本化，仍可以选择将干井成本一次性费用化，确认为当期的经营活动费用。此选择是额外独立的选择，不受其他选择影响[63]。

3）具有矿区工作权的纳税人还可以选择将钻井和开采期无形成本全部资本化，然后按60个月进行摊销。如果纳税人遵照此规则，那么该成本回收的税收优惠性质消失[64]。

4）最后，综合油气生产商每年最多可以直接费用化70%的钻井和开采期无形成本，其余30%应资本化后按60个月进行摊销[65]。

【例14－14】 莉雅女士拥有油田A的开采权，是公历年纳税人。油田开发从2019年开始，莉雅女士通过一个承包公司进行打井和开采准备工作，共计发生钻井和开采期无形成本40万美元，该成本和井区设备相关的部分为8万美元（其中6万美元是设备实物的成本，2万美元是相关的钻井和开采期无形成本），32万美元是与井区设备毫不相关的钻井和开采期无形成本。莉雅女士在2019年纳税申报时，没有扣除全部钻井和开采期无形成本40万美元（疏忽导致）。

分析：2019年是莉雅女士首次对油田开发的活动进行纳税申报，但是由于她没有选择直接扣除钻井和开采期无形成本，该成本应分摊到可折旧的固定资产账户8万美元，再按折旧年限折旧；可折耗的租赁期内成本账户32万美元，再按成本法或百分比折耗法进行折耗。

【例14－15】 三英股份有限公司是综合油气生产商，按公历年纳税申报。三英公司2018年到2020年间的钻井和开采期无形成本如下表所示。

分析：三英公司每年可以直接费用化的钻井和开采期无形成本是70%，剩余的30%资本化后分5年摊销见表14－6（假设钻井和开采期无形成本均衡地在各个月份中发生）。

表14－6　　5年摊销额　　单位：万美元

钻井和开采期无形成本年度总额	70%直接费用化	30%资本化	2018年摊销	2019年摊销	2020年摊销
2018年100	70	30	6	6	6

续表

钻井和开采期无形成本年度总额	70% 直接费用化	30% 资本化	2018 年摊销	2019 年摊销	2020 年摊销
2019 年 200	140	60	—	12	12
2020 年 300	210	90	—	—	18
各年摊销总额			6	18	36
各年扣除总额**			76	158	246

注：各年扣除总额** = 各年摊销总额 + 各年 70% 直接费用化的部分。

由例 14 – 15 可以比较直观地看出，钻井和开采期无形成本实际上能够非常快速地回收，这样的税务处理方式致使开采期的应纳税所得额常常为负值，从而使得纳税人不必在此期间缴纳税款。

四、油田退役责任

美国会计准则和国际会计准则都要求油气开采人在财务报表中体现油田退役责任（Asset Restoration Obligation）。油田退役责任是指纳税人在油气井区完成开采后履行将井区恢复原状之责任。为履行该责任所要花费的预计成本，应将其反映在资产负债表上。

但是，从税法的角度看该责任所对应的成本是预测的，还并未实际发生，“经济表现”并未实现。因此，税法规定与此责任相关的财务预测费用不能认定为税务扣除项。

当然，如果发生井口填埋或彻底确认为干井并放弃继续开采，那么与该口井相关的所有持有成本余额都可以立即确认为经营活动的费用[66]。

五、其他经营活动费用

与租赁期成本或钻井和开采期无形成本相比，油气开采期间发生的其他费用几乎微不足道。重要的是怎样划分这些费用的类别。

其他经营活动费用是指井区内从井筒完备后可出产油气之时起发生的各项费用，以及此前发生的部分间接费用（如日常管理费的分摊）。井筒完备的显著指征是架起了“圣诞树”，“圣诞树”是对阀门和配件组装的形象描述，用于油气流体控制并接入油管采集油气。

国内收入局在油气行业的指导文件中对租赁期成本、钻井和开采期无形成本和其他经营活动费用提供了较为详尽的细分科目。

六、油气资产持有成本及资产处置

尽管油气资产处置的税法原理和其他资产一致（参阅第五章），但是因为税法给予油气资产特殊的成本回收机制，所以税法对它们的处置也做出相应的特殊规定。关于油气资产处置的特殊规定在法典第 1254 条下，因此也俗称为 1254 油气资产的处置。

1254 油气资产指从 1986 年 12 月 31 日之后用于经营活动的矿储资产，并且纳税人已采用折耗的方式回收其成本[67]，或钻井和开采期无形成本摊销已经产生。1254 油气资产折耗应减少其持有成本。由此定义可见，用于油气开发开采的机器设备不属于 1254 油气资产，而仍然是 1245 固定资产（参阅第五章）；未开发的矿储资产（Undeveloped Property）也不是 1254 油气资产。

1254 油气资产成本回收额（1254 Costs）指 1986 年 12 月 31 日之后扣除的折耗及钻井和开采期无形成本的摊销[68]。如果钻井和开采期无形成本被部分资本化，其已摊销的金额也相应地视为当年的 1254 油气资产成本回收额[69]，尚未摊销的部分构成矿储资产的持有成本。核算 1254 油气资产成本回收额的主要目的是实现对已享受税收利益的夺回。

处置 1254 油气资产时，应按照以下方式确认各类收入[70]：

1）比较 1254 油气资产成本回收额与处置净收入（即处置总收入减去 1254 油气资产的持有成本），两者的较小值为日常经营活动收入。此规定迫使纳税人先将原已经扣除的 1254 油气资产成本回收额确认为经营活动收入，也就是实现对已享受税收利益的夺回。

2）如果处置净收入高于 1254 油气资产成本回收额，那么高出的部分属于资本利得，其性质是 1231 资产处置利得（参阅第五章第二节）。

【例 14－16】 接上例 14－15，三英公司于 2021 年 1 月 1 日将该油田出售。该油田的租赁期成本为300万美元，截至2020年底累计折耗为220万美元。假设两个不同售价的情形见表14－7。

表14－7　两个不同售价的情形　单位：万美元

	假设1	假设2
油田处置总收入（a）	950	700
租赁期成本（b）	300	300
累计折耗（c）	（220）	（220）
钻井和开采期无形成本（d）	600	600
钻井和开采期无形成本累计摊销（e）	（480）	（480）
油田持有成本（f=b+c+d+e）	200	200
处置净收入（g=a－f）	750	500
1245油气资产成本回收额（经营活动收入h，取c+e绝对值或g的较小值）	700	500
资本利得（1231资本利得）（i=g－h，不能为负数）	50	—

油气行业中存在大量以合伙企业和S类股份有限公司为纳税实体的经营方式，所以纳税人还必须将油气行业的特殊性和纳税实体结合起来分析和规划。

本章参考文献

[1] John S. Lowe. *Oil and Gas Law in A Nutshell* (5th *Edition*). Thomson Reuters, 2009.

[2] *Ibid.*

[3] Treas. Reg. § 1.636－3 (a).

[4] *Palmer v. Bender*, 287 U.S. 551 (1933).

[5] Treas. Reg. § 1.611－1 (b).

[6] Baer, 605－2nd T. M., *Oil and Gas Transactions.*

[7] IRC § 614 (a); Treas. Reg. § 1.614－1.

[8] IRC § 614 (b); Treas. Reg. § 1.614－8.

[9] IRC § 614 (b) (4); Treas. Reg. § 1.614 – 8 (a) (3).

[10] U. S. Department of the Treasury, Internal Revenue Service, Rev. Rul. 68 – 226, 1968 – 1 C. B. 324.

[11] U. S. Department of the Treasury, Internal Revenue Service, Rev. Rul. 73 – 428, 1973 – 2 C. B. 303.

[12] U. S. Department of the Treasury, Internal Revenue Service, Rev. Rul. 69 – 355, 1969 – 1 C. B. 65.

[13] Treas. Reg. § 1.612 – 3 (a) (1).

[14] Treas. Reg. § 1.612 – 3 (a) (3).

[15] IRC § 636 (a); Treas. Reg. § 1.636 – 1 (a).

[16] Treas. Reg. § 1.636 – 1 (b).

[17] IRC § 636 (c); Treas. Reg. § 1.636 – 2.

[18] IRC § 636 (b).

[19] Treas. Reg. § 1.612 – 3 (c) (2).

[20] Treas. Reg. § 1.613 – 3.

[21] IRC § 1254 (a) (3); Treas. Reg. § 1.1254 – 1 (b) (2) (ii).

[22] IRC § 1254 (a) (2); Treas. Reg. § 1.1254 – 1 (b) (3).

[23] *Palmer v. Bender*, 287 U. S. 551 (1933).

[24] G. C. M. 22730, 1941 – 1 C. B. 214.

[25] Treas. Reg. § 1.761 – 2 (a).

[26] The Nuclear Energy Institute, *Two Thirds of a Century and $1 Trillion + U. S. Energy Incentives: Analysis of Federal Expenditures for Energy Development*, 1950 – 2016, Washington, DC: May 2017.

[27] Treas. Reg. § 1.611 – 1 (b) (1).

[28] Treas. Reg. § 1.611 – 1 (b) (2).

[29] Treas. Reg. § 1.611 – 1 (a) (1).

[30] Treas. Reg. § 1.611 – 2 (a) (1), (2), and (3).

[31] Treas. Reg. § 1.611 – 2 (c) (1).

[32] Treas. Reg. § 1.611 – 2 (f).

[33] Treas. Reg. § 1.611 – 2 (c) (2).

[34] U. S. Department of the Treasury, Internal Revenue Service, Rev. Proc. 2004 – 19.

[35] IRC § 612; Treas. Reg. § 1.612-1 (a).

[36] Treas. Reg. § 1.612-3 (a) (1).

[37] IRC § 613A (d) (4).

[38] IRC § 613A (d) (2).

[39] IRC § 613A (d) (3).

[40] IRC § 613A (c) (1).

[41] IRC § 613A (c) (1) (A); Treas. Reg. § 1.613A-3 (a) (2) (i).

[42] IRC § 613A (c) (1) (B); Treas. Reg. § 1.613A-3 (a) (2) (ii).

[43] IRC § 613A (c) (2); Treas. Reg. § 1.613A-7 (f).

[44] Treas. Reg. § 1.613A-7 (j).

[45] IRC § 613A (c) (3); Treas. Reg. § 1.613A-7 (h).

[46] IRC § 613A (c) (4); Treas. Reg. § 1.613A-7 (i).

[47] IRC § 613 (a); Treas. Reg. § 1.613-5 (a), 5 (c).

[48] IRC § 613A (d) (1).

[49] Treas. Reg. § 1.613A-4 (a) (1), 1.613A-7 (q).

[50] IRC § 167 (h) (1), (2), (3), and (4).

[51] IRC § 167 (h) (5).

[52] U. S. Department of the Treasury, Internal Revenue Service, Rev. Rul. 77-188.

[53] *Ibid.*

[54] Treas. Reg. § 1.612-4 (c) (1).

[55] Treas. Reg. § 1.612-4 (a) (1).

[56] Treas. Reg. § 1.612-4 (b) (1).

[57] Treas. Reg. § 1.612-4 (b) (2).

[58] Treas. Reg. § 1.612-4 (b) (3).

[59] IRC § 263 (c).

[60] IRC § 57 (a) (2).

[61] Treas. Reg. § 1.612-4 (d).

[62] Treas. Reg. § 1.612-4 (e).

[63] Treas. Reg. § 1.612-4 (b) (4).

[64] IRC § 59 (e).

[65] IRC § 291 (b).

[66] Treas. Reg. § 1.165 – 1 (b).

[67] IRC § 1254 (a) (3); Treas. Reg. § 1.1254 – 1 (b) (2) (ii).

[68] IRC § 1254 (a) (1) (A); Treas. Reg. § 1.1254 – 1 (b) (1) (i).

[69] IRC § 59 (e) (5); Treas. Reg. § 1.1254 – 1 (b) (1) (iii).

[70] IRC § 1254 (a) (1); Treas. Reg. § 1.1254 – 1 (a).

第十五章

遗产和赠与

美国国会围绕私有财产的转移问题制定了两个方面的征税体系，其一是所得税（参阅第五章），其二是财产转移税（Transfer Tax）。财产转移税产生的基础是私有财产以生前赠与或死后遗赠（遗产）的形式转移给其他人享用，而长久以来信托是私有财产转移的重要工具。

本章重点介绍联邦财产转移税的三种征税形式、信托的种类和纳税影响以及信托和遗产纳税体的所得税义务。

第一节 联邦政府对私有财产转移的纳税规定

以尊重财产私有权为特征的征税制度和体系主要隶属于美国地方政府的财政治理权限，比如按照财产市值征收的财产税（Property Tax）和针对财产买卖或转让而征收的财产转让税（Transfer Tax）等，分别在美国各州的税收政策和制度中有所体现。而在联邦政府层面，国会立法对私有财产的生前赠与或死后遗赠实施征税权，其法理基础虽有争议，却也由来已久。

《1976年税改法案》对历史上常用的死后遗赠征税制（俗称“死者之税”，Death Tax）进行了改革，建立了美国联邦政府采用的统一联合征税体系，实施统一联合的税款抵免额（Unified Credit），奠定了现行美国联邦财产转移税制的基础[1]。

私有财产转移的统一联合征税体系由三个部分组成，即遗产税、赠与税和跨代财产转移税，其最大特点是将不同形式或不同时点的私有财产转移共性化、统一化，在实质高于形式的原则下，把形形色色的财产转移抽象化后归类为生前赠与、死后遗赠或跨代财产转移，再用统一的税收政策予以征税。

本节介绍的统一联合征税体系下的规定，适用于美国公民和有美国居所（Domicile）的个人。美国居所指永久的依存或归属之地，是美国赠与税和遗产税下的特殊用词。有美国居所的个人不同于所得税规定中的美国税收居民（Resident）概念，但两者又有密切的联系，并且常常混用。判定某人是否有“美国居所”时，主观因素不可避免，所以法庭认为应该考虑数个因素的集体指向，例如：是否持有美国绿卡、官方记录中留美的意图、美国境内居留时间、经营活动和财产所在地、家庭成员背景和移民现状、境内和境外的生活状态以及同居住地的法律和社会关系等。

一、统一联合的税款抵免额

《1976年税改法案》规定，对于纳税人的生前赠与（Gift）和死后遗赠（Bequest）采用统一的财产转移税累进征收税率，且两者均可使用统一联合的税款抵免额。从私有财产转移的实质出发，死后遗赠可以视同纳税人一生中的最后一次赠与，其结果同样是将财产的所有权给予他人，所以生前赠与和死后遗赠具有极大的共性，将两者纳入统一的征税体系也更为公平合理。

统一联合征税体系建立后，累进的征收税率和统一联合的税款抵免额却经历过数番变化。自 2012 年起执行的法规要求美国公民和有美国居所的个人发生生前赠与或死后遗赠私有财产的行为时，应履行其纳税义务[2]，征收税率按财产价值的高低采用累进制，财产价值低于 1 万美元时按 18% 征收，逐步累进到财产价值高于 100 万美元时按 40% 征收[3]。联邦税法还规定，统一联合的税款抵免额根据免征额和适用的税率计算而来，用于减少某纳税人一生中全部的应纳税赠与或遗赠所产生的税款。税法规定免征额最低为 500 万美元。而在 2017 年 12 月 31 日到 2026 年 1 月 1 日之间发生的赠与或遗赠，免征额暂定为 1 000 万美元[4]。该额度还可按通货膨胀逐年调整，比如 2020 年、2021 年和 2022 年该额度分别为 1 158 万美元、1 170 万美元和 1 206 万美元[5]。

免征额是给予每一位纳税人的可用额度，某纳税人过世时未用完的额度亦可由其在世配偶继续使用（应满足某些具体申报程序的要求，参阅本章第二节）。

二、遗产税

遗产税（Estate Tax）指纳税人过世后联邦政府对其遗产转移给他人而征收的税款[6]。征收遗产税时，联邦税法将纳税人划分为美国公民或有美国居所的个人以及非美国公民或无美国居所的个人等两大类型，制定不同的政策区别对待其遗产税的征税基础。

（一）美国公民或有美国居所的个人的遗产税征税基础

对于美国公民或有美国居所的个人而言，其遗产税的征税基础为应税遗产（Taxable Estate）。应税遗产等于纳税人的全部遗产总额减去可以扣除的部分[7]。纳税人的全部遗产总额（Gross Estate）指其过世时的全部私有财产，包括遍布全世界任何地方的不动产、动产、有形资产或无形资产等，所有财产按照其市值计量[8]。[作者注：本章还出现了另一个概念“遗产纳税体”（Estate）。遗产纳税体是为逝者承担其过世后全部遗产（遗赠前）产生的所得税的载体，有义务申报所得税。参阅本章第二节。]

表 15－1 概括列示全部遗产总额及其重要的识别特征和计算应税遗产的可扣除项等：

表 15－1　　全部遗产总额及其重要的识别特征和计算应税遗产的可扣除项

全部遗产总额及其重要识别特征	可扣除项
美国公民或有美国居所的个人过世时，按市值计算的其所有遍布全世界任何地方的不动产、动产、有形资产或无形资产都纳入其全部遗产总额。 全部遗产总额还包括具有以下特征的财产： 1. 其在世配偶所有的财产； 2. 部分其过世前 3 年内赠与的财产（如符合特定条件）； 3. 其保留生前权益的已转让财产； 4. 其保留归复权益的财产； 5. 其可撤销的已转让财产； 6. 其享有的年金收入； 7. 其联权共有的财产； 8. 其广泛保留指定权的财产； 9. 其保留部分权益的寿险赔付收益； 10. 其未满足公平交易原则的转让或信托； 11. 其曾享受过婚内扣除的财产； 12. 历史上曾具备上述任何特征的任何财产等	包括： 1. 丧葬费； 2. 过世者债务； 3. 应缴纳的境外和遗赠相关的税费； 4. 保险公司不予支付的灾难损失； 5. 慈善捐赠或宗教信仰捐赠； 6. 给配偶的遗赠（配偶必须是美国公民）； 7. 转移到合格的美国境内信托的财产； 8. 缴纳给美国各州的遗产税（“死者之税”）等

可见，准确计算遗产税的起点就是要明确属于纳税人的全部遗产总额和税法允许扣除的部分。联邦法典对上表中的各条项目都有详细的定义和解释，在此仅对重要条款做一些简要的介绍。

如果纳税人生前完成的财产赠与不带任何条件，该纳税人也不会从被赠与财产中获得任何收益，那么这些被赠与的财产就不应纳入其过世时的全部遗产总额（但此类赠与仍受赠与税条款的管辖）。然而，如果纳税人生前完成的财产赠与带有以下任何一种保留其特定权益的条件，那么该被赠与的财产在纳税人过世时就应该纳入其全部遗产总额：

1. 纳税人保留生前权益（Retained Life Estate），即过世前享有财产的收益权和占有权，或有权决定其收益权和占有权的归属问题等[9]；

2. 纳税人保留超过财产价值 5% 的归复权益（Reversionary Interest），且财产的未来收益权和占有权必须在纳税人过世时才得以实现[10]；

3. 纳税人有权撤销财产转让（如转移到信托的财产等）[11]。

以上三个条件就是业界常说的“附加条款”（String Provisions）。附加条款在财产转让或转移的协议中往往不容易被识别，或者并未引起当事人的注意，或者用词模棱两可从而不易判断其性质。

纳税人在过世前 3 年内已赠与的财产通常不纳入其全部遗产总额，但是这个常规规定有一个前提条件，即该财产赠与没有任何上述附加条款[12]。纳税人过世前 3 年内所缴纳的赠与税应纳入其全部遗产总额[13]。

纳税人过世后，由其指定的受益人所获得的原本由纳税人生前享受的年金收入（如退休金）属于其全部遗产总额。更为详细的规定是，如果年金收益带有以下特征，那么它们就纳入纳税人的全部遗产总额[14]：

1）产生年金的契约不属于纳税人的人寿保险契约；

2）在该契约下，纳税人生前可以获得年金收益；

3）该契约规定的年金支付和纳税人的寿命直接相关。

如果财产的所有权是联权共有（Jointly Held，Joint Interest 或 Joint Tenancy）[15]，逝者则应将该财产总价值纳入其全部遗产总额。如果其余未过世的所有权人可以证明其认购该财产所支付的成本，那么该成本所代表的财产价值可以不纳入全部遗产总额。联权共有的财产是指财产的所有权由两人或多人持有，且某所有权人过世时其所有权立即消失，其余的所有权人获得全部所有权。如果联权共有的财产因赠与而得，那么逝者应将属于自己的部分纳入其全部遗产总额；如果仅夫妻双方是联权共有财产的所有人，即“合格的联权共有”（Qualified Joint Interest）[16]，那么不论哪方认购或支付多少认购成本，先过世的配偶仅将 50% 的财产价值纳入其全部遗产总额。

【例 15－1】 张女士和莉雅女士共有一块土地，所有权形式为双方联权共有。莉雅女士支付了全部购买土地的款项 100 万美元。2022 年张女士过世时，该土地的价值为 300 万美元。

分析： 假如莉雅女士没有或无法证明她支付了全部购买土地的款项，那么 2022 年张女士过世时，她的全部遗产总额将包括 300 万美元的土地价值。反之，假如莉雅女士能证明她支付了全部购买土地的款项，那么 2022 年张女士过世时，她的全部遗产总额就不必包括 300 万美元的土地价值。再假如莉雅女士先于张女士离世，那么 300 万美元的土地将包括在莉雅女士的全部遗产总额当中。

与联权共有不同，另外一种常见的财产所有权形式是分权共有（Tenancy in Common），指多个所有权人生前和过世时都分别仅仅拥有属于自己的部分

"共有财产"，该所有权不因某所有权人过世而消失。在美国的部分州内，立法还承认一种常见并且特有的财产所有权形式，即夫妻婚内共有财产（Community Property）。此类财产指夫妻任何一方在婚内非经赠与或遗赠等形式而获得的财产。任何一方配偶过世时，只能将 50% 的夫妻婚内共有财产纳入其全部遗产总额[17]。

【例 15－2】 乔先生和莉雅女士两夫妻在婚内购置了一块土地，其所有权在当地属于夫妻婚内共有财产。2022 年莉雅女士过世时，该土地的价值为 300 万美元。

分析： 因为土地是夫妻婚内共有财产，所以不论谁支付了全部或部分购买土地的款项，2022 年莉雅女士过世时，她的全部遗产总额仅包括 150 万美元的土地价值。

保留的指定权（Power of Appointment），泛指纳税人保留其指定财产受益人的权利，受益人可以为其本人、其债权人、其遗产纳税体及其遗产纳税体的债权人。因为保留的指定权具有很大的灵活性，所以被广泛地运用在财产转移的契约之中。如果纳税人对保留的指定权没有特殊限制，而是对赠与或遗赠的财产保留广泛或普遍的指定权，那么纳税人对该财产就仍然保留了实质的控制权，这样的财产就应被纳入全部遗产总额[18]。反之，如果纳税人对赠与或遗赠的财产保留受某些条款限制的指定权，那么将根据具体的受限情形来判断财产市值所应包括在全部遗产总额之中的部分[19]。

如果纳税人对寿险赔付具有以下权利，那么该权利所及的全部或部分收益将纳入其全部遗产总额：

1）寿险赔付被指定纳入逝者的遗产纳税体的部分。

2）逝者过世时对寿险赔付具有"所有权的附属权利"（Incident of Ownership）。简要地讲，税法规定所有权的附属权利是指对寿险赔付的控制权和支配权，如更改受益人的权利、撤销保单的权利、将保单收益用于偿债的权利等[20]。

综上所述，纳税人应针对不同的财产类别、所有权形式及其对财产收益的控制权进行全面的解剖和分析，以便准确地计算出全部遗产总额。

（二）非美国公民或无美国居所的个人的遗产税征税基础

对非美国公民或无美国居所的个人而言，其遗产税征税原理和上述美国公民或有美国居所的个人的遗产税征税原理是一致的。所不同的是，非美国公民或无美国居所的个人的全部遗产总额仅仅包括位于美国境内的不动产、动产和固定资产[21]，统一联合的税款抵额降至 13 000 美元[22]，可扣除项也相应地受到限制。

（三）退籍后的遗产税

美国公民或永久居民在退籍后 10 年内过世[23]，其遗产税的征税方式基本按照非美国公民或无美国居所的个人的遗产税征税方式进行，但需对某些细节做必要调整[24]。（作者注：美国公民或永久居民因退籍而发生的所得税请参阅第七章第二节。）

此外，美国公民或有美国居所的个人直接或间接地从某些特定退籍人（参阅第七章第二节）处获得赠与或遗赠时，应按所获得财产市值（可减去免除赠与税的额度，如 2021 年为每位赠与人 15 000 美元）的 40% 缴纳赠与税或遗产税。如果由美国境内信托获得此类赠与或遗赠，视同由美国公民或有美国居所的个人获得[25]。这项规定就是业界俗称的“2801 条款税”，由国会通过的《爱心法案》首次建立，实质是杜绝美国公民或永久居民因退籍而减少缴纳财产转移税的现象。

三、赠与税

赠与税（Gift Tax），指联邦政府对各种直接或间接地通过信托与否而进行的财产赠与所征收的税款，按照公历年计算并征收[26]。赠与税的主要征税对象是美国公民和有美国居所的个人，所赠与的财产包括不动产、动产、有形资产或无形资产等[27]。非美国公民和无美国居所的个人应就其美国境内的不动产或有形资产的赠与缴纳赠与税，而其赠与的无形资产则不会被征收赠与税（此条款不适用于特定退籍人）[28]。

税法认为，赠与产生的根本原因是纳税人转给他人的财产价值高于其所获得的回报[29]，而标志着赠与彻底完成的指征则是赠与人要放弃对财产的全部控制权[30]。纳税人一生中的应纳税赠与总额也可被免除征税，但要占用免征额[31]。每位赠与人应对每个公历年的赠与进行统计，对应纳税部分按规定的税率缴纳赠与税。赠与税的最高边际税率也是 40%[32]。

值得一提的是，纳税人符合条件的政治捐款不属于赠与，所以也不受赠与税的税法制约[33]。

与应税遗产的概念类似，年度应税赠与等于全部赠与减去免除赠与税的部分和可扣除项。

免除赠与税的部分主要分为以下三类：

（1）年度赠与税免除额（Gift Tax Exclusion），指不占用免征额，且免征赠与税的份额[34]。该份额可随通货膨胀指数调整，2021 年和 2022 年该份额分别为每个纳税人 15 000 美元和 16 000 美元。如果夫妻双方同意分别使用该赠与份额，那么每个赠与受益人（如子女或他人）每年可以从夫妻双方获得双倍的免税赠与。占用年度赠与税免除额的赠与必须是当前立即完成的赠与，也就是说受益人可以立即获得或享受赠与带来的收益，而不是受益人要等到日后才能享受的收益[35]。可使用年度赠与税免除额的纳税人为任何个人，不受美国公民或有美国居所的个人身份的限制。如果赠与是通过信托来完成，那么年度赠与税免除额也是按照每个个人受益人来计算，但受益人也必须满足可以立即获得或享受赠与带来的收益，才可以享受年度赠与税免除额的优惠。

（2）教育赠与免除额（Education Expense Exclusion），指为受益人向教育机构直接支付的学费（不包括住宿、交通、书本费和其他杂费），税法规定这部分支出不属于赠与范畴，因此不受赠与税的制约[36]。

（3）医疗赠与免除额（Medical Expense Exclusion），指为受益人向医疗机构直接支付的医疗费，税法规定这部分支出也不属于赠与范畴，因此也不受赠与税的制约[37]。

可扣除项包括配偶赠与扣除和慈善赠与扣除，符合税法规定此类赠与也不予征收赠与税。具体而言：

（1）配偶赠与扣除（Marital Deduction），指夫妻婚内相互之间的任何非受限馈赠，都可以从赠与额中扣除[38]。受限馈赠通常出现在受益人的获益权因时间或某些特殊因素而终止的情形下，这样的权益又称“受限财产获益权”或“可终止的获益权”[39]（Terminable Interest）。需要注意的是，如果受益方配偶不是美国公民，那么配偶赠与扣除就不再是非受限馈赠，而要有金额限制，如 2021 年和 2022 年的额度分别为 15.9 万美元和 16.4 万美元。

（2）慈善赠与扣除（Charitable Deduction），指任何符合条件的慈善捐赠，并不限于仅在美国境内的捐赠。但对于非美国公民或无美国居所的个人来说，该扣除仅限于对美国境内慈善机构的捐赠[40]。

四、跨代财产转移税

跨代财产转移税（Generation – Skipping Transfer Tax）指税法规定对跨代财产转移征收的税款[41]，计算税款时只采用遗产税的最高税率40%[42]。跨代财产转移税的原理在于，如果遗产税和赠与税应该在每代人转移财产时征收，那么以任何方式把财产转移给跨代后裔（或隔代后裔，Skip Person）时就应考虑征收额外的税款，否则就会导致部分财产的转移逃过应被征收的遗产税或赠与税。

【例 15 –3】 假设乔先生把价值 1 000 万美元的财产传给女儿 A，其女 A 再传给孙女 A1，其孙女再传给曾孙女 A2。

分析：不考虑任何可免除纳税的部分，如果乔先生的财产按照代代相传的方式进行，那么每代人应缴纳的税额见表 15 –2。

表 15 –2　　每代人应缴纳的税额　　单位：万美元

	税额	财产净额
乔先生过世时	400	600
其女 A 过世时	240	360
其孙女 A1 过世时	144	216

然而，如果乔先生建立一个信托，保证其女 A 和其女 A1 在世时可以从信托中获得收入，而将最初的财产传给其曾孙女 A2，那么在没有跨代财产转移税的情形下，每代人应缴纳的税额见表 15 –3。

表 15 –3　　每代人应缴纳的税额　　单位：万美元

	税额	财产净额
乔先生过世时	400	600
其女 A 过世时	0	600
其孙女 A1 过世时	0	600

上面这个简单的例子表明，跨代财产转移税恰恰是要杜绝逃避遗产税或赠与税的现象，也让财产转移税的征税机理更加公平合理。对于跨代财产转移，税法也同样给予免征额，该免征额可以逐年变化，在现行的统一联合的征税体系下其金额等于遗产税免征额[43]。该额度给予每个纳税人，并由其自主分配到赠与财产上，配偶之间不能相互转移此配额。

跨代财产转移税的计税基础包括以下三个方面的财产转移：

1）由某信托向跨代后裔的应税分配[44]；

2）受益人在某信托中的获益权被终止，且该信托持有的财产转移给委托人的跨代后裔[45]；

3）直接跨代转移给后裔的财产[46]。

特别需要强调的是，跨代财产转移税是完全独立于赠与税或遗产税的一个税种，换句话说就是某次财产的转移既可以被征收赠与税或遗产税，同时也可以被征收跨代财产转移税。

【例 15－4】 假设乔先生把价值 1 000 万美元的财产赠与孙女 A1（免征额已经用完，忽略通货膨胀调整）。

分析： 该赠与属于上述第 3 点下的直接跨代转移给后裔的财产，因此该财产转移应缴纳的税额见表 15－4。

表 15－4　**财产转移应缴纳的税额**　单位：万美元

	税额
乔先生应承担的赠与税	400
上述赠与税包括在乔先生遗产总额中被再次征税	160
其孙女 A1 应承担的跨代财产转移税	400

因此乔先生此次财产转移的 96% 被征税，财产转移净值仅为所剩下的 40 万美元。

税法对跨代后裔的认定和税额计算的过程做出很多细节规定，因此跨代财产转移税的合规申报和合理规划都并非易事。

五、税额计算和申报

赠与税、遗产税和跨代财产转移税被纳入一个统一联合的征税体系后，不但三个税种的税率和免征额都在一个框架下制定，而且它们各自的计算方法和过程也都充分体现了统一联合的特征。

当美国公民或有美国居所的个人在某个纳税年度内对某个受益人的馈赠超过 15 000 美元时，就应做赠与税的纳税合规申报。该合规申报的过程并不因馈赠是否产生税款而改变，也就是说，不论纳税人最终是否要在该纳税年度内缴纳赠与税，该纳税人都应通过美国赠与税（和跨代财产转移税）申报表 709（见表 15－5）来做馈赠的披露和申报。

表 15－5　美国赠与税（和跨代财产转移税）申报表 709（2022 纳税年度）

Form 709 Department of the Treasury Internal Revenue Service	United States Gift（and Generation－Skipping Transfer） Tax Return ▶Go to *www. irs. gov/Form* 709 for instructions and the latest information. （for gifts made during calendar year 2022） ▶See instructions	OMB No. 1545－0020 2022

填报目的：呈报并缴纳纳税人该公历年应缴的赠与税和跨代财产转移税。
填报人：满足申报条件的美国公民和有美国居所的个人。

计算赠与税税额的主要步骤如下：

1. 确定纳税人在公历年内的馈赠总额，即财产在馈赠日的市值总和[47]，它包括给跨代后裔的直接赠与或间接赠与。

2. 确定该公历年的应税赠与额，就是将税法允许的免税部分和可扣除部分从馈赠总额中减去，如年度赠与税免除额、教育赠与免除额、医疗赠与免除额、配偶赠与扣除和慈善赠与扣除等。如果某些馈赠产生跨代财产转移税，那么该应付税额就应被加入应税赠与额之中[48]。

3. 汇总往年发生的全部应税赠与额[49]。

4. 用纳税人的全部赠与额（加总上述“2”和“3”）乘以该纳纳税年度相应的税率，计算出全部应纳税额。

5. 用往年发生的全部应税赠与额（上述“3”）乘以该纳纳税年度相应的

税率，（重新）计算出往年全部应纳税额。（作者注：此点体现了计算赠与税的重要特征，即纳税人的毕生赠与最终都会采用统一联合的税率来征税。）

6. 计算该纳纳税年度的应纳税额，即上述“4”下的全部应纳税额减去上述“5”下的往年全部应纳税额，再加上该年赠与产生的跨代财产转移税[50]。

税法规定，统一联合的税款抵免额或往年已经支付的赠与税可以用于抵减上述计算所得的该纳纳税年度的赠与税应纳税额[51]。

纳税人过世后，应由其遗产纳税体提交美国遗产税申报表。美国遗产税申报表分为由美国公民或有美国居所的个人填报的美国遗产税（和跨代财产转移税）申报表706（见表15－6）和由外国人填报的美国遗产税（和跨代财产转移税）申报表706－NA（见表15－7）。

表15－6　　美国遗产税（和跨代财产转移税）申报表706（现行，2019年8月颁布）

Form 706 (Rev. August 2019) Department of the Treasury Internal Revenue Service	United States Estate (and Generation – Skipping Transfer) Tax Return ▶Estate of citizen or resident of the United States (see instructions). To be filed for decedents dying after December 31, 2018. ▶Go to *www. irs. gov/Form* 706 for instructions and the latest information.	OMB No. 1545 – 0015

填报目的：呈报并缴纳纳税人应缴的遗产税和跨代财产转移税。
填报人：满足申报条件的美国公民和有美国居所的个人。

表15－7　　美国遗产税（和跨代财产转移税）申报表706－NA（现行，2019年6月颁布）

Form 706 – NA (Rev. June 2019) Department of the Treasury Internal Revenue Service	United States Estate (and Generation – Skipping Transfer) Tax Return Estate of nonresident not a citizen of the United States To be filed for decedents dying after December 31, 2011. Go to *www. irs. gov/Form* 706 – *NA* for instructions and the latest information. ▶File Form 706 – NA at the following address: Department of the Treasury, Internal Revenue Service Center, Kansas City, MO 64999	OMB No. 1545 – 0015

填报目的：呈报并缴纳纳税人应缴的美国遗产税和跨代财产转移税。
填报人：满足申报条件的非美国公民和无美国居所的个人。

计算遗产税税额的步骤和计算赠与税的步骤非常相似，总的思路也是先计算出纳税人全部的遗产税（预计）总额，然后减去往年已经支付的全部赠与税税额[52]，从而得到其应缴纳的遗产税余额。这个计算过程实际上再次汇总计算纳税人一生所应支付的赠与税和遗产税，可以看作是该纳税人在统一联合的征税体系下对财产转移税的一次全面且完整的总结。

第二节　信托和遗产纳税体

设立信托是纳税人进行私有财产转移时采用的重要手段，也是合理规避部分财产转移税的有效工具。但是，信托的作用往往被人们误解或者夸大，大家认为把财产转移到信托中就万事大吉了，信托可以帮助纳税人免除所有或者大部分的税款。这种理解上的误区常常让人们事后瞠目结舌，苦不堪言。为帮助读者正确认识信托和它们的作用，本节简要介绍信托的种类及其特征。

此外，当财产被转移到信托或变为遗产后（视为由遗产纳税体持有），其产生的收入仍然受到联邦所得税税法的管辖。本节也简要阐述信托和遗产纳税体所承载的联邦所得税义务。

一、信托的种类及其特征

信托（Trust）在美国指委托人（Grantor 或 Settler）把财产交给受托人（Trustee）控制和管理，并保证受益人（Beneficiary）按规定获得利益的契约关系。在信托关系下，财产的管理权和收益权得以分离，受托人独立控制和管理财产，而受益人享有财产收益。委托人可以完全放弃或者保留部分对财产和财产收益的控制或支配权，而委托人控制权或支配权的高低会导致不同的税务结果。有趣的是，信托契约指定的委托人、受托人和受益人并非是互不相干的三个个人，而只是契约关系中的不同角色。一个个人可以同时担任信托中的一个、两个或三个角色。

下面介绍的各类信托名词，实质上是为了表述信托契约的主要特征。这些独具特色的条款并非相互排斥，而是可以兼容并蓄，出现在同一个信托契约之中。比如两类最常见也最常用的信托形式就是生前信托或遗嘱信托、可撤销信托或不可撤销信托。通过灵活多样的契约条款，人们能建立一个可撤销生前信托，并且它还能兼有其他特征。

（一）生前信托或遗嘱信托

生前信托（Inter Vivos Trust 或 Living Trust）指委托人生前建立的信托。遗嘱信托（Testamentary Trust），指委托人去世时通过遗嘱建立的信托。两者最大的区别是在生前信托下的财产不需经过遗嘱认证程序就可以直接转移给信托指定的受益人；而遗嘱信托，顾名思义则需经过遗嘱认证程序，该程序致使信托契约中的条款和受益人的认定具有法律效力，但同时也公开了遗嘱中的私人信息。

（二）可撤销信托或不可撤销信托

可撤销信托（Revocable Trust）指委托人保留终止信托条款、重新收回信托下所有财产的权利，反之则为不可撤销信托（Irrevocable Trust）。可撤销信托不能给委托人或受益人提供任何税务优化的结果，不论从所得税还是从财产转移税的角度考虑，都是如此。

（三）委托人保留权益的信托

委托人保留权益的信托（Grantor Retained Interest Trust，GRIT）指保证委托人保留从信托财产中获得收益的权利。委托人建立此类信托的目的是降低赠与税，因为赠与税计算的税基通常是委托人转入信托的财产总值减去该委托人保留收益权（或受益权）的财产市值。可见，让委托人保留收益权（或受益权）可以降低赠与财产的征税基础。但是，税法限制在某些特定家人之间运用该条款，规定对于特定家人之间的互赠，除非互赠满足以下条件，委托人保留的收益权市值为零[53]：

1. 合格的私人住宅信托（Qualified Personal Residence Trust，QPRT），指委托人转入信托的财产包括私人住宅且在一定期间保留其使用权。委托人保留的使用权所代表的价值可以不计入赠与税的税基[54]，而且如果委托人没有在保留使用权期间过世，且该私人住宅的未来所有权益都和委托人无关，那么该私人住宅也不会纳入委托人的全部遗产总额当中。

2. 委托人保留年金收益信托（Grantor Retained Annuity Trust，GTAT），指委托人把财产转入信托后，保留每年从该信托获得固定年金收益的权利。委托人保留的年金收益所代表的现值可以不计入赠与税的税基[55]，而且如果委托人没有在保留年金收益期间过世，且该财产的未来所有权益都和委托人无关，那么该财产也不会纳入委托人的全部遗产总额当中。

3. 委托人保留统一比例收益信托（Grantor Retained Unitrust，GRUT），指委托人把财产转入信托后，保留每年从该信托获得统一比例收益的权利。委托人保留的统一比例收益所代表的现值可以不计入赠与税的税基[56]，而且如果委托人没有在保留统一比例收益期间过世，且该财产的未来所有权益都和委托人无关，那么该财产也不会纳入委托人的全部遗产总额当中。

满足上述三种情形的信托，委托人可以按较小的税基缴纳赠与税，并且不再为此财产转移缴纳遗产税。

（四）夫妻婚内建立的信托

此类信托的共同特点是通过信托的建立，最大限度地利用配偶赠与扣除或跨代财产转移的免征额，从而推迟或减少应缴纳的遗产税税额。常见的信托方式有：

1. （配偶）指定权信托（Power of Appointment Trust），指配偶受益人可以终生从信托中获得收入，并且享有指定信托财产最终受益人的权利。此类信托中的指定权必须由委托人的配偶（也是信托受益人）享有，配偶受益人可以在生前或临终时执行其指定财产受益人的权利[57]。在计算应税遗产额时，转移到信托中且配偶受益人享有指定权的财产符合配偶赠与扣除的要求，可以不纳入委托人的应税遗产额之中。

2. 合格的受限财产获益权信托（Qualified Terminable Interest Property Trust，QTIP），指配偶受益人可以终生从该财产信托中获得收入且收入至少应按公历年支付给配偶受益人[58]。过世配偶的遗嘱执行人在其遗产税的纳税申报中必须明确将该财产选择为“配偶赠与扣除”，如果不做此选择，那么配偶赠与扣除即不能成立[59]。对于此类信托财产，配偶受益人还可以享有其他权利，如可以从财产中提取用于教育、医疗或抚育子女的开支，或有权指定信托财产的最终受益人（但不能是配偶本人、其债权人或其遗产纳税体等）。

3. 反向合格的受限财产获益权信托（Reverse Qualified Terminable Interest Property Trust，Reverse QTIP），指专门为防止跨代财产转移税的免税额白白丢失而设立的信托。此类信托的防丢失条款是从概念上将原信托财产还原至馈赠前的时点处，因此被称为“反向合格的受限财产获益权信托”。原 QTIP 的委托人将财产转入 QTIP 且满足配偶赠与扣除后，该财产实际上就将纳入其配偶的全部遗产之中。如果财产从配偶处转让给跨代后裔，那么只有配偶的跨代财产转移税的免征额可以被利用，而原委托人（即另一方配偶）的跨代财产转移税的免征额就丢失了。为防止原委托人的免征额丢失，反向 QTIP 条款允许原委托人的遗嘱执行人或原委托人配偶做出纳税选择，将 QTIP 中满足配偶赠与的部分“退还”给原委托人并使其可以利用跨代财产转移税的免征额[60]。

4. 合格的美国境内信托（Qualified Domestic Trust，QDT），指至少有一个受托人是美国公民或境内股份公司，且向身份为非美国公民或永久居民的配偶进行信托收入或其他财产分配时，受托人有权根据税法规定扣缴其所得税或其他税款[61]的信托。建立此类信托的目的是配偶赠与扣除可以适用于转入合格的美国境内信托的财产，并且可以防止配偶从美国公民或永久居民转换为非美国公民或永久居民时逃避美国纳税的义务。

（五）慈善类信托

慈善类信托指为减少贫困、促进教育、支持宗教信仰、改善医疗、改进政府职能或加强社区利益等慈善事业而建立的信托。信托中全部用于慈善事业的财富都可以免征赠与税，增值部分也免征所得税。

慈善类信托可以分为慈善领先信托和慈善殿后信托。前者的英文是 Charitable Lead Trust，指信托内财产先用于支持慈善事业，如在一定期间内给慈善机构进行年金分配或固定比例的财产分配，剩余部分才留给个人或非慈善组织。后者的英文是 Charitable Remainder Trust，指信托内的财产先以收入的形式分配给个人或非慈善组织，剩余的部分用于慈善事业。慈善殿后信托又可以分为：

1. 慈善殿后统一比例收益信托（Charitable Remainder Unitrust，CRUT），指在一定期间内（不超过 20 年）把信托内的财产收入按统一比例分配给个人或非慈善组织，而将剩余的部分用于慈善事业的信托[62]。留给慈善事业的财产价值可以享受慈善赠与扣除，不必缴纳赠与税或遗产税。

2. 慈善殿后年金收益信托（Charitable Remainder Annuity Trust，CRAT），指在一定期间内（不超过 20 年）把信托内的财产收入以固定年金形式（至少为信托财产原值的 5%）分配给个人或非慈善组织，然后将剩余的部分用于慈善事业的信托[63]。同上，留给慈善事业的财产价值可以享受慈善赠与扣除，不必缴纳赠与税或遗产税。

（六）后代传承类信托

此类信托专指用于将财产转移给子女或后代子孙的信托，常用的两种形式为：

1. 未成年人信托（Minor's Trust），指在法典第2503条（c）款下设立的符合免征赠与税条件和免征跨代财产转移税条件的信托，俗称“2503（c）信托”[64]。税法要求未成年人信托必须满足一定的条件，如只能有一位未成年（不满21岁）受益人，受益人未满21岁前受托人对信托收入或财产的分配权不受任何限制，受益人满21岁后全部信托收入和财产必须分配给该受益人。受益人满21岁后对财产的最终归属具有遗嘱指定权，或受益人未满21岁过世时该信托内全部财产转为受益人的遗产。

2. 朝代信托（Dynasty Trust），指充分利用跨代遗产转移税免征额，尽可能永续存在并使委托人的后代无限期受益的信托。朝代信托是委托人后裔充分受益于信托财产升值，并且获得家族税务最优化的典型代表。

（七）其他类信托

信托还可以根据委托人及其家庭的需要而呈现出其他形式，如：

1. 家庭成员（炉）信托［Family（Pot）Trust］，通常用于防止父母双亡时子女（或被扶养人）无人抚养的情况发生。家庭成员信托的财产收入全权由受托人根据子女的抚养需要来分配，信托载体维持到最年轻的孩子成年后才解散，财产按照信托条款规定再分给受益人。

2. 克拉米信托（Crummey Trust），因克拉米家族和国内收入局对簿公堂的案例而得名。该信托给予受益人在一定期间内可以立即从信托中提取现金或其他财产的权利，这一条款让受益人可以立即享有信托财产所带来的利益。也正因为这一规定，委托人可以允许每个受益人按年提取等于其年度赠与税免除额的现金，从而减少赠与税的征税基础。

3. 寿险信托（Life Insurance Trust），指以寿险契约为财产的信托。该信托条款不允许被保人（不一定是委托人）对寿险的赔付具有任何的控制权或所有权，因此该寿险赔付不纳入被保人的全部遗产，而直接转为信托受益人所有的财产。寿险信托和克拉米信托常常结合起来使用，让被保人（必须是非委托人）从克拉米信托中提取款项用于支付寿险的年度保费，获得两全其美的效果。

二、信托和遗产纳税体的所得税义务

纳税人生前把财产转入信托，或者过世时将其所剩财产纳入遗产（与此同时就产生了遗产纳税体）之后，这些在信托或遗产纳税体所拥有的财产仍然可能产生各种形式的收入，比如房地产租金收入、股息收入、分红收入和变卖资产收入等。在美国联邦税法规定下，这些收入仍然要被征收所得税。而在信托和遗产纳税体中产生的收入，其纳税主体不一定是信托或遗产纳税体，很多情形下它们两者的受益人或其他第三方受益人，或者是一个组合的群体才是纳税人，分别就所分得的收入进行纳税申报。

从所得税的纳税义务和纳税主体考虑，信托可以分为三个类型：委托人信托、简单信托和复杂信托。这三种类型信托的分类目的是区分其所得税的计算方式和缴纳方式，而并不一定和信托契约一一对应，或者说某个契约产生的信托载体可以同时属于其中一种或两种税务信托类型。三者的特点和区别在以下相关内容中阐述。

（一）联邦所得税的征税范围和对象

法典明确规定，联邦所得税适用于任何由信托或遗产纳税体持有的财产所产生的收入，它们包括[65]：

1）信托中汇集的日后将分配给未出生人或具有或有收益权的未知受益人的收入；

2）受益人从信托或其他托付安排中获得的收入，或法庭指定分给婴儿监护人的收入；

3）逝者的遗产纳税体在处理遗产过程中获得的收入；

4）受托人可视情决定立即分配或日后分配的收入。

由信托或遗产纳税体持有的财产所产生的收入及其相对应的成本扣除，应由信托或遗产纳税体的受托人（Fiduciary）来核算并对应税收入进行纳税申报和缴纳税款，境外信托或遗产纳税体视同从未涉足美国的非美国公民或无美国居所的个人[66]。此处的受托人一词，虽然和英文 Trustee 的中文译文相同，但是它具有更广泛的含义。此处的受托人不仅指信托的受托人，还可以包括遗产纳税体的遗嘱执行人和其他代替受益人获得并管理收入的人[67]。更进一步的是，此处的受托人受税法的制约必须履行其计算并缴纳所得税的义务，其玩忽职守的行为会造成个人的财产损失，甚至税法认定的犯罪行为[68]。因此不能把受托人和代理人的概念混为一谈。

应税收入的计算和缴纳税款的载体是信托和遗产纳税体。从所得税的角度出发，信托和遗产纳税体是独立的纳税实体，可以申请独立的纳税实体联邦税号。它们也是税法定义下的税负穿透体，但与第十二章介绍的税负穿透体合伙企业不同，信托和遗产纳税体有其特殊的税负穿透体纳税规定。

（二）可分配净收入的分摊及其税务结果

联邦税法鼓励（抑或是强制）信托和遗产纳税体及时地将可分配净收入分摊给受益人，分摊后受益人就应将收到的净收入分门别类地汇总到其个人收入之中，并按照个人所得税的纳税规定来缴纳税款[69]。如果信托和遗产纳税体不能及时将可分配净收入分摊给受益人，那么信托和遗产纳税体就应为此收入缴纳所得税[70]。2021 年，国内收入局对超过 13 050 美元（2022 年为 13 450 美元）的日常经营活动收入按照 37% 税率征收所得税，对当年产生的资本利得和合规股息超过 2 700 美元（2022 年为 2 800 美元）的部分按 15% 税率征收所得税，对资本利得和合规股息超过 13 250 美元（2022 年为 13 700 美元）的部分按 20% 税率征收[71]。37% 最高累进税率的征收起点远远低于个人所得税下 37% 税率的征收起点，同时资本利得和合规股息的优惠税率适用额度却大大降低，可见这些规定都明显带有惩罚或强制性。

可分配净收入（Distributable Net Income）无疑是信托和遗产纳税体的所得税计算中最为重要的概念。如其字面含义，简单地讲可分配净收入就是剩余的还可以分配给受益人，让受益人得益的收入。当然，可分配净收入的确切定义来自其详尽的计算方法，以及计算过程中各个项目的（特殊）涵盖范畴[72]。

对于某个信托或遗产纳税体，其当期可分配净收入总额是分摊给受益人且能被他们确认为当期收入的最高额度。可分配净收入分摊给受益人后，就可以有效地降低信托或遗产纳税体的应纳税所得额[73]。如果当期可分配净收入没有完全分摊给受益人，那么未分摊的部分就会被征收所得税，并在日后的年份里分摊。

当信托按照规定仅把当年的可分配净收入尽数分摊给受益人，但不分配信托本金且不给任何慈善组织做捐赠或预留捐赠时，这样的信托就是简单信托（Simple Trust）。与之相对的复杂信托（Complex Trust）指除了简单信托（和委托人信托）之外的所有其他信托。

（三）委托人信托

委托人信托（Grantor Trust）是一种十分常见的信托形式，指委托人或其他人对转入信托内的财产仍具有决定性的控制权和受益权。所以此类信托从联邦税法角度不是一个独立的纳税实体，它们的纳税义务完全由委托人承担[74]。

当委托人保留上一节中提到的任何一项附加条款或指定权，或者本人有权享受信托财产带来的收益，这样的信托条款下所涵盖的净收入就应该直接视同委托人的个人净收入。委托人配偶保留的此类控制权和受益权，视同委托人保留的同等权利[75]。

当非委托人（通常为受益人）可全权获得信托条款下的本金或全部收益，或者有权通过变更信托条款来获得任何一项附加条款或指定权，那么此非委托人就是信托条款下所涵盖的净收入的纳税人[76]。这样的信托方式被称为“马林克罗特信托”（Mallinckrodt Trust）。当然，在某些特定情形下信托的委托人已被默认为信托收入的纳税人，那么非委托人就不必再次将同一笔信托收入确认为自己的应纳税所得额[77]。

（四）信托和遗产纳税体的纳税申报和应纳税所得额

美国境内的信托和遗产纳税体建立之后，应立即考虑履行其所得税的纳税申报义务。当满足以下硬指标之一时，信托和遗产纳税体就必须提交信托和遗产纳税体美国所得税申报表1041（见表15－8）。

1）该信托或遗产纳税体的年度总收入超过600美元；

2）该信托或遗产纳税体的受益人中有非美国公民或无美国居所的个人；

3）该信托或遗产纳税体参与合规的机会基金的投资（参阅第五章第三节）[78]。

表 15 – 8　信托和遗产纳税体美国所得税申报表 1041（2022 纳税年度）

1041	Department of the Treasury – Internal Revenue Service U. S. Income Tax Return for Estates and Trusts ▶Go to *www. irs. gov/Form*1041 for instructions and the latest information	2022	OMB No. 1545 – 0092

填报目的：申报应税总收入、资本利得、资本亏损、收入抵减项及税款抵免额，并计算当期所得税税额。

填报人：美国境内信托和遗产纳税体（境外信托和遗产纳税体提交其他申报表）。

多数情况下，信托的纳税申报年度必须按公历年进行，而某些无须纳税的信托或慈善类信托则可以采用各自的财政年度[79]。作为税负穿透体的形式之一，信托和遗产纳税体的所得税申报表 1041 应在其纳税年度结束后第 4 个月第 15 日前进行申报。如果不能在此前完成申报，信托和遗产纳税体可以提交公司所得税、信息披露及其他申报的延期申请表 7004 要求延期申报，最长延期时间为 5 个半月。

美国境内信托和遗产纳税体通过表 1041 向国内收入局提交详细的收入、扣除信息和所得税计算过程，以及对受益人的净收入年度分摊结果。

信托和遗产纳税体的应纳税所得额计算原则遵循个人所得税的计算原则，应税总收入包括从持有的财产上产生的全部收入，如利息收入、股息收入、经营活动收入、资本利得和租金收入等，成本扣除则包括与收入产生相关的支出以及各类税费等。经营活动亏损（通过累计净经营亏损的形式）和资本亏损也可以结转到未来的年份。

但是，信托和遗产纳税体的应纳税所得额计算又有独特的一面，比如慈善捐款就不受其净收入百分比的限制，而且分摊给受益人的收入可以作为扣除项，减少应纳税所得额。

（五）受益人的税务事项

信托和遗产纳税体通过各自的税负穿透体收支明细表 K – 1 把收入和成本按照它们原有的性质逐项分摊给受益人，据此受益人能获得足够的信息来进行他们的个人所得税纳税申报。受益人填报的信息必须与信托和遗产纳税体提供的信息保持一致[80]。

受益人应该把信托和遗产纳税体分摊的当期和往期应纳税所得额都包括在自己的总收入之中，但是两者之和不应高于可分配净收入。信托和遗产纳税体的可分配净收入并不等于其当期应纳税所得额，也不等于某一年实际分摊的数额，其原因在于联邦税法和地方法规对资本利得、免税利息收入和慈善捐款等制定了特殊的规定，致使计算时要分别视情处理[81]。这无疑增加了信托和遗产纳税体纳税申报的复杂性，也要求受益人能够理解核算的基本原理，并能正确地运用收支明细表 K－1。

（六）美国境外信托和遗产纳税体

针对在美国境外建立的信托和遗产纳税体，联邦税法制定了以下三个方面的规定：

1. 如果境外委托人信托有指定的美国受益人，那么美国公民或有美国居所的个人（或其他美国税收居民）向该境外信托直接或间接转移的财产仍视同由该财产转移人拥有，其所产生的收益仍由该财产转移人确认[82]。然而，当财产转移出于美国公民或永久居民过世，或美国税收居民为此转移按照财产市值确认了收入时[83]，此规定不适用。美国受益人可以是直接的，也可以是间接的，而且要考虑归属原则（Attribution Rules）的运用[84]。

2. 如果境外委托人信托（Foreign Grantor Trust）的美国受益人身份是由于境外委托人的身份转换而产生，具体讲就是该境外委托人在其财产转入境外信托后 5 年之内成为美国公民或有美国居所的个人，那么该委托人从其身份转换之日起视为境外信托财产的美国受益人，应逐年确认信托财产产生的收入[85]。

3. 美国公民、美国永久居民或其他美国税收居民向境外信托或遗产纳税体转移财产且按照财产市值确认收入后，就不再具有该财产所有权。如果此人不是信托的受益人，就不再确认信托带来的未来收益[86]。

（七）受益人离婚或法定分居

受益人离婚或法定分居后，属于配偶的财产受益权所代表的净收入应由配偶确认。配偶应被视同信托或遗产纳税体的独立受益人[87]。

关于赠与、遗产和信托的联邦税法规定，本章仅仅进行了非常简要的概述，以期帮助读者建立起初步的税务认知，并且理解运用信托进行税务筹划的意义所在。

本章参考文献

[1] John R. Luckey, *A History of Federal Estate, Gift, and Generation – Skipping Taxes*, Congressional Research Service, January 24th, 2011.

[2] IRC § 2001 (a), 2501 (a).

[3] IRC § 2001 (c).

[4] IRC § 2001 (c) (3) (C).

[5] U. S. Department of the Treasury, Internal Revenue Service, Rev. Proc. 2019 – 44, 2020 – 45 and 2021 – 45.

[6] IRC § 2001 (a).

[7] IRC § 2051.

[8] IRC § 2031 (a).

[9] IRC § 2036 (a).

[10] IRC § 2037 (a).

[11] IRC § 2038 (a) (1).

[12] IRC § 2035 (a).

[13] IRC § 2035 (b).

[14] IRC § 2039 (a).

[15] IRC § 2040.

[16] IRC § 2040 (b) (2).

[17] IRC § 2033.

[18] IRC § 2041 (a) (2).

[19] IRC § 2041 (b).

[20] Treas. Reg. § 20. 2042 – 1 (c) (2).

[21] IRC § 2103.

[22] IRC § 2102 (b).

[23] Treas. Reg. § 20. 2107 – 1 (d) (1).

[24] IRC § 2107 (a).

[25] IRC § 2801.

[26] IRC § 2501 (a) (1).

[27] IRC § 2511 (a).

[28] IRC § 2501 (a) (2), (a) (3).

[29] IRC § 2512 (b).

[30] Treas. Reg. § 25. 2511 – 2.

[31] IRC § 2001 (b) (1) (B).

[32] IRC § 2502 (a).

[33] IRC § 2501 (a) (4).

[34] IRC § 2503 (b).

[35] Treas. Reg. § 25. 2503 – 3 (b).

[36] IRC § 2503 (e) (2) (A).

[37] IRC § 2503 (e) (2) (B).

[38] IRC § 2523 (a).

[39] IRC § 2523 (b).

[40] IRC § 2522.

[41] IRC § 2601.

[42] IRC § 2641 (a) (1).

[43] IRC § 2631.

[44] IRC § 2612 (b).

[45] IRC § 2612 (a).

[46] IRC § 2612 (c).

[47] IRC § 2512 (a).

[48] IRC § 2503. U. S. Department of the Treasury, Internal Revenue Service, *Instructions for Form* 709 *United States Gift* (*and Generation – Skipping Transfer*) *Tax Return*, *Schedule A* (2022).

[49] IRC § 2504. U. S. Department of the Treasury, Internal Revenue Service, *Instructions for Form* 709 *United States Gift* (*and Generation – Skipping Transfer*) *Tax Return*, *Schedule B* (2022).

[50] U. S. Department of the Treasury, Internal Revenue Service, *Instructions for Form* 709 *United States Gift* (*and Generation – Skipping Transfer*) *Tax Return* (2021).

[51] IRC § 2505.

[52] U. S. Department of the Treasury, Internal Revenue Service, *Instructions for Form* 706 *United States Estate* (*and Generation – Skipping Transfer*) *Tax Return*

(2021).

[53] Treas. Reg. § 25. 2512 – 5 (d) (2).

[54] IRC § 2702 (a) (3) (A) (ii).

[55] IRC § 2702 (b) (1).

[56] IRC § 2702 (b) (2).

[57] IRC § 2056 (b) (5).

[58] IRC § 2056 (b) (7).

[59] IRC § 2056 (b) (7) (B) (v).

[60] IRC § 2562 (a) (3).

[61] IRC § 2056A (a).

[62] IRC § 664 (d) (2).

[63] IRC § 664 (d) (1).

[64] IRC § 2503 (c).

[65] IRC § 641 (a).

[66] IRC § 641 (b).

[67] Treas. Reg. § 301. 7701 – 6.

[68] Treas. Reg. § 1. 641 (b) – 2.

[69] IRC § 652.

[70] IRC § 1 (j) (2) (E).

[71] U. S. Department of the Treasury, Internal Revenue Service, *Instructions for Form* 1041 *U. S. Income Tax Return for Estates and Trusts* (2021).

[72] IRC § 643 (a).

[73] IRC § 651.

[74] IRC § 671.

[75] IRC § 672 (e).

[76] IRC § 678 (a).

[77] IRC § 678 (b).

[78] U. S. Department of the Treasury, Internal Revenue Service, *Instructions for Form* 1041 *U. S. Income Tax Return for Estates and Trusts* (2022).

[79] IRC § 644.

[80] IRC § 6034A.

[81] IRC § 662.

[82] IRC § 679 (a) (1).

[83] IRC § 679 (a) (2).

[84] IRC § 679 (c) (2).

[85] IRC § 679 (a) (4).

[86] IRC § 684.

[87] IRC § 682.

第十六章

其他税务事项概述

本书之前用十五章的篇幅阐述了关于美国联邦所得税、遗产和赠与税税法的内容。联邦税法不仅条款多且细，而且涉及面广且深。对于前一特征，读者阅读前十五章后应已有体会；而对于后一特征，则因它不仅渗透到美国境内的每个家庭、个人或经营组织，还是联邦政府对美国境外所得和财产进行征税的法典依据。

美国的全球征税制是联邦税法体系下的制度，分析境外所得和财产纳税影响的主要依据，就是联邦税法的条款。此外，联邦所得税税法对各州的所得税立法具有极其重要的指导意义，体现于各州应纳税所得额的计税基础实际上是联邦层面的应纳税所得额经专项适度增减调整后的数值。

本章简要介绍其他常见的联邦和地方税种，如雇用税、销售（使用）税、财产税，以及数字经济对税制的影响等，以期为读者提供较为全面的税务指南。

第一节　境外金融机构账户及其他联邦税务事项

对于投资美国的个人或企业而言，他们更关心的是联邦税法对境内收入的征税规定，这也正是本书的侧重所在。当然，对于大型跨国公司而言，了解联邦税法对境外收入的征税规定或必要的信息披露规则等也同样重要（本书未做详细阐述）。

一、境外金融机构账户信息披露

暂居或移居美国的个人成为美国纳税居民或美国公民，或因投资美国而建立各种境内纳税实体后，这些具有新的纳税身份的个人或实体不仅要考虑其美国境内所得的应税法规，还要遵守披露境外金融机构账户信息的法律法规。

披露境外金融机构账户信息的法规始于1970年颁布的《银行保密法案》（Bank Secrecy Act），该法案的主要目的是惩治金融犯罪，规定财政部长有权要求美国公民、永久居民或在美国境内从事经营活动的实体等，保存其与境外金融机构之间交易记录，或替他人维持与境外金融机构之间关系的历史记录，并如实呈报[1]。该法案出台后，财政部相应地订立并出台具体的申报要求，并将执法责任交予国内收入局和金融犯罪执法网（Financial Crime Enforcement Network，FinCEN）等两个下属机构。根据《银行保密法案》的要求，《境外金融账户呈报表FinCEN 114》（Report of Foreign Bank and Financial Accounts，FBAR）得以颁布实施。

2007年，瑞银集团下的一名银行从业人员向美国政府汇报，称大批美国纳税人在瑞士联合银行开户用以隐藏境外收入，逃避纳税义务。为此美国国内收入局展开对瑞士联合银行的严密调查，调查迅速推广到其他国家和地区。2009年，美国政府开始推行“胡萝卜加大棒”的政策，一方面司法部对藏匿收入不报者作刑事犯罪论处（“大棒”政策），另一方面也网开一面建立了“主动披露”项目（Voluntary Disclosure Program），允许纳税人主动向国内收入局呈报所藏收入，并缴纳所欠税款和罚金（“胡萝卜”政策）。这一系列的举措使得大批隐藏的境外账户曝光，并最终促使国会出台《境外账户税务合规法案》（Foreign Account Tax Compliance Act，FATCA）[2]。根据该法案，财政部又出台了《特定境外金融资产呈报表 8938》（Statement of Specified Foreign Financial Assets），要求相关纳税人如实报告。

境外金融账户申报表 FinCEN 114 和特定境外金融资产呈报表 8938 有其相似之处，但不能互相替代，相关纳税人必须按照各自的要求分别填报。表 16－1 简要对比两份表格的填报要求和填报时间[3]：

表 16－1　　填报要求和填报时间

	特定境外金融资产呈报表 8938	境外金融账户呈报表 FinCEN 114
填报人	持有特定境外金融资产超过限额的个人（包括美国公民、美国纳税居民及部分非美国纳税居民）和美国境内纳税实体（包括股份有限公司、合伙企业及信托）。	持有境外金融账户的资金额度超过限额的美国公民、美国纳税居民、信托、遗产纳税体等。
“美国”是否包括美国托管地	不包括	包括，美国纳税居民包括在美国托管地的纳税居民。
应填报的金融资产价值限额	填报人居住在境内： • 单身未婚者（或婚内独立申报者）：纳税年度最后一天所持资产价值超过 5 万美元，或纳税年度任何一天所持资产价值超过 7.5 万美元； • 婚内联合申报者：纳税年度最后一天所持资产价值超过 10 万美元，或纳税年度任何一天所持资产价值超过 15 万美元。 填报人居住在境外： • 单身未婚者（或婚内独立申报者）：纳税年度最后一天所持资产价值超过 20 万美元，或纳税年度任何一天所持资产价值超过 30 万美元； • 婚内联合申报者：纳税年度最后一天所持资产价值超过 40 万美元，或纳税年度任何一天所持资产价值超过 60 万美元。 填报人为境内纳税实体： 纳税年度最后一天所持资产价值超过 5 万美元，或纳税年度任何一天所持资产价值超过 7.5 万美元。	在公历年的任何一天，纳税人持有的各金融账户资金总额超过 1 万美元。 注意：如果纳税人持有多个金融账户，应将所有账户余额汇总计算。

续表

	特定境外金融资产呈报表 8938	境外金融账户呈报表 FinCEN 114
如何判断“持有金融账户或金融资产”?	该金融资产所产生的收入、支出、盈利或亏损应归入该纳税人的应纳税所得额时，该纳税人即持有该金融资产。	拥有金融账户权益：纳税人本人或其代理人是该金融账户的户主；如果该金融账户的户主为实体，纳税人本人对该实体持有 50% 以上的权益。 具有签字权：纳税人可以直接与该金融机构联系并有权控制金融账户下的资产处置。
填报内容	特定境外金融资产的最高市值，包括在境外金融机构开立的账户内资产及境外非账户投资资产。	经营地点在境外的金融机构的账户最高市值
如何确定最高市值	按该纳税年度当地最高市值，并以纳税年度最后一日的汇率转换为美元。	按金融账户的定期结单确定最高市值，并以 12 月 31 日的汇率转换为美元。
申报截止日	同纳税人的所得税申报表一起呈报	每年 4 月 15 日（可自动延期到 10 月 15 日）
呈送部门	同所得税申报表一起交予国内收入局	在金融犯罪执法网站电子申报
违约罚金	遗漏呈报按次罚款 1 万美元。如收到国内收入局通知仍不按期呈报，则每 30 天加收罚款 1 万美元，最高可罚款 6 万美元，且可承担刑事责任。	如非故意遗漏呈报，罚款 1 万美元；如故意不报，罚款可达 10 万美元或账户最高余额的 50%。此罚款根据通胀调整。 纳税人可承担刑事责任。

国内收入局进一步规定，在两份呈报表格中应披露的境外资产信息见表 16－2。

表 16－2　　应披露的境外资产信息

境外资产类别	特定境外金融资产呈报表 8938	境外金融账户呈报表 FinCEN 114
在境外金融机构开立的存款或保管账户	呈报	呈报
在美国金融机构的境外分支机构开立的金融账户	不呈报	呈报
在境外金融机构的美国分支机构开立的金融账户	不呈报	不呈报

续表

境外资产类别	特定境外金融资产呈报表 8938	境外金融账户呈报表 FinCEN 114
具有境外金融账户的签字权	不呈报，除非满足上述其他要求	呈报，或有例外
持有股票或有价证券的境外金融账户	呈报（但不需披露细节）	呈报（但不需披露细节）
未经境外金融账户持有的股票或有价证券	呈报	不呈报
境外合伙企业权益	呈报	不呈报
通过其他实体间接持有境外金融资产	不呈报	呈报（如持有该实体 50% 以上的权益）
境外共同基金	呈报	呈报
境内共同基金投资于境外股票或有价证券	不呈报	不呈报
境外金融账户或非金融账户投资资产由境外或境内委托人信托持有（纳税人是委托人）	呈报	呈报
具有折现值的境外人寿保险或年金	呈报	呈报
境外对冲基金或私募基金	呈报	不呈报
直接持有的境外不动产（房地产）	不呈报	不呈报
通过其他境外实体间接持有的境外不动产	不呈报	不呈报
直接持有的外汇	不呈报	不呈报
直接持有的贵重金属	不呈报	不呈报
直接持有的收藏（如珠宝、油画、汽车等）	不呈报	不呈报
外国政府提供的社保类收益	不呈报	不呈报

表 16－2 内容表明，特定境外金融资产呈报表 8938（见表 16－3）所披露的内容要略多一些，它还包括披露银行账户之外的其他金融类资产。由于这两份表格具有差异，且漏报的罚款金额很高，纳税人应特别予以警惕和关注。

表 16－3　　特定境外金融资产呈报表 8938（2021 纳税年度）

Form 8938 Department of the Treasury Internal Revenue Service	Statement of Specified Foreign Financial Assets ▶Go to *www. irs. gov/Form* 8938 for instructions and the latest information ▶Attach to your tax return For calendar year 2020 or tax year beginning　, 2021, and ending　, 2021	OMB No. 1545－2195 2021 Attachment Sequence No. 938

填报目的：呈报并披露纳税人的特定境外金融资产。
填报人：符合规定的个人和境内纳税实体。

二、代扣代缴非美国纳税人的美国所得税

本书第七章第二节阐述了非美国纳税居民或实体获得源自美国境内收入时的应税责任，并简要提及美国付款机构应履行的代扣代缴义务。此处从代扣代缴义务的角度出发，更为详细地介绍代扣代缴责任范围和违规责罚条款等。

现行联邦税法采用代理人制度（地方政府亦多仿效），将代扣代缴境内所得税的义务交给"代扣代缴代理人"（Withholding Agent）。当非美国纳税居民或实体获得源自美国境内的固定定期收入（参阅第四章第二节）时，代扣代缴代理人应按 30% 的税率（可根据税收协定调低）扣缴所得税[4]。《境外账户税务合规法案》（Foreign Account Tax Compliance Act，FATCA）出台前，代扣代缴所得税的税法条规只支持一种形式，就是针对非美国纳税居民或实体的美国境内收入进行代扣代缴。这种形式目前被称为"第三章代扣代缴规定"（Chapter 3 Withholding Requirements）。而在《境外账户税务合规法案》下，一套新的代扣代缴制度使其责任分工更加细致，程序更加烦琐。这套新的制度目前被称为"第四章代扣代缴规定"（Chapter 4 Withholding Requirements）。

第三章代扣代缴规定下的"代扣代缴代理人"指任何对非美国纳税居民或实体所获得的源自美国境内的收入具有控制、获取、托管、处置或支付权利的美国税务责任人或非美国税务责任人[5]。代扣代缴代理人可以是个人、股份有限公司、合伙企业、信托、合作联盟或其他形式的组织，包括境外中间人、境外合伙企业或境外银行、境外保险机构在美国设立的分支机构等[6]。国内收入局指导期刊甚至指出，同笔收入的代扣代缴代理人可以是多个。所以即便某税务责任人没有经手源自美国境内收入的处理，该税务责任人也可能

是代扣代缴代理人。但是，全额税款只需被代扣代缴一次，多数情形下代扣代缴代理人是给非美国纳税居民或实体支付款项的责任人。

第四章代扣代缴规定下的“代扣代缴代理人”除了包括上述第三章代扣代缴规定下的责任人以外，还包括和美国财政部签署协议的境外金融机构及经注册视同合规的境外金融机构，当然前提是它们经手应被征税的款项[7]。第四章代扣代缴规定是《境外账户税务合规法案》的产物，因此它的实质是把境外金融机构等纳入协助国内收入局监督代扣代缴的工作中，目的是更加严厉地杜绝逃税现象。当非美国纳税居民或实体获得源自美国境内的固定定期收入（参阅第四章第二节）时，代扣代缴代理人应按30%的税率（可根据税收协定调低）扣缴所得税[8]。

多数情况下代扣代缴代理人所扣缴的所得税都源于固定定期收入，而当非美国纳税居民或实体产生美国有效相关收入（参阅第四章第二节）时应主动申报并缴纳税款。另外，税法强制规定境内合伙企业向境外合伙人分摊有效相关收入（而不是依据现金或资产的分配）时必须代扣代缴所得税[9]，该境内合伙企业本身就是代扣代缴代理人。当境外合伙人为股份有限公司时，应采用适用于美国C类股份有限公司的最高税率（目前为21%）代扣代缴；当境外合伙人为个人时，应采用适用于美国个人的最高边际税率（目前为37%）代扣代缴[10]。代扣代缴应在有效相关收入产生的年度内按季度分期进行，通过填报合伙企业代扣代缴所得税支付表8813（见表16－4）缴纳税款。次年，该合伙企业还应填报合伙企业代扣代缴所得纳税年度申报表8804（见表16－5）和境外合伙人被扣缴所得税税额明细表8805（见表16－6），用以总结上年应缴和实缴的税款，并通知各境外合伙人应缴和实缴的税额[11]。

表16－4　合伙企业代扣代缴所得税支付表8813（现行，2008年12月颁布）

Form 8813 (Rev. December 2008) Department of the Treasury Internal Revenue Service	Partnership Withholding Tax Payment Voucher (Section 1446) ►See separate instructions for Form 8804, 8805, and 8813. For calendar year 2020 or tax year beginning , 2021, and ending , 2021	OMB No. 1545 – 1119

填报目的：对境外合伙人获得的有效相关收入实施代扣代缴所得税。

填报人：美国境内合伙企业。

表 16-5 合伙企业代扣代缴所得纳税年度申报表 8804（2021 纳税年度）

Form 8804 Department of the Treasury Internal Revenue Service	Annual Return for Partnership Withholding Tax (Section 1446) ▶Attach Form (s) 8804 - C and 8805. ▶Go to *www. irs. gov/Form* 8804 for instructions and the latest information	OMB No. 1545 - 0123 2021

填报目的：计算、总结并分类填报应代扣代缴的所得税税款和已缴纳的税款。
填报人：美国境内合伙企业。

表 16-6 境外合伙人被扣缴所得税税额明细表 8805（现行，2019 年 11 月颁布）

Form 8805 (Rev. November 2019) Department of the Treasury Internal Revenue Service	Foreign Partner's Information Statement of Section 1446 Withholding Tax ▶Go to *www. irs. gov/Form* 8805 for instructions and the latest information	OMB No. 1545 - 0123 Copy A For Internal Revenue Service Attach to Form 8804

填报目的：分别给联邦税局和境外合伙人提供代扣代缴的所得税税款明细。
填报人：美国境内合伙企业。

代扣代缴代理人承担非常严肃的代扣代缴义务，必须认真执行对境外收款人或合伙人的身份确认。如果代理人没有代扣代缴应缴纳的所得税，那么该代理人对应缴纳的所得税、欠税利息和罚金负有全部责任[12]。特别是在第四章代扣代缴规定下，代扣代缴的义务可能会在经手款项支付的机构间转移，所以无论是付款责任人或收款的境外受益人，都应厘清谁负有代扣代缴义务以及被扣缴的所得税额。

三、其他联邦征税项目

除了所得税之外，联邦政府还可以征收雇用税和消费税。根据国内收入局的统计数据，2019 年联邦政府的财政收入为 3.5 万亿美元，其中雇用税的占比为 33.9%，消费税的占比为 2.3%[13]。

1. 雇用税

雇用税也是根据纳税人（仅为个人）的收入而征收的税款，有两种细分种类：自我雇用税（Self - Employment Tax，以下简称自雇税）和雇主雇用税（Employment Tax，以下简称雇用税）。通俗一点讲，前者就是自己是自己的老板时应缴纳的雇用税税额，后者则是给老板打工时应缴纳的雇用税税额。

无论是自雇税还是雇用税，其组成均可分为社会安全保障税（Social Security Tax）和老年医疗保障税（Medicare Tax）。现行的税法规定下，社会安全保障税由雇主[14]和雇员[15]各承担6.2%的雇员薪酬最高限额，2021年该薪酬最高限额为14.28万美元[16]。也就是说在收入等于或高于14.28万美元的情形下，该雇员和雇主应分别缴纳社会安全保障税8 853.60美元。老年医疗保障税由雇主[17]和雇员[18]各承担1.45%的雇员薪酬，无最高薪酬额度限制。当雇主和雇员为同一人，即个人需缴纳自雇税时，该个人应以自雇净收入（上限也是14.28万美元）的12.9%作为社会安全保障税，和自雇净收入的2.9%作为老年医疗保障税[19]。自雇税中还包括该个人应支付的额外老年医疗保障税，等于自雇净收入的0.9%超过下列豁免额的部分（见表16－7）[20]：

表16－7　　申报身份及豁免限额

申报身份	豁免限额
婚内联合申报或丧偶者申报	25万美元
户主申报	20万美元
婚内独立申报	12.5万美元
未婚单身申报	20万美元

2. 消费税

消费税，是联邦政府针对某些特殊消费品或服务进行征税的税种。在美国成立早期，消费税曾是国家财政收入的主要来源（参阅第一章第一节）。目前被征收消费税的消费品有特殊燃油、重型卡车和拖车、轮胎、医疗器械、体育用品等，被征收消费税的服务如电报电话通信服务、室内日光浴等。

四、免税机构或组织

免税机构或组织（Tax－Exempt Organization）指符合联邦税法规定下可免除缴纳所得税的机构或组织。免税机构或组织应代扣代缴雇用税，还应对不符合条件的收入缴纳所得税[21]。

第二节　地方税种和经济数字化的影响

根据税收政策中心的统计数据，2017 年美国地方政府（包括 50 个州和华盛顿特区）的财政收入共计 2 万亿美元，约一半来自联邦政府拨款和各种费用，另一半来自地方政府的税收[22]。

各州立法制定的地方税收政策不可一概而论，但支柱性的税种主要有所得税、销售（使用）税、财产税和采掘税等。各州可以根据各自的财政需求暂时停止某些税种的征收，如遗产税等。此外，由于近年来数字经济的迅速发展，联邦和地方政府都在积极探讨如何规范数字经济下的征税范围和税率等新课题。

一、常见的地方税种

以下简要阐述四项常见的地方支柱性税种。

1. 州及城市所得税

与联邦政府的所得税政策一致，各州及某些（大）城市对个人和 C 类股份有限公司征收地方所得税。根据纳税人的身份，地方所得税的征税范围、基数和税率都有所不同。

对于个人，目前美国有 41 个州及华盛顿特区征收个人所得税；7 个州不对个人或家庭征收所得税，包括阿拉斯加州、佛罗里达州、内华达州、南达科他州、得克萨斯州、华盛顿州和怀俄明州；2 个州仅对利息和股息征税，包括新罕布什尔州和田纳西州。州政府征收个人所得税时，通常结合纳税人在本州内的收入及纳税人的居所来确定其收入的征税范围，各州的侧重点不尽相同。个别州与其邻近各州签订互惠协议，可扩大或缩小其征税范围。各州征税基数的计算方式和联邦所得税征税基数的计算方式基本相同，并可稍作调整，或可针对不同的净收入类别（如净资本利得或股息等）来分别征税。各州的个人所得税税率由各州立法确定，差别很大，目前最低的个人所得税税率为北达科他州的 2.9%，最高的税率为加利福尼亚州的 13.3%（包括对收入超过 100 万美元的纳税人所征收的额外 1%）。其他个人所得税税率超过

8%的州包括夏威夷州、俄勒冈州、新泽西州、纽约州、佛蒙特州、明尼苏达州、爱荷华州以及华盛顿特区[23]。

对于C类股份有限公司而言，如何确定纳税人是否应承担某个州的纳税义务是各州税收政策的首要问题。由于美国宪法赋予联邦政府协调各州之间的商务往来事宜[24]的权力，所以在此问题上各州的财政税收立法就必须考虑联邦政府制定的相关规定以及最高法院的裁决。被各州广泛接受的、确定州内纳税义务的衡量标准包括[25]：

1）该股份公司在本州内的活动构成与本州有“重要联结”(Substantial Nexus)；

2）在本州的纳税义务是公平分摊（Fairly Apportioned）的结果；

3）该纳税义务对其他任何州不构成歧视性征税；

4）该纳税义务与该纳税人享受的该州所提供的各项公共服务具有公平合理的相关性。

根据上述衡量标准，各州分别细化“重要联结”的指征以确定股份公司的纳税义务，并确定分摊比率的具体计算方法。历史上各州采用的“重要联结”的指征包括在州内持有经营所需的不动产和固定资产、雇用州内人员或独立承包商，或者在州内实现销售收入。股份公司用某州的不动产和固定资产、薪酬和销售收入数据分别除以其全国（全球）的这三项数据，从而获得三个比率，然后再通过加权平均的方式计算出本州的分摊比率（目前的趋势显示，越来越多的州仅采用销售收入比率作为分摊比率）。

常见的C类股份有限公司的州所得税税额计算公式如下：

应缴州所得税税款＝(调整后的）联邦应纳税所得额×州分摊比率（上述三项比率的加权平均后的总和）×州所得税税率

可见，各州所得税税额的计算起点是联邦应纳税所得额，州立法还需进而确定本州是否应根据自身需要对联邦应纳税所得额进行调整或保持完全一致。

美国的某些城市或县镇也针对个人或C类股份有限公司征收所得税，比如纽约市和旧金山市都征收个人所得税，纽约市还征收股份有限公司的所得税。

2. 销售（使用）税

销售（使用）税（Sales and Use Tax）指地方政府通过对卖方征收销售税或者对买方征收使用税的方式，强制最终消费者在使用某件产品或享受某项服务时履行其应税义务。这项税种可以形象地被看作是一个硬币的两个面，一方面，卖方有义务从最终消费者手中收取销售税，并上交地方政府；另一方面，消费者购买产品或服务时如果没有支付销售税，其应该主动按销售税税率缴纳使用税。可见销售税是针对卖方的税种，而使用税是针对买方（消费者）的税种，同一笔交易只需由其中一方来支付，其额度等于该笔销售额乘以税率。该税种仅针对最终消费者购买的产品或服务，中间商购买产品或服务后将其用于生产其他产品或产生其他服务，则不必缴纳销售（使用）税。

各州、市、县级立法机构制定销售（使用）税的法律规定，包括征收的消费品或服务范围、征收税率等。因此尽管该税种有很大程度的共性，但纳税人不能忽视各州具体的法律规定。

近年来，网购和电子商务已成为消费者采购活动的重要途径。在新形势下，各地方政府都积极采取行动保护各自收取销售（使用）税的权利。此间最具影响力的事件是 2018 年最高法院对 Wayfair 案件的裁决，它赞成南达科他州对 Wayfair 公司通过网络销售到该州境内的产品征收销售税，认为现代电子商务促成了 Wayfair 公司与南达科他州非物理的“经济利益联结”（Economic Nexus）[26]。此裁决推翻了沿用已久的前最高法院裁决，即只有卖方在某州内具有实体存在（如有办公场所、销售人员或独立承包商等）时，该卖方才应该缴纳该州的销售税[27]。最高法院对 Wayfair 公司的裁决生效后，各州都迅速修改其销售（使用）税的政策，将本州消费者网购的交易纳入征税范围。

3. 财产税

财产税（Property Tax）指地方政府对不动产和其他有形资产的所有权按法定比率征收的税种。它的征税基础通常是不动产或有形资产的市值，各类资产的市值由地方政府认可的评估机构按财政年度予以认定。

长期以来，财产税是县、县级市、镇或其他特殊社区等地方政府的重要财政来源，州和联邦政府则早已放弃征收财产税。究其缘由，普遍接受的经济学家观点是，财产税是一种“福利税”，即纳税人可以非常直接地享受到该税种所带来的公共社区福利，比如县镇政府修路、搭桥或者改善本县镇的学校条件等。最底层执政和公共管理单位因和当地居民（纳税人）之间的互动最为紧密，所以最能更好地利用财产税来实现公共社区的管理和服务[28]。

4. 采掘税

采掘税（Severance Tax）指州或其他地方政府对自然资源的开采而征收的税种。由于采掘税以开采量或开采出的资源价值作为税基，所以该税种的年征收额度可能因开采量或市场价格变化而发生较大的波动。美国目前有 34

个州征收采掘税，自然资源丰富的州的财政收入很大一部分来自采掘税，比如2017年的数据显示北达科他州的采掘税占其财政总收入的22%，其次是怀俄明州和阿拉斯加州，采掘税分别占比8%和7%[29]。

除了以上支柱性的地方税种之外，各州还利用其他税种维持财政收入，如特许经营税（Franchise Tax）、资本净额税（Net Worth Tax）、所有者权益税（Capital Base Tax）、财产转让税（Transfer Tax）等。

二、经济数字化对税制的影响

在经济数字化已成为全球经济发展不可逆转的趋势之下，经合组织和20国集团是推动各国分析、探讨和提议国际税制改革的主导力量。自2013年以来，经合组织和20国集团建立了工作组，集中精力研究数字经济的发展趋势，并希望尽快建立一套各国均认可的、数字经济下的国际税收新制度。工作组发布的四份有影响力的报告如下：

1）《应对数字经济对税收的挑战：2015年第一行动报告》(Addressing the Tax Challenges of the Digital Economy，Action 1 - 2015 Final Report）首次明确指出经济数字化给各国的直接税和间接税所带来的问题，并提出几项应对的政策提议。但是，该报告并未涉及国际税收政策最核心的问题，即当数字经济产生跨境的经营活动时各国的征税权利和权限的界定[30]。

2）《经济数字化引起的税收挑战：2018年过渡期报告》（Tax Challenges Arising from Digitalisation：Interim Report 2018）在20国集团的敦促下应运而生。该报告分析和描述了数字经济的市场特征、数字经济的价值所在以及数字经济的商业模式特点等。对于数字经济市场环境的分析产生了许多积极的效果，特别是进一步引发各国杜绝“双重未征税”税收征管现象，迫使跨境经营的国际大公司重新安排其全球资产配置和地域安置[31]。

3）2019年发布的《研究应对经济数字化税收挑战共识性解决方案的工作计划》(Program of Work to Develop a Consensus Solution to the Tax Challenges Arising from the Digitalisation of the Economy）包括两个支柱，支柱一旨在通过建立新的联结度规则（Nexus Rules）和

利润分配规则，向市场国分配更多的征税权，并相应改变现有的税收协定规则；支柱二则继续关注遗留的税基侵蚀和利润转移（Base Erosion and Profit Shifting，BEPS）问题。

4）2020年发布的《迈向衡量数字经济的统一框架》（A Road-map Toward a Common Framework for Measuring the Digital Economy）试图以更清晰的方式定义数字经济，并在经合组织和20国集团内实现衡量数字经济的统一标准。该报告认为"数字经济指所有依赖数据投入或因数据投入而大幅提升功效的经济活动，包括数字科技、数据基础设施、数字化服务和大数据等。数字经济涉及生产者和消费者，包括政府机构，即所有在其经济活动中运用数据投入的参与者"。在统一衡量标准方面，该报告建议各国通过分享最佳实践方略，在数据采集、方法论和分析工具等方面建立共识，促使各国的经济活动数据具有可比性，最终形成一套国际通用准则。

继2015年一系列的研究报告发表之后，2016年6月，经合组织和20国集团就税基侵蚀和利润转移建立了包容性框架（Inclusive Framework，IF）。世界各国可以自觉自愿地加入该框架下的成员国行列，执行防止税基侵蚀和利润转移的现有行动方案，并参与制定未来的政策和措施。然而，各国在衡量数字经济及采纳数字经济的税收新政等方面表现各异。截至2020年底，英国、法国、奥地利、匈牙利、印度、意大利、肯尼亚、波兰、西班牙和土耳其等10国已率先实施数字服务税，但各国采用的触发征税的条件、税基范围和税率则各不相同。

美国不仅自身经济体量大，而且经济数字化进程和在全球的渗透度也可谓世界领先[32]，因此经合组织和20国集团所倡导的数字经济下的税收新政对美国的大型跨国公司影响巨大。美国贸易代表从2019年开始先调研法国的数字服务税政策，认为该政策对美国大型跨国公司不公平，从而决定采用贸易保护手段进行报复，如增加法国进口奢侈品的关税。在数字服务税的征税体系被广泛认可和采纳之前，贸易制裁可能是美国抵制其他各国征收此税、保护美国跨国企业利益的唯一途径[33]。

2021年10月8日，20国集团和经合组织包容性框架召开第十三次全体成员大会，136个辖区就国际税收制度的重大改革达成共识，并于会后发布了《关于应对经济数字化税收挑战双支柱方案的声明》（Statement on a Two – Pilar Solution to Address the Tax Challenges Arising from the Digitalisation of the Economy，以下简称双支柱方案）。

双支柱方案巩固了过去几年的工作成果，并进一步制定了新的工作方向。支柱一继续突破现行国际税收规则中关于物理存在的限制条件，向市场国重新分配大型跨国企业的利润和征税权，以确保相关跨国企业在数字经济背景下更加公平地承担全球纳税义务。换句话说，就是支柱一将把对跨国公司的部分征税权从母国重新分配给其开展业务活动并赚取利润的市场，而不管公司是否在这些市场国有实体存在。支柱二提出通过建立全球最低税制度，打击逃避纳税，并为公司所得税的税率竞争划定底线，也就是规定了全球最低税税率为15%。

根据经合组织的测算，支柱一将影响全球规模最大且最具营利性的大约100家跨国企业集团（全球营收年均超过100亿欧元且税前利润超过10%），每年将有超过1 250亿美元的利润重新分配给市场国。支柱二所规定的全球最低税税率适用于全球营收超过7.5亿欧元的跨国企业，预计每年在全球范围内将增加1 500亿美元的公司所得税收入[34]。

在双支柱方案的大背景下，包括中国在内的各数字经济实力较强的国家和地区都积极关注征税权分配和全球最低税税率适用标准的进展，各地将采取的应对措施尚待明确。

本章参考文献

[1] 31 U. S. C. § 5314 (a).

[2] Usman Mohammad, "Reporting Foreign Accounts on the FBAR versus Form 8938," *The CPA Journal*, September 1, 2020, http://www.cpajournal.com/2020/09/01/reporting-foreign-accounts-on-the-fbar-versus-form-8938 (accessed March 20, 2021).

[3] "Comparison of Form 8938 and FBAR Requirements," Internal Revenue Service, October 30, 2020, http://www.irs.gov/businesses/comparison-of-form-8938-and-fbar-requirements (accessed March 20, 2021).

[4] IRC § 1441 (a).

[5] IRC § 1441 (a) and Treas. Reg. § 1.1441–7 (a) (1).

[6] U. S. Department of the Treasury, Internal Revenue Service, *Publication 515: Withholding of Tax on Nonresident Aliens and Foreign Entities*, Cat. No.

15019L (Washington, DC: 2021).

[7] IRC § 1471 (b).

[8] IRC § 1471 (a).

[9] IRC § 1446 (a).

[10] Treas. Reg. § 1. 1446 - 3 (a) (2).

[11] Treas. Reg. § 1. 1446 - 3 (d) (1).

[12] Treas. Reg. § 1. 1441 - 7 (b) (1).

[13] U. S. Department of the Treasury, Internal Revenue Service, *Data Book October* 1, 2018 *to September* 30, 2019 (Washington, DC: 2019), http://www.irs.gov/pub/irs-pdf/p55b.pdf (accessed March 24, 2021).

[14] IRC § 3111 (a).

[15] IRC § 3101 (a).

[16] "Contribution And Benefit Base," Social Security, http://www.ssa.gov/oact/cola/cbb.html (accessed March 24, 2021).

[17] IRC § 3111 (b).

[18] IRC § 3101 (b).

[19] IRC § 1401 (a) and (b) (1).

[20] IRC § 1401 (b) (2).

[21] IRC § 501 (a) and (b).

[22] "The State of State (and Local) Tax Policy," The Tax Policy Center Briefing Book, May 2020, http://www.taxpolicycenter.org/briefing-book/what-are-sources-revenue-state-governments (accessed March 27, 2021).

[23] "Individual Income Taxes," The Policy Center of The Urban Institute, 2011 to Present, https://www.urban.org/policy-centers/cross-center-initiatives/state-and-local-finance-initiative/projects/state-and-local-backgrounders/individual-income-taxes (accessed March 27, 2021).

[24] U. S. Constitution, Article I, § 8.

[25] *Complete Auto Transit, Inc. v. Brady*, 430 U. S. 274 (1977).

[26] *South Dakota v. Wayfair*, 138 S. Ct. 2080, 2099 (2018).

[27] *Quill Corp.. v. North Dakota*, 504 U. S. 298 (1992).

[28] John Joseph Wallis, *A History of the Property Tax in America*, Department of Economics in University of Maryland and National Bureau of Economic Research,

http://www.econweb.umd.edu/~wallis/mypapers/ptfinal.pdf (accessed March 30, 2021).

[29] "The State of State (and Local) Tax Policy," The Tax Policy Center Briefing Book, May 2020, http://www.taxpolicycenter.org/briefing-book/what-are-sources-revenue-state-governments (accessed March 30, 2021).

[30] Eric Robert, "The 2018 OECD Interim Report," in *Tax and the Digital Economy: Challenges and Proposals for Reform*, ed. Werner Haslehner, Georg Kifler, Katerina Pantazaton, Alexander Rust (The Netherlands: Kluwer Law International B. V., 2019), page 1 – 2.

[31] *Ibid.* page 4 – 6.

[32] Bhaskar Chakravorti, Ajay Bhalla, and Ravi Shankar Chaturvedi, "Which Economies Showed the Most Digital Progress in 2020?" *Economics & Society of Harvard Business Review*, December 18, 2020, http://www.hbr.org/2020/12/which-economies-showed-the-most-digital-progress-in-2020 (accessed March 31, 2021).

[33] Amie Ahanchian, Donald Hok, Philippe Stephanny, and Elizabeth S. Shingler, "Digital Services Tax: Why the World is Watching," *Bloomberg Tax*, January 6, 2021, http://www.news.bloombergtax.com/daily-tax-report/digital-services-tax-why-the-world-is-watching (accessed March 31, 2021).

[34] OECD, *Two – Pilar Solution to Address the Tax Challenges Arising from the Digitalisation of the Economy* (October 2021), https://www.oecd.org/tax/beps/brochure-two-pillar-solution-to-address-the-tax-challenges-arising-from-the-digitalisation-of-the-economy-october-2021.pdf (accessed July 4, 2022).

书中涉及的部分术语中英文对照

English	中文
1231 gain	1231 资产处置利得
1231 loss	1231 资产处置亏损
3 – year average fair market value percentage	3 年平均出售资产市值比率
704（b）Book account	704（b）账户
80 – percent distributee	80% 被分配方
Absorption ratio	吸收率
Accelerated Cost Recovery System（ACRS）	加速成本回收体系
Accrual basis	权责发生制、应收应付制
Accumulated adjustments account（AAA）	累计调整账户
Accumulated earnings credit	累计未分配盈余税抵免额
Accumulated earnings tax	累计未分配盈余税
Accumulated taxable income	累计应纳税所得额
Acquisition of capital	获取资本
Additional Medicare tax	额外老年医疗保障税
Additional section 263A costs	条款 263A 额外费用
Additional standard deduction	增加的标准扣除
Adjusted basis	持有成本（指调整后的持有成本基数）
Adjusted Financial Statement Income（AFSI）	调整后的财务净利润
Adjusted gross income（AGI）	调整后的总收入
Adjusted grossed-up basis	调整后的总资产成本
Adjusted ordinary gross income	调整后一般性总收入
Adjusted seasonal installment	按季节调节收入分次预缴
Adjusted taxable income	调整后的应纳税所得额
Advances	应收应付形式的现金流注资
Affiliated group	可合并纳税的一组公司
Aggregate deemed sale price	视同交易的整体售价
Aggregate group	聚合体
Aggregation rule	总体集合规则

Allocable contract cost	应分摊的合同成本
Alternative depreciation system（ADS）	可选择折旧制
Alternative minimum tax（AMT）	替代性最低（所得）税
Alternative minimum taxable income（AMTI）	替代性最低收入
Amortization	摊销
AMT exemption	替代性最低收入免税额
Annualized income installment	按年度化总收入分次预缴
Anti-deferral regime	反税负递延体制
Applicable corporation	符合条件的股份公司
Applicable corporations	相关公司
Applicable exclusion amount	可免除征税额
Applicable federal rate	联邦基准利率
Applicable financial statement	适用的财务报表
Apportion	分摊（计算州所得税）
Arbitrage bond	套汇债券
Arm's length standard	独立交易原则
Asset restoration obligation	油田退役责任、重塑资产原状的责任
Asset-over form	资产移交式
Asset-up form	资产上交式
At-risk rules	风险承担原则
Attribution rule	归属原则
Avoided cost method	规避成本法
Bad debts（expense）	坏账损失
Bank Secrecy Act	《银行保密法案》
Base erosion and anti-abuse tax	税基侵蚀和反滥用税
Base Erosion and Profit Shifting（BEPS）	税基侵蚀与利润转移
Base erosion percentage	税基侵蚀率
Base erosion tax benefit	税基侵蚀抵减获益项
Basic standard deduction	基本标准扣除
Basis of property	资产（成本）基数
Bearer form	凭票即付、无记名形式
Beneficiary	受益人
Bequest	遗赠
Best method rule	最优化规则
Bond	债券

Bond premium	债券溢价
Bonus depreciation	红利折旧
Book to tax difference	税会差异
Boot	同时获得的现金或其他等价物
Brookings Institution	布鲁金斯学会
Brother-sister group	兄弟公司集团
Budget Committee	财政预算委员会
Built-in gain	嵌入盈利
Built-in loss	嵌入亏损
Burden rate method	承担率法
Calendar year	公历年
Capital assets	资本资产、资本性资产
Capital base tax	所有者权益税
Capital expenditure	资本性支出
Capital gain	资本利得、投资收益
Capital gain dividends	(REIT 派发的) 资本利得股息
Capital gain net income	资本利得收入
Capital loss	资本 (性) 亏损
Carried interest	携带权益
Carve out	部分剥离、部分分离
Carved-out production payment	剥离出的按产出支付
Cash basis (cash receipts and disbursements) method	收付实现制
Certificate of beneficial interest	受益凭证
Change in method of accounting	税务记账方法变更
Chapter	章
Chapter 3 withholding requirements	第三章代扣代缴规定
Chapter 4 withholding requirements	第四章代扣代缴规定
Character of income (or item)	收入 (或分类项) 的特征
Charitable Deduction	慈善赠予扣除
Charitable Lead Trust	慈善领先信托
Charitable Remainder Annuity Trust (CRAT)	慈善殿后年金收益信托
Charitable Remainder Trust	慈善殿后信托
Charitable Remainder Unitrust (CRUT)	慈善殿后统一比例收益信托
Check the box	纳税实体选择

Code	法典
Collectibles gain or loss	收藏活动资本利得或亏损
Combined absorption ratio	组合吸收率
Commodities derivative financial instruments	大宗商品交易衍生品
Commodity Credit Corporation（CCC）	农产品信贷公司
Common control	共同控制
Common parent	共同的母公司
Community property	夫妻婚内共有财产
Comparable profits method（CPM）	可比利润法
Comparable uncontrolled price（CUP）	非受控价格法
Compensation	补偿、劳务报酬、薪酬
Completed-contract method（CCM）	全部完工法
Completion factor	完工比率
Complex trust	复杂信托
Condemnation award	征用补偿金
Consent dividends	认同股息
Consent stocks	认同股票
Consolidated returns	合并纳税
Constructive ownership	推定所有权
Contested liabilities	有争议的付款义务
Contingent liability	或有负债
Continuity of business enterprise（COBE）	公司业务的延续
Continuity of interest	公司利益的延续
Contract price	协议售价（收入分期实现制下特殊定义）
Controlled foreign corporation	受控外国子公司
Convention（of depreciation）	折旧惯例
Convertible debentures	可转换债券
Convertible preferred stocks	可转换优先股
Cooperative association	合作联盟
Coronavirus Aid，Relief，and Economic Security Act（CARES Act）	《新冠病毒救援和经济安全法案》《救援法案》
Corporate Alternative Minimum Tax（CAMT）	股份公司替代性最低税
Corporation（C – Corporation）	股份有限公司（C 类）
Corpus	本金
Cost depletion	成本折耗法

Cost of goods sold	销货成本
Cost plus method	成本加成法
Coupon bond	付息债券
Covered employee	被监管高管雇员
Covered expatriate	特定退籍人
Credits （or tax credits）	税负抵免额
Daily depletable natural gas quantity	平均日可折耗天然气量
De minimis exception	最小可排除量
Dealers	经销商
Death tax	死者之税
Debenture	无抵押债
Debt instrument	举债手段、举债方式
Declining balance method	余额递减折旧法
Deemed distribution	视同分配
Deferred compensation plans	薪酬支付延期计划
Deficit restoration obligation	填平资本账户赤字的义务
Delay rentals	延期租赁费
Demolition of buildings	房屋拆除
Dependant	被扶养人、受抚养者
Depletable oil quantity	可折耗原油量
Depletion	折耗、折耗摊销
Depreciation	折旧
Development expenditures	开采成本
Digital services tax	数字服务税
Direct skip	直接跨代
Disguised dividends	伪装的分红
Disguised sale	伪装的出售
Disproportionate distribution	不对称分红
Disqualified tax year	不合格纳税年度
Disregarded entity	（税务上）被忽略体
Distributable net income	可分配净收入
Distributive share	分摊或分配额度
Divestiture	资产剥离
Dividend equivalent	等同股息的分配
Dividends	股息红利

Dividends paid deduction (DPD)	股息分配扣除
Dividends received deduction	股息（收入）扣除
Domestic production activities deduction	国内生产活动抵扣
Domestically controlled	境内股东控股的
Domicile test	居所测试
DOWNREIT	直投合伙型不动产投资信托基金
Downstream activities	下游工作活动
Dual-status aliens	双重纳税身份的外国公民
Earned income	劳务收入
Earnings and profits	税后净利润
Easement	地役权
Economic interest	获取经济效益权
Economic nexus	经济利益联结
Economic performance	经济表现
Economic Recovery Tax Act (1981)	《促进经济复苏税法法案》
Economic risk of loss	经济利益损失风险
Economic unit	经营活动单位
Education Expense Exclusion	教育赠予免除额
Effectively connected income (ECI)	有效相关的（美国境内经营活动）收入
Effectively connected with U. S. trade or business	与美国境内经营活动有效相关
Eligible entity	合格实体
Emergency Economic Stabilization Act of 2008	《稳定经济紧急法案》(2008 年颁布)
Employee retention credit	保就业（雇用税）税负抵免
Employee Stock Ownership Plan (ESOP)	员工持股计划
Employer payroll tax deferral	雇用税（雇主部分）延迟缴纳
Endangered species recovery expenditures	濒临灭绝动植物保护费
Entity Identification Number (EIN)	纳税实体联邦税号
Equity REIT	权益型不动产投资信托基金
Estate	遗产纳税体
Estate tax	遗产税
Estimated tax	预缴所得税
Ex dividend date	除息日
Excess business loss	超额的经营活动亏损
Excess net passive income	超额被动收入净值
Excess noncash income	超额非现金收入

Excess profits tax	超额利润税
Excess share provisions (ESPs)	超额股权规定
Excise tax	消费税
Exclusion	排除
Executor	遗嘱执行人
Exempt individuals	被豁免人
Exempt-contract percentage-of-completion method (EPCM)	豁免合同下的完工百分比法
Expatriate	退籍人
Expatriation date	退籍日
Expatriation tax	退籍税
Exploration expenditures	勘探开发成本
Extension	延期申报
Facts and circumstances	具体事实和实际情况
Federal Home Loan Banks	联邦住房贷款银行
Federal Insurance Contribution Act (FICA)	《社会保障法案》
Fee interest	不动产产权
Fiduciary	受托人、托管人
Filibuster	阻碍议案通过（的行为）
Filing status	纳税申报身份
Financial Crimes Enforcement Network (FinCEN)	金融犯罪执法网
Fiscal year	财政年
Five-or-fewerrule	5 人原则
Fixed and variable rate allowance (FAVR)	固定和变动（车辆）费结算法
Fixed or determinable, annual or periodical (FDAP) income	固定或可确定的按年度或按定期实现的收入，简称“固定定期收入”
Foreclosure	丧失抵押品的赎回权
Foreign Account Tax Compliance Act (FATCA)	《境外账户税务合规法案》
Foreign corporation	外国公司（美国境外设立的股份有限公司）
Foreign grantor trust	境外委托人信托
Foreign tax credit (FTC)	外国税收抵免
Foreign-derived intangible income	境外无形资产收入
Foreign-parented multi-national group	境外母公司跨国集团
Former passive activity	前年度为被动性的活动

Forward triangular merger (forward subsidiary merger)	正向三角型兼并（子公司续存式兼并）
Franchise tax	特许经营税
Fringe benefits	额外福利
General Accepted Accounting Principles (US GAAP)	美国公认会计准则
General business credits (GBC)	正常经营税收抵免额
General depreciation system (GDS)	常规折旧制
General sales tax	普通销售税
Generation-skipping transfer tax	跨代财产转移税
Geological and geophysical costs	资源勘探费
Gift tax	赠与税
Gift tax exclusion	（年度）赠与税免除额
Global intangible low-taxed income	全球无形资产低征税收入
Golden Parachute Payment	金色降落伞支付
Grandfathered	遵从旧有法规
Grantor	委托人
Grantor Retained Annuity Trust (GTAT)	委托人保留年金收益信托
Grantor Retained Interest Trust (GRIT)	委托人保留权益的信托
Grantor Retained Unitrust (GRUT)	委托人保留统一比例收益信托
Gross estate	全部遗产总额
Gross income	总收入
Gross income from the property	上游开采销售收入、油气产出销售收入
Gross profit	毛利润、毛收入
Guaranteed payment	保证的（合伙人）报酬
Head of household	户主
High yield discount obligation	深度折价的举债方式
Home equity indebtedness	自住房资产抵押贷款
Household employment tax	居家雇用税
Hybrid REIT	混合型不动产投资信托基金
Identification of hedging transactions	套期保值交易的税务识别
Impermissible tenant service income	税法禁止的租户服务收入
Imputed interest	强制利息
Inbound investment	内向型投资
Incentive stock option	激励型股票期权、奖励性认股权

Includible corporation	纳入合并纳税的公司
Inclusive Framework (IF)	包容性框架
Income on Guarantees	保证金收入
Income tax	所得税
Incorporated pocketbook	公司化的钱口袋
Independent contractor	独立承包商
Independent producer	独立油气生产商
Individual Retirement Account (IRA)	个人退休计划
Inheritance	遗产
Inside basis	内部持有成本
Insolvent	资不抵债
Installment method	收入分期实现制
Installment obligation	分期交付责任
Intangible drilling and development costs	钻井和开采期无形成本
Intangible property	无形资产
Integrated oil company	综合油气生产商
Inter vivos (living) trust	生前信托
Interest expense deduction	利息费用抵扣
Interests in real property	不动产权益
Internal Revenue Bulletin	联邦税局公报
Internal Revenue Code (IRC)	《国内税收法典》
Internal Revenue Service (IRS)	国内收入局
International Financial Reporting Standards (IFRS)	国际财务报告准则
Investing in Opportunity Act	《机会区投资法案》
Investment interest expense	投资活动利息费用
Investment tax credits	投资活动税负抵免额
Irrevocable trust	不可撤销信托
IRS Office of Chief Counsel	美国联邦税局首席法律顾问办公室
Issuing corporation (or acquiring corporation)	股票发行公司（或收购方公司）
Itemized deduction	分类扣除、列举扣除、逐项扣除
Joint interest (tenancy)	联权共有
Joint undertaking	共担责任的合作
Joint venture	合资经营
Joint-stock company	联合股权公司

Land clearing	土地开垦、土地清理
Landman	油气开采租约促成人
Large Business and International Division	大型公司和国际税务司
Last-in first-out	后进先出法
Lease bonus	（矿产开采）租约红利
Leasehold cost	（矿产开采）租赁期成本
Leasehold interest	租赁权益、矿产开采权
Least aggregate deferral	最少整体收入递延
Lessee	承租人
Lessor	出租人
Like-kind property	同类资产（1031 资产置换下）
Limited Liability Company（LLC）	有限责任公司
Loan modification	债务变更
Loan origination fees	贷款启动费
Long-term care insurance	长期护理保险
Long-term contract	长期合同
Look-back method	回溯计息法
Lower of cost or market	较低的成本或市值入账法
Major integrated oil companies	大型综合石油生产商
Majority interest taxable year	多数权益人的纳税年度
Mallinckrodt Trust	马林克罗特信托
Marital Deduction	配偶赠与扣除
Mark to market	市值计量
Married filing jointly	婚内联合纳税申报
Married filing separately	婚内独立纳税申报
Material participation	实质参与
Medical Expense Exclusion	医疗赠与免除额
Medicare taxes	老年人（和伤残人）医疗保障税
Membership interest	成员权益
Method of accounting	税务记账方法
Midstream activities	中游工作活动
Mineral interest（owner）	矿产所有权（人）
Mixed service costs	混合的服务类成本
Model Business Corporation Act	《股份制企业法案范本》

Modified Accelerated Cost Recovery System (MACRS)	改进的加速成本回收体系
Modified adjusted gross income	改进的调整后的总收入
Mortgage points	房贷点数
Mortgage REIT	抵押型不动产投资信托基金
National Conference of Commissioners on Uniform State Laws (NCCUSL)	统一州法律委员会全国会议
Net capital gain	净资本利得
Net capital loss	净资本利亏
Net investment income	净投资收入
Net Investment income tax	净投资收入税
Net operating loss	净经营亏损
Net pre-contribution gain	投入前净收益
Net profit interest	净收益分配权
Net worth tax	资本净额税
Net worth test	净资产测试
(Non –) Divisive reorganization	（非）分拆型公司重组
Non-operating interest	非作业权益
Non-operating mineral interests	矿区非作业权
Nonqualified preferred stock (NQPS)	不合格优先股
Non-recourse liability	无追索权借款（责任）
Notice	联邦税局通知
Office of Management and Budget (OMB)	美国行政管理和预算局
Office of Tax Policy	税收政策办公室（财政部下属机构）
Oilfield services	油服工作
Open account	赊账账户
Operating agreement	经营协议（有限责任公司制定）
Operating mineral interests	矿区作业权
Ordinary dividend	普通股息、普通分红
Ordinary income	一般收入、经营收入
Ordinary loss	一般亏损、经营亏损
Organization costs (expenses)	组织设立费
Original issue discount (OID)	折价发行的债券
Outbound investment	外向型投资
Outside basis	外部持有成本

Overriding royalty	延伸的矿区使用费
Parent-subsidiary group	控股公司集团
Part	部分
Participation exemption system	股东免税税收体系
Partnership	合伙企业
Partnership agreement	合伙协议
Partnership interest	合伙企业权益（合伙权益）
Partnership minimum gain	合伙企业最小盈利
Passive activity	被动性经营活动
Passive activity losses	被动性（经营活动）亏损
Passive foreign investment company	被动型外国投资公司
Passive investment income	被动性投资收入
Pass-through deduction	依照合规经营（调整）收入核算的扣除，199A 扣除
Pass-through entity	税负穿透体、税负透明体
Patient Protection and Affordable Care Act	《患者保护与平价医疗法案》
Pay as you go	现收现付
Per diem	出差津贴、差旅补助
"Per se" corporations	默认、实质上的股份有限公司
Percentage depletion	百分比折耗法
Percentage-of-completion method (PCM)	完工百分比法
Percentage-of-completion/capitalized-cost method (PCCM)	完工百分比加资本化成本法
Performance-based compensation	以绩效考评为基准的薪酬
Permanent establishment	常设机构
Permissible methods	可行的记账方法
Person	税务责任人（个人或经营实体）
Personal exemption	个人免税额
Personal holding company (PHC)	少数股东控股公司
Personal property	可动资产
Personal service corporation (PSC)	员工持股的服务型股份有限公司
Phase-out	分阶段停止使用、逐步淘汰
Political organization	政治组织
Pool of capital	资本池、资本汇集
Portfolio debt	10% 以下股东或权益人贷款

Portfolio income	投资组合收入
Portfolio interest	10%以下股东或权益人贷款利息收入
Possible reserves	可能开采的储量
Power of appointment	指定权、委任权
Power of appointment trust	(配偶)指定权信托
Preferred dividends	优先股息
Preferred stock	优先股
Premium tax credit	(健康)保险费抵免额度
Principal partner	主要合伙人
Principal residence	主要居所、主要自住房产
Private activity bond	非公益目的债券
Private letter ruling (PLR)	(联邦税局)个别回复意见
Private REIT	私有(私募)型不动产投资信托基金
Prizes and awards	奖品和奖励金
Probable reserves	概算储量
Production payment	按产出支付
Profit split methods	利润分割法
Progressive tax rate	逐级递增的税率结构
Prohibited transaction	违禁交易、被禁止的交易
Promissory note	本票
Property tax	财产税
Protective return	保护性税表
Proved reserves	探明储量
Public REIT	公开交易型不动产投资信托基金
Publication	联邦税局指导期刊
Purchasing costs absorption ratio	采购费用吸收率
Qualified business income	合规经营收入
Qualified dividend	合规股息、合规分红
Qualified domestic trust (QDOT or QDT)	合格的美国境内信托
Qualified income offset	合格收入弥补资本账户赤字
Qualified intermediary	合格的资产置换中介
Qualified joint interest	合格的联权共有
Qualified lessee construction allowance	合规的承租人改建或修缮费
Qualified non-recourse liability	合规无追索权负债
Qualified opportunity fund	合格的机会基金

Qualified opportunity zone business	合格的机会区经营活动
Qualified opportunity zone property	合格的机会区资产
Qualified opportunity zones	（指定的、合格的）联邦机会区
Qualified Personal Residence Trust （QPRT）	合格的私人住宅信托
Qualified preferred stock （QPS）	合格优先股
Qualified REIT subsidiary	全资 REIT 子公司
Qualified residence interest	合规自住房抵押贷款利息
Qualified stock purchase	符合条件的股权收购
Qualified subchapter S subsidiaries （Qsub）	合格的 S 类小型股份有限公司全资子公司
Qualified temporary investment income	暂时性合规投资收益
Qualified Terminable Interest Property Trust （QTIP）	合格的受限财产获益权信托
Qualifying child	符合条件的孩子
Qualifying person or individual	符合条件的个人
Qualifying relative	符合条件的亲戚
Real estate assets	不动产类资产
Real property	不动产
Real property trade or business	房地产经营活动
Recapitalization	资本结构调整
Recapture	对已享受税收利益的夺回
Recapture of 1250 gain	夺回 1250 资产处置利得的优待
Recapture of net ordinary losses	夺回经营活动净亏损的优待
Reconciliation directives	和解指令
Recourse liability	有追索权借款（责任）
Redeemable ground rent	可变现的地租
Regulated investment company （RIC）	受监管投资公司
（Regulated） real estate investment trust （REIT）	（受监管）不动产投资信托基金
Reimbursements of preformation expenditures	偿还加入合伙制企业前的资本性支出
Relinquished property	被置换资产、被放弃资产
Remedial allocation method	补救性分摊方法
Rental activity	出租活动
Reorganization	股份有限公司重组
Replacement property	置换资产、替代资产
Report of Foreign Bank and Financial Accounts （FBAR）	境外金融账户申报表

Resale price method	再销售价格法
Resident alien	美国税收居民
Restoration of value	价值的重塑
Restricted property transfer	受限财产转让
Retained life estate	保留生前权益（的）
Retained production payment	保留权益的按产出支付
Retirements	资产弃置
Return of capital	资本返还、投资回收
Returns of income	所得税税表
Revenue Act of 1921	《1921 年税收法案》
Revenue Procedures (Rev. Proc.)	税收执行程序
Revenue Rulings	税收裁定
Reverse QTIP Trust	反向合格的受限财产获益权信托
Reverse triangular merger (reverse subsidiary merger)	反向三角型兼并（子公司消失式兼并）
Reversionary interest	归复权益、将来权益
Revocable trust	可撤销信托
Royalties	版税、矿区等特许权使用收益
Royalty interest	矿区使用收费权、矿区使用费
Sale-leaseback	售后回租
Sales and use tax	销售和使用税
Salvage value	残值
Schedule K-1	税负穿透体收支明细
Schedule K-2, Partners'Distributive Share Items-International	合伙制企业境外项目分摊明细表 K-2
Schedule K-3, Partners'Distributive Share Items-International Partner's Share of Income, Deduction, and Credits, etc.	合伙人境外收支和税负抵免额明细表 K-3
S-Corporation	（S 类）小型股份公司
Section 1254 costs	1254 油气资产成本回收额
Section 1254 property	1254 油气资产
Section 199 manufacturing tax deduction	生产商税务优惠抵免
Section 467 rental agreements	467 条款租赁协议
Section 471 costs	条款 471 成本
Section 481 (a) adjustments	481（a）账务调整（因记账方法改变引起）

Self-employment tax	自我雇用税、自雇税
Senate closure rule	参议院停议规则
Senate Finance Committee	美国参议院财政委员会
Severance tax	采掘税
Sharing arrangement	分享安排
Significant participation	显著参与
Significant transferor	重要股东、重要股权转移人
Simple trust	简单信托
Simplified production method	简化的生产法
Simplified resale method	简化的再销售法
Simplified service cost method	简化的服务成本法
Single or unmarried filing status	单身未婚申报身份
Skip person	跨代后裔
Social security benefits	社会安全保障福利
Social security taxes	社会安全保障税
Sole proprietorship	独资企业
Specific identification method	特别识别法
Specified 10% owned foreign corporation	特定被持股10%或以上的外国股份公司
Spin off	公司分立
Split off	公司分离
Standard cost method	标准成本法
Start-up expenditure	公司启动开支、初创成本
Statistics of Income Bulletin (SOI)	《税收统计公报》
Statutory merger	法定兼并
Step up basis	提升持有成本
Stock dividends	股票分红
Stock right	优先购股权
Stock warrant	认股权证
Storage and handling costs absorption ratio	储藏和处理费用吸收率
Straight line method	直线折旧法
Stripping of earnings	盈余剥夺
Subchapter	子章
Subpart	子部分
Subpart F income	F子部分收入（源于受控外国子公司）
Substance over form	实质重于形式

Substantial built-in loss	显著的嵌入亏损
Substantial economic effect	实质性的经济利益
Substantial nexus	重要联结
Substantial presence	实质存在
Substantial risk of forfeiture	重大的财产没收风险
Substantially disproportionate redemption	显著不成比例的赎回
Substituted or carryover basis	替代的或结转的成本基数
Subtitle	子主题
Sum of the years-digits method	逐年点数累计折旧法
Surviving spouse，qualifying widow（er）	丧偶者
Syndication costs（expenses）	辛迪加成本
Tainted transactions	受到污染的交易
Tangible property	有形资产、固定资产
Target corporation	标的公司
Tax adjustment	税务调整
Tax attributes	（可承接的）税务属性
Tax base	课税基础、计税基数
Tax compliance	税务合规
Tax court	税务法庭
Tax Cuts and Jobs Act	《减税与就业法案》（2017 新法案）
Tax free distribution	股东免税分红
Tax home	税收居所、主要纳税地点
Tax liability test	纳税额测试
Tax preference（item）	税务青睐（项）
Tax Reform Act of 1986	《1986 年税改法案》
Taxable estate	应税遗产
Taxable excess（aka excess taxable income）	超额课税基数（又称超额应税净收入）
Taxable gifts	应纳税赠与
Taxable income	应纳税所得额、应纳税收入、应税净收入
Taxable income from the property	油气矿储单位的应纳税所得额
Taxable REIT subsidiary（TRS）	应纳税 REIT 子公司
Taxable year	纳税年度
Tax-exempt organization	免税机构或组织
Tax-exempt securities	免税证券
Taxpayer Advocate Service（TAS）	纳税人辩护服务处

Taxpayer（s）	纳税人
Technical Advice Memorandum	税法条款解读备忘
Technical termination	技术性终止
Tenancy by the entirety	夫妻共有权
Tenancy in common	分权共有
Tentative minimum tax	试算最低税
Terminable interest	受限财产获益权、可终止的获益权
Territorial taxation	属地化征税
Testamentary trust	遗嘱信托
The American Jobs Creation Act（AJCA）	《美国创造就业法案》
The Build Back Better Act	《美国重建更好法案》
The ceiling rule	天花板规则
The Commissioner	美国联邦税局局长
The Congressional Budget Act of 1974	《1974 年国会财政预算法案》
The Constitution	《美国宪法》
The Department of Housing and Urban Development（HUD）	美国住房和城市发展部
The floor plan financing	货物担保贷款
The Foreign Investment in Real Property Tax Act	《外国投资美国不动产税法法案》
The Heroes Earnings Assistance and Relief Tax Act of 2008（HEART Act）	《2008 年美国英雄收入辅助及援助税改法案》（《爱心法案》）
The House Ways and Means Committee	美国众议院筹款委员会
The Inflation Reduction Act of 2022	《2022 年降低通胀法案》
The Joint Committee on Taxation	税务联合委员会
The Organisation for Economic Cooperation and Development（OECD）	经济合作与发展组织
The Sixteenth Amendment to the United States Constitution	美国宪法第十六修正案
The Tax Reform Act of 1976	《1976 年税改法案》
The United States Code	《美国国家法典》
Title	主题
Total contract price	合同总价、合同总额
Total income	应税总收入
Trade or business	经营活动
Traditional method	传统方法

Traditional method with curative allocations	传统方法结合修正性分摊
Transfer tax	财产转让税
Transitory allocations	暂时的移过性分摊
Treasury decision	财政部决议
Treasury Regulations	财政部法典细则解释
Triangular reorganization	三角型公司重组
Troubled Asset Relief Program	不良资产救助计划
Trust	信托
Trustee	受托人、托管人
U. S. Court of Appeals	美国联邦巡回上诉法院
U. S. Supreme Court	美国联邦最高法院
Umbrella Partnership REIT (UPREIT)	伞式合伙型不动产投资信托基金
Underpayment of tax	欠税
Undeveloped property	未开发的矿储资产
Unearned income	非劳务收入
Unified credit	统一联合的税负抵免额
Uniform capitalization rule	统一资本化规则
Uniform Limited Partnership Act	《统一有限合伙制企业法案》
Uniform Partnership Act (UPA)	《统一普通合伙制企业法案》
Uniform Trust Code	《统一信托法规》
Unit of production depletion	单位产出折耗
Unit of property	单位矿储资产（权益）
United States real property holding corporation	美国不动产控股公司
United States real property interest (USRPI)	美国不动产所有权
United States – The People's Republic of China Income Tax Treaty	中美税收协定
Unrealized built-in gain	未实现的嵌入资本利得
Upstream activities	上游工作活动
Urban Institute	都市学会
US – parented group	境内母公司控股集团
Voluntary disclosure program	主动披露项目
W – 2 Wage and Tax Statement	薪酬和纳税证明表 W – 2
War profits tax	战争红利税
Wash sale	虚假交易、冲洗买卖

White House Opportunity and Revitalization Council（WHORC）	白宫机会与复苏委员会
Withholding agent	代扣代缴代理人
Withholding certificate	扣缴税证书
Withholding tax	扣缴所得税、代扣代缴所得税
Working interest	矿区工作权